Hans-Werner Wehling

Stadt Herne

LWL
Für die Menschen.
Für Westfalen-Lippe.

Landschaftsverband Westfalen-Lippe LWL
Geographische Kommission für Westfalen
Heisenbergstr. 2, 48149 Münster
www.geographische-kommission.lwl.org; geko@lwl.org

Reihe
„Städte und Gemeinden in Westfalen"

Herausgegeben von der Geographischen Kommission für Westfalen durch Prof. Dr. Karl-Heinz Otto und Dr. Rudolf Grothues
Redaktion: Dr. Rudolf Grothues
Satz: Sabrina Henschel M. Sc.

Band : Stadt Herne

In dieser Reihe sind bisher erschienen:
Band 1: Kreis Steinfurt (1994)
Band 2: Kreis Siegen-Wittgenstein (1995)
Band 3: Kreis Höxter (1996)
Band 4: Kreis Paderborn (1997)
Band 5: Kreis Olpe (1998)
Band 6: Hochsauerlandkreis (1999)
Band 7: Kreis Coesfeld (2000)
Band 8: Emscher-Lippe-Region (2002)
Band 9: Kreis Borken (2004)
Band 10: Märkische Kreis (2005)
Band 11: Kreis Gütersloh (2009)
Band 12: Stadt Münster (2011)
Band 13: Minden-Lübbecke (2013)
Band 14: Stadt Gelsenkirchen (2014)
Band 15: Kreis Unna (2017)
Band 16: Stadt Lünen (2017)
Band 17: Stadt Unna (2017)
Band 18: Stadt Bergkamen (2018)
Band 19: Gemeinde Bönen (2018)
Band 20: Stadt Fröndenberg/Ruhr (2018)
Band 21: Gemeinde Holzwickede (2018)
Band 22: Stadt Kamen (2018)
Band 23: Stadt Schwerte (2018)
Band 24: Stadt Selm (2018)
Band 25: Stadt Werne (2018)
Band 26: Gemeinde Beelen (2019)
Band 27: Stadt Warendorf (2019)
Band 28: Stadt Drensteinfurt (2021)
Band 29: Stadt Sendenhorst (2022)

Bezug:
Aschendorff Verlag
Soester Str. 13, 48155 Münster
Telefon: 0251/690-0 Telefax 0251/690-143
www.aschendorff-buchverlag.de
E-Mail: buchverlag@aschendorff.de

Fotos Rückseite: Rhein-Herne-Kanal bei Nacht @ Hans Blossey 2021, Südfriedhof Kolumbarium @ Hans Blossey 2022, Gysenberg-Park LAGO @ Hans Blossey 2022; Foto Vorderseite: Herne östlich @ Hans Blossey 2022

Bibliografische Information der Deutschen Bibliothek
Die Deutsche Bibliothek verzeichnet diese Publikation in der Deutschen Nationalbibliografie; detallierte bibliografische Daten sind im Internet unter http://dnb.ddb.de abrufbar

Satz: Geographische Kommission für Westfalen
Druck: Druckerei Kettler GmbH, Bönen
ISBN 978-3-402-14956-0

Hans-Werner Wehling

Stadt Herne

Städte und Gemeinden in Westfalen 30

Münster 2023

Aschendorff Verlag

Foto: LWL/Kapluggin

Für die Menschen. Für Westfalen-Lippe.

Seit 1994 veröffentlicht die Geographische Kommission für Westfalen des Landschaftsverbandes Westfalen-Lippe (LWL) in der Reihe „Städte und Gemeinden in Westfalen" repräsentative Schriften über die LWL-Mitgliedskörperschaften, nämlich die Kreise und kreisfreien Städte. Die Reihe beinhaltet Kreisbeschreibungen und mittlerweile vor allem Einzelbände zu den Kommunen. Sie bieten eine Vielfalt zu geographisch-landeskundlichen Themen wie Landesnatur, historische Entwicklung, Lage und Ausstattung sowie Perspektiven und Planungen der Kommunen in unserem Verbandsgebiet. Der mittlerweile 30. Band der „Städte und Gemeinden in Westfalen" ist nun der kreisfreien Stadt Herne gewidmet.

Die Autorinnen und Autoren aller regionalgeographischen Beschreibungen der westfälischen Städte und Gemeinden dieser Reihe arbeiten ehrenamtlich, Ausnahmen sind lediglich die Mitarbeiterinnen und Mitarbeiter der Kommissionsgeschäftsstelle. Die Bände fundieren auf wissenschaftlicher Grundlage und sind mit zahlreichen Medien ausgestattet und sehr anschaulich gestaltet. Damit entsteht ein modernes landeskundliches Nachschlagewerk für eine breite interessierte Öffentlichkeit: für Bürgerinnen und Bürger wie auch Politikerinnen und Politiker, Einheimische und Auswärtige, Wissenschaftlerinnen und Wissenschaftler verschiedener Fachdisziplinen innerhalb der Kommune, des Kreises und darüber hinaus.

Die Veröffentlichungsreihe soll zur Identifikation mit der Region Westfalen-Lippe, ihren Kreisen, Städten und Gemeinden beitragen. Damit steht auch jede Ausgabe der Buchreihe für ein Kernanliegen des LWL: **„Für die Menschen. Für Westfalen-Lippe."**

Mein Dank gilt den Autorinnen und Autoren der Reihe, in diesem Fall Herrn Prof. Dr. Hans-Werner Wehling, den Herausgebern sowie der Stadt Herne für die hervorragende Zusammenarbeit und das entgegengebrachte Vertrauen. Der Geographischen Kommission für Westfalen danke ich für die umfangreiche wissenschaftliche und redaktionelle Betreuung des Buchprojektes. Ich wünsche der Publikation die verdiente Aufmerksamkeit und eine gute Resonanz in der Öffentlichkeit.

Münster, im Januar 2023

Dr. Georg Lunemann
Der Direktor
des Landschaftsverbandes Westfalen-Lippe

Viel Geschichte. Unsere Zukunft.

Foto: Stadt Herne/Thomas Schmidt

Liebe Leserinnen und Leser,

Herne ist der geographische Mittelpunkt der Metropole Ruhr – einer Region, die sich auf den Weg gemacht hat, die grünste Industrieregion der Welt zu werden.

In diesem Band der Geographischen Kommission für Westfalen im Landschaftsverband Westfalen-Lippe können Sie viel Wissenswertes über die Geschichte unserer Stadt von der vorindustriellen Kulturlandschaft bis zur Stadtentwicklung im 21. Jahrhundert erfahren. Was insbesondere in den letzten Jahren zu beobachten ist: Herne hat sich aus eigener Kraft sehr positiv entwickelt. Die Geschichte des Strukturwandels ist in den Hintergrund gerückt, Themen wie der Ausbau der blaugrünen Infrastruktur, klimafreundliche Mobilität, Logistik und das Gesundheitswesen, aber auch Kultur, Architektur und Datenorientierung sind die Motoren der modernen Stadtentwicklung.

Herne macht sich bereit für eine klimaresiliente Zukunft, deshalb stehen bei allen Stadtentwicklungsprojekten die ökologische und ökonomische Nachhaltigkeit im Vordergrund: So sollen beispielsweise mit dem Campusareal Funkenbergquartier und auf der Brache der ehemaligen Zeche Blumenthal Leuchtturmprojekte moderner Arbeit, Forschung und Bildung entstehen. Mit dem Quartier an der Kaiserstraße machen wir uns zudem daran, ein neues Wohn- Arbeits- und Versorgungsquartier an die Wasserlagen des Rhein-Herne-Kanals anzubinden.

Auf den folgenden Seiten können Sie sich nun selbst ein eigenes Bild von der Stadt Herne machen und in die Historie, die Entwicklung und das Transformationspotenzial eintauchen. Ich bedanke mich bei dem Autor Hans-Werner Wehling, den Herausgebern und der Geographischen Kommission für Westfalen für die Erstellung dieses umfassenden Werkes und wünsche Ihnen, liebe Leserinnen und Leser, eine interessante Lektüre.

Herne, im Januar 2023

Frank Dudda

Dr. Frank Dudda
Oberbürgermeister der Stadt Herne

Landeskunde in Westfalen-Lippe.

Foto: LWL/BOK+Gärtner_Julia Cawley

Die landeskundlichen Kommissionen im Landschaftsverband Westfalen-Lippe (LWL) bilden seit Jahrzehnten ein effizientes Instrument der regionalen Landesforschung auf den Gebieten der Archäologie, Geographie, Geschichte, Literatur, Mundart- und Namenforschung und Alltagskultur.

In der Geographischen Kommission für Westfalen forschen über 100 Wissenschaftlerinnen und Wissenschaftler ehrenamtlich über die Landeskunde Westfalens.
Organisiert wird dies durch die vom LWL unterhaltene Geschäftsstelle, die einen produktiven Forschungstransfer koordinieren und kanalisieren. Dadurch werden wichtige Forschungsimpulse in die Kommunen und Kreise Westfalens und Lippes hineingetragen und aus diesen aufgenommen.

Mit der Reihe „Städte und Gemeinden in Westfalen" trägt die Kommission maßgeblich zur Erhaltung und Wahrnehmung der geographischen Landeskunde Westfalens bei. Dieser 30. Band beschreibt die kreisfreie Stadt Herne, die, wie andere Kommunen vor allem im Ruhrgebiet auch, einen intensiven Strukturwandel hinter sich hat und sich in den letzten Jahren auf den Weg zu einer zukunftsorientierten und nachhaltig wirtschaftenden Stadt gemacht hat.

Auch mein Dank geht an den Autor Hans-Werner Wehling, an den Vorstand und an die Mitarbeiterinnen und Mitarbeiter der Kommission. Möge dieser Band auf ein breites Interesse stoßen!

Münster, im Januar 2023

Dr. Barbara Rüschoff-Parzinger
LWL-Kulturdezernentin

Ein Wort vorab !

Die Geographische Kommission für Westfalen im Landschaftsverband Westfalen-Lippe (LWL) legt mit dem 30. Band ihrer Reihe „Städte und Gemeinden in Westfalen" zum wiederholten Mal ein umfangreiches geographisch-landeskundliches Werk über eine kreisfreie Stadt vor: nämlich die Stadt Herne. Zuvor wurden schon die kreisfreien Städte Münster und Gelsenkirchen bearbeitet. Daneben haben sich die bisherigen Bände dieser Schriftenreihe ausschließlich einzelnen Kreisen und kreisangehörigen Städten und Gemeinden in Westfalen-Lippe gewidmet.

Alle Bände sind in einem wissenschaftlichen Duktus gestaltet, und sind sowohl inhaltlich als auch bezüglich der reichhaltigen Medienausstattung für eine breite interessierte Öffentlichkeit konzipiert. Damit bieten sie umfassende Einsichten in die Entwicklung der westfälischen Kreise mit ihren kreisangehörigen Kommunen sowie kreisfreien Städte und fördern die Verbundenheit und die Identifikation mit Westfalen-Lippe.

Die nun vorliegende Publikation zu Herne führt die guten Traditionen der Vorgängerbände in der Reihe „Städte und Gemeinden in Westfalen" fort, unterscheidet sich aber als Stadtmonografie in mehrfacher Hinsicht von den bisherigen Kreisbänden: Da ein ganzer Band einer Großstadt gewidmet ist, war eine inhaltlich wesentlich differenziertere Bearbeitung als bei den bisherigen Werken möglich.

Auch wenn der wirtschaftliche Strukturwandel noch nicht als beendet angesehen werden kann, konnte Herne in den letzten Jahrzehnten neue wirtschaftliche Kompetenzfelder – zum Teil mit Alleinstellungsmerkmalen – erschließen, deren weiterer Ausbau lohnenswert erscheint. Die Stadt wird aufgrund ihrer Lage in der Mitte des Ruhrgebiets weiterhin in vielfacher Weise in regionale Entwicklungstendenzen eingebunden sein. Seit Beginn des 21. Jahrhunderts hat sie sich durch fortlaufende Quartiersentwicklung und die Entwicklung endogener Potentiale zu einer Stadt mit weitgehend ausgeglichener Sozialstruktur, einem breiten Kulturangebot und guter funktionaler Grundausstattung entwickelt, was von den Einwohnern mit einer hohen Wohnzufriedenheit honoriert wird.

Die Geographische Kommission für Westfalen bedankt sich bei ihrem Mitglied, Herrn Prof. Dr. Hans-Werner Wehling, für die Erarbeitung dieses Bandes. Der Dank gilt auch Frau Dipl.-Ing. Gudrun Reichert sowie Frau Sabrina Henschel M. Sc. für die Erstellung der Karten, Übersichten und Abbildungen. Frau Henschel übernahm auch den Satz.

Wir hoffen, dass der vorliegende Band über die kreisfreie Stadt Herne eine freundliche Aufnahme und weite Verbreitung findet.

Münster, im Januar 2023

Prof. Dr. Hans-Werner Wehling
Autor und Mitglied der Geographischen Kommission für Westfalen

Prof. Dr. Karl-Heinz Otto
Vorsitzender der Geographischen Kommission für Westfalen

Dr. Rudolf Grothues
Geschäftsführer der Geographischen Kommission für Westfalen

Inhalt

Abb. 1.0.1 Der Mittelpunkt der Stadt

Abb. 1.0.2 Administrative Gliederung des RVR-Verbandsgebiets und Lage des Mittelpunkts der Metropole Ruhr

ruhrgebiet-regionalkunde.de

Stadt Herne, Fachbereich Vermessung und Kataster

1 In der Mitte des Ruhrgebiets

Die Stadt Herne liegt im Zentrum des Ruhrgebiets – naturräumlich am Südrand der Emscherniederung, entwicklungsgeschichtlich in der Emscherzone. Wie die anderen Städte dieser Zone verdankt sie ihre Entstehung und Struktur der industriellen Entwicklung der Region.

In ihrer heutigen Ausdehnung ist die Stadt das Ergebnis des kommunalen Zusammenschlusses der beiden Industriestädte Herne und Wanne-Eickel in den 1970er Jahren. Infolge der geringen Fläche ist die Bevölkerungsdichte die höchste unter den kreisfreien Städten Nordrhein-Westfalens.

Foto: H.-W. Wehling 2018

Abb. 1.0.3 Der Mittelpunkt der Metropole Ruhr in der Rolandstraße in Röhlinghausen

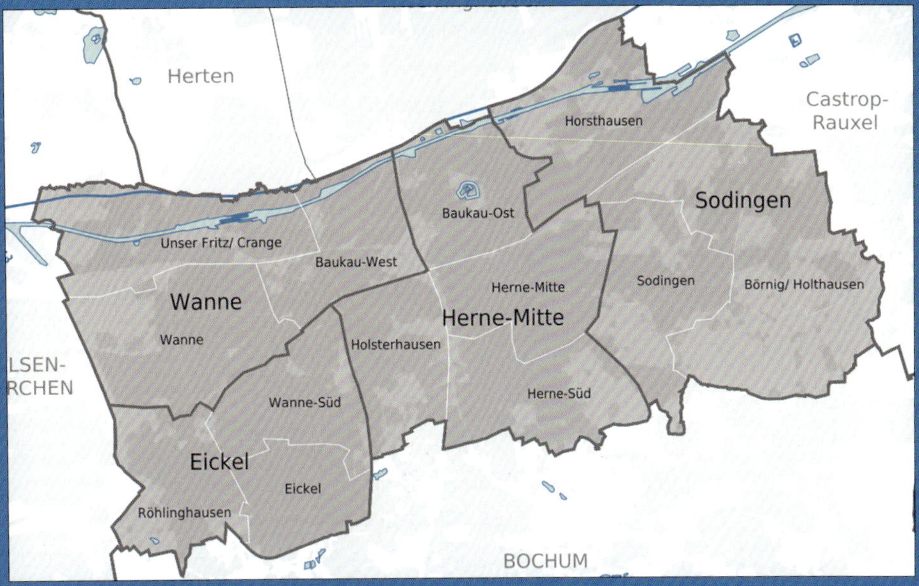

Stadt Herne, Statistikstelle

Abb. 1.0.4 Gliederung der Stadt Herne in Stadtbezirke und Ortsteile

Mit 51,42 km² ist die kreisfreie Stadt Herne – nach Offenbach am Main (44,9 km²) – die flächenmäßig zweitkleinste kreisfreie Stadt Deutschlands. Die größte Ausdehnung des Stadtgebiets beträgt in West-Ost-Richtung 12,2 km und in Nord-Süd-Richtung 6,3 km. Nach Bottrop (117.388 Einwohner, 31.12.2020, Landesbetrieb IT.NRW) ist Herne mit 156.940 Einwohnern im Ruhrgebiet die kreisfreie Stadt mit der geringsten Einwohnerzahl; sie weist allerdings mit 3.049 Einwohnern je km² die höchste Bevölkerungsdichte unter allen nordrhein-westfälischen Städten auf.

Im äußersten Nordwesten des Regierungsbezirks Arnsberg gelegen, grenzt Herne im Süden an die kreisfreie Stadt Bochum, ebenfalls im Regierungsbezirk Arnsberg gelegen, im Westen an die kreisfreie Stadt Gelsenkirchen und im Norden und Osten an die Städte Herten, Recklinghausen und Castrop-Rauxel im Kreis Recklinghausen, die alle dem Regierungsbezirk Münster angehören. Innerhalb des Ruhrgebiets liegt Herne vollständig in der Emscherzone, die ihre kulturlandschaftliche Prägung in der industriellen Hochphase der Region erhalten hat, und in der Mitte der Region; der Mittelpunkt der Metropole Ruhr (Verbandsgebiet des Regionalverbands Ruhrgebiet, RVR) liegt bei 51°31'3" nördlicher Breite und 7°8'42" östlicher Länge im Stadtteil Röhlinghausen.

1.1 Die naturräumliche Gliederung

Innerhalb der Großlandschaft der „Münsterländischen (Westfälischen) Tieflandsbucht" liegt das Herner Stadtgebiet ganz überwiegend auf dem Südhang der Emschertalung.

Die dem karbonen Grundgebirge und dem kreidezeitlichen Deckgebirge aufliegenden Schichten sind mehrheitlich eiszeitlichen und nacheiszeitlichen Ursprungs. Im Pleistozän wurden die Westfälische Bucht und der Nordrand des Rheinischen Schiefergebirges von der Saale-Eiszeit überlagert, woraus insbesondere in der Westfälischen Bucht die Grundmoräne und auch die unteren Mittelterrassen der Emscher resultieren. In der Weichsel-Eiszeit kam es zu einer weitreichenden Lössüberdeckung, die im äußersten Süden des Stadtgebietes Mächtigkeiten von bis zu 10 m erreicht. Nach Norden, zur Emscher hin, geht sie in Flugsande und Sandlössablagerungen über. In der Emschertalung bildeten sich schließlich als jüngste Ablagerungen holozäne Auensedimente aus.

Von Norden nach Süden lassen sich im Stadtgebiet die folgenden westöstlich ausgerichteten naturlandschaftlichen Einheiten unterscheiden (vgl. Abb. 1.1.1):

Das **Emschertal** ist eine breite Talung und stellt ein wichtiges landschaftliches Strukturelement des inneren Ruhrgebiets dar. Den größten Teil nehmen mächtige Terrassensande ein, über die die Emscher und ihre Nebenbäche alluviale, meist tonige bis sandige Ablagerungen gebreitet haben.

Den zentralen Teil bildet die Emscherniederung, die bei Wanne-Eickel und im östlichen Gelsenkirchen ihre größte Breite von bis zu 5 km erreicht. Ursprünglich durchflossen die Emscher und ihre Nebenbäche windungsreich diese Niederung und überfluteten sie regelmäßig; Bruchwälder waren entsprechend weit verbreitet. Durch die Begradigung, Kanalisierung und Tieferlegung des Flusssystems sowie durch ein dauerhaftes Poldersystem ist diese Niederung heute weitgehend trockengelegt. Nur in Bergsenkungsgebieten finden sich vom Grundwasser beeinflusste Böden. Allerdings verhindern nur dauerhafte Sümpfungsmaßnahmen im Gefolge des auslaufenden Bergbaus, dass große Flächen heute unter Wasser stehen.

Die Emscherniederung lässt sich in verschiedene Abschnitte gliedern. Im nordwestlichen Stadtteil Unser Fritz hat Herne Anteil am Emscherbruch (115); südlich der Emscher teilt der Ostbach die Emscherniederung in die Cranger (111) und die Horsthauser Emscherniederung (112), angelagert sind im Westen die Niederterrasseninseln von Wanne.

Mit Höhen zwischen 5 und 18 m flankieren Randplatten die Emscherniederung. Dabei handelt es sich um die Reste der mehr oder weniger stark zertalten und von lehmigen Sandböden bedeckten Niederterrasse. Während die nördlichen Randplatten lediglich den Untergrund für die höher gelegenen Teile von Horsthausen (13) bilden, unterliegen die südlichen Randplatten dem größten Teil des Stadtgebiets. Löss und Sandlöss lagern dabei der Niederterrasse oder Grundmoränenresten auf. Getrennt durch die Nebenbäche der Emscher lassen sich die Ückendorf-Rauxeler Platten (21), der Baukauer Rücken (121) und der Berckeler Rücken (122) unterscheiden, die halbinselförmig in die Emscherniederung vorstoßen.

Der **Westenhellweg** ist der geschlossene Lössstreifen, der die Lössbörden nach Westen fortsetzt. Seine südliche Grenze bildet die Wasserscheide zwischen der Ruhr und der Emscher. Auf Herner Gebiet umfasst er zum einen die flachwelligen, nach Norden zur Emscher hin abfallenden Ückendorf-Rauxeler Platten (Unterer Westenhellweg, 21) mit Höhen um bis 90 m, zum anderen die der Hauptterrasse zuzurechnenden, 120–135 m hohen Castroper Höhen (22). Hier haben sich über den kreidezeitlichen Sedimenten, die das karbone Grundgebirge überlagern, Höhenschotter der Ruhr erhalten, die wiederum von einer mächtigen Lössschicht überlagert werden. Die Flussterrassenschotter wurden abgelagert, als die Ruhr vor mehr als 700.000 Jahren zu Beginn des Pleistozäns in einer weiten Schlinge aus

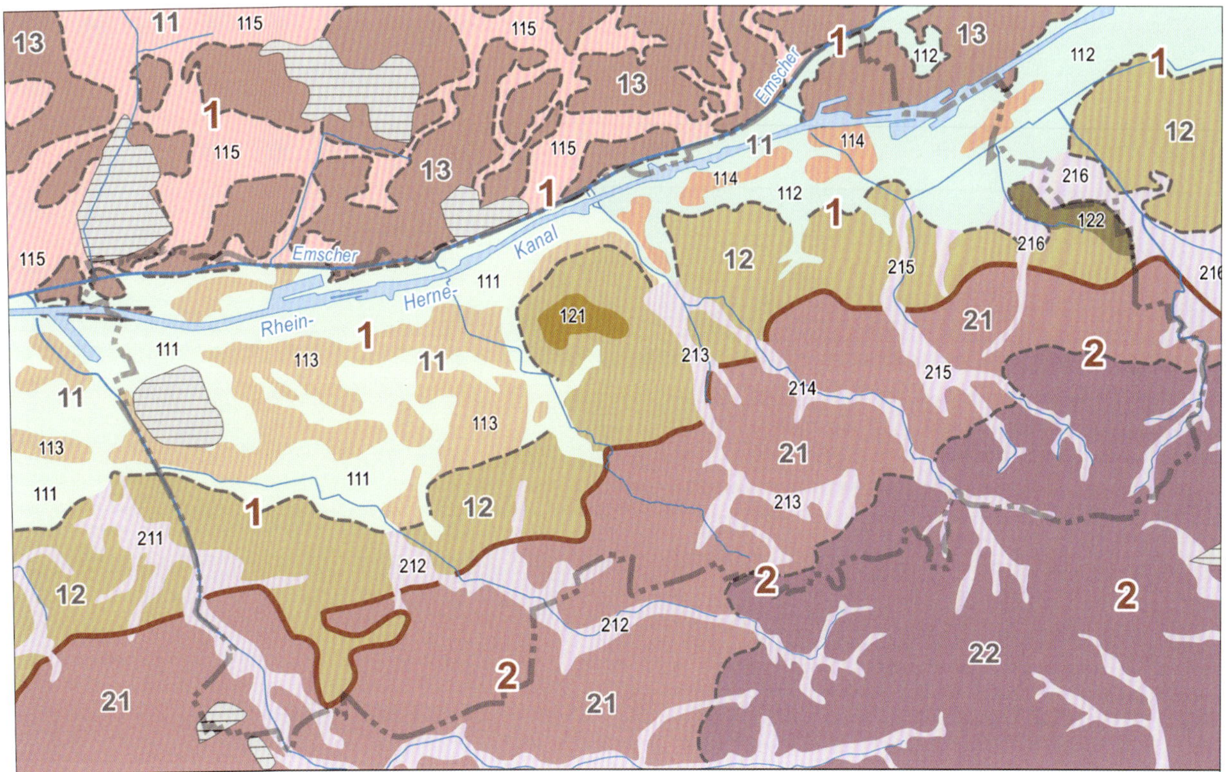

von Kürten 1964, Hetzel 2013, leicht verändert: Kartographie: Gudrun Reichert

1 Emschertal

11 Emscherniederung

- 111 Cranger Emscherniederung
  Sandige Lehmböden, z.T. vergleyt
- 112 Horsthauser Emscherniederung
  Sandige Lehmböden
- 113 Wanner Niederterrasseninseln
  Schwach lehmige Sande und Flugsande
- 114 Horsthauser Niederterrasseninseln
  Schwach lehmige Sande und Flugsande
- 115 Emscherbruch
  Stark zertalte Niederterrasse mit hohem Grundwasserstand

12 Südliche Emscher-Randplatten

- Zertalte Niederterasse mit lehmigen Sandböden
- 121 Baukauer Rücken
  Mit Löss und Sandlöss bedeckte Grundmoräne
- 122 Berckeler Rücken
  Mit Löss und Sandlöss bedeckte Grundmoräne

13 Nördliche Emscher-Randplatten

- Niederterrasse mit lehmigen Sandböden, z.T. Flugsande (stark aufgelöst)

2 Westenhellweg

21 Ückendorf-Rauxeler Platten

- Löss- und Sandlössablagerungen, z.T. auf Grundmoräne
- 211 Hüller Bachtalung
  212 Dorneburger Bachtalung
  213 Westbachtalung
  214 Ostbachtalung
  215 Sodinger Bachtalung
  216 Roßbach-/Landfehrbachtalung
  Holozäne Bachablagerungen und Schwemmlöss

22 Castroper Höhen

- Pleistozäne Terrassenablagerungen und Grundmoräne, Emschermergel und Grünsande

- durch anthropogene Einflüsse überformte Flächen (Halden)
- oberirdische Gewässer

0 2 4 km

Abb. 1.1.1 Die naturräumliche Gliederung des Stadtgebiets

Geologische Karte von Preußen und benachbarten deutschen Ländern, 1:25.000, Blätter Essen, Gelsenkirchen, Herne; Geologische Karte von Nordrhein-Westfalen, Blatt Bochum; Kartographie: Gudrun Reichert

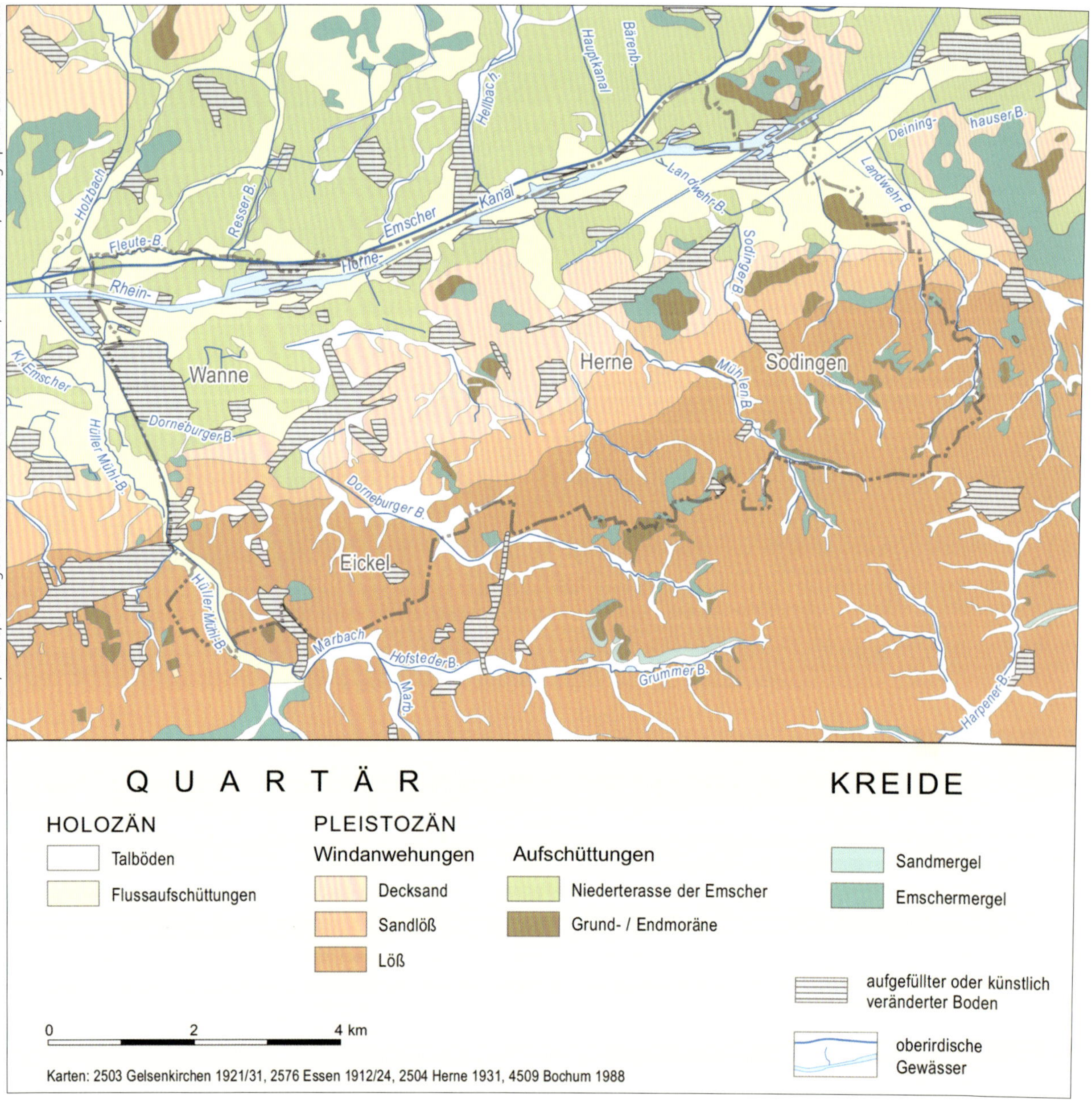

Abb. 1.1.2 Die Geologie des Stadtgebiets

dem Ruhrtal bei Witten nach Norden umbog und zwischen Herne, Castrop-Rauxel und dem Bochumer Nordosten ein breites, verwildertes Flusstal bildete. In ihren Randbereichen werden die Castroper Höhen von einer Hangzone umgeben, die stark zertalt und gelegentlich in einzelne Teilstücke, in „Berge" (z. B. Gysenberg) aufgelöst ist. Die oberkreidezeitlichen Schichten, auf denen die Schotter auflagern, wirken als Wasserstauer. Wo die Schotter in den Tälern angeschnitten sind, treten Schichtquellen auf, aus denen sich die südlichen Nebenbäche der Emscher entwickelten. Ihre Talungen gliedern sowohl die Ückendorf-Rauxeler Platten als auch die nach Norden anschließenden südlichen Emscher-Randplatten. Gefüllt mit holozänen Bachablagerungen und vergleytem Schwemmlöss, lassen sich von Westen nach Osten die Hüller Bachtalung (211), die Dorneburger Bachtalung (212), die Westbachtalung (213), die Ostbachtalung (214), die Sodinger Bachtalung (215) und die Roßbach-/Landfehrbachtalung (216) unterscheiden.

Neben diesen natürlichen Veränderungsprozessen beeinflussten seit der zweiten Hälfte des 19. Jh.s direkte und indirekte Einwirkungen des Bergbaus das Relief; Aufschüttungen des Bergematerials zu Halden entstanden in den Bergbaufeldern der Zeche Pluto (Halde Pluto-Wilhelm, 39 m; Halde der Zeche Pluto 1/4, 34 m) und der Zeche Königsgrube (Halde Königsgrube, 15 m). Diesen vergleichsweise kleinen Flächen stehen ausgedehnte Bereiche gegenüber, die von Bergsenkungen betroffen sind (vgl. Abb. 1.1.3). Senkungen über 15 m seit 1892

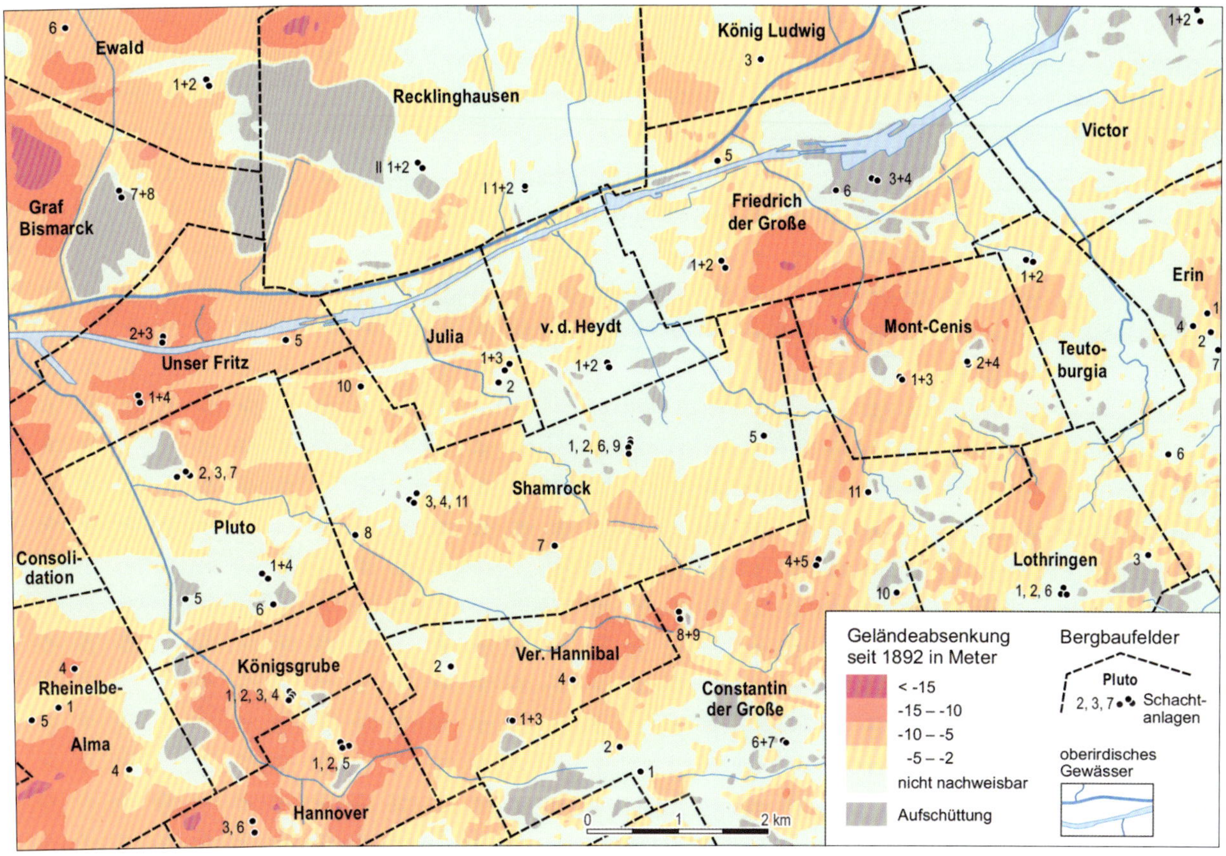

Abb. 1.1.3 Höhendifferenzen zwischen 1892 und heute (Bergsenkungen, Haldenaufschüttungen)

nach Harnischmacher 2012; zusätzliche Aufbereitung der GIS-Daten: Stefan Harnischmacher, Marburg; Bergbaufelder und Schächte ergänzt; Kartographie: Gudrun Reichert

treten in den Bergbaufeldern der Zechen Königsgrube, Unser Fritz und Friedrich der Große auf. Insgesamt zeichnet das Muster der Bergsenkungen in seiner West-Südwest/Ost-Nordost-Ausrichtung den Verlauf der geologischen Sättel, Mulden und großen Brüche im Untergrund nach. So verlaufen die Essener Hauptmulde unter der südlichen Stadtgrenze, die Emscher-Hauptmulde im Nordwesten und der Mont-Cenis-Graben unter der östlichen Stadtgrenze.

Alle der Emscher zufließenden Bäche sind als Abwassersammler kanalisiert und dienen als Vorfluter der Emscher, werden jedoch im Zuge der ökologischen Umgestaltung des Emscher-Systems renaturiert.

1.2 Die administrative Entwicklung

Von wenigen kleineren Grenzkorrekturen abgesehen, ist das Gebiet der heutigen Stadt Herne in seiner Abgrenzung das Ergebnis der kommunalen Neuordnung des Jahres 1975. Dabei wurden die zuvor kreisfreien Städte Herne (30,05 km²) und Wanne-Eickel (21,31 km²), die während ihrer gesamten industriell-städtischen Entwicklung ein Eigenleben geführt hatten, zusammengeschlossen.

Vom Mittelalter zum Wiener Kongress

Bis 1041 gehörte das Gebiet von Herne der Grafschaft Bochum im von Karl dem Großen errichteten Stammesherzogtum Sachsen an und fiel dann an das Erzbistum Köln. Seit etwa 1200 war es innerhalb der Grafschaft Mark nordwestliches Grenzgebiet, gelegen zwischen der Freien Reichsstadt Dortmund im Osten, dem Territorium des Stiftes Essen im Westen und – mit der Emscher als Grenzfluss – dem kurkölnischen Vest Recklinghausen. Ab 1392 wurde die Grafschaft Mark in Personalunion mit der Grafschaft Cleve regiert und fiel nach dem Jülich-Clevischen Erbfolgestreit durch den Vergleich von Xanten 1614 vorläufig und durch den Erbvertrag mit Pfalz-Neuburg 1666 endgültig an Brandenburg-Preußen. Nach der Neuordnung der zivilen Lokalverwaltung von 1753 gehörte das Gebiet von Herne dem „landrätlichen Kreis" Hörde und dem Landgerichtsbezirk Bochum an.

Im Frieden von Tilsit (1807) fiel die Grafschaft Mark an Frankreich und wurde 1808 mit dem Großherzogtum Berg verbunden. Mit der Einführung französischer Verwaltungsstrukturen im Großherzogtum wurde die Grafschaft Mark dem Ruhrdepartement zugeordnet; in diesem gehörten als französische Bürgermeistereien die Mairie Herne mit den Gemeinden Baukau, Bickern, Bladenhorst, Crange,

https://commons.wikimedia.org/wiki/File:Grafschaft_mark_1681_sanson.jpg (aufgerufen 06.08.2018)

Abb. 1.2.1 Karte der Grafschaft Mark von Nicolas Sanson, Nachdruck 1681

Eickel, Herne, Hiltrop, Holsterhausen, Horsthausen, Pöppinghausen und Röhlinghausen dem Kanton Bochum, die Mairie Castrop, zu der u. a. die Gemeinden und heutigen Herner Stadtteile Börnig, Holthausen und Sodingen gehörten, dem Kanton Dortmund an, beide im Arrondissement Dortmund gelegen.

Mit Napoleons Abdankung endete die großherzogliche Herrschaft. Als zuvor preußischer Besitz fiel die Grafschaft Mark schon Ende 1813 – durch den Wiener Kongress 1815 bestätigt – an Preußen zurück und wurde in die Provinz Westfalen eingegliedert.

Kreisbildungen, Auskreisungen und Eingemeindungen bis 1926

Vom Beginn des 19. Jh.s bis in die Zwischenkriegszeit hinein wurde die administrative Zuordnung der einzelnen Teile des heutigen Stadtgebiets sowie die räumliche Ausdehnung der entsprechenden Kommunen durch die fortschreitende Industrialisierung, durch ihre räumliche Lage zwischen alten und neuen städtischen Zentren und nicht zuletzt durch unterschiedliche politische und planerische Konzepte beeinflusst, die die staatlichen Ebenen zur regionalen Ordnung des Ruhrgebiets entwickelten.

Die rechtlichen Grundlagen der verschiedenen Veränderungen bildeten die Preußische Städteordnung von 1808, die Revidierte Städteordnung von 1831, die Westfälische Landgemeindeordnung von 1841 und die Städteordnung von 1856; hinzu traten die Kreisordnung für die Rheinprovinz und Westfalen von 1827, abgelöst durch die Kreisordnung für die Provinz Westfalen von 1886 und die Kreisordnung für die Rheinprovinz von 1887, die es Städten erlaubten, nach Erreichen der Normzahl von 30.000 (Westfalen) bzw. 45.000 (Rheinland) Zivilpersonen einen eigenen Stadtkreis zu bilden. Den Landkreisen waren auf der Grundlage der „Verordnung wegen verbesserter Einrichtung der Provinzial-Behörden" von 1815 Regierungsbezirke übergeordnet, im Falle der Bürgermeistereien im Raum Herne seit 1816 der Regierungsbezirk Arnsberg. Die Landkreise wiederum waren in Bürgermeistereien unterteilt, die in Westfalen seit 1841 in Ämter überführt wurden. 1813 wurden aus den beiden Mairien auf Herner Boden Bürgermeistereien und 1844 Ämter im Landkreis Bochum bzw. im Landkreis Dortmund.

Die Anfang des Jahrhunderts gebildeten Landkreise orientierten sich im Allgemeinen an einer ländlichen Raumstruktur, an einer Bevölkerungszahl von 20.000 bis 36.000 Einwohnern, an historischen sozio-ökonomischen Zusammenhängen und an der

Erreichbarkeit der Kreisstadt innerhalb eines Tages. Bereits in den ersten Jahrzehnten der Industrialisierung gerieten diese Grundsätze jedoch in Konflikt mit den tatsächlichen demografischen, wirtschaftlichen und räumlichen Veränderungen. Eine erste raumbezogene Reaktion war die Neuorientierung und/oder Verkleinerung einzelner Landkreise und insgesamt ihre zahlenmäßige Vermehrung.

Das starke Bevölkerungswachstum im Ruhrgebiet war nicht flächendeckend, sondern konzentrierte sich in den vorhandenen (städtischen) Siedlungen bzw. an den neuen, montanindustriell induzierten Knoten von Wirtschaft und (Eisenbahn-)Verkehr – vorhandene Städte wurden gestärkt, im ländlichen Raum entstanden industriell geprägte, schnell wachsende Gemeinden, die das Stadtrecht anstrebten. Beide befürworteten letztlich eine Verwaltungsreform auf Kosten der Landkreise; die Auskreisung von Städten war daher die zweite raumbezogene Reaktion auf die Industrialisierung. Waren im Ruhrgebiet des Jahres 1871 nur Essen und Duisburg kreisfreie Städte, kamen bis 1910 neun weitere hinzu.

Fortschreitende Industrialisierung und Bevölkerungszuwachs vergrößerten in den aufstrebenden Städten den Bedarf an Bau- und Industrieland sowie an Raum für Verkehrs- und Erholungsflächen, der im eigenen Stadtgebiet nicht mehr befriedigt werden konnte. Eine neue „städtische Leistungsverwaltung" griff angesichts der faktischen Ausdehnung der Bebauung auf Nachbar- bzw. Umlandgemeinden konzeptionell und daraus folgend politisch-administrativ auf das Umland aus. Als Ausweg aus diesen Problemen und damit zur dritten Reaktion auf Industrialisierung und Bevölkerungswachstum wurde die Eingemeindung umliegender Ämter und Gemeinden zum Eckpfeiler von Stadtplanung und Raumordnung und ebnete vielfach erst den Weg zur Großstadtwerdung.

Die Räume zwischen den großen Hellwegstädten Duisburg, Essen und Dortmund entwickelten sich in unterschiedlicher Weise. Zwischen Duisburg und Essen konnte Mülheim durch Eingemeindungen das Stadtgebiet von acht auf 78,5 km² vergrößern und sich gegen die funktional bedeutenderen Nachbarn behaupten. Der Raum zwischen Essen und Dortmund, in dem sich halbwegs konkurrenzfähige Zentren erst im 19. Jh. zu entwickeln begannen, wurde dagegen zu einem Gebiet mehrfacher Umorientierungen, in dem alle drei dargestellten Formen der kommunalen Veränderungen auftraten. So wurde mit dem Anwachsen der Bevölkerung 1875 das Amt Herne geteilt. Die Gemeinden Baukau, Bladenhorst, Herne, Hiltrop, Horsthausen und Pöppinghausen verblieben im Amt Herne, während die Gemeinden Bickern, Crange, Eickel, Holsterhausen und Röhlinghausen in ein neues Amt Wanne überführt wurden.

Reekers 1977, ARL 1971; Kartographie: Gudrun Reichert

Abb. 1.2.2 Die administrativ-territoriale Entwicklung bis 1906

Namensgeber war dabei der Bahnhof, der für die Gemeinden Crange und Eickel 1864 auf ein freies Feld mit der Bezeichnung „In der Wanne" gesetzt worden war.

Aus dem Kreis Bochum wurde 1876 die Stadt Bochum ausgekreist. Die Ämter Herne und Wanne verblieben im Landkreis Bochum, bis 1885 die Ämter mit der stärksten Bevölkerungskonzentration im Nordwesten des Kreises Bochum, darunter auch das Amt Wanne, den Kreis Gelsenkirchen bildeten. Von diesem Amt Wanne wurde 1891 das Amt Eickel mit den Gemeinden Eickel und Holsterhausen abgetrennt. Aus dem Kreis Gelsenkirchen wurde 1896 die Stadt Gelsenkirchen ausgekreist, die sich in den folgenden Jahren zu einem funktionalen Konkurrenten Bochums entwickelte. Die Ämter Wanne und Eickel verblieben im Landkreis Gelsenkirchen. Mit der Verleihung der Stadtrechte an Herne am 1.4.1897 wurden das Amt Herne aufgelöst und die verbliebenen Gemeinden zum Amt Baukau zusammengefasst; aus diesem Amt fiel 1902 die Gemeinde Hiltrop an die Stadt Bochum. Durch Kabinettsordre wurde am 13.8.1897 die Gemeinde Bickern in Gemeinde Wanne umbenannt.

Zeitgleich mit dem Kreis Gelsenkirchen wurde im Süden des alten Landkreises Bochum 1885 der neue Kreis Hattingen gebildet; 1899 schied Witten als kreisfreie Stadt aus dem Kreis Bochum aus. Am Ende des Jahrhunderts war der Kreis Bochum auf ein Viertel seiner ehemaligen Größe geschrumpft. In der politischen Diskussion war die Eingemeindung unmittelbar benachbarter Landgemeinden 1904 für

Bochum besonders wichtig, weil die Stadt auf diese Weise den Großstadtstatus erreichte und sich damit sowohl gegen Gelsenkirchen – seit 1903 Großstadt – als auch im Zwischenraum zwischen Essen und Dortmund behaupten konnte.

1902 erhielt Castrop Stadtrechte und die verbliebenen Gemeinden des Amtes Castrop, darunter die Gemeinden Sodingen, Börnig und Holthausen, bildeten das Amt Sodingen.

1906 wurde die Gemeinde Wanne in die Gemeinde Crange eingemeindet. Am 1.7.1906 wurde Herne kreisfreie Stadt, mit rund 33.000 Einwohnern die kleinste in Westfalen; die Gemeinden Baukau und Horsthausen wurden ihr zugeschlagen, die Gemeinden Bladenhorst und Pöppinghausen bildeten das neue Amt Bladenhorst. 1910 wurde die Gemeinde Holsterhausen in die Gemeinde Eickel eingemeindet.

Die kommunale Neugliederung 1926–1929

Von der Mitte des 19. Jh.s bis zum Ersten Weltkrieg war der Raum zwischen Bochum und Gelsenkirchen derjenige mit den stärksten administrativen Veränderungen gewesen. Im Landkreis Bochum des Jahres 1858 hatte es drei Städte und sechs Ämter gegeben; 1897 war dieses Gebiet auf drei Landkreise, zwei Stadtkreise, vier Städte und 17 Ämter aufgeteilt. Bei allen Zusammenlegungen und Neuorientierungen der Gemeinden war man jedoch bemüht gewesen, die äußeren Kreisgrenzen vom Anfang des Jahrhunderts unangetastet zu lassen. Dazu hat allerdings vor allem beigetragen, dass – anders als im Umfeld von Essen oder Dortmund – die wirtschaftliche und politische „Sogwirkung" einer in ihrer Funktionalität wachsenden Großstadt fehlte.

Während bis zum Ersten Weltkrieg die Auskreisungen und Eingemeindungen als der politisch-administrative Abschluss einer wirtschaftlichen und siedlungsbezogenen Entwicklung angesehen werden konnten (nachvollziehende Eingemeindung), wurden in den 1920er Jahren durch leistungsfähige Stadtplanungsämter und den Siedlungsverband Ruhrkohlenbezirk, der 1920 mit Blick auf den regionalen Zusammenhalt und die Notwendigkeit von Regionalplanung gegründet worden war, Studien vorgelegt, die auf die Entwicklung funktionaler Zusammenhänge ausgerichtet waren und die die dazu notwendigen Eingemeindungen einschlossen.

Nachdem von Seiten der Regierung der Idee einer von Duisburg bis Dortmund reichenden Ruhrstadt eine Absage erteilt worden war, legte die Stadt Duisburg unter Eingemeindung ihrer Nachbarstädte und -gemeinden beiderseits des Rheins den Plan für eine „Ruhrmündungsstadt" vor, und der Siedlungsverband Ruhrkohlenbezirk präsentierte ein Neuordnungskonzept, das von der funktionalen und demografischen Dominanz der großen Städte ausging, um die das übrige Ruhrgebiet arrondiert werden sollte (vgl. Abb. 1.2.3). Die Stadt Bochum selbst legte eine Denkschrift vor, in der die Eingemeindung von 20 Gemeinden aus den Kreisen Bochum, Gelsenkirchen und Hattingen als notwendig

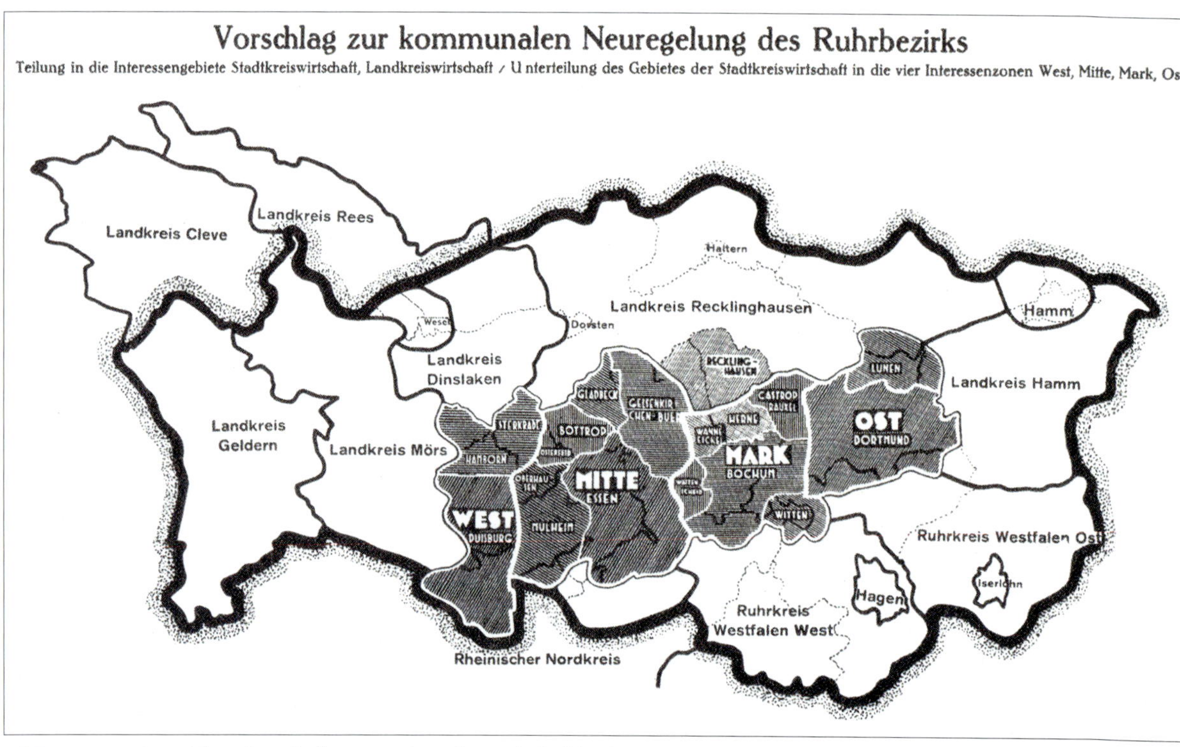

Abb. 1.2.3 Vorschlag des Siedlungsverbandes Ruhrkohlenbezirk zur kommunalen Neuregelung 1928

angesehen wurde. Neben Gelsenkirchen und Herne lehnte auch Bochum die seit Längerem bestehenden Einigungsbestrebungen der beiden Ämter Wanne und Eickel ab, da sie diese Ämter eingemeinden wollten, um bei weiterem eigenen Anwachsen genügend Siedlungsgelände zur Verfügung zu haben. Die Ansichten dieser Kommunalverwaltungen wurden von den Bergwerksgesellschaften unterstützt, deren Bestreben es war, ihren Felderbesitz und ihre Betriebsanlagen möglichst in einer einzigen Kommune zu vereinen.

Um sich sowohl gegen die Expansionspläne Bochums als auch Gelsenkirchens zu wappnen, schlug die Stadt Herne selbst die Bildung einer Kanalstadt aus Herne, Wanne-Eickel, Recklinghausen-Süd und Castrop-Rauxel vor. Der Siedlungsverband bevorzugte aufgrund der guten Straßen- und Schienenverbindungen sowie der gemeinsamen Beteiligung an der Hafengesellschaft eine Vereinigung von Wanne-Eickel und Herne, forderte aber – im Falle, dass dieser Zusammenschluss nicht realisiert werde – deren weitere Selbstständigkeit, damit sich im Hinblick auf eine spätere Zusammenführung ein ausreichendes städtisches Eigenleben entwickeln könne.

Nicht zuletzt aufgrund der anhaltenden Proteste von Seiten der Städte und Gemeinden, die dem Expansions- und Eingemeindungsdrang der Großstädte zum Opfer fallen sollten, sprach sich die preußische Staatsregierung bereits im Vorfeld der kommunalen Neuordnung gegen die Bildung nur weniger Großstädte im Ruhrgebiet aus und gab dem Votum der kleineren Ruhrgebietsstädte für die Bildung von Mittelstädten eine Chance.

Im Raum um Wanne-Eickel und Herne wurde die Neuordnung in drei Abschnitten durchgeführt. 1926 wurde der Landkreis Gelsenkirchen auf die bestehenden kreisfreien Städte Bochum, Gelsenkirchen und Herne sowie auf die neuen kreisfreien Städte Wattenscheid und Wanne-Eickel verteilt. Die neugebildete Stadt Castrop-Rauxel, die 1928 kreisfrei wurde, erhielt die ehemaligen Gemeinden Bladenhorst und Pöppinghausen. 1928 wurde in gleicher Weise der Landkreis Dortmund aufgelöst; an die bestehende kreisfreie Stadt Herne fiel das Amt Sodingen mit den Gemeinden Börnig, Holthausen und Sodingen. Im Zuge der Arrondierung Bochums fiel 1929 schließlich ein kleiner Teil von Gerthe an die Stadt Herne.

Insgesamt blieb im Ruhrgebiet zwar eine Mischung aus Großstädten, Mittelstädten und Landkreisen erhalten, im Kernbereich stießen aber nunmehr die kreisfreien Städte unmittelbar aneinander. Diese Stadtkreiszone entlang des Hellwegs wird von Großstädten dominiert, Mittelstädte treten an ihrem Rand in der südlichen Emscherzone auf, aber auch im Bereich zwischen Bochum und Gelsenkirchen, wo der Wettbewerb um die funktionale Dominanz zwischen diesen beiden Städten noch nicht entschieden war.

Die Großstädte waren flächen- und bevölkerungsmäßig gestärkt worden. So stieg als Folge der Neuordnung die Einwohnerzahl Duisburgs um 37,1 %, die von Bochum um 32,4 % und die von Dortmund um 29,4 %. In Essen nahm die Einwohnerzahl zwar nur um 25,7 % zu, 1929 war die Stadt aber mit 644.850 Einwohnern zur fünftgrößten Deutschlands geworden.

Seitens der preußischen Regierung wurde betont, dass die neuen Grenzen der voraussehbaren Entwicklung Rechnung tragen und Bestand haben sollten. Dieses Ziel wurde erreicht; denn nach einer Zeit der Unruhe, die 1868 begann und in der fast jedes Jahr Umgruppierungen durchgeführt worden waren, veränderten sich die Grenzziehungen von 1929, von kleinen Korrekturen abgesehen, bis in die 1960er Jahre nicht mehr.

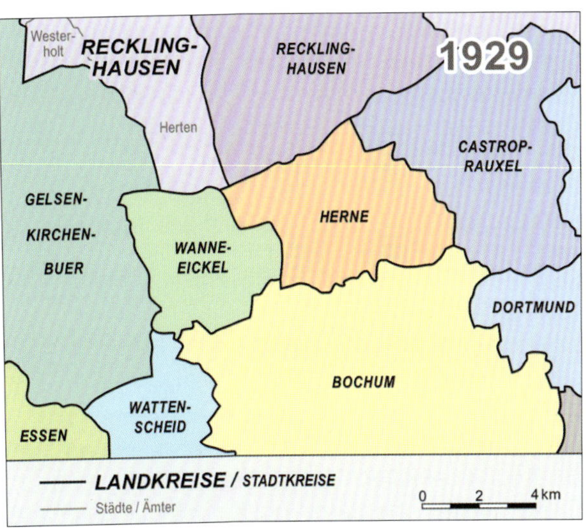

Reekers 1977; Kartographie: Gudrun Reichert

Abb. 1.2.4 Die administrative Gliederung 1929

Die kommunale Neugliederung 1975

Wie alle Flächenländer der Bundesrepublik unterzog auch Nordrhein-Westfalen in den 1960er Jahren die überkommenen Gemeindestrukturen einer an den Zielen der Raumordnung orientierten Revision. Ein erstes Neuordnungsprogramm mit Schwerpunkt auf den Landgemeinden wurde zwischen 1966 und 1969 umgesetzt. In der zweiten Phase von 1969 bis 1975 wurde, häufig gegen den erbitterten Widerstand der betroffenen Gemeinden und Städte, die Neuordnung in den Ballungsräumen durchgeführt. Nachdem bereits im Entwicklungsprogramm Ruhr von 1968 festgestellt worden war, dass das Ruhrgebiet wegen der komplexen Verhältnisse einer besonderen Untersuchung und Überprüfung bedürfe, reiste ab 1969 unter der Führung des Ministerialdirigenten Paul Eising eine Kommission durch die Ruhrgebietsstädte; sie besuchte vom 8. bis 11. Juli 1969 Herne und vom 23. bis 26. Februar 1970 Wanne-Eickel. Die Rückäußerungen der Kommission zeigten, dass die Stadt Herne in ihrer Präsentation den Eindruck einer Stadt mit funktionaler Ausstrahlung vermitteln konnte, während in Wanne-Eickel ein deutlicher Entwicklungsrückstand gegenüber anderen Ruhrgebietsstädten gesehen wurde; eine weitere Selbstständigkeit wurde als fraglich angesehen, und die Kontaktaufnahme mit Nachbarstädten mit dem Ziel eines Verbundes wurde empfohlen.

Als Ergebnis ihrer Bereisung legte die Eising-Kommission 1970 einen ausgearbeiteten Neuordnungsvorschlag für das Ruhrgebiet vor. Um Regionalplanung, Bauleitplanung und Wirtschaftsförderung enger zu verbinden, damit Industrieansiedlungen und Siedlungsschwerpunkte großräumiger geplant, die Strukturen verbessert und das Konkurrenzdenken der Kommunen überwunden werden könnten, sollten vier bis sechs Stadtverbände eingerichtet werden, und zwar um die Oberzentren Duisburg, Essen, Bochum und Dortmund sowie optional um Gelsenkirchen und Recklinghausen. Dabei orientierte sich die Kommission an den Knotenpunkten des geplanten Stadtbahnnetzes und an den Entwicklungsachsen, wie sie im Landesentwicklungsplan II von 1970 festgelegt waren. Die Städte sollten weiterhin ihre Steuerhoheit ausüben sowie ihre kommunalen Selbstverwaltungsaufgaben in den Bereichen Kultur, Bildung und Soziales und die Bauleitplanung behalten. Regionale Aufgaben und oberzentrale Funktionen wie Flächennutzungsplanung, Industrieansiedlung, Verkehrsplanung sowie Ver- und Entsorgung hätten vom jeweiligen Städteverband auf einer noch festzulegenden Verwaltungsebene wahrgenommen werden sollen. Von Duisburg abgesehen, lehnten alle Ruhrgebietskommunen diesen Vorschlag ab, da eine noch zu verhandelnde Verkehrsplanung keine hinreichende Grundlage sei, Konkurrenzen nur auf eine übergeordnete Ebene verlagert würden und letztendlich die Finanzkraft der Städte ausgehöhlt würde.

Eine weitere Reaktion der Kommunen auf den Plan der Eising-Kommission war eine Flut von Gegenvorschlägen. Dazu gehörte auch der Plan des Herner Oberstadtdirektors Ostendorf, der einen Verbund der Emscherstädte Wanne-Eickel, Herne, Castrop-Rauxel und Recklinghausen vorsah; dieser Plan wurde bis in das Jahr 1973 hinein zwischen den beteiligten Kommunen diskutiert.

1972 präsentierte der Innenminister Willy Weyer – von den Staatssekretären Friedrich Halstenberg und Heinz Stakemeier ausgearbeitet – als Modell 1 ein Städte- und Kreismodell (vgl. Abb. 1.2.5). Dieser Plan basierte auf einer rigorosen Eingemeindungspolitik und hatte Großstädte von mindestens 200.000 Einwohner als konzeptionelle Basis. Herne und Wanne-Eickel wären danach – ebenso wie Wattenscheid – nach Bochum eingemeindet worden. Der Rat der Stadt Bochum sprach sich am 8.1.1973 für diesen Zusammenschluss aus, Herne, Wanne-Eickel und Wattenscheid lehnten ihn dagegen ab.

Im Modell 2 wurde als Variante zum Vorschlag der Eising-Kommission eine Städteverbandslösung vorgeschlagen, die nur noch auf die vier Oberzentren der Hellwegzone ausgerichtet war; Herne und Wanne-Eickel wären in einem Stadtverband dem Oberzentrum Bochum zugeordnet worden (vgl. Abb. 1.2.6).

Die heftige Diskussion und häufig grundlegende Ablehnung dieser Vorschläge von Seiten der politischen Führungen der Ruhrgebietskommunen war von ebenso hitzigen Debatten in der Presse begleitet; zudem zeigt die Bildung von Bürgerinitiativen in einer Zeit, in der diese Form des Bürgerprotestes nicht selten etwas Anrüchiges hatte, wie sehr die von oben verordnete Neuordnung das Lebensgefühl und die Identität der Bürger berührte. 1972 entstanden in Herne und in Wanne-Eickel derartige Bürgerinitiativen, die eine Eingemeindung nach Bochum ablehnten und den Erhalt der Selbstständigkeit der jeweiligen Stadt forderten. Sie arbeiteten mit den Bürgerinitiativen in Wattenscheid und Castrop-Rauxel zusammen; gemeinsam kündigten sie dem Ministerpräsidenten an, dass sie sich mit allen legalen Mitteln gegen eine Eingemeindung wehren würden, eine Neugliederung unter Erhalt ihrer Selbstständigkeit in einem Städteverbund mit den Nachbarn könnten sie sich aber vorstellen.

Als sich Anfang 1973 herauskristallisierte, dass ein solches Städteverbundmodell keine politische Mehrheit erhalten würde, wurde aufgrund der guten Vorbereitungen binnen weniger Wochen bereits ein Gebietsveränderungsvertrag zwischen Wanne-Eickel, Herne, Castrop-Rauxel und Recklinghausen diskutiert. Ungeachtet der unterschiedlichen Schwerpunktsetzungen in den betroffenen Städten scheiterte aber letztlich auch diese Variante, weil die großen Landtagsfraktionen sich mittlerweile anders entschieden hatten. Mit deren Plan vom Mai 1973, Recklinghausen und Castrop-Rauxel in den Kreis Recklinghausen einzugliedern und aus Wanne-Eickel und Herne eine neue Großstadt zu bilden, war die Neuordnung in der Mitte des Ruhrgebiets faktisch beendet.

Mit dem Ruhrgebiet-Gesetz, das am 1.1.1975 in Kraft trat, blieben von den 16 kreisfreien Städten des Ruhrgebiets nur noch neun übrig. Neben den vier Oberzentren Duisburg, Essen, Bochum und Dortmund behielten Oberhausen, Mülheim, Bottrop, Gelsenkirchen und Herne ihre Kreisfreiheit, während die Städte Castrop-Rauxel, Gladbeck, Lünen, Recklinghausen und Witten sie verloren. Die kreisfreien Städte Bochum und Wattenscheid wurden zur neuen kreisfreien Stadt Bochum zusammengeschlossen, die kreisfreien Städte Herne und Wanne-Eickel zu einer neuen kreisfreien Stadt Herne. Dieser gab die alte Stadt Herne ihren Namen, die alte Stadt Wanne-Eickel das Stadtwappen und die Stadtfarben (s. S. 15).

1.3 Regionale Einordnungen

Die Gliederung des Ruhrgebiets in verschiedene Entwicklungs- und Strukturzonen trägt der raumzeitlich unterschiedlichen Wirtschaftsentwicklung der verschiedenen Teile der Region von der Mitte des 19. Jh.s bis in die 1960er Jahre Rechnung.

Mit der phasenhaften Nordwanderung der Bergbaufront wurden vorhandene Leitlinien – Ruhr, Hellweg und Lippe – neu bewertet und neue Verkehrswege (u. a. Köln-Mindener-Eisenbahn, Rhein-Herne-Kanal) geschaffen, auf die sich immer größere und komplexere Bergbau- und Industrieanlagen auf immer ausgedehnteren Flächen ausrichteten. Während sich die industrielle Entwicklung in der Hellwegzone noch an den vorhandenen vor- und frühindustriellen Stadt- und Verkehrsstrukturen orientierte, dehnten sich industrielle Strukturen beiderseits der Emscher in einen Raum aus, den der Bochumer Stadtgeograph Peter Schöller als ein „offenes Urbanisationsfeld" bezeichnet hat. Die Montanindustrien, insbesondere der Bergbau, zogen Bevölkerung in diesen zuvor fast menschenleeren Raum. Die Industriedörfer, die entstanden und den Begriff vom „Revier der großen Dörfer" prägten, wuchsen und wurden, wenn sie mit Nachbardörfern eine gewisse Bevölkerungszahl überschritten, zu Städten erhoben. Herne und Wanne-Eickel sind derartige Städte des Industriezeitalters in der Emscherzone.

Nach dem Landesentwicklungsplan des Landes Nordrhein-Westfalen liegt die 1975 gebildete kreisfreie Stadt Herne im Kern der Rhein-Ruhr-Ballung und im Kreuzungspunkt mehrerer Entwicklungsachsen, darunter der vom Rhein-Herne-Kanal, mehreren Eisenbahnlinien und der Bundesautobahn A42 gebildeten großräumigen Entwicklungsachse vom Rhein über Hamm und Bielefeld nach Hannover. Die Stadt ist regionalplanerisch als Mittelzentrum eingestuft. Im administrativen Bereich umfasst diese funktionale Einstufung Einrichtungen, die sowohl in Herne als auch in Wanne-Eickel vorhanden sind (Amtsgericht), solche, die Herne aufgrund seines kreisfreien Status' aufweist, deren Zuständigkeitsbereiche jedoch nicht über die Stadtgrenze hinausgehen (Amtsgericht, Finanzamt, Agentur für Arbeit) sowie solche von wirklicher zentralörtlicher Bedeutung. Es sind dies:

- das Arbeitsgericht Herne mit Zuständigkeit für die Stadt Herne und den Kreis Recklinghausen, ausgenommen die Stadt Gladbeck,
- die Kreishandwerkerschaft Herne mit Zuständigkeit für die Stadt Herne und die Stadt Castrop-Rauxel im Kreis Recklinghausen,
- die Gemeindeprüfungsanstalt Nordrhein-Westfalen mit Zuständigkeit für das gesamte Bundesland Nordrhein-Westfalen und
- die Fortbildungsakademie des Innenministeriums Nordrhein-Westfalen, ebenfalls mit landesweiter Zuständigkeit.

Zusammen mit den Städten Bochum, Essen, Gelsenkirchen, Mülheim an der Ruhr und Oberhausen hat

nach RVR/Wehling 2010; Kartographie: Gudrun Reichert

Abb. 1.3.1 Die Lage Hernes in den Entwicklungszonen des Ruhrgebiets

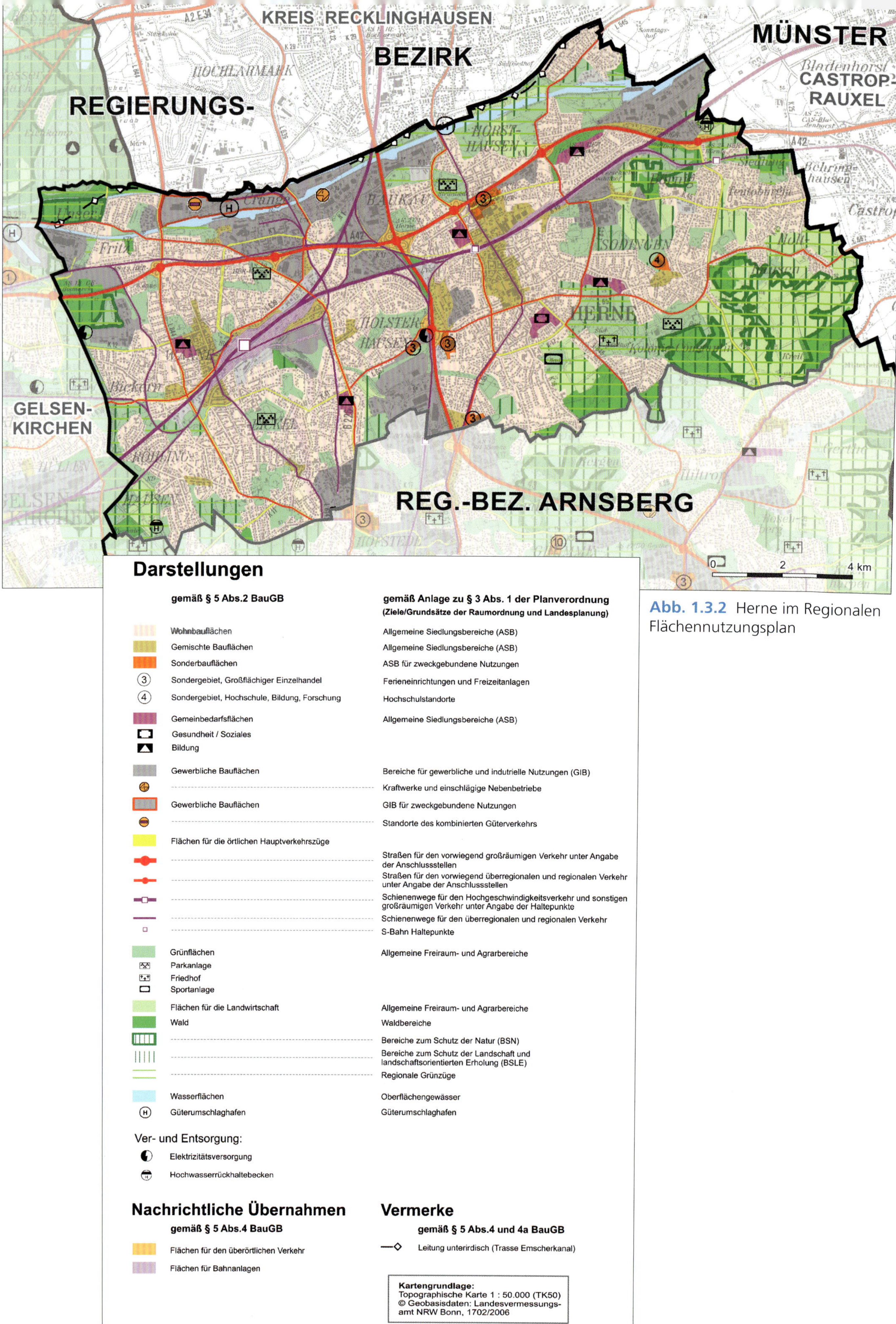

Städteregion Ruhr 2008, Grenzen ergänzt

Abb. 1.3.2 Herne im Regionalen Flächennutzungsplan

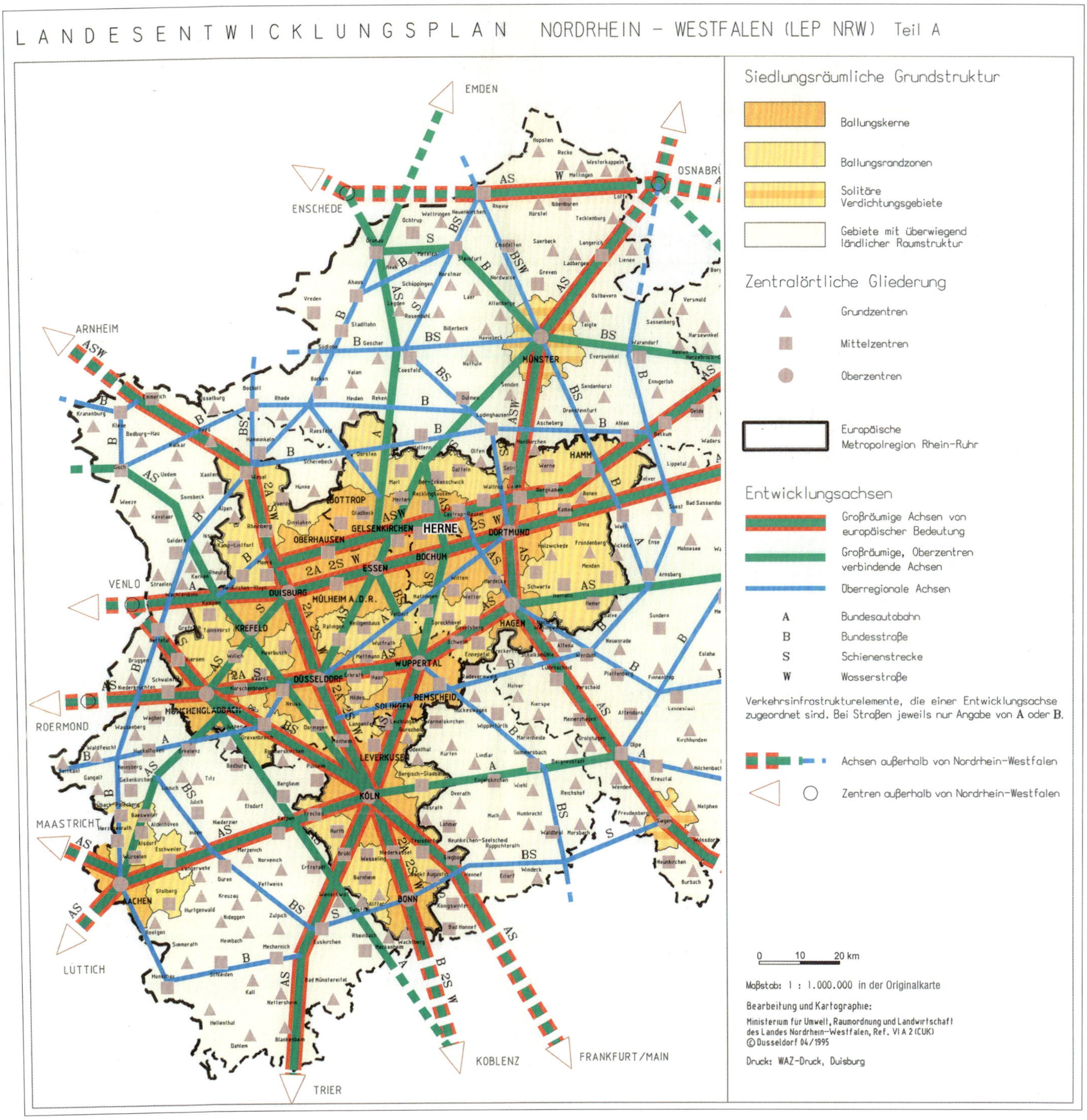

Abb. 1.3.3 Regionalplanerische Einordnungen

NRW Landesentwicklungsplan I/II, 1979

Herne 2005 eine Planungsgemeinschaft u. a. zur Aufstellung eines gemeinsamen regionalen Flächennutzungsplans (RFNP) begonnen. Dieser wurde 2009 beschlossen, durch das Ministerium für Wirtschaft, Mittelstand und Energie des Landes Nordrhein-Westfalen genehmigt und trat am 3.5.2010 als erster RFNP in Deutschland in Kraft. Seine Besonderheit besteht darin, dass er gleichzeitig die Funktion eines Regionalplans und eines gemeinsamen Flächennutzungsplans übernimmt.

1.4 Überregionale Beziehungen

Während die ehemalige Stadt Wanne-Eickel überhaupt keine Städtepartnerschaften eingegangen war, pflegte Herne solche seit Jahrzehnten und folgte bei der Wahl der Partnerstädte den sich verändernden nationalen und internationalen Zeitströmungen.

Mit der Bergbaustadt Hénin-Beaumont im französischen Departement Pas de Calais, mit deren heutigen Ortsteil Hénin-Liétard Herne 1954 seine erste

Foto: H.-W. Wehling 2020

Abb. 1.4.1 Die Partnerstädte Hernes, Straßenschild auf dem Robert-Brauner-Platz

Städtepartnerschaft nach dem Krieg vereinbarte, bestand eine historische Beziehung. Am 10..3.1906 ereignete sich im Pas de Calais das bis dahin größte Grubenunglück der Welt, bei dem über 1.000 Bergleute starben. Bereits am nächsten Tag brach eine Rettungsmannschaft von der Gelsenkirchener Zeche „Rheinelbe" und der Herner Zeche „Shamrock" auf, um im Land des „Erbfeindes" Hilfe zu leisten; letztlich war diese Mannschaft an der Rettung von dreizehn Bergleuten beteiligt. Dieses Zeichen der Völkerverständigung wurde nach dem Zweiten Weltkrieg wiederaufgenommen; mit dieser sehr frühen Städtepartnerschaft spielte Herne eine Vorreiterrolle in der Versöhnung zwischen Deutschen und Franzosen und erhielt dafür 1967 die Aristide-Briand-Medaille der Europäischen Akademie Otzenhausen.

Die zweite frühe Städtepartnerschaft ging Herne 1956 mit der englischen Bergbaustadt Castleford in

Mit der Erhebung zur Stadt am 1.4.1897 erhielt Herne das Recht, ein eigenes Wappen zu führen. Das erste Stadtwappen, ein Entwurf des Berliner Professors Hildebrand, führte Herne vom 30.7.1900 bis zum 30.11.1937. Die Grundlage der bildlichen Darstellung bildet ein dreiteiliger roter Hügel als Hinweis auf „heri"/„haar" (Anhöhe) und auf Westfalen als Land der roten Erde. Aus dem Hügel wächst eine Eiche als Zeichen westfälischer Kraft, Ausdauer und Bodenständigkeit. Das Bergmannsgezähe (Schlägel und Eisen) nimmt ebenso Bezug auf den Bergbau wie das dreiblättrige Kleeblatt als Hinweis auf die Zeche Shamrock (Kleeblatt), der ersten in Herne abgeteuften Zeche. Die dem Wappen aufliegende Mauerkrone gehörte zur Standardausstattung aller preußischen Wappen. 1937 wurde das Wappen nach neuen heraldischen Grundsätzen umgestaltet; die Mauerkrone entfiel, weil sie kein Bestandteil des eigentlichen Wappens war. Herne führte das Wappen in dieser Form vom 30.11.1937 bis zum 31.12.1974.

Die Stadt Wanne-Eickel erhielt am 14.6.1929 die Genehmigung zur Führung eines Wappens. Dieses wird dominiert von einem schwarzen, springenden Wildpferd zur Erinnerung an die alte Wildpferdezucht im Emscherbruch nahe Crange. Hinzu tritt das seit 1275 nachweisbare Wappen der Herren von Eikkel, ein roter Schrägbalken in weißem Feld mit drei goldenen Rauten. Wanne-Eickel führte dieses Wappen bis zum 31.12.1974.

Mit dem Zusammenschluss der beiden Städte entstand das Wappen der neuen Stadt Herne als vereinfachte bildliche Symbiose der beiden alten Wappen. Dieses Stadtwappen, das seit dem 1.1.1975 geführt wird, zeigt in Gold (Gelb) ein schwarzes, springendes Pferd, rechts darüber ins Kreuz gestellt Schlägel und Eisen. Die Stadtfarben sind „gelb-schwarz-gelb".

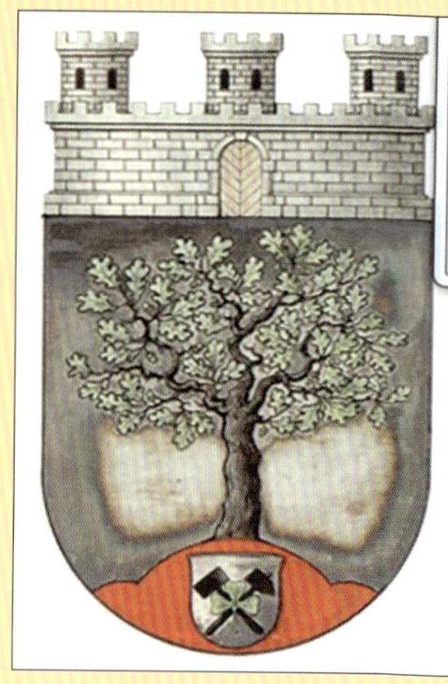

https://www.herne.de/Stadt-und-Leben/Stadtgeschichte/Stadtwappen (abgerufen am 08.07.2021)

Abb. 1.4.2 Wappen der Stadt Herne 1900–1937

https://www.herne.de/Stadt-und-Leben/Stadtgeschichte/Stadtwappen (abgerufen am 08.07.2021)

Abb. 1.4.3 Wappen der Stadt Herne 1937–1974

https://www.herne.de/Stadt-und-Leben/Stadtgeschichte/Stadtwappen (abgerufen am 08.07.2021)

Abb. 1.4.4 Wappen der Stadt Wanne-Eickel 1929–1974

https://www.herne.de/Stadt-und-Leben/Stadtgeschichte/Stadtwappen (abgerufen am 08.07.2021)

Abb. 1.4.5 Wappen der Stadt Herne ab 1975

West Yorkshire ein. Im Zuge der englischen Gebietsreform von 1974 wurde Castleford dem Wakefield Metropolitan District Council zugeordnet, mit dem seitdem die Städtepartnerschaft fortgeführt wurde. Außer mit Herne unterhält Wakefield Städtepartnerschaften mit Castrop-Rauxel und Hénin-Beaumont.

Eine zweite Phase der Städtepartnerschaften begann in den 1980er Jahren. Der 1986 gegründete Verein „Hermanidad – Städtepartnerschaft Ometepe-Herne" hatte bereits über mehrere Jahre Kontakte nach Nicaragua unterhalten, die Herner Bevölkerung über die dortigen Verhältnisse unterrichtet und Hilfsmaßnahmen für die Siedlungen auf der Vulkaninsel Ometepe im Lago Cocibolca gestartet. Wesentliches Ziel der 1988 unterzeichneten Städtepartnerschaft ist die Durchführung von Entwicklungsprojekten, die die Lebensverhältnisse auf Ometepe verbessern sollen.

Die mit der Perestroika verbundene Öffnung Russlands nach Westen nutzte die Stadt Herne 1990, um eine Städtepartnerschaft mit der Stadt Belgorod am Oberlauf des Donez einzugehen. Außer mit Herne unterhält Belgorod eine Städtepartnerschaft mit Wakefield.

Da sich Herne lange vor den umwälzenden Ereignissen in der DDR um eine Städtepartnerschaft mit der Stadt Eisleben bemüht hatte – diese war jedoch immer wieder abgelehnt worden –, konnte aufgrund einer positiven Grundstimmung bereits Ende Oktober 1990 der Partnerschaftsvertrag mit der Lutherstadt Eisleben genannten Stadt unterzeichnet werden.

Zwischen den Partnerstädten Hernes bestanden und bestehen intensive bilaterale Beziehungen. So war Hénin-Beaumont bereits 1989 mit der polnischen Stadt Konin eine Partnerschaft eingegangen. Auf Fürsprache von Hénin-Beaumont kam im Oktober 1991 auch die Partnerschaft zwischen Herne und Konin zustande. Konin unterhält zudem eine Städtepartnerschaft mit Wakefield.

Die dritte Phase der Aufnahme von Städtepartnerschaften begann 2016, als Herne eine entsprechende Vereinbarung mit Beşiktaş traf, einem Landkreis der türkischen Provinz Istanbul und gleichzeitig ein Stadtteil im europäischen Teil Istanbuls.

Mit der Stadt Luzhou in der Provinz Sichuan der Volksrepublik China wurde 2018 die letzte Städtepartnerschaft beschlossen. Nachdem seit 2014 die eiserne Seidenstraße, eine Eisenbahnlinie von über 10.000 km, China mit Westeuropa und speziell mit Duisburg als dem größten Binnenhafen verbindet, versuchen die Städte, Anschluss an diese Entwicklung zu bekommen. Hernes neue Partnerstadt Luzhou ist unmittelbarer Nachbar der Millionenstadt Chingqing, einem der chinesischen Endpunkte dieser neuen Seidenstraße.

Zudem unterhält Herne Patenschaften mit den niederschlesischen Städten Jawor (Jauer) und Strzelin (Strehlen) und mit der Stadt Szczytno (Ortelsburg) im polnischen Ermland-Masuren.

Abb. 2.0.1 Hof Kettling, Herne-Sodingen, erbaut 1819

Foto: H.-W. Wehling 2021

2 Die vorindustrielle Kulturlandschaft

Die südliche Emschertalung um Herne ist ein seit dem Paläolithikum besiedelter Raum. Vom frühen Mittelalter bis zum Beginn des 19. Jh.s entwickelte sich eine Siedlungslandschaft, die von wenigen Kirchdörfern und Weilern, von Wasserburgen und Herrensitzen, vor allem aber durch eine lockere Besiedlung geprägt war; eingestreut in landwirtschaftlich genutzte Flächen waren Bruchgebiete, Wälder und Ödlandbereiche.

2.1 Vor- und Frühgeschichte

Die ur- und frühgeschichtliche Forschung hat in Herne eine lange Tradition. Besonders die Grabungen von Karl Brandt, des ersten Direktors des Emschertal-Museums, haben seit den 1920er Jahren dazu beigetragen, dass das Stadtgebiet der ehemaligen Stadt Herne zu den am besten untersuchten des Ruhrgebiets gehört.

Die Verteilung der Fundstellen folgt durch alle Zeiten hindurch bestimmten Regelhaftigkeiten. Es sind die alten Bachläufe, die den urgeschichtlichen Menschen als Siedlungsstandorte attraktiv erschienen; so zeigen der Ostbach, der Westbach und der Schmiedebach eine hohe Funddichte, auch wenn einige durch die Begradigung der Bäche nicht mehr in deren unmittelbarer Nähe liegen. Auch die Emscher als der die Landschaft beherrschende Fluss war eine wichtige Leitlinie.

Weiterhin wird die Verteilung durch die Bodenbeschaffenheit beeinflusst; so findet sich eine Fülle der Fundstellen auf den ertragreichen Löss- und Lösslehmböden im Süden und Südosten.

Die Zeit vom Paläolithikum bis zum Ende des 9. Jh.s ist in unterschiedlicher Dichte durch Funde dokumentiert; die meisten stammen aus der Jungsteinzeit und der Eisenzeit.

1911 wurden beim Bau der Schleuse VI des Rhein-Herne-Kanals Steinwerkzeuge, Steinabfall und Tierknochen gefunden; die Fundstelle wurde in den folgenden Jahrzehnten mit zunehmend verbesserten Analysemethoden als Siedlungsplatz der Neanderta-

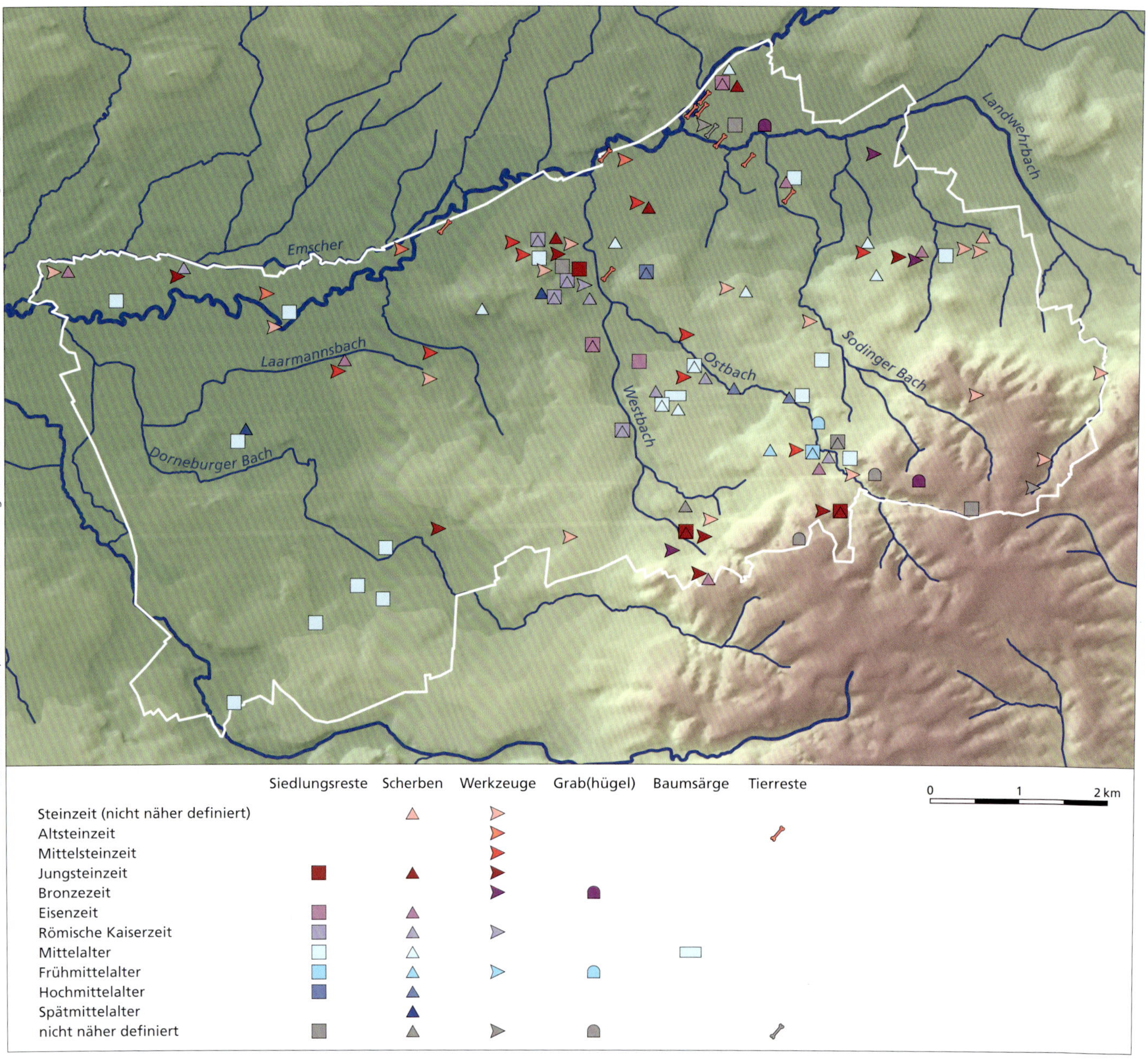

nach Wand-Seyer 1997 und Angaben der Außenstelle Olpe der LWL-Archäologie für Westfalen; Kartengrundlage: Harnischmacher 2012, zusätzliche Aufbereitung der GIS-Daten: Stefan Harnischmacher, Marburg; Kartographie: Birgit Sattler

Abb. 2.1.1 Vor-/frühgeschichtliche und mittelalterliche Funde

ler vor etwa 80.000 Jahren festgelegt. Ausweislich anderer Funde lebten hier mit ihnen am Beginn der Weichseleiszeit Mammut und Riesenhirsch. Als der Neandertaler um 50.000 v. Chr. ausstarb, erreichte die Weichseleiszeit gerade ihren Höhepunkt; seitdem fehlen über Jahrzehntausende Hinweise für die Anwesenheit von Menschen im Herner Raum. Diese gibt es erst wieder für die Zeit um 15.000 v. Chr., aber erst im Neolithikum wurden die Menschen sesshaft, betrieben Ackerbau und Viehzucht und vergrößerten ihren Bestand an Werkzeugen und Waffen. Das Neolithikum dauerte im Herner Raum etwa 3.000 Jahre; rund 22 Fundstellen aus dieser Zeit sind bekannt. Auch wenn manche Standorte nur einzelne Fundstücke geliefert haben, deutet die hohe Zahl von Fundstellen doch darauf hin, dass der Emscherraum ein bevorzugtes neolithisches Siedlungsgebiet gewesen ist. Dies gilt insbesondere für die fruchtbaren Böden, die im Süden an die Emschertalung anschließen; die Entdeckung der auf 4500 v. Chr. datierten und damit ältesten Siedlung Westfalens im Bochumer Stadtteil Bergen, unmittelbar südlich der Herner Stadtgrenze, ist ein wichtiger Beleg. Nach den Formen und Verzierungen lassen sich verschiedene neolithische „Kulturen" unterscheiden; während die früh- und mittelneolithischen Linienbandkeramiker und Rössener Leute vorzugsweise auf den Lössflächen im Süden Hernes und Norden Bochums siedelten, bevorzugten die spätneolithischen Becherleute die Emscherniederung – ob aus Mangel an anderen freien Standorten oder weil sie vorwiegend Viehzucht betrieben oder weil die Emscher als Verkehrsweg für sie wichtig war, ist nicht bekannt.

Wie in ganz Westfalen ist die nachfolgende Bronzezeit auch im Gebiet um Herne nur durch einige Funde belegt, nicht zuletzt, weil das Gebiet fernab von Kupfer- und Zinnvorkommen liegt; vielmehr legt der Fund eines Feuersteindolchs am Westring im Jahre 1966 die Vermutung nahe, dass zumindest in der frühen Bronzezeit Feuerstein noch ein wichtiger Werkstoff war. Allerdings wurde 1934 auf der Zeche „Friedrich der Große" auch ein Bronzebeil aus der Zeit von 1700 bis 1200 v. Chr. gefunden. Zu den bronzezeitlichen Funden gehören auch die auf einer Anhöhe im Gysenberger Wald gelegenen Grabhügel aus der älteren Bronzezeit, in der die Toten in ausgehöhlten Baumstämmen bestattet wurden, sowie die aus einer Grabung am Sportplatz am Schlosspark Strünkede stammenden Urnen und Beigefäße der jüngeren Bronzezeit, in der Leichenbrand üblich war.

In der Eisenzeit sind wiederum vorwiegend die fruchtbaren Böden und die Gebiete an den Bachläufen bevorzugte Siedlungsstandorte. Trotz etlicher Fundstellen kann aber über die Lebensverhältnisse nur gesagt werden, dass die Bewohner der Siedlungen Ackerbau betrieben, Vieh hielten und offensichtlich Garne und Stoffe herstellten, wie zahlreiche gefundene Webgewichte und Spinnwirtel anzeigen.

Aus dem Zeitraum von etwa 50 v. Chr. bis ins 4. Jh. n. Chr., der „Römischen Kaiserzeit", sind germanische Siedlungen durch Tonscherben belegt. Zudem ist ein Gräberfeld auf dem bereits erwähnten jungbronzezeitlichen Gräberfeld im Schlosspark Strünkede entdeckt worden. Im 4. Jh. nahmen die Einfälle germanischer Stämme in das Römische Reich zu und führten allmählich zu dessen Niedergang. Den Heerführern der von den Römern pauschal als „Franken" bezeichneten Stämme bot sich nun die Möglichkeit, eigene Herrschaftsbereiche aufzubauen. Der erfolgreichste war der Merowinger Chlodwig, der zwischen 482 und 509 ein fränkisches Großreich begründete, zu dem ausweislich der Bodenfunde auch der Emscherraum gehörte. Der bedeutendste Fund dieser Zeit ist das aufwändige Grab eines fränkischen Herrn an der Gysenbergstraße, dem seine Waffenrüstung, seine prächtige Tracht und möglicherweise ein Pferd mit Geschirr beigegeben war; andere sonst übliche Beigaben sind aber offensichtlich später von Grabräubern entwendet worden.

Insgesamt ist festzustellen, dass die paläo- und mesolithischen Fundstellen ausschließlich im Bereich der Emscherniederung zu finden sind, während die neolithischen Fundstellen über das gesamte Stadtgebiet bis in die südlichen Höhenlagen streuen und damit an die zeitgleichen Bochumer Siedlungen auf den Lössflächen der Gerther Höhen anschließen. Eisenzeitliche und kaiserliche Funde konzentrieren sich in Baukau und Herne-Mitte. Für die Merowingerzeit sind bisher nur Funde am Ostbach im Gysenberger Wald bekannt und mittelalterliche Funde zeigen wieder eine Verdichtung in Herne-Mitte und Baukau, vor allem in der alten dörflichen Siedlung Herne und um Schloss Strünkede.

2.2 Herrenhäuser, Dörfer und Bauerschaften

Vom Mittelalter bis zum frühen 19. Jh. hinein war der Emscherbruch siedlungsleer und verkehrsfeindlich. Die südliche Talniederung war dagegen frei von Verkehrshindernissen und aufgrund ihrer fruchtbaren, tonigen oder feinsandigen Lehme und des nicht allzu hohen Grundwasserstandes gut besiedelt. In einer von Einzelhöfen dominierten Kulturlandschaft entwickelten sich hier einige wenige Dörfer, die von weiten Ackerfluren umgeben waren. Es waren dies zum einen mit Wanne, Baukau, Altenhöfen und Sodingen kleinere lockere Haufendörfer und Weiler mit drei bis zehn Erbhöfen und bis zu 15 Kötterstellen. Hinzu traten zum anderen mit Herne, Eickel und Crange große geschlossene Haufendörfer mit

Das LWL-Museum für Archäologie

Am südlichen Ende der Herner Bahnhofstraße eröffnete 2003 das „LWL-Museum für Archäologie – Westfälisches Landesmuseum". Es präsentiert die wichtigsten Entdeckungen aus 200 Jahren archäologischer Forschung und Feldarbeit in Westfalen.

Die Bestände des Museums und die Idee der Archäologie in Westfalen gehen zurück auf die Gründung des Vereins für Geschichte und Altertumskunde Westfalens und die Eröffnung des „Museums Vaterländischer Alterthümer" in Münster im Jahre 1825. Dieses Museum fand jedoch erst 1908 einen festen Standort, als es als archäologische Abteilung in das neu gebaute Westfälische Provinzialmuseum am Domplatz in Münster integriert wurde. 1934 wurde es als „Landesmuseum für Ur- und Frühgeschichte" wieder eine eigenständige Institution. Nach der Zerstörung des Gebäudes im Zweiten Weltkrieg wurde ab 1963 ein Neubau begonnen, und von 1970 bis 1981 wurden einzelne Abteilungen eröffnet, die archäologische Funde von der Steinzeit bis zum 8. Jh. präsentierten, ab 1980 unter dem Namen „Westfälisches Museum für Archäologie". Als der Museumsbetrieb einschließlich Magazinen und Werkstätten in den 1980er Jahren an die räumlichen Kapazitäten stieß, begann die Suche nach einem neuen Standort. Unter den Bewerberstädten entschied sich die LWL-Landschaftsversammlung 1991 für Herne. Finanzielle Engpässe verhinderten zunächst die Realisierung, bis das Museum als letztes Projekt in die Internationale Bauausstellung Emscher Park aufgenommen wurde, wodurch spezielle Fördermittel des Landes Nordrhein-Westfalen erschlossen werden konnten.

Foto: H.-W. Wehling 2021

Abb. 2.1.2 LWL-Museum für Archäologie

Aus dem international besetzten Architektenwettbewerb von 1997 ging die Essener Architektengemeinschaft v. Busse Klapp Brüning als Sieger hervor, insbesondere, weil sie eine sinnliche Beziehung zur Kernnutzung des Baus dadurch herstellten, dass sie die Ausstellungflächen unterirdisch anlegten. Nach dem Aushub von rund 55.000 m³ Erdreich entstand auf 2.900 m² die Dauerausstellung; hinzu kommen Sonderausstellungsflächen von 800 m² bzw. 100 m² und ein 500 m² großer Raum für die Studiensammlung. Auch das Foyer, der Shop, die Räume der Museumspädagogik, das Kino, die Werkstätten und das Depot liegen im Untergeschoss. Das turmartige Eingangsgebäude, das das Café, den Vortragssaal und die Büros beherbergt, verbindet das Stadtniveau mit der tiefer gelegenen Hauptfläche des Museums, die sich durch abgesenkte Innenhöfe gliedert. Zwei Ausstellungsäume mit doppelter Raumhöhe und natürlicher Belichtung durch Shed-Dächer erheben sich aus dem Untergrund.

Foto: H.-W. Wehling 2019

Abb. 2.1.3 „Grabungslandschaft" der Dauerausstellung

Die Dauerausstellung präsentiert Funde aus der Zeit von vor 200.000 Jahren bis heute; sie sind dabei eingebettet in eine „Grabungslandschaft", die den Fundstücken ihren ursprünglichen Kontext gibt und gleichzeitig die Möglichkeit eröffnet, Grabungstechniken und -situationen nachzustellen und so die Archäologie erlebbar zu machen. Diesem Ziel dient insbesondere das Forscherlabor, in dem am Beispiel von Skeletten und Beigaben aus einem Großsteingrab in Warburg in 14 „Containern" die Anwendung unterschiedlicher historischer, physikalischer, chemischer, geologischer, biologischer und medizinischer Methoden in der Archäologie demonstriert wird. Im Jahr 2013 wurde zusätzlich auf dem Außengelände das 200 m² große GrabungsCAMP eröffnet, das realitätsnah die Elemente einer Ausgrabung inszeniert. Die durchschnittliche jährliche Besucherzahl liegt bei rund 80.000; bereits 2014 war der millionste Besucher gekommen.

Foto: H.-W. Wehling 2019

Abb. 2.1.4 Forscherlabor

der Funktion eines Kirchdorfes; sie wiesen mehr als 15 Erbhöfe sowie Handwerker und Händler auf und/oder verfügten über eine besondere Verkehrslage an einem Flussübergang oder einer wichtigen Regionalstraße. Hinzu traten Schwarmsiedlungen, auch Drubbel genannt, deren Höfe sich entlang von Bächen ausrichteten. Isoliert zwischen diesen Siedlungsformen lagen schließlich zahlreiche Einzelhöfe.

Die Einzelhofsiedlungen orientierten sich vorwiegend an den Bachläufen – Ostbach, Westbach,

Mühlenbach, Dorneburger Bach –, wobei die Wiesen und Weiden im Talgrund lagen, während sich zu beiden Seiten der Niederungen Wald und Ackerland abwechselten. Auch das Emschertal selbst war nicht überall siedlungsfeindlich. Nördlich von Herne und Baukau traten die Gehöfte mit ihrem Ackerland bis an die Talaue heran. Allerdings gab es auch im südlichen Talsandgebiet noch Anfang des 19. Jh.s Flächen, die aufgrund ihrer unvorteilhaften natürlichen Verhältnisse nur als Allmende genutzt wurden; so war die Cranger Heide Gemeindeweide, das Börniger Bruch war vermoort und versumpft.

Funktion und Formen der Herrenhäuser

Die Emscher erlangte als Verkehrsweg nie eine besonders große Bedeutung; vielmehr machten die häufige Verlagerung des Flussbettes und die breite, in weiten Teilen sumpfige Talniederung sie eher zu einem Verkehrshindernis. Dennoch sind von ihrer Quelle bis zu ihrer Mündung in einem Abstand von bis zu zehn Kilometern vom heutigen Verlauf entfernt mehr als 50 Burgen oder befestigte Häuser als Sitze des Landadels bekannt. Die häufige Verlegung des Flussbettes mag in der historischen Entwicklung zu ebenso häufiger Veränderung der Standortbedingungen geführt haben, so dass heute flussferne Standorte im historischen Verlauf durchaus flussnah gelegen haben können.

In einigen Fällen wurden auch Burgen errichtet, um den Übergang über die Emscher auf einer der wenigen Nord-Süd-Straßen zu schützen bzw. auf diesen Straßen Steuern einzutreiben. Andere Einnahmequellen in dieser wasserreichen Gegend waren der Fischfang, der Betrieb von Korn- und Ölmühlen, die zu benutzen die umliegenden Bauern durch Mühlenzwang genötigt waren, sowie schließlich der Fang und Verkauf der in dieser Bruchlandschaft lebenden Wildpferde, der sogenannten Emscherbrücher. Nachdem 1841 die letzte Herde der Emscherbrücher nach Dülmen verkauft und zur Weiterzucht der dortigen Herde der Dülmener Wildpferde genutzt worden war, gelten die Emscherbrücher als im Prinzip ausgestorben.

Die ehemaligen Herrenhäuser im heutigen Stadtgebiet lassen sich nach ihrer Lage in drei Gruppen gliedern. Ausgehend von Schloss Grimberg, kurz jenseits der Stadtgrenze auf Gelsenkirchener Gebiet gelegen, schützten die Häuser Hörstgen und Crange, Schloss Strünkede und Haus Sodingen das Emschertal, auf Castroper Gebiet gefolgt von Schloss Bladenhorst und Haus Vörde. Rund um die Eickeler Johanniskirche befanden sich Haus Eickel, Haus Bönninghausen, Haus Gosewinkel, Haus Dorneburg, Haus Nosthausen und Haus Lakenbruch; höher über dem Emschertal lagen im Südosten die Häuser Schadeburg und Gysenberg.

Die meisten Landadeligen besaßen die Rittergüter nicht als Eigentum, sondern als Lehen; im Herner Raum waren die Lehnsherren die Grafen von der Mark und die Grafen von Limburg-Styrum sowie die Grafen bzw. Herzöge von Kleve. Eine Vielzahl von Adelshäusern ist verschwunden, weil sie aufgegeben wurden, wenn beim Aussterben einer Familie das Lehen an ein anderes Geschlecht überging. Die zugehörigen Wirtschaftshöfe blieben meist erhalten, der Standort des Herrenhauses wurde meist der Wirtschaftsfläche wieder zugeführt. Seit der Industrialisierung kauften Bergbaugesellschaften einige, meist schon funktionslose Häuser auf, andere verschwanden vollständig im Rahmen städtischer Neuordnungsmaßnahmen. Von den fast zwanzig Herrenhäusern am Ende des Hochmittelalters mit ihren vielfältigen verwandtschaftlichen Beziehungen ist heute nur noch Schloss Strünkede erhalten; von Haus Crange ist nur noch eine Ruine vorhanden.

Zu einem Rittergut gehörten ein festes Haus und ein umfänglicher Landbesitz, dessen Bewirtschaftung von einem grundherrlichen Gutshof aus durchgeführt wurde. Da aber der Gutshof kaum gegen feindliche Angriffe zu verteidigen war, errichteten die Ritter des niederen Adels seit etwa dem 11. Jh. für sich und ihre Familien feste Häuser oder Wohntürme, umgeben von einem Wassergraben, sogenannte Motten. Die einfachste Form der Anlage war der Turmhügel, wie etwa bei der Burg Eickel, die noch 1613 als runder Hügel mit breiten Ringgraben bestand, aber abgerissen wurde. Die zweite Form ist die Wallburg; in Herne-Horsthausen wurden 1931 Reste eines quadratischen Hügels und eines umlaufenden Walls aus dem 11./12. Jh. erschlossen (Hilligenwall). Als die auf dem Hügel stehenden Wohntürme zu klein wurden, kamen Anbauten hinzu, und Fachwerkbauten wurden durch Steinbauten ersetzt, die häufig auf Pfähle gesetzt wurden.

Umfangreiche Burgen mit Palas, Bergfried, Kemenate und Umfassungsmauer zu errichten, war ihnen finanziell nicht möglich; außerdem waren diese dem höheren Adel vorbehalten. Bis ins 15. Jh. hinein entstanden neue Wasserburgen, wenn ein adliges Geschlecht sich teilte und die jüngere Linie eines der Lehngüter als neuen Wohnsitz bezog. Auch Oberhöfe eines Hofverbandes konnten zum festen Haus ausgebaut werden, wenn ein Adliger das Amt des Schulten übernahm. Bei manchen Adelssitzen entstanden aus Gerichtsrechten der Grundherren kleine Herrschaftsbezirke, die sog. Freiheiten. Durch den Besitz solcher Eigenherrschaften hoben sich auch die Herren von Strünkede aus der Masse des Landadels hervor. Im 16. und 17. Jh. gestalteten sie ihre Adelssitze in großzügige und kostspielige „Schlösser" um. Die Wassergräben wurden erweitert

eigener Entwurf; Stadt Herne, FB Vermessung und Kataster; Kartengrundlage: Urmesstischblatt, Blatt Herne, 1842; Kartographie: Sabrina Henschel

Abb. 2.2.1 Standorte der Herrenhäuser in der Kulturlandschaft Hernes 1845

Haus Bladenhorst
Haus Strünkede
Haus Schadeburg
Haus Alstede
Haus Sodingen
Haus Gysenberg
Herne
Sodingen
Holthausen
Börlinghausen
Oestrich
Riemke
Hiltrop
Gem: Gerthe
Gem: Behringhausen
0
1
2 km

und die Burginsel war an mehreren Seiten bebaut. Erweiterungen der Burg umfassten die Errichtung von Wirtschaftsgebäuden und – innerhalb oder außerhalb des Wassergrabens – einer Vorburg.

Die Herrenhäuser im Raum Herne fügen sich in unterschiedlicher Weise in diese besitzrechtlichen Grundprozesse und formalen Wandlungen ein.

Burg und Oberhof Eickel

Die Burg Eickel wurde im 9./10. Jh. auf einem etwa 50 m hohen Hügel erbaut und mit einem Wassergraben umgeben. Später ist die ursprüngliche Motte wohl umgebaut, zumindest aber erweitert worden, denn 1616 wird die bereits dem Verfall preisgegebene Anlage als eine hoch gelegene, breite Burg mit verschiedenen Gebäuden und Stallungen beschrieben. Sie sei von einem 15m breiten Graben umgeben gewesen, über den zwei Brücken durch das Turmhaus zur Burg hinaufgeführt hätten. Hier sei der Kützelbach als Annäherungshindernis höchst kunstvoll herumgeführt worden. Ab dem Jahr 1613 sei die Burg Eickel aber zum Steinbruch für die Dorfbewohner verkommen.

In der Nähe der Burg hatte sich der Oberhof Eickel als Sitz eines Schulten entwickelt. Er gehörte von 950 bis 1569 dem Kloster Pantaleon in Köln. Das Kloster hatte den Oberhof zunächst durch einen Klosterbruder verwalten lassen, übertrug die Bewirtschaftung aber bald dem Landadel, weil der Schutz gegen Ansprüche von Seiten Dritter vom Kloster nicht mehr gewährleistet werden konnte. Im von Fehden geprägten 12. und 13. Jh. kam es zu Schutzverhältnissen mit den Herren von Eickel; Wessel von Strünkede übernahm als Defensor (Schutzherr der Kirche und ihrer Güter) gegen eine jährliche Leistung von einem Fuder Wein oder zwei Mark den zusätzlichen Schutz des Oberhofes. Durch Einheirat gelangte der Oberhof mit seinen 28 Unterhöfen 1570 an die Herren von Hugenpoth. Nach dem Aussterben der Familie kam der Schultenhof zunächst an den Landwirt Middeldorf und dann an die Familie Gruthoff; ihr brannte der alte Hof ab und wurde durch einen Neubau im traditionellen Fachwerkstil ersetzt. Nach dem Ersten Weltkrieg erwarb die Stadt Wanne-Eickel den Schultenhof; auf seinem Gelände entstanden das Sudhaus der Brauerei Hülsmann und eine Neubausiedlung. Seit dem 14. Jh. ist in unmittelbarer Nähe der Burg, am heutigen Eickeler Markt, die Johann-Baptist-Kirche nachgewiesen, die zum Mittelpunkt des Kirchdorfs Eickel wurde.

Stadt Herne, Bildarchiv

Abb. 2.2.2 Haus Bönninghausen 1908

Haus Bönninghausen

Das ehemalige Adelsgut war eine Wasserburg westlich von Eickel, für die 1411 ein Zinspflichtiger Hermanns van Bonynchusen und 1486 im Schatzbuch der Grafschaft Mark ein Jan to Bonynchusen erwähnt werden. Die Familie Wilhelm Bönninghausen und deren Nachkommen saßen auf Bönninghausen von 1519 bis 1618. 1630 kam das Gut in den Besitz der Familie Kumpshoff aus Dinslaken. Der ehemalige Bürgermeister von Bochum, Gerhard Wilbrand Lennich, erbte das Gut um 1796 und verbrachte dort seinen Ruhestand. Von den Ländereien wurden im Laufe der Zeit größere Flächen veräußert. Peter Jakob Muckenheim pachtete das Gut und den zugehörigen Hof 1837 und kaufte es 1855. Die Familie Muckenheim betrieb auf den Ländereien eine Gärtnerei und Samenhandlung. Das Adelshaus und die Wirtschaftsgebäude, im Volksmund Haus Muckenheim genannt, wurden im Zweiten Weltkrieg schwer beschädigt und 1955 an die Stadt Wanne-Eickel verkauft.

Das Adelshaus war aus Backsteinen, die Einfriedung des Innenhofs aus Bruchsteinen errichtet. Am Zugang befand sich ein aus Backsteinen gemauerter, 6,80 m hoher Wehrturm aus dem 14. Jh. Die Gräfte trennte Wirtschaftsgebäude und Adelshaus und wurde von einer Zugbrücke überspannt. Als die Zeche Königsgrube abgeteuft wurde und dadurch dieser Wassergraben trockenfiel, wurde das Gelände zu Gartenland.

Die Stadt Wanne-Eickel beantragte beim Landeskonservator in Münster eine Abrissgenehmigung für Haus Muckenheim, entsprechend dem Namen des letzten Eigentümers. Beim Landeskonservator war Muckenheim nicht im Adelsregister verzeichnet, daher wurde die Genehmigung erteilt. Erst später wurde dem Landeskonservator bekannt, dass es sich um den Adelssitz Haus Bönninghausen handelte und dieser unter Denkmalschutz stand. Die 1960 begonnenen Abbrucharbeiten wurden daraufhin eingestellt, vom ehemaligen Gut waren allerdings nur noch die Grundmauern des Wehrturms erhalten; einer Anregung des Landeskonservators, diese verbliebenen Reste zu erhalten, wurde nicht entsprochen.

Haus Gosewinkel

Haus Gosewinkel lag – wie Haus Bönninghausen – westlich des Dorfes Eickel. Heinrich von Eickel wurde 1358 von Graf Diedrich von Limburg mit einer Wiese „im Gosewinkel" belehnt. Um 1430 baute dort Diedrich von Eickel anstelle seiner halb verfallenen Stammburg ein neues Haus, weil er beabsichtigte, eine neue Kornmühle zu errichten und in der Nähe zu wohnen; seitdem nannte er sich „von Eickel zum Gosewinkel". Zu dem Gut gehörte als Witwensitz Haus Hörstgen bei Crange. 1683 wurde Sigismund von Asbeck Eigentümer, 1697 Conrad von Strünkede auf Dorneburg, einer Nebenlinie der von Strünkede. Ab 1720 ließ seine Witwe das aus dem 15. Jh. stammende Haus abbrechen und die Ländereien dem Haus Dorneburg zuschlagen. Auf der Burgstelle wurde 1765 ein neues Haus errichtet, das an die Familie Schulte fiel, die sich den Namen „Schulte, genannt Gosewinkel" zulegte, bis der Besitz 1906 an die Bergwerksgesellschaft Hibernia verkauft wurde.

Haus Dorneburg

Das Gut und ehemalige adelige Haus lag in der Gemarkung Eickel und war mit dem Dorf durch eine Allee verbunden. Es war der Stammsitz der Familie von Dorneburg. 1243 wird Conradus de Dorenburg als Besitzer genannt, der vielleicht schon in einer von Gräften und Wällen umgebenen Burg wohnte. Nachdem die Hauptlinie der Familie ausgestorben war, kam das Anwesen um 1445 an die Familie Loe und 1669 durch Heirat der letzten Erbtochter Elisabeth Klara von Loe mit Conrad von Strünkede in dessen Besitz. Conrad verstand es, sich nach dem Verlust seines Landbesitzes am Niederrhein dafür vom brandenburgischen Kurfürsten durch „Lehnbrief über die Herrlichkeit Dorneburg" vom 6.3.1690 die „Civil-Kriminal-Jurisdiktion" sowohl über seinen Burgbezirk als auch über Bickern, Eickel, Holsterhausen, Röhlinghausen und die Riemker Mark zu sichern. Der Dorneburger Besitz, der damals neben dem Strünkeder Besitz einer der bedeutendsten des Gebiets war, geriet 1745 in Konkurs. Der Danziger Hauptmann von Kuschinsky kaufte die Anlage, im 19. Jh. ging sie an die Familie von Untzer. Nach dem Brand von 1844 wurden das Haupthaus und die Wirtschaftsgebäude als klassizistische Bauten unter Verwendung des barocken Portals von Haus Gosewinkel neu errichtet. Mit dem Aussterben der Familie von Untzer 1866 gingen das Haupthaus, die Gutshäuser und die Mühle an den Bickerner Bauern Heinrich Riemann, die übrigen Ländereien an andere ortsansässige Landwirte. Riemann verkaufte den Besitz später an die Hibernia AG. Im Ersten Weltkrieg errichtete die Zeche Shamrock auf dem Gelände ein Kriegsgefangenenlager. Im Zweiten Weltkrieg schwer zerbombt, wurde die Ruine Dorneburg von 1951 bis 1955 abgetragen.

Stadt Herne, Bildarchiv

Abb. 2.2.3 Haus Dorneburg, um 1915

Haus Nosthausen

Das östlich von Eickel gelegene Haus Nosthausen – auch Osthausen, Oysthusen genannt – gehörte der Familie von der Dorneburg, nachdem 1350 Rötger von der Dorneburg damit belehnt wurde. Die Familie nannte sich seitdem „von Dorneburg, genannt Aschenbruch zu Nosthausen". Nach dem Tod des letzten von Aschenbrock belehnte der König von Preußen den Leutnant Johann Werner von Dobbe zu Lyren mit Nosthausen. Nach dessen Tod kam der Besitz 1795 an seinen Neffen und Erben, Alexander von Asbeck. Wie schon bei Haus Gosewinkel, wirtschafteten die von Asbeck auch auf Nosthausen schlecht, obwohl sie mit der „Löns-Mühle", die von der Familie Löns, Vorfahren des Dichters Hermann Löns, verwaltet und später gepachtet wurde, eine profitable Kornmühle besaßen. 1820 verkaufte die Familie das heruntergekommene Gut an den Herzog von Arenberg, der es 1840 zu Bergbauzwecken an die Kaufleute Johann Heinrich von Hüllen und Hermann Heypertz aus Mülheim weiter verkaufte. Das Gebiet wird 1846 in der Schürfurkunde der Zeche Hannibal als Nosthausen I/II ausgewiesen, die hier 1848 Schacht I abteufte. Dabei verschwand wahrscheinlich auch Haus Nosthausen. 1878 verkaufte der Herzog von Arenberg die Löns-Mühle an die Familie Löns.

Haus Lakenbruch

Über Haus Lakenbruch und insbesondere seine Anfänge ist wenig bekannt. 1592 ist Jürgen von Aschebrock, Herr von Nosthausen, im Besitz des Gutes Lakenbruch, und bis in das 18. Jh. werden die Herren von Aschebrock zu Lakenbruch in verschiedenen Urkunden genannt. Seit 1775 war die Familie Neuhaus Pächter; zur Burg gehörten auch eine Korn- und eine Ölmühle. Um 1800 wurde der Rittersitz offensichtlich abgebrochen, der Wirtschaftsbetrieb blieb aber bestehen; im Jahr 1818 sollen noch 13 Personen auf der Anlage gewohnt haben. Als das Gut 1838 in Konkurs geriet, erwarb es die Familie von Berg auf Haus Goy in Bochum, die Ländereien wurden aufgeteilt und verkauft. In einem Speichergebäude des Gutes richtete die Zeche Königsgrube nach 1870 ein Wohnheim für ledige Bergleute ein.

Haus Horst

Von 1330 bis 1358 war Haus Horst ein Lehen der Grafen von der Mark an Rötger von der Dorneburg. 1392 wurde Johann von Eickel damit belehnt; seinem Sohn, dem „grote Johann auf der Horst", gehörten auch die Horsthöfe. In den folgenden Jahrhunderten war Haus Horst im Wesentlichen ein Witwensitz der Familie von Eickel zu Gosewinkel. Nach dem Tod des letzten Besitzers, Sigismund von Asbeck, kam das Gut 1697 an einen Verwandten, Leutnant Wiesmann, von dem es in den Besitz seines Gläubigers, des Freiherrn von Elversfeld auf Haus Steinhausen an der Ruhr, überging. Dieser ließ das verfallene Haus abreißen und errichtete an der Dorstener Chaussee, in der Nähe der Zeche „Unser Fritz", ein neues Haus Horst (Hörstgen). Es blieb im Besitz der Familie, bis Leutnant Ludwig von Elverfeld 1865 den Besitz an den Grafen Hermann Droste zu Vischering von Nesselrode-Reichenstein auf Schloss Herten übertrug. Das neue Schloss Horst, das nach dem Wohnort seines letzten Besitzers in Steinhausen an der Ruhr auch „Haus Steinhausen" genannt wurde, wurde wieder abgerissen; auch der letzte Rest der alten Anlage, das Jägerhaus, wurde zwischen 1840 bis 1845 abgetragen.

Haus Schadeburg

Die Schadeburg war eine Wasserburg in der Nähe der Emscher im Börniger Bruch; im Werdener Urbar von 880 bis 890 wird sie als abgabenpflichtig erwähnt. Die ersten Besitzer waren die Herren von Düngellen aus Castrop; Bernhardus von Schadeburg de Düngeln wird 1320 erwähnt. Offenbar gehörte die Anlage wie auch die Anlagen Henrichenburg, Bladenhorst und Gysenberg zu einer Kette von Grenzbefestigungen des Erzbischofs von Köln an der Grenze zur Grafschaft Mark. 1453 übernahm Heinrich von Alstede aus Sodingen die Burg. Johann von Alstede, Herr zur Schadeburg, wird 1545 urkundlich erwähnt; seine Familie war wiederum mit den Herren von Gysenberg verwandt. Der Adelssitz erfuhr in den folgenden Jahrhunderten eine wechselhafte Geschichte. Zunächst gelangte er an die vestische Familie von Raesfeld, dann an die Herren von Pieck und von Syburg zu Wieschlingen, bevor er um 1750 durch Heirat an die Familie von Pallant gelangte. Der Hagener Landrichter Pütter nahm es Anfang des 19. Jh.s in Besitz. Juliane Wülfing aus Hagen und dann der Landrat Reinhard David Wiethaus aus Hamm waren die nächsten Besitzer; der Grundbesitz umfasste zu diesem Zeitpunkt 117 Morgen, zu dem noch sieben Bauernhöfe und Kotten gehörten, die jedoch bald darauf ihre Selbstständigkeit erhielten. 1849 lebte nur noch die Pächterfamilie auf Schadeburg. Die letzte Besitzerin, die Freifrau von der Recke aus Duisburg, verkaufte das Anwesen schließlich 1907 an den Bochumer Verein, der hier kurz darauf die Siedlung Teutoburgia errichten ließ. Trotzdem blieben einige Gebäude der Burg noch längere Zeit erhalten. Heute steht an dieser Stelle die 1961 eingeweihte evangelische Emmauskirche, bei deren Bau man auf Reste der Grundmauern und der Gräfte stieß. Außer diesen nicht kenntlich gemachten Fundamenten, ist von der ritterlichen Schadeburg nichts mehr erhalten; die letzten Gebäude der Burg verschwanden im Juni 1965.

Haus Gysenberg

Das Geschlecht derer von Gysenberg wird erstmals 1217 mit Rötger von Giesenberge erwähnt. Das Anwesen wird in den Steuerlisten von 1486, 1542 und 1598 aufgeführt. Der ursprüngliche Rittersitz war eine Wasserburg im Mühlenteich, deren Gräfte vom Ostbach gespeist wurde. Um 1550 wurde diese Anlage abgerissen und durch ein Schloss ersetzt. Der Adelssitz und die Ländereien gelangten 1725 in den Besitz der Familie Westerholt, die es an die Familie Galland verpachtete. Von den mittelalterlichen Gebäuden hat sich nichts mehr erhalten, sie wurden zwischen 1816 und 1830 infolge Baufälligkeit abgebrochen.

Haus Alstede

Für den Rittersitz Haus Alstede werden 1381 Richard und Adolph von Alstede als Besitzer genannt, im 15. Jh. befand er sich im Besitz der Familie von Merwick. 1483 gelangte das Haus kurzfristig als Lehen

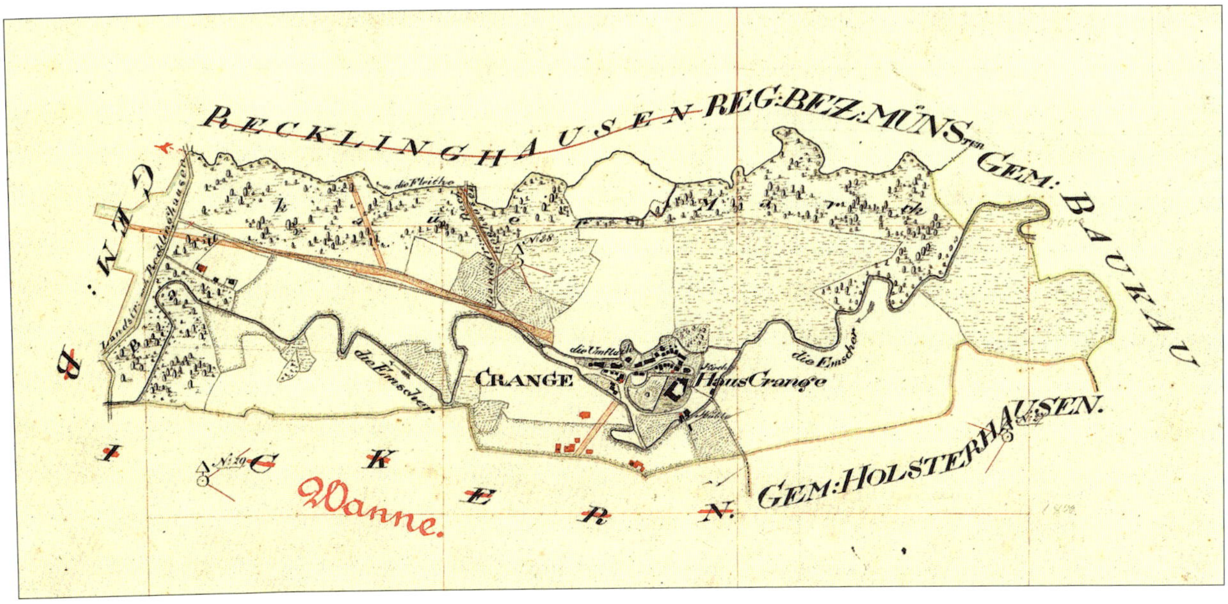

Stadt Herne, FB Vermessung und Kataster

Abb. 2.2.4 Karte von Crange 1823

an die Familie von Strünkede, bis die Herzöge von Kleve-Mark es wieder einzogen. Seitdem wurde der Rittersitz als landesherrliche Domäne geführt. Der letzte Besitzer Schulte-Alstedde verkaufte das Gut um 1900 an die Bergwerksgesellschaft Mont-Cenis, die die letzten Gebäude abreißen und auf dem Gelände Wohnhäuser errichten ließ.

Haus Sodingen

Der Name „Sothingke" taucht erstmals 1150 im Urbar der Abtei Werden auf. Das adelige Haus Sodingen lag an der heutigen Mont-Cenis-Straße. Von den Bewohnern wird Adam von Sodingen um 1313 urkundlich erwähnt. Nach dem Aussterben der Familie wanderte auch dieser Besitz in den folgenden Jahrhunderten durch die verschiedenen Familien des regionalen Landadels. Zunächst erbte Walter von Loe zu Dorneburg den Besitz. Da sein Sohn keine Erben hinterließ, fiel Haus Sodingen an Johann von Delwig zum Hecket, Hordel und Knippenburg, der jedoch 1625 ebenfalls ohne eigenen Erben starb. Die Familie Delwig, die das Gut durch einen Schulten verwalten ließ, verkaufte den Besitz 1644 an Friedrich von Heiden, dieser wiederum im selben Jahr an Conrad von Strünkede. Nach dem Konkurs des Hauses Strünkede kaufte die Witwe von Düngelen zur Wische das Gut. Die Burg wurde um die Mitte des 19. Jh.s mit dem Aufkommen der Industrie abgerissen.

Freiheit und Haus Crange

Die Entstehung von Haus Crange ist nicht eindeutig festzulegen. Zum einen verzeichnen Essener Stadtrechnungen von 1433 und 1437 einen Diederich (Dierk) von Eickel auf dem Krange, zum anderen belehnte Herzog Adolph von Cleve und Graf von der Mark am Laurentiustag (10. August) 1441 Dierk von Eickel, den Drost des märkischen Amtes Bochum, mit Haus Crange einschließlich der Vorburgen, Gräben und Festungen. Dieses lag auf einer Insel, die von einer Emscherschlinge (Krang, Kring) umgeben war. Nördlich der Burg wurde 1449 eine Laurentiuskapelle geweiht, die jedoch 1873 abgebrochen wurde.

Die Freiheit Crange, bestehend aus Burg und Reihendorf, wird 1484 erstmals erwähnt. 1555 sind zwanzig Häuser nachgewiesen. Das Register der Türkensteuer, die im gesamten deutschen Reich für militärische Maßnahmen gegen das Osmanische Reich, insbesondere die Verteidigung Wiens, erhoben wurde, führte 1598 neun Abgabenpflichtige auf, das Feuerstättenverzeichnis von 1664 26 Kötter. 1798 lebten 107 Einwohner in Crange, 94 im Dorf und 13 im Schloss. Die ehemalige Freiheit Crange,

Förderverein Haus Crange 2001

Abb. 2.2.5 Haus Crange, Ansichtszeichnung der Ostseite von Tor- und Wohngebäude, 1986

Foto: H.-W. Wehling 2018

Abb. 2.2.6 Haus Crange 2018

Foto: H.-W. Wehling 2018

Abb. 2.2.8 Altcrange Nr. 4

Das 2½-geschossige 4-Ständer-Ankerbalkenhaus ist in seiner Konstruktion typisch für die Häuser in Crange. Der Deelentorbalken trägt die Inschrift „Dis Haus ist gemacht kompt ein Spötter der es veracht –der sol sein eher gekommen dann häte ich ihm im Raht genommen. Jan Wilhelm Funcke und Maria Elisabet he hasel mans. V.B.K.E.H.M.L.H.H.S. Anno 1784 d. 18. Junius"; es wurde 1984 restauriert und unter Denkmalschutz gestellt.

die Straße „Altcrange", ist die längste, in Herne noch vorhandene Reihung von Gebäuden aus dem 18. Jh (Abbn. 2.2.7 und 2.2.8).

Nach der Familie von Eickel zu Crange erbte die Familie von Rumpp 1637 durch Heirat den Besitz. 1761 brannte das Gebäude ab und wurde im gleichen Jahr mit einer klassizistischen Raumgestaltung auf dem gotischen Kellergewölbe des Vorläuferbaus erneuert. Im 19. Jh. erbten die Grafen von Landsberg-Velen den Besitz, der 1884 zunächst an die Harpener Bergwerksgesellschaft und 1905 an die Baugesellschaft veräußert wurde, die den Rhein-Herne-Kanal anlegte. Danach ging die Anlage an die Essener Steinkohle AG, von der sie 1962 der Industrielle Robert Heitkamp kaufte, um einen Abriss zu verhindern; denn seit Beginn des 20. Jh.s waren die Gebäude zusehends verfallen. Insgesamt ergebnislos folgten behelfsmäßige Sicherungsmaßnahmen, 1984 die Unterschutzstellung, 1991 die Gründung des „Fördervereins Haus Crange" und 1992 ein Ideenwettbewerb zur Restaurierung und Neunutzung. Nach Sanierungsarbeiten wurden die Überreste 2012 als „gepflegte Ruine" öffentlich zugänglich gemacht.

Foto: H.-W. Wehling 2018

Abb. 2.2.7 Altcrange Nr. 3

Dieses direkt an der Gräfte gelegene 2½-geschossige Querdielenhaus ist ein typisches Ackerbürgerhaus. Links befand sich der Wohnteil, rechts der Stallteil; der Dachraum diente als Erntespeicher. Das Haus ist mit der Torschrift „Gottes Furcht und Weisheit Gaben wollen diesen Bau bewahren. Anne Drögenkamp –6. Juli 1784" datiert und wurde 1984 unter Denkmalschutz gestellt.

Schloss Strünkede

Die Bewohner der Burg bzw. des Schlosses Strünkede, die Ritter und späteren Freiherrn von Strünkede, beherrschten den Herner Raum vom 12. Jh. bis zum Ende des 18. Jh.s.

Sie wurden 1142 erstmals urkundlich erwähnt, und zwar wahrscheinlich auf einer mittlerweile verschwundenen Motte in Herne-Baukau. Untersuchungen aus dem Jahre 1896 förderten am Südosthang des Baukauer Höhenrückens und 400 m von Schloss Strünkede entfernt in Lackmanns Busch Reste einer Wallanlage zu Tage, deren Turmhügel und Wall als Geländespuren noch erkennbar waren, heute jedoch völlig eingeebnet sind; von den 1957 durchgeführten Suchschnitten sind nur noch Zeichnungen und Fotos, jedoch keine Aufzeichnungen mehr vorhanden. Es wird ein Kernbereich von 60 m Durchmesser angenommen, der auf einem Hügel errichtet war, der 4 m über dem Geländeniveau lag. Alle anderen Annahmen über die Struktur des

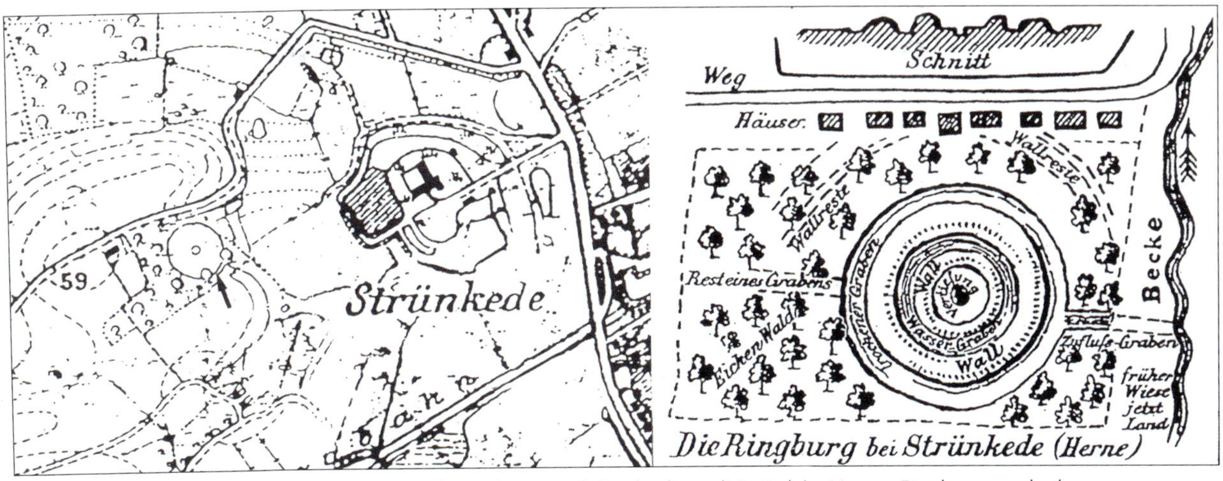

Wand-Seyer 1992

Abb. 2.2.9 Lage und vermutetes Aussehen der Turmhügelanlage (Motte) in Herne-Baukau, nach den Aufzeichnungen von Franz Darpe

Wallsystems und die Wasserführung der Gräben sind Mutmaßungen, abgeleitet aus dem Typus der adeligen Wehrbauten, wie er zwischen dem 11. und 13. Jh. in europäischen Flachlandgebieten verbreitet war.

Aus rechtlichen Streitigkeiten der Herren von Strünkede mit Dietrich von Kleve aus den Jahren 1263/64 lässt sich ableiten, dass mittlerweile die von Strünkede am heutigen Standort eine weitere Anlage erbaut hatten, in die sie umgezogen waren, aus der sie aber von Dietrich von Kleve wieder auf den benachbarten Hügel vertrieben wurden. Die Motte in Lackmanns Busch bestand also 1264 noch und war offensichtlich auch noch bewohnbar. Die neue, verteidigungstechnisch aufwändigere Burg muss dagegen spätestens 1243 fertig gestellt gewesen sein, denn in diesem Jahr gewährten die Brüder Wessel und Gerlach von Strünkede dem Erzbischof von Köln auf „castro nostro Strünkede" einen Kredit. Diese neue Burg ist als Sicherungsmaßnahme in den im 13. Jh. aufflammenden Streitigkeiten zwischen den Territorialherren beiderseits der Emscher zu sehen. Dem niederen Adel angehörig, besaßen die Herren von Strünkede mit der neuen Burg ein beträchtliches Kapital; nicht nur war sie als Befestigungsanlage von Bedeutung, sondern sie sicherte auch einen günstigen Übergang über die Emscher in das nördlich gelegene Vest Recklinghausen. Wenngleich die von Strünkede eng mit dem Herzogtum Kleve verbunden waren, taktierten sie zwischen den Fronten der klevisch-kölnischen Auseinandersetzungen, wie der Kredit an den Erzbischof von Köln beweist. Mit der Zurückweisung auf die ältere Anlage mussten die Herren von Strünkede 1264 zunächst einen Rückschlag in ihren ehrgeizigen Plänen hinnehmen; die neue Anlage wurde zu einer wichtigen klevischen Verteidigungsanlage ausgebaut. 1316 wurden aber dann Bovo und Bernd von Strünkede wieder mit der Burggrafschaft Strünkede belehnt, aus der sich in späteren Jahren die Herrschaft Strünkede mit den Bauerschaften Herne und Baukau entwickelte. Die Grenzsituation blieb jedoch bestehen. Aufgrund der Lehensbindung an Kleve und die Nachbarschaft zu den Gebieten nördlich der Emscher, die dem Erzbischof von Köln gehörten, war die Burg vom 14. bis 16. Jh. in zahlreiche Fehden verwickelt und wurde häufig von Kölner Gefolgsleuten belagert.

Jobst von Strünkede (der Gelehrte) begann ab 1591 mit dem Umbau der durch zahlreiche kriegerische Auseinandersetzungen stark in Mitleidenschaft gezogenen Anlage zu einem repräsentativen Schloss; sein Enkel Gottfried (Goddert) vollendete diesen Umbau 1664.

Als Johann Conrad Freiherr von Strünkede 1742 ohne männliche Erben starb, erbte sein Vetter

Foto: H.-W. Wehling 2018

Abb. 2.2.10 Schloss Strünkede

Foto: H.-W. Wehling 2020

Abb. 2.2.11 Grabmal von Jobst von Strünkede und seiner Frau Henrika von Hatzfeld in der Dauerausstellung des Emschertal-Museums

Ludwig auf dem benachbarten Haus Dorneburg den Besitz. Als diese Nebenlinie 1777 ebenfalls ausstarb, kam er an Sigismund Carl von Strünkede zu Krudenburg. Zu jener Zeit war Strünkede jedoch völlig verschuldet; trotz des Konkurses gelang es aber, das Schloss im Familienbesitz zu halten. Die Schwester Sigismunds, Sophia Charlotte, wurde 1786 mit der Herrschaft Strünkede belehnt; sie war seit 1767 mit dem Freiherrn Adolf Karl von Palandt-Osterveen aus Ommen im niederländischen Oberijssel verheiratet. Ihre Tochter Adolfine Caroline von Palandt brachte die Anlage durch Heirat 1810 an den vom Niederrhein stammenden Friedrich von Forell. Dessen Nachkommen verkauften das von Bergschäden betroffene Schloss Strünkede 1900 an die Harpener Bergbau AG.

Der Ursprung des heutigen Schlossbaus ist ein noch erhaltener quadratischer, dreigeschossiger Pavillonturm aus der Zeit um 1500. Mitte des 16. Jh.s wurde nördlich ein 28x10 m messender Ostflügel im Stil der Renaissance angefügt, dem sich rechtwinkelig ein nicht mehr erhaltener, unterkellerter Nordflügel anschloss. Den jüngsten Teil des heutigen Schlosses bildet der in zwei Bauphasen errichtete Südflügel mit einer frühbarocken Tordurchfahrt unter dem Familienwappen aus dem 17. Jh. Sämtliche Flügelneubauten wurden auf Eichenpfahlrosten und aus natürlichem Bruchstein errichtet. Zeitgleich wurde der Schlossteich auf eine Größe von 200×220 m vergrößert; es entstanden ein Barockgarten nach französischem Vorbild und ein Nutzgarten, die jedoch beide nicht mehr vorhanden sind. Auch das ehemals weitläufige Gräftensystem ist auf einen Haupt- und einen Außengraben geschrumpft.

Während des Ersten Weltkriegs dienten die Gebäude als Lazarett, in den 1920er Jahren waren sie Standort der Schutzpolizei, und von 1935 bis 1937 war dort die Hitlerjugend untergebracht. Teile des Schlosses wurden von der Stadt Herne für das Emschertalmuseum angemietet, das 1938 eröffnet und nach kriegsbedingter Schließung 1948 wiedereröffnet wurde. Von einem Kamin aus dem 17. Jh. abgesehen, ist von der inneren Aufteilung und der Inneneinrichtung des Schlosses nichts mehr erhalten, da die Harpener Bergbau AG das Gebäude in eine Gaststätte umbauen ließ.

Die abseits stehende Schlosskapelle wurde 1272 erbaut und im 14./15. Jh. zu ihrer heutigen Form umgestaltet; im Barock wurde vermutlich die heutige Westwand errichtet.

Von 1975 bis 1980 wurden Restaurierungsarbeiten durchgeführt, 2008 der Schlosspark neugestaltet, und von 2009 bis 2011 folgte eine grundlegende Renovierung des Schlossgebäudes, einschließlich umfangreicher bauhistorischer Forschungen.

Ausgrabungen in den 1950er Jahren haben die Existenz zweier Vorgängerbauten westlich und südwestlich des heutigen Standorts bewiesen, einer Erdwallburg aus dem 10. Jh. und einer Turmhügelburg aus dem 11./12. Jh. Östlich des Schlosses stand zwischen innerer und äußerer Gräfte eine seit 1316 verbürgte Schlossmühle, die 1850 ihren Betrieb einstellen musste, weil der Bergbau der nahe gelegenen Zeche Von der Heydt den Gräften und dem Schlossteich und letztlich dem sie speisenden

Foto: H.-W. Wehling 2018

Abb. 2.2.12 Schollbrockhaus

Am Standort des heutigen Schollbrockhauses stand im Mittelalter die Kornmühle des Schlosses Strünkede, mit der Bovo von Strünkede 1316 vom Grafen Dietrich von Kleve belehnt wurde. Aufgrund des Mühlenzwanges waren die Bauern im Dominium Strünkede gezwungen, nur hier ihr Korn mahlen zu lassen. Der heutige Fachwerkbau aus dem 19. Jh. hat seinen Namen von der Familie Schollbrock, die das Haus seit 1884 bewohnte. Nach ihrem Auszug verfiel das Haus. Von 1979 bis 1981 wurde es restauriert und beherbergt seitdem ein Café sowie unter der Regie des Schollbrockhaus e. V. Galerieräume, die regelmäßig von Künstlern der Region für Ausstellungen genutzt werden.

Strünkeder Bach dauerhaft Wasser entzog. Auch das Hauptgebäude des Schlosses wurde durch den Bergbau in Mitleidenschaft gezogen; Risse im Fundament veranlassten die Familie Forell, neben der Kapelle eine Villa zu errichten, die heutige Städtische Galerie. Ihre durch einen Obelisken kenntliche Familiengrabstätte befindet sich im Schlosspark.

Das Kirchdorf Herne

Im Auftrag des Erzbischofs von Köln christianisierte das Kloster Werden von 836 bis 900 die Bauern im Bereich der Emscher. Um 880 wird in einer langen Reihe von abgabenpflichtigen Bauerschaften im Urbar A des Klosters Werden auch Haranni als Bauerschaft im Borathron (Brukterergau) erwähnt. In der Mitte stand die Dionysius-Kirche, deren Patronat die zeitliche Eingrenzung auf die Karolingerzeit belegt, in der dieser Heilige sehr populär war. Um die Kirche lag ein Friedhof, wie die Ausgrabung von über 50 Baumstammsärgen im Jahr 1934/35 beweist. Die 1050 bis 1100 aus Bruchsteinen errichtete romanisch-gotische Dionysius-Kirche, die den Vorläuferbau in Fachwerk ersetzte, war wesentlich größer und überdeckte einen Teil des Gräberfeldes. Sie stabilisierte zugleich die bescheidene Mittelpunktfunktion Hernes und war Anlass für eine stärkere Ansiedlung von Bauern und Handwerkern und für die Entwicklung eines geschlossenen Dorfes, das sich aus der von Einzelhöfen geprägten Agrarlandschaft abhob. Der Name „Haranni" (Dorf auf der Anhöhe) trägt der Lage auf den südlichen Lößplatten oberhalb der überschwemmungsgefährdeten Emschertalung Rechnung. Die Dionysius-Kirche, die 1876 wegen Baufälligkeit abgerissen wurde, stand im Zentrum des Dorfes und war im Mittelalter eine Wehrkirche mit Zisterne, die den Bauern bei Überfällen Schutz bot.

Die Kirche und der sie umgebende Friedhof blieben über Jahrhunderte hinweg und unabhängig von der wechselvollen religiösen Geschichte der räumliche Mittelpunkt des Dorfes. Patronatsherren waren die Herren von Strünkede; sie hatten der Kirche ein Auskommen zu sichern und hatten das Recht, die Pfarrer zu berufen. Bereits für das 14. Jh. kann angenommen werden, dass sich das Kirchspiel, wie auch in späteren Zeiten, auf die Bauerschaften Herne, Baukau, Hiltrop und Bergen, auf einen großen Teil Holsterhausens und Pöppinghausens sowie einige Höfe in Horsthausen erstreckte. Nach 1272 wurde auch die von Bernd von Strünkede auf dem Burggelände errichtete Kapelle von den Vikaren der Dionysius-Kirche betreut, bis diese Kapelle 1395 Pfarrrechte erhielt, um eine bessere seelsorgerische Betreuung der weit verstreuten Bevölkerung zu gewährleisten.

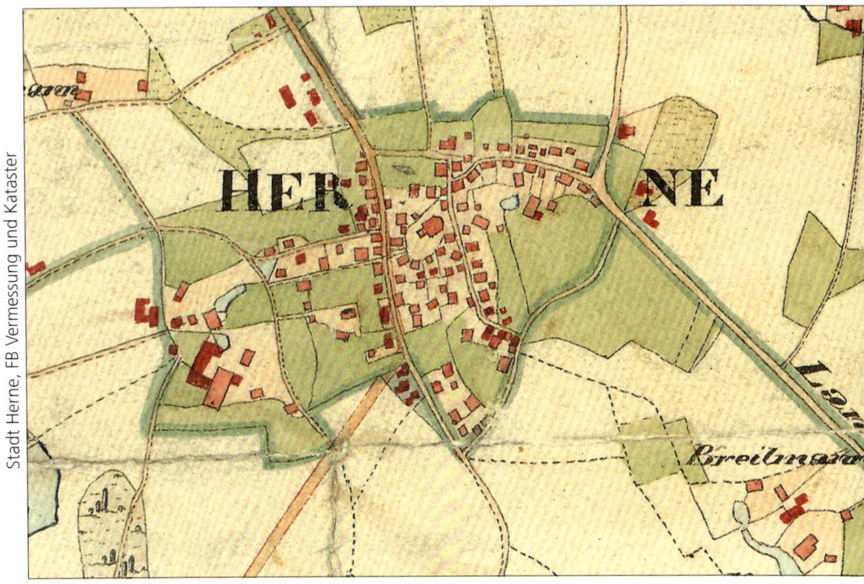

Stadt Herne, FB Vermessung und Kataster

Abb. 2.2.13 Plan des Dorfes Herne 1824

Ab 1560 trat die Mehrheit der Bewohner Hernes, einschließlich der Herren auf Strünkede, zum evangelischen Glauben über. Es bestand jedoch weiterhin ein harmonisches Nebeneinander mit der katholischen Bevölkerung. 1681 traten zudem die verwitwete Sybilla Gertrud von Strünkede, ihre Familie, das Gesinde in Strünkede und einige umliegenden Bauernfamilien zum reformierten Glauben über. Die Strünkeder Kapelle wurde zur Kirche der reformierten Gemeinde und es bestanden nun drei Glaubensgemeinschaften auf Herner Gebiet, die sich weitgehend tolerierten.

Begünstigt wurde die Funktion Hernes als Kirchdorf durch seine verkehrsgeographische Lage; denn es lag zum einen an der Straße, die von Köln über Bochum nach Haltern, Münster und darüber hinaus

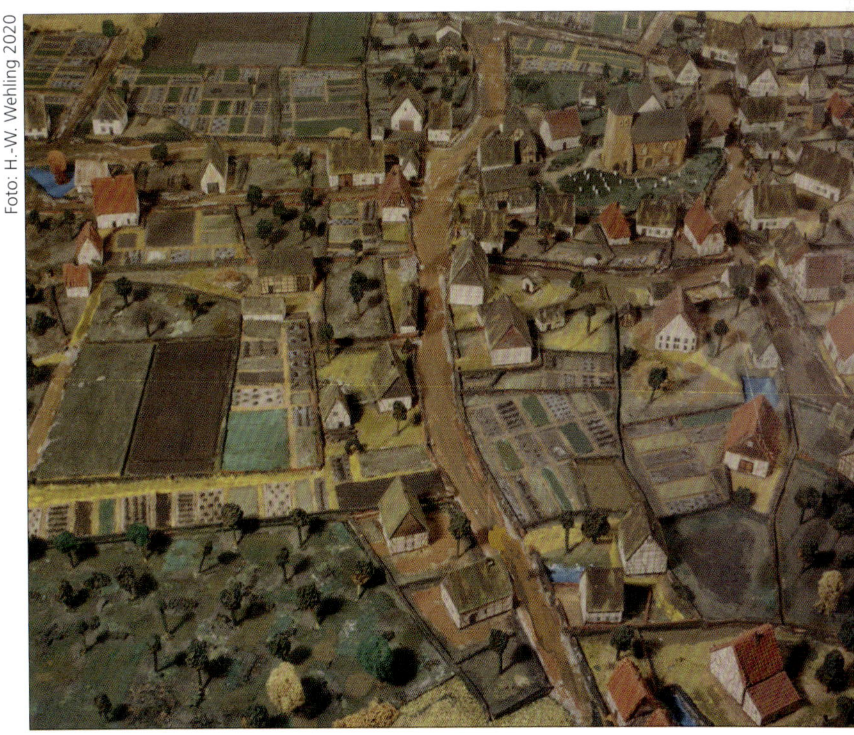

Foto: H.-W. Wehling 2020

Abb. 2.2.14 Das Dorf Haranni – Modell im Emschertal-Museum

Foto: H.-W. Wehling 2018

Abb. 2.2.15 Hof Backs, Herne-Sodingen

1936 kaufte der Landwirt Alfons Backs den ehemaligen Schultenhof, auf dem sich 1981 der Reiterverein St. Hubertus aus Bochum-Gerthe ansiedelte.

an die Nordseeküste führte, zum anderen an der West-Ost-Verbindung, die von den Niederlanden entlang der Lippe über Dorsten, Buer und Crange und weiter über den Bochumer Hellweg nach Dortmund verlief.

Das Dorf Herne wurde im Süden umfasst von der Herner Mark, die sich – von ausgedehnten Waldstücken durchsetzt – bis nach Hiltrop und Bergen auf dem heutigen Bochumer Stadtgebiet erstreckte. Sie war Allmendfläche von 57 Bauern aus Herne, Hiltrop und Bergen und wurde von diesen nach festgelegten Regeln als Weidefläche und zur Gewinnung von Holz genutzt. Kleineren Bauern und Köttern, die nur über wenig Land verfügten, ergab sich hier die Möglichkeit, Vieh zu halten; Großbauern konnten durch die Mitnutzung der Mark ihr Weideland und damit ihren Viehbestand vergrößern. Als sich 1765 durch königliches Edikt die Möglichkeit ergab, den Gemeinheitsstatus der Marken aufzuheben, sie aufzuteilen und in den Eigenbesitz der Markgenossen zu überführen, wurde auf der Grundlage der unterschiedlichen Steuersätze der Markgenossen die Mark 1769 unter ihnen aufgeteilt.

Bauerschaften

Zu den alten Einzelhöfen gehörten auch die Oberhöfe eines grundherrlichen Bezirks (Villikation) oder die Schultenhöfe als Mittelpunkt einer Bauerschaft. Das seit karolingischen Zeiten bestehende Villifikationssystem besaß eine ausgesprochen effektive Verfassung. Der weltliche oder geistliche Grundherr saß meist auf einem in Eigenregie bewirtschafteten Oberhof, dem mehrere Unterhöfe angehörten. Herr dieses Verbandes war der villicus (Schulte), der neben allen, die Bewirtschaftung betreffenden Befugnissen auch hoheitliche Kompetenzen über die Verbandsangehörigen hatte. Besondere Kennzeichen der Villifikation war zum einen die wirtschaftliche Autarkie, die durch eigene Handwerks- und Gewerbebetriebe gesichert wurde, zum anderen die soziale Organisation der Hofgemeinschaft, in der alle dem Oberhof zugehörigen Personen Mitglieder der grundherrlichen Familie waren; die Zugehörigkeit war im Mittelalter häufig wichtiger als die verwandtschaftlichen Beziehungen. Im Unterschied zum Gebiet von Alt-Herne lassen sich im westlichen Wanne-Eickel eine Vielzahl derartiger Oberhofverbände nachweisen: Eickel, Bönninghausen, Dorneburg, Gosewinkel, Lakenbruch, Horst (Hörstgen), Bickern und Crange; aus diesen Hofverbänden entstanden später die Bauerschaften.

Die Bauerschaft Bickern war eine Streusiedlung südlich von Crange und wird bereits in der „kleinen Vogteirolle" des Stiftes Essen aus der Zeit vor 1220 erwähnt. Im „Kettenbuch" des Stiftes Essen aus der ersten Hälfte des 15. Jh.s, das auf das Register von 1332 zurückgeht, werden in Bickern vier abgabenpflichtige Höfe genannt, die Unterhöfe der Essener Oberhöfe Nienhausen und Ueckendorf waren. 1486 tauchen sie im Schatzbuch der Grafschaft Mark auf. Die Bauerschaft Bickern erscheint weiterhin 1524 und 1598 in den Türkensteuerlisten des Amtes Bochum. Im Feuerstättenverzeichnis des Amtes umfasst sie sechs Höfe, sieben halbe Höfe, 23 Kötter mit einem Braukessel und 47 Feuerstätten. Im 19. Jh. wurde ein Teil dieser Höfe an die Gelsenkirchener Bergwerks AG verkauft.

Um 1220 ist die Bauerschaft Röhlinghausen als „Rodelinchusen", das von Bauern gerodete Land, an den nahegelegenen Oberhof Eickel und den Oberhof Hordel im heutigen Bochum abgabenpflichtig.

Foto: H.-W. Wehling 2018

Abb. 2.2.16 Hof Hubbert, Herne-Holthausen

Der Hof wird 1486 zum ersten Mal (Hubert) und weiterhin 1598 (Hupperts) und 1676 (Hubert) erwähnt. Ursprünglich gutsabhängig vom Rittergut Bladenhorst, gehörte er bis zur Mitte des 19. Jh.s zum Stift Essen.

Das Schatzbuch der Grafschaft Mark von 1486 nennt vier abgabenpflichtige Bauern. 1609 fiel die Bauerschaft an die Herren von Strünkede.

1378 wird in der späteren Bauerschaft Baukau ein Gut „zu Bokowe" als Mannlehen des Junkers Diderich van Limborch erwähnt; seit 1486 tauchen in den Schatzbüchern und Steuerlisten vier abgabenpflichtige Höfe auf. Die Bauerschaft entwickelte sich entlang der Straße von Herne nach Crange; es bestand eine Grundabhängigkeit von Crange und eine Gerichtsabhängigkeit von Strünkede.

Als „Sothingke" taucht die Bauerschaft Sodingen erstmals 1150 im Urbar der Abtei Werden auf. 1486 werden im Schatzbuch der Grafschaft Mark fünf abgabenpflichtige Grundbesitzer in der Bauerschaft genannt; in der Türkensteuerliste von 1598 sind es 14 Bauern, deren Höfe im Wesentlichen am Rande eines großen Esches südlich von Haus Sodingen lagen.

Namengebender Hof der Bauerschaft Horsthausen im Nordosten war um 1220 ein abhängiger Hof des Schultenhofs Suderwich. 1486 wird er zusammen mit den Bauern von Pöppinghausen als zu Sodingen gehörig genannt. Vom Ende des 16. Jh.s bis zum Ende des 18. Jh.s war Horsthausen Teil des Kirchspiels Castrop, lag jedoch im Gerichtsbezirk der Herren von Strünkede und war Teil ihres Dominiums.

Südlich der Heiden, die im Nordosten das Herner Siedlungsgebiet von Schloss Bladenhorst trennten, erstreckte sich die Bauerschaft Börnig, die westlich der Schadeburg die Unterbauerschaften Vellwig mit fünf Höfen und Vossnacken mit acht Höfen umfasste. Sie wurde bereits 1045 als „Borne-Wic" erwähnt, was auf eine Waldstelle hinweist, die von den Bauern urbar gemacht worden war. Sie waren bis 1266 in der Abhängigkeit der Brüder von der Horst, danach in der des Ritterguts Schadeburg.

Die Bauerschaft Holthausen wird 910 mit vier Höfen im Urbar des Klosters Werden erwähnt. 1598 gehörte sie zum Amt Bochum, ab 1817 zum Amt Castrop. Am Beginn des 19. Jh.s hatten sich drei Siedlungskerne – Holthausen, Börsinghausen, Oestrich – entwickelt, an Schnittstellen zwischen Bachläufen und Durchgangsstraßen gelegen. Die meisten Höfe des Haufendorfs Holthausen waren vom Rittergut Bladenhorst abhängig. Der heutige Gebäudebestand stammt überwiegend aus der Zeit um 1800. Die Unterbauerschaft Börsighausen wird als „Butsighusen" in einer Vogteirolle des Stifts Essen vor 1220 genannt; weitere Erwähnung finden die meisten Höfe in der Steuerliste von 1542. Verwaltungsmäßig, kirchlich und schulisch war die Bauerschaft mit Castrop verbunden. Der Name der Unterbauerschaft Oestrich ist abgeleitet vom althochdeutschen „ostarwick", was „Siedlung im Osten" bedeutet; 1392 werden im Lehnsbuch des Grafen von der Mark ein Hof in Osterwick und ein Gut des Wilhelm von Osterwich genannt. Das Türkensteuerregister von 1598 führt einen Schulten zu Oestrich auf. Neben diesem Schultenhof gehörten drei Höfe zu Oestrich, die entweder von Haus Bladenhorst oder Haus Gysenberg lehnsabhängig waren.

Foto: H.-W. Wehling 2018

Abb. 2.2.17 Der Schlenkhoffsche Kotten und der Kilometerstein am Gahlenschen Kohlenweg

Dieses Querdeelen-Fachwerkhaus verfügt über zwei Vollgeschosse, ein Drempelgeschoss sowie einen Dachboden. Es wurde 1775 in Gladbeck gebaut und 1839 zum Kilometer 20 am Gahlenschen Kohlenweg transloziert, wo es einen seit 1684 betriebenen Kotten mit Gasthof ersetzte, der seit 1743 im Besitz von Friedrich Schlenkhoff war. Das seit dem Jahr 2000 unter Denkmalschutz stehende Gebäude war zudem Poststation, bot über der Gaststätte Übernachtungsmöglichkeiten und ist der älteste Zeuge der Zollstationen am Gahlenschen Kohlenweg. Die Fuhrleute hatten an diesen Stationen das sogenannte Chausseegeld zu entrichten, das sich nach der Höhe der transportierten Last richtete. Der Name der Gaststätte „Zum alten Fritz" bezieht sich wahrscheinlich nicht auf den Preußenkönig, sondern auf den Betreiber.

Stadt Herne, FB Vermessung und Kataster

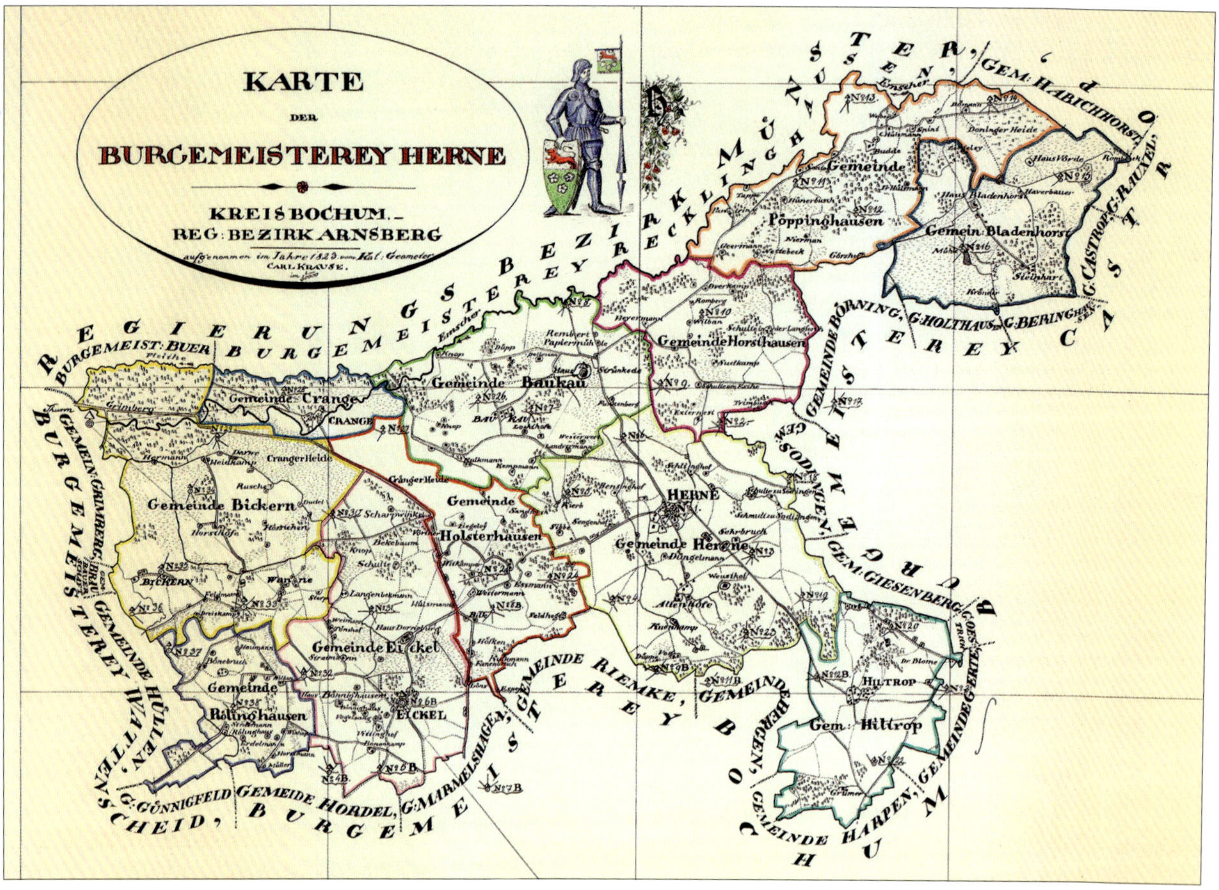

Abb. 2.2.18 „Karte der Buergermeisterey Herne. Kreis Bochum. – Reg.Bezirk Arnsberg, aufgenommen im Jahre 1823 vom Kat. Geometer Carl Krause"

Die agrare Kulturlandschaft war – außerhalb der Heiden und Ödländer – durch ein vergleichsweise dichtes Netz von Feldwegen verbunden. Eine überregionale Anbindung bot seit dem frühen Mittelalter die Straße von Bochum über Herne und Strünkede nach Recklinghausen sowie seit 1778 der Gahlensche Kohlenweg. Die klevische Kriegs- und Domänenkammer bemühte sich bereits in den 1730er Jahren, den Kohletransport aus der Grafschaft Mark an die Lippe oder bis zum Rhein mit Hilfe von Fuhrwerken in Gang zu bringen und verhandelte mit dem Vest Recklinghausen und dem Stift Essen wegen der notwendigen Wegeverbesserungen und Brückenbauten. 1750 schlug sie vor, die Emscher schiffbar zu machen, was jedoch in Berlin abschlägig beschieden wurde. Nach dem Siebenjährigen Krieg lebten 1763 die Pläne der Kohlenstraßen wieder auf. Johann Georg Müser, ein ehemaliger Lehrer aus Blankenstein, der an einigen Kohlegruben in der Gegend von Stiepel an der Ruhr beteiligt war, entwickelte 1765 das Projekt eines regelmäßig verkehrenden Fuhrverkehrs zwischen den Zechen im Ruhrtal und einem Kohlemagazin bei Gahlen („Kohlhaus"), wo die Kohle in Lippekähne umgeladen werden sollte. Durch diese Verbindung sollte die Kohlennachfrage in den Gebieten von Kleve, Moers und Geldern befriedigt werden. Nach zwei Jahren Bauzeit verlief der „Gahlener Kohlenweg", auch märkischer Kohlendamm genannt, seit 1768 von Hattingen über Weitmar, Hamme, Eickel, Crange, Buer und Dorsten bis zum Dorf Gahlen. Die als Knüppeldamm angelegte Straße war mit Baubeginn um 1766 eine der ersten befestigten Straßen im mittleren Ruhrgebiet. Die Fuhrwerke brauchten für die Strecke von 29 Kilometern acht Stunden und kehrten am nächsten Tag zurück.

1846 wurde die Strecke auf eine Breite von 8,6 m ausgebaut und in „Dorstener Chaussee" umbenannt. Mit dem Aufkommen der Eisenbahn verlor sie allerdings zunehmend ihre Bedeutung als Kohlentransportstrecke.

Siedlung Pluto IV
Foto: Hans Blossey 2018

Abb. 3.0.1 Figuren des ehemaligen Drei-Männer-Eck an der Front des Heimatmuseums Unser Fritz

1927 beschloss man, eine kahle Stützmauer an der Kreuzung der heutigen Hauptstraße/Berliner Straße durch Skulpturen zu gestalten. Der Wanne-Eickeler Künstler Wilhelm Braun schuf drei lebensgroße Figuren, die die wesentlichen Wirtschaftszweige der Stadt repräsentierten – Schiffer, Bergmann und Eisenbahner. Der Platz erhielt im Volksmund den Namen »Drei-Männer-Eck«. Die im Zweiten Weltkrieg stark zerstörten Figuren wurden 1970 demontiert, restauriert und 1974 an der Front des Heimatmuseums platziert. Repliken der drei Männer wurden 2003 auf einer Dreieckssäule auf dem Bahnhofsvorplatz Wanne-Eickel aufgestellt, der in Heinz-Rühmann-Platz umbenannt wurde; Heinz Rühmann lebte von etwa 1906 bis 1913 in Wanne, als sein Vater der Pächter der Bahnhofsgaststätte war.

Foto: H.-W. Wehling 2020

3 Der industrielle Aufbau (1847–1945)

Mit der Teilstrecke von Duisburg nach Dortmund öffnete die Köln-Mindener Eisenbahn den Herner Raum für die industrielle Entwicklung. Zur Leitindustrie wurde der Steinkohlenbergbau; zwischen 1856 und 1909 wurden zwölf Schachtanlagen abgeteuft, deren Grubenfelder ganz oder teilweise im heutigen Stadtgebiet lagen. Im Gefolge des Bergbaus siedelte sich eine Reihe von Zulieferbetrieben an. Bahn- und Hafenbetrieb von überlokaler Bedeutung wurden zu weiteren wichtigen wirtschaftlichen Aktivitäten.

Der steigende Arbeitskräftebedarf führte zu einem enormen Bevölkerungszuwachs, an dem zunehmend Zuwanderer aus den deutschen Ostgebieten Anteil hatten.

3.1 Der Bergbau

Charakteristisch für das Ruhrkarbon ist eine 3.000 bis 3.300 m mächtige, sich zyklisch wiederholende und weitgehend regelhafte Abfolge der Sedimentgesteine. Diese beginnt mit einem Sandstein, der nach oben hin feinkörniger und dünnbankiger wird und schließlich in einen Schluffstein übergeht. Darüber folgt ein Kohleflöz, das wiederum von marinen Tonsteinen überlagert wird. Eine wesentliche Ursache dieser rhythmischen Sedimentation waren eustatische Meeresspiegelschwankungen, die durch den Wechsel von Eis- und Warmzeiten bedingt waren. In den Kaltzeiten wurden zuvor vom Meer bedeckte Bereiche landfest und von Sandschüttungen der Flüsse überlagert. In den folgenden Warmzeiten setzte aufgrund weitflächiger Überflutungen eine Ablagerung mariner, feinkörniger Sedimente ein. Mit dem Vor- und Zurückweichen der Küstenlinie verschoben sich auch die küstennahen Sumpfwälder. Die Bildung der Torfmoore war somit ein kontinuierlicher Prozess, der allenfalls in Zeiten eines Meeresspiegelhochstandes unterbrochen wurde.

Die Tektonik des Kohlengebirges

Die Mächtigkeit der Schichten des Oberkarbons nimmt von Süden nach Norden zu; sind im Süden nur die ältesten Schichten abgelagert, so findet sich im Norden die gesamte Schichtenfolge. Gegen Ende des Oberkarbons wurden die ursprünglich horizontal abgelagerten Schichten von der Gebirgsbildung erfasst und zu Sätteln und Mulden aufgefaltet. Die Falten sind von unterschiedlicher Größe. Innerhalb der in variskischer Streichrichtung von Westsüdwest nach Ostnordost verlaufenden großen Hauptsättel und -mulden bestehen zahlreiche kleinere Sättel und

nach Huske 2006, Jahrbuch der europäischen Energie- und Rohstoffwirtschaft, versch. Jahrgänge; GLA NRW, Geologische Karte des Ruhrkarbons 1:100.000, 1982; Kartographie: Gudrun Reichert

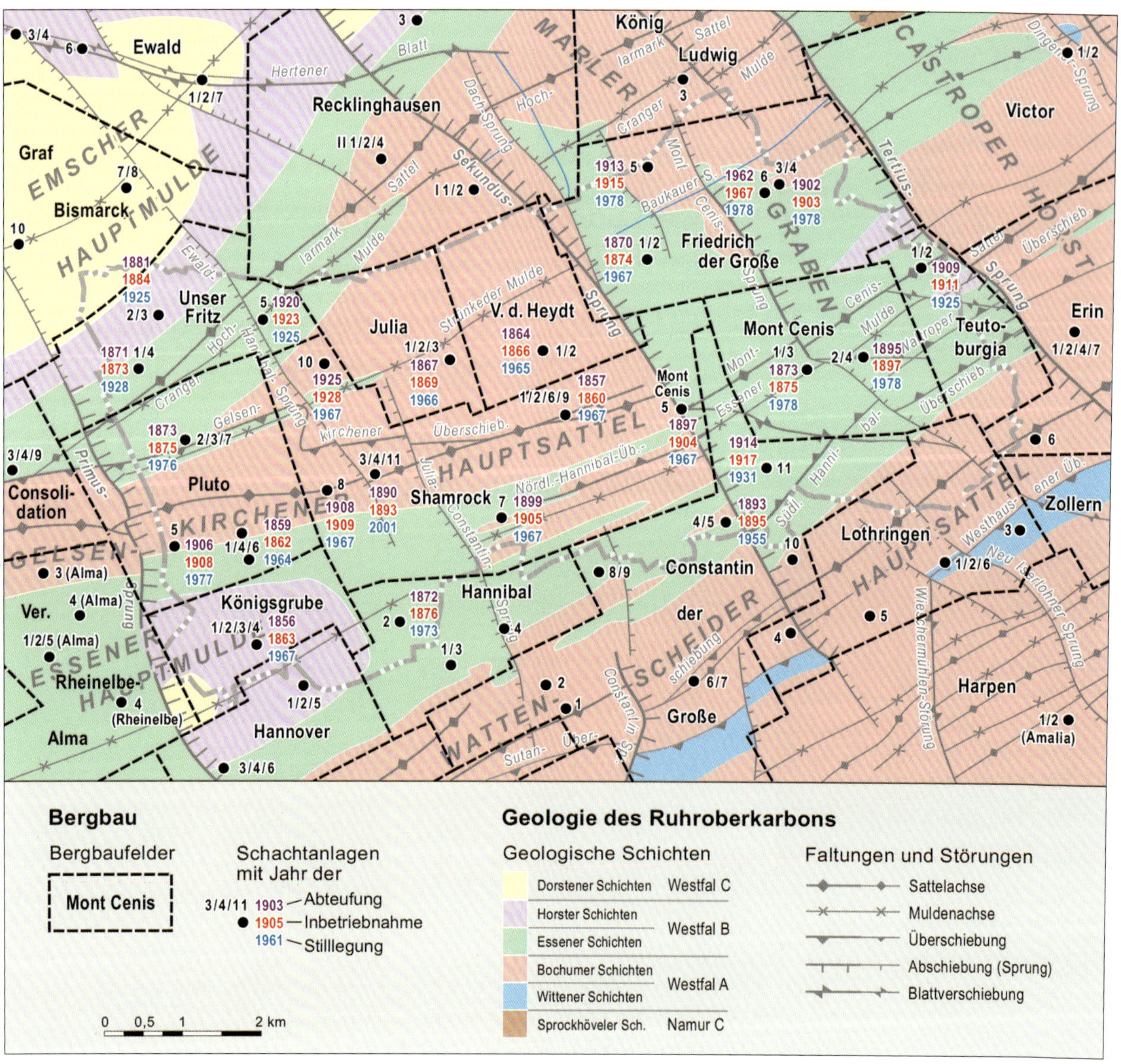

Abb. 3.1.1 Geologie des Oberkarbons und Standorte der Schachtanlagen im Raum Herne

Mulden. Neben den Falten wird der tektonische Bau des Gebirges auch von Störungen bestimmt, entlang derer zwei Gesteinskörper gegeneinander verschoben wurden.

Unter dem Stadtgebiet von Herne weist das Steinkohlengebirge eine recht komplizierte Tektonik auf. Es hat von Süden nach Norden Anteil am Nordhang des Wattenscheider Hauptsattels, an der Essener Hauptmulde, am Gelsenkirchener Hauptsattel und an der Emscher Hauptmulde.

Die Regelmäßigkeit dieser Abfolge wird gestört durch mehrere, von NNW nach SSE die Achsen der Sättel und Mulden kreuzende Sprünge: durch den jenseits der westlichen Stadtgrenze verlaufenden Dahlhauser Tiefbau-Sprung (Primus), vor allem aber durch den Herner Sprung (Sekundus) und den östlich von Herne verlaufenden Blumenthaler Sprung (Tertius). Durch diese Sprünge wird das Kohlengebirge in eine west-östliche Folge von Gräben und Horste unterteilt; im Gebiet von Herne sind dies

- der Graben von Königsgrube zwischen dem Primussprung und dem Ewald-Hannibal- bzw. Julia-Constantin-Sprung,
- der Herner Horst zwischen diesen beiden und dem Sekundussprung sowie
- der Mont-Cenis-Graben zwischen Sekundus- und Tertiussprung, der nach Norden in den Marler Graben übergeht.

Während die Horste die Kohlenschichten gegenüber der Abtragung exponieren, sind besonders die Gräben wirtschaftlich bedeutend, da sie die wertvollen Kohlenschichten vor der Abtragung geschützt haben. So zeichnen im westlichen Wanne-Eickel die Standorte aller Zechen entlang einer nord-südlichen Linie den Graben von Königsgrube nach.

Als weitere Störungen durchziehen schließlich die Gelsenkirchener Überschiebung von Westen nach Osten die Grubenfelder Pluto, Shamrock, Mont-Cenis und Lothringen sowie die nördliche Hannibal-Überschiebung die Grubenfelder Shamrock, Mont-Cenis und Teutoburgia.

Die Kohlenarten

Nach den Anteilen an flüchtigen Bestandteilen lassen sich die Kohlevorkommen des Ruhrgebiets in verschiedene Kohlenarten gliedern. Da sich der Charakter der Kohle gleicher Flöze im Streichen und Fallen kleinräumig ändert, ist daneben auch eine Gliederung nach Schichtengruppen gebräuchlich. Dem Namur sind die Sprockhöveler Schichten (Magerkohlen) zuzuordnen, das untere Westfal umfasst die älteren Wittener Schichten (Eßkohlen) und die jüngeren Bochumer Schichten (Fettkohlen); in das mittlere Westfal fallen die älteren Essener Schichten (Gaskohlen) und die jüngeren Horster Schichten (Gasflammkohlen), und die jüngste Schichtengruppe bilden die Dorstener Schichten (Gaskohlen). Im Herner Stadtgebiet überwiegen die Gaskohlen der Essener Schichten und die für die Verkokung besonders geeigneten Fettkohlen der Bochumer Schichten. Lediglich im Südwesten, im Grubenfeld der Zeche Königsgrube, und im Grubenfeld der im Nordwesten gelegenen Zeche Unser Fritz treten vermehrt Gasflamm- und Gaskohlen auf.

Wirtschaftliche, technische und rechtliche Voraussetzungen

Bereits seit Jahrhunderten wurde im Stollenbergbau entlang der Ruhr Mager- und Anthrazitkohle abgebaut und für den Hausbrand und das Schmiedehandwerk genutzt. Die Zechenstandorte waren klein, die Produktion gering und der Arbeitskräftebedarf konnte weitgehend lokal befriedigt werden. Mit dem Übergang vom Stollen- zum Tiefbergbau begann ab 1837 die Wanderung des Ruhrbergbaus nach Norden und mit ihr die Veränderung der vorindustriellen Kulturlandschaft. Diese Entwicklung wurde angetrieben von den Wechselbeziehungen zwischen dem Energiebedarf und dem Einsatz neuer Maschinen und Transportmittel. Eisenbahnen und Dampfmaschinen brauchten in zunehmendem Maße Kohle und waren gleichzeitig notwendig, um immer größere Mengen an Kohlen zu produzieren und zu transportieren.

Als der Steinkohlenbergbau von Bochum aus in den späten 1850er Jahren den Herner Raum erreichte, befanden sich die Organisationsformen, die technischen Möglichkeiten der Betriebsführung, die geologischen Kenntnisse über die Lagerstätten, die Formen der Kapitalbindung und der staatlichen Aufsicht noch in ihren Anfängen. Alle Zechen, deren Grubenfelder ganz oder teilweise in Herne liegen, sahen sich in der einen oder anderen Weise diesen Anfangsschwierigkeiten gegenüber.

Der erfolgreiche Abschluss von Bohr- und Schürfarbeiten (Mutungen) war die notwendige Grundlage für die Beantragung der Abbaurechte (Berechtsame) bei den Bergbaubehörden. Nach den alten Berggesetzen war ein Muter verpflichtet, ein ihm verliehenes Grubenfeld bergmännisch zu bearbeiten. Die Kosten dafür konnte ein Einzelner oftmals nicht alleine tragen. Die in diesen Jahren übliche Gesellschaftsform war daher die der bergbaulichen Gewerkschaft, eine spezifische Form der Kapitalgesellschaft. Nach der Klevisch-Märkischen Bergordnung wurden für jede Gewerkschaft 128, nach der Kurköllnischen 124 Anteilscheine, sogenannte Kuxe, ausgegeben, die zum unbeweglichen Vermögen gerechnet wurden. Im Unterschied zu Aktionären erhielten die Gewerken genannten Kuxinhaber nicht nur den ihren Einlagen entsprechenden Anteil am Erlös, sondern sie waren auch zur Zubuße verpflichtet und mussten Kapital nachschießen, wenn die Gewerkschaft es benötigte. Dies sollte einen geregelten Abbau sicherstellen und das spekulative Betreiben einer Zeche verhindern. Durch das Direktionsprinzip unterlag der Bergbau insgesamt einer strengen staatlichen Bewilligung, Kontrolle und Aufsicht; die wirtschaftliche und technische Leitung wurde zunehmend den Eigentümern der Bergwerke genommen. Sowohl die Klevisch-Märkische als auch die Kurköllnische Bergordnung begrenzten die Größe eines Bergbaufeldes auf 1,03 km^2.

Mit dem Aufkommen des Tiefbaus waren die notwendigen Investitionen jedoch so groß, dass Zechen mit einem derartig kleinen Grubenfeld kaum rentabel geführt werden konnten. Das Allgemeine Berggesetz für die Preußischen Staaten von 1865, das die bisherigen Bergordnungen zusammenführte und neu ordnete, bot daher die Möglichkeit der Zusammenlegung (Konsolidation) benachbarter Bergbaufelder. Das Direktionsprinzip der staatlichen Aufsicht wurde durch das Inspektionsprinzip ersetzt, das auf die Verleihung von Bergeigentum und die bergpolizeiliche Aufsicht beschränkt war. Das Verleihen von Grubenfeldern wurde erleichtert, ihre Größe auf fast 2,2 km^2 erhöht. In der bergbaulichen Gewerkschaft neuen Rechts wurden die Kuxe wie bewegliche Sachen behandelt; ihre Zahl wurde auf 1.000 erhöht und damit der Einstieg in den Bergbau einem größeren Kreis von Interessenten ermöglicht. Dieses Ziel verfolgten ab der Mitte des 19. Jh.s auch die als Aktiengesellschaft geführten Bergbauunternehmen, die allerdings wegen des hohen Anfangsrisikos die Haftung beschränkten.

Nach einem noch nie dagewesenen Aufschwung in den Jahren 1871 bis 1875 begann schon 1876 eine Rezession. Die Zechen konnten ihre Überkapazitäten aufgrund der Konkurrenz untereinander und der Konkurrenz durch billige Importkohle nicht mehr rentabel absetzen. Die Situation konnte nur behoben werden, wenn die innere Konkurrenz verringert wurde, keine Überschüsse in der Produktion erzeugt und einheitliche Preise eingeführt wurden. Die Gelsenkirchener Bergwerks-AG begann als erste Gesellschaft Zechen aufzukaufen, gefolgt von der Harpener Bergbau AG und der Hibernia Bergwerks-AG in Herne. Kleinere und größere Förder- und Verkaufs-Vereinigungen wurden gegründet, und 1893 schlossen sich 93 % aller Zechen des Oberbergamtsbezirks Dortmund zum Kohlensyndikat mit Sitz in Essen zusammen. Die Festsetzung bedarfsgerechter Mengen für die Kohleförderung und Koksproduktion erlaubte dem Syndikat auch die Festlegung der Verkaufspreise.

Die technischen Möglichkeiten der Betriebsführung verfeinerten sich mit der raumzeitlichen Ausdehnung des Bergbaus ebenso wie die geologischen Kenntnisse. Hinsichtlich der Absatzmöglichkeiten bestanden kaum Befürchtungen. Hauptprobleme waren dagegen die Mobilisierung von Kapital und Arbeit, in fortgeschrittenem Stadium die funktionale Organisation und Diversifizierung der Produktion sowie die andauernde Nachfrage nach Infrastruktur, insbesondere in den Bereichen des Wohnungsbaus und des Transports. Daher war die Köln-Mindener Eisenbahn Auslöser und wichtiger Standortfaktor der bergbaulichen Entwicklung im Gebiet südlich der Emscher. Sie sollte die westlichen Provinzen enger an Berlin binden, sie war aber vor allem eine „Kohlenabfuhrstrecke". Sie wurde nicht gebaut, um die vorhandenen Hellwegstädte miteinander zu verbinden, sondern sie sollte nördlich von ihnen neue Produktionsgebiete erschließen. Die an ihr eröffneten Bahnhöfe wurden neben den Zechenstandorten zu wichtigen Orientierungspunkten in der entstehenden Wirtschafts- und Siedlungslandschaft.

In der wichtigsten Entwicklungsphase des Ruhrgebiets zwischen 1890 und dem Ersten Weltkrieg verlagerte sich der Schwerpunkt des Bergbaus endgültig in den Raum südlich der Emscher.

Zeche Shamrock

Der Bochumer Kohlenhändler Wilhelm Endemann war einer der rührigsten lokalen Unternehmer am Beginn der bergbaulichen Entwicklung im Raum Herne. Seinen Aktivitäten lag dabei ein durchaus spekulatives Interesse zugrunde. Auf eigene Kosten hatte er in der Nähe des Dorfes Herne erfolgreiche Bohrungen durchgeführt, aufgrund derer ihm im April 1855 die Kohlenfelder Markania, Markania I, Markania II, Bochumia und Barbara verliehen worden waren. Bereits im Juni verkaufte er die Felder für 125.000 Taler an den Kaufmann Michael Corr van der Maeren aus Brüssel, der eine Gruppe irischer Unternehmer und Ingenieure repräsentierte, die erst gerade begonnen hatte, die Gelsenkirchener Zeche Hibernia aufzubauen. 1856 wurden die Felder konsolidiert und die bergbauliche Gewerkschaft Shamrock gegründet; damit zog der Bergbau in die vorindustrielle Kulturlandschaft Hernes ein. Von den neun Gewerken der Gewerkschaft Shamrock stammten sieben aus England und Irland, hinzu traten Michael Corr van der Maeren und der Düsseldorfer Rentner William Thomas Mulvany (s. Textbox).

Das Grubenfeld der Zeche Shamrock erstreckte sich mit erheblichen tektonischen Störungen über 6,621 km^2 im Bereich der Essener Mulde und des Gelsenkirchener Sattels und wies vor allem Fett- und Esskohlen auf. Die Abteufung von Schacht 1 begann 1857; mit den Erfahrungen, die auf Hibernia gewonnen wurden, erfolgte die Abteufung unter

William Thomas Mulvany

William Thomas Mulvany wurde am 11.3.1806 in Sandymount bei Dublin geboren. Er begann ein Studium der Medizin im Trinity College Dublin, entschloss sich jedoch bald Landvermesser zu werden und trat im Alter von 20 Jahren in die Dienste des Irischen Vermessungsamtes. Bald nach seiner Heirat mit Alicia Winslow im Jahre 1832 wurde er als Ingenieur im Board of Public Works eingestellt; dort war er ab 1839 für die Projektierung von Maßnahmen zur Regulierung des Shannon zuständig. Ab 1846 leitete er während der großen Hungersnot (1845–1849) Unternehmungen des Board of Works als Arbeitsbeschaffungsmaßnahmen für die Landbevölkerung. Dabei setzte sich Mulvany energisch für die Verbesserung der desolaten Verkehrsverbindungen in Irland ein. 1853 wurden die Arbeiten wegen zu hoher Kosten eingestellt; Mulvany verließ daraufhin den Staatsdienst.

Als Repräsentant einer irischen Investorengruppe kam er 1855 ins Ruhrgebiet; diese gründete 1856 als bergbauliche Gewerkschaft die Zeche Hibernia in Gelsenkirchen. Mulvany war nicht nur Anteilseigner, sondern auch Geschäftsführer auf Gehaltsbasis. Da die Kohle hier tiefer lag als deutsche Bergleute es bisher in der Hellwegzone gewohnt waren, mussten andere Abteufungsmethoden angewandt werden. Mulvany gewann den Bergingenieur William Coulson aus dem Kohlenfeld von Durham und andere Fachleute. Coulson wandte die Tübbingmethode an, bei der die Schächte mit wasserdichten Eisenverschalungen ausgekleidet wurden. Deutsche Ingenieure, die bisher Ziegelschächte gebaut hatten, übernahmen nun dieses Verfahren. Obwohl ein Großteil des Materials aus England importiert und über schlechte Fußwege herantransportiert werden musste, wurde der erste Schacht 1858 und der zweite 1861 fertiggestellt. In der Zwischenzeit hatten die Eigentümer beschlossen, eine zweite Zeche zu errichten – die Zeche Shamrock in der Nähe von Herne.

Schon 1860 wurde Mulvanys Stellung als einer der führenden Bergfachleute an der Ruhr amtlich anerkannt, als er aufgefordert wurde, die preußische Kohlenkommission nach London und durch einige englische und schottische Kohlenreviere zu begleiten. Mulvany und sein Sohn gründeten die Zeche Erin bei Castrop, die aber wenig erfolgreich blieb, weil sie unter außergewöhnlich hohem Grundwasser litt und die Fördermenge nur selten befriedigend war. 1859 erwarb er die Zechen Huckarde und Zollern und schuf 1866 einen gemischten Konzern, in dem er die drei Zechen mit den Vulkan-Eisenwerken zur Preußischen Bergwerks- und Hütten-Aktiengesellschaft (PBHAG) verband.

Mulvanys Gesellschaften gerieten während der finanziellen Krise, die dem Aufschwung nach der Reichsgründung folgte, in Schwierigkeiten. 1873 wurde die Bergwerksgesellschaft Hibernia mit den Zechen Hibernia und Shamrock verkauft; Mulvany blieb jedoch Vorstandsvorsitzender. 1877 wurde die PBHAG in den Westfälischen Grubenverein umgewandelt, der 1882 von einem von Friedrich Grillo geleiteten Konsortium aufgekauft wurde. Die letzten Spuren irischer Kapital-Investitionen an der Ruhr waren damit verschwunden. Aber Mulvany nahm weiter einen aktiven Anteil am industriellen Leben des Ruhrgebiets.

Die Pioniere der industriellen Entwicklung schätzten selten die Notwendigkeit, für den Wohlstand des Industriegebiets zusammenzuarbeiten. Mulvany erkannte dagegen schneller als andere, dass die Probleme, denen sich das Ruhrgebiet gegenübersah, nur durch die Zusammenarbeit der großen Unternehmen gelöst werden konnten. Er war erst zwei Jahre in Deutschland, als er 1858 eine führende Rolle bei der Gründung des „Vereins für die bergbaulichen Interessen im Oberbergamtsbezirk Dortmund" spielte; dabei ging es ihm vor allem um Markterweiterungen für die Ruhrkohle, um die Verbesserung der Transportsysteme und um niedrige Frachttarife. Zum Schutz der heimischen Kohle und ihrer Preise befürwortete er Förderquoten und Einfuhrzölle. Er erweiterte diese Prinzipien auch auf die Beziehungen zur Eisen- und Stahlindustrie und wurde 1871 Vorsitzender der Unternehmervereinigung „Verein zur Wahrung der Interessen rheinischer und westfälischer Unternehmer im Rheinland und Westfalen". Mulvany war weitsichtig genug, um die großen Ersparnisse und die erhöhte Wirtschaftlichkeit zu erkennen, die durch die Vereinigung von Bergbau- und anderen Unternehmen erzielt werden konnten.

Stadt Herne, Bildarchiv

Abb. 3.1.2 Porträt William Thomas Mulvany

Von allen Angelegenheiten, mit denen er sich beschäftigte, erschien ihm keine wichtiger als das Transportproblem. Im Konkurrenzkampf der verschiedenen Eisenbahngesellschaften setzte er sich für niedrige Frachttarife, im Bereich der Binnenschifffahrt für verbesserte Schifffahrtswege in Norddeutschland, Belgien und den Niederlanden ein. Er starb am 30. Oktober 1885 in Düsseldorf.

Wikimedia Commons (abgerufen am 11.4.2021)

Abb. 3.1.3 Villa Mulvany, Shamrockring 3

Als Mulvany den Sitz der Hibernia- und Shamrock-Bergwerksgesellschaft von Berlin nach Herne verlegte, ließ er um 1875 diese Villa erbauen. Ob er jemals dort gewohnt hat, ist nicht bekannt. Die Familie lebte auf Gut Pempelfort bei Düsseldorf. 1872 erwarb Mulvany zusätzlich Haus Goldschmieding in Castrop-Rauxel, das dann nach englischer Sitte als Sommersitz diente. Die Villa Mulvany war durchgängig Dienstwohnung der Generaldirektoren. Entsprechend der steigenden Wohn- und Repräsentationsansprüche wurde das ursprüngliche Gebäude mehrfach erweitert und umgebaut. Die Villa ist 1991 saniert worden, wird seitdem für Tagungen und Konferenzen genutzt, steht seit 2008 unter Denkmalschutz und soll zu einem Kulturstandort ausgebaut werden.

Stadt Herne, Bildarchiv

Abb. 3.1.4 Zeche Shamrock I/II um 1914

Verwendung des bis dahin im Ruhrgebiet unbekannten Tübbing-Verfahrens, das es möglich machte, effizient und zeitsparend einen Schacht in den wassergetränkten Boden der Emscherniederung niederzubringen. 1859 wurde in 199 m Tiefe die erste Fördersohle angelegt, die Förderung begann 1860; gleichzeitig wurde Schacht 2 als Wetterschacht abgeteuft. 1865 wurden mit 637 Beschäftigten 172.000 t Kohle gefördert. Innerhalb von wenigen Jahren entstand mit Shamrock eine Zeche, die sich hinsichtlich Aussehen und technischer Ausstattung von den übrigen Zechen im Ruhrgebiet unterschied und mit der die bewährten Methoden und Einrichtungen des hoch entwickelten britischen Steinkohlenbergbaus erstmals im Ruhrgebiet eingeführt wurden.

Den Folgen der Wirtschaftskrise der Gründerjahre entging die Gesellschaft weitgehend dadurch, dass sie und die Mulvany-Zeche Hibernia in Gelsenkirchen 1873 mit Unterstützung verschiedener Bankhäuser in die „Aktiengesellschaft Hibernia und Shamrock, Bergwerksgesellschaft zu Berlin" umgewandelt wurden. Der Sitz der Gesellschaft war zunächst in Düsseldorf, wurde aber 1875 nach Herne verlegt; W.T. Mulvany war ihr Vorstandsvorsitzender. Die hochwertigen Fettkohlenschichten sicherten der Zeche Shamrock auch nach dem Rückzug des irischen Kapitals das Fortbestehen – bis 1890 stieg die Produktion auf 650.920 t Kohle und auf 74.676 t Koks. Die Hibernia AG wurde zu einer der wichtigsten Bergbaugesellschaften des Ruhrgebiets und zu einem kommunalen Machtfaktor, der auf alle wesentlichen Bereiche des gesellschaftlichen und politischen Lebens der Stadt maßgeblichen Einfluss zu nehmen suchte.

Shamrock erweiterte sich bis zum Zweiten Weltkrieg zu einer Zeche mit zehn Schächten, neben einzelnen Wetterschächten konzentriert auf die Anlagen 1/2/6/9 und 3/4. Im Jahre 1920 wurde mit 7.131 Mann der Höchststand der Belegschaft und 1929 die maximale Förderung mit 1.983.626 t erreicht; Shamrock war die produktivste Zeche auf Herner Gebiet.

Zeche Königsgrube

In Röhlinghausen, abseits von Herne und der Köln-Mindener Eisenbahn in sumpfigem Gelände, hatten schon 1855 einheimische Landwirte und Handwerker gemutet und waren auf Kohle gestoßen. Zur Errichtung eines Bergwerks fehlten ihnen jedoch unter diesen schwierigen Umständen die finanziellen Mittel. So verkauften sie das 3,10 km^2 große Grubenfeld an den Essener Unternehmer Friedrich Grillo und den Magdeburger Bankier Hermann Zuckschwerdt, die die Magdeburger Bergwerks-AG gegründet hatten. Um auf der nach dem preußischen König Friedrich Wilhelm IV. „Königsgrube" genannten Zeche mit dem Abteufen zu beginnen, wurden auf Essener wie auf Magdeburger Seite weitere Anleger in die Gesellschaft aufgenommen. Beim Abteufen der Schächte 1 und 2 im Jahre 1856 musste wiederum das Tübbing-Verfahren

Stadt Herne, Bildarchiv

Abb. 3.1.5 Zeche Königsgrube um 1900

angewandt werden, um Wassereinbrüche zu beherrschen. 1860 wurde die Eigenbedarfsförderung und 1863 die regelmäßige Förderung aufgenommen. Zur Verbesserung der verkehrlichen Situation investierte man zusammen mit der Zeche Pluto in ein Anschlussgleis an die Köln-Mindener Eisenbahn.

Zwar war das Grubenfeld im Vergleich zu den Nachbarzechen relativ klein, doch Kohle von hoher Qualität war reichlich vorhanden. Anlässlich des 50-jährigen Jubiläums der Zeche im Jahre 1905 wurde ausgerechnet, dass bei einer Jahresförderung von 500.000 t die Kohlenvorräte bis über das Jahr 2100 hinausreichen würden.

Die Zeche Königsgrube wurde im Laufe ihrer Entwicklung etwa alle 30 Jahre umgebaut, renoviert und an den technischen Fortschritt angepasst. Nachdem seit 1888 neben der Anlage 1/2 der Wetterschacht 3 abgeteuft worden war, wurde zwischen 1894 und 1905 der alte Malakowturm oben geöffnet und das hölzerne Fördergerüst durch ein Stahlgerüst ersetzt; auf der 6. Sohle wurde eine Seilbahn von gut vier Kilometern eingebaut. Schacht 4 wurde 1903 abgeteuft und ging 1904 in Förderung.

Von der Jahrhundertwende bis in die Zwischenkriegsjahre lieferte die Zeche reichliche Dividenden an die Aktionäre, es unterblieben jedoch die notwendigen Investitionen. Als auch noch die Absatzschwierigkeiten nach dem Ersten Weltkrieg hinzukamen, war die Magdeburger Bergwerks-AG zur technischen Erneuerung der im Volksmund „Klamottenpütt" genannten Zeche nicht mehr in der Lage, und 1923 wurde wegen der Ruhrbesetzung der Betrieb eingestellt. Die Deutsche Erdöl AG (DEAG) erwarb 1925 die Majorität – 1936 ging die Zeche ganz in ihren Besitz über –, führte von 1927 bis 1930 umfangreiche Erneuerungen der Tagesanlagen durch und richtete die Zeche auf eine Tagesförderung von 3.000 t aus. Die zuvor das Zechengelände durchschneidende Königsgruber Straße wurde geschlossen und dem Betriebsgelände zugeordnet, dessen Schienennetz auf 4,8 km erweitert wurde. Unter Tage wurden Presslufthämmer und Schüttelrutschen eingeführt. 1942 erreichte die Zeche mit 1.779 Mann Belegschaft die maximale Förderung von 694.882 t.

Zeche Pluto

Der Freiherr Louis Levin von Elverfeldt aus Schwelm und der Kammerherr Franz Josef Michael von Lilien aus Unna muteten um 1850 zwischen Wanne und Röhlinghausen und erhielten die Berechtsame (Nutzungsrecht) für sieben Felder von insgesamt 6,83 km² Größe, die sie aber bereits 1855 an den Bergassessor Heinrich Thies weiterverkauften. Aufgrund der günstigen Lage an der Köln-Mindener Eisenbahnlinie sollte zügig mit dem Abbau begonnen werden, so dass Heinrich Thies mit der 1857 gegründeten Pluto Bergbau-AG Kapital aufzubringen suchte. Nachdem 1856 der Standort unter Kostenbeteiligung der Zeche Königsgrube durch ein Anschlussgleis an den Güterbahnhof Pluto-Wanne angeschlossen worden war, begann 1857 das Abteufen von Schacht Pluto-Thies und 1860 die Förderung mit besten Kohlensorten. 1863 kam eine Kokerei hinzu; einer ihrer Hauptabnehmer war – über eine Drahtseilbahn beliefert – der Schalker Gruben- und Hüttenverein in der benachbarten Gemeinde Hüllen im damaligen Amt Gelsenkirchen.

Um die Bewetterung in dem Grubenfeld zu verbessern, kam ab 1873 ein zweiter Schacht hinzu, der zudem näher an dem geplanten „Emscherkanal" liegen sollte, aus dem später der Rhein-Herne-Kanal wurde. In diesem, mittels des Tübbing-Verfahrens abgeteuften Schacht Pluto-Wilhelm begann die Förderung 1875. Mit dem Abteufen des Schachtes 3 entstand von 1893 bis 1895 daraus die Doppelschachtanlage 2/3. Es folgte 1899 der Ausbau der Schachtanlage Thies zur Doppelschachtanlage 1/4. 1899 kaufte die Aktiengesellschaft Schalker Gruben- und Hüttenverein ihren Hauptlieferanten auf und sicherte sich damit dauerhaft die Kohlenversorgung. 1907 schloss sich der Schalker Verein mit der Gelsenkirchener Bergwerks AG zusammen.

Die Zeche Pluto erreichte 1913 mit 1,25 Millionen t Kohlen und 372.000 t Koks ihren Produktionshöchststand. Im selben Jahr begann die Abteufung von Schacht 7, der als neuer Förderschacht 1918 in Betrieb genommen wurde. Im Rahmen der allgemeinen Rationalisierungsmaßnahmen der Zwischenkriegszeit wurde jedoch die Förderung aus dem gesamten Grubenfeld auf der Anlage 2/3 konzentriert, nicht zuletzt, weil der am konzerneigenen Kanalhafen Grimberg gelegene Schacht 2 die besseren Voraussetzungen zum Abtransport der Kohlen bot. Auf der Anlage 1/4 wurde seitdem nur noch Seilfahrt, Materialtransport und Bewetterung betrieben. Die Gelsenkirchener Bergwerks AG war 1926 Gründungsmitglied der Vereinigten Stahlwerke AG und brachte ihren gesamten Bergbaubesitz, darunter auch die Zeche Pluto, in die neue Gesellschaft ein.

Zeche Von der Heydt (Providence)

Diese Zeche geht zurück auf Mutungsbohrungen, die der Bochumer Kaufmann Wilhelm Endemann mit Hilfe englischer Ingenieure 1855 in Baukau durchführen ließ. Er nannte das Feld „Von der Heydt" nach dem preußischen Finanzminister, der ihm die Konzession erteilt hatte; dies war ein damals durchaus gängiges Verfahren, durch Schmeichelei gegebenenfalls eine Konzession schneller zu erhalten. In den folgenden Jahren erhielt Endemann die Konzession für weitere Bergbaufelder unter demselben Namen sowie für einige Felder der späteren Zeche Barillon. Da Endemann keine Zechen betrieb, sondern mit Bergbaufeldern handelte, verkaufte er 1864 die Felder an die belgisch-französische Société civile des Charbonnages de Herne-Bochum mit ihrem Repräsentanten Joseph Pierre Monin, der auch bei der Entwicklung der Zeche Mont-Cenis tätig war. 1864 begann auf der Zeche „Herne" das Abteufen von Schacht 1, der 1867 die Förderung aufnahm. 1868 nannte die Gesellschaft die Zeche in „Von der Heydt", 1869 in „Providence" um. Ihre Kapitalstärke machte es der Gesellschaft möglich, auch die Nachbarfelder zu erwerben, auf denen in Baukau die Zeche Barillon und in Recklinghausen die Zeche Clerget entstanden; alle diese Felder lagen an der wichtigen Köln-Mindener Eisenbahnstrecke. Auf Von der Heydt wurde 1868 ein zweiter Schacht begonnen, dessen Abteufung wegen starker Wassereinbrüche jedoch eingestellt wurde.

Der gesamte Grubenbetrieb einschließlich der Bewetterung lief weiterhin durch Schacht 1. Die dadurch schlechte Belüftung und das damals noch offene Geleucht führten allein zwischen 1867 und 1869 zu elf Schlagwetterexplosionen; erst zwischen 1871 bis 1876 wurden Sicherheitslampen eingeführt.

1889 kam die Société in Zahlungsschwierigkeiten. Ein Bankenkonsortium sicherte sich das Verfügungsrecht und bot die drei Zechen der Gesellschaft – Providence, Barillon und Clerget – zum Kauf an. Die neue Eigentümerin, die Harpener Bergbau-AG, benannte die Zeche Providence wieder in „Von der Heydt" um. Eine Kokerei wurde errichtet, Schacht 2 wurde ab 1894 weitergeteuft und ging 1896 in Förderung. Die maximale Förderung von 4.171.983 t erreichte die Zeche im Jahre 1900 mit einer Belegschaft von 1.239 Mann. Danach sank die Förderung kontinuierlich; 1911 wurde die Kokerei, 1916 die erst 1910 gebaute Brikettfabrik stillgelegt.

Als die Stadt Herne von 1915 bis 1918 den Bahnhof um- und ausbaute, wurden die Gleisanlagen höher gelegt, wodurch die Anfahrt von der Zeche Von der Heydt schwieriger wurde und sich die Absatzmöglichkeiten verschlechterten. Daher wurde die Förderung über die Zeche Julia abgewickelt, mit der die Zeche Von der Heydt unter Tage verbunden war und von der sie 1928 vollständig übernommen wurde. Große Teile der Übertageanlagen wurden abgebaut, die verbliebenen Anlagen dienten lediglich noch der Seilfahrt und der Bewetterung.

Zeche Julia (Barillon)

Wie die Zeche Von der Heydt geht auch die Zeche Julia auf Mutungen des Wilhelm Endemann zurück, der auf Feldern, denen er den Namen „Julia",

Abb. 3.1.6 Die Oberkettenbahn über dem Holzplatz der Zeche Julia 1933

„Julia I" und „Bibiana I" gab, 1857 fündig geworden war. 1867 erwarb Joseph Pierre Monin für die Société civile des Charbonnages de Herne-Bochum auch diese Zeche von Endemann. Da das Tübbing-Verfahren angewandt wurde, kam das Abteufen von Schacht 1 so gut voran, dass bereits 1869 die Förderung aufgenommen werden konnte. Zu dieser Zeit trug die Zeche den Namen „Barillon" und wies das erste eiserne Fördergerüst des Ruhrgebiets auf; die Förderung stieg rasch auf 102.110t (1871). Die Zeche Barillon operierte mit dem Einschachtsystem, in dem die Kohlenförderung, die Personenbeförderung und die Bewetterung durch einen einzigen Schacht sichergestellt wurden. Ähnlich wie auf der Zeche Von der Heydt verschlimmerten die mangelnde bis fehlende Bewetterung die Unfälle, die auf der Zeche Julia bis 1880 auftraten. 1872 wurde die Zeche von einem verheerenden Großfeuer über und unter Tage betroffen, dessen Schäden zu beheben drei Jahre dauerte; 1880 kamen durch eine Schlagwetterexplosion sieben Bergarbeiter ums Leben. Erst zwischen 1886 und 1888 wurde ein Wetterschacht abgeteuft, der das Risiko zumindest reduzierte.

1889 kaufte die Harpener Bergbau AG auch die Zeche „Barillon" und nannte sie wieder „Julia". In der nun folgenden Zeit der Prosperität wurde von 1903 bis 1907 der Schacht 2 abgeteuft, der sich dann zum Hauptförderschacht entwickelte. Die Mechanisierung schritt voran; so verschwanden bis 1934 alle unter Tage eingesetzten Grubenpferde, die Zahl der Abbauhämmer stieg von sieben (1904) auf 661 (1934). Mit der Eröffnung des Rhein-Herne-Kanals (1914) erhielt die Zeche einen eigenen Hafen, mit dem sie über eine Drahtseilbahn verbunden war; nach Aufgabe der Förderung auf der Zeche Von der Heydt wurde ab 1918 deren Kohle über die Zeche Julia zutage gefördert. Als weitere Konzentrationsmaßnahme errichtete die Harpener Bergbau AG 1931 für die Zechen Julia und Recklinghausen 2 eine Zentralaufbereitung am Kanal und ersetzte die Drahtseilbahn durch die größte Kettenbahn der Welt. 1939 erreichte die Zeche mit 1.996 Mann Belegschaft die maximale Förderung von 814.788t; 1940 wurde sie in die Steinkohlengewerkschaft „Reichswerke Hermann Göring" eingegliedert.

Zeche Friedrich der Große

Diese Zeche war die erste auf Alt-Herner Gebiet, an der kein ausländisches Kapital beteiligt war. 1855 wurde im Auftrag des Grubendirektors August Bochkoltz in Horsthausen das erste Steinkohlenflöz angebohrt; 1860 ließ er daraufhin noch weitere Felder in Horsthausen und Baukau muten. Die Felder, auf denen die Mutungen stattfanden, nannte Bochkoltz

„Gutes Recht" und „Louisenglück". 1870 wurden diese Grubenfelder unter dem Namen „Friedrich der Große" konsolidiert. Dem Grubenvorstand der neuen Gesellschaft, einer bergbaulichen Gewerkschaft, gehörten der Kaufmann und Bergwerksdirektor Friedrich Grillo, der Unternehmer Wilhelm Hagedorn sowie die Bankiers August und Carl Waldthausen an. Die Berechtsame mit einer Größe von 8,95 km^2 erstreckte sich geologisch vom Gelsenkirchener Sattel im Westen und der Sodinger Mulde im Südosten über den Horsthausener Sattel bis zum Baukauer Sattel; die dadurch vorhandenen geologischen Sprünge erschwerten den Abbau der Kohle.

1871 wurde im Schacht 1 die erste Wasserhaltungsmaschine in Betrieb genommen, 1872 in einer Teufe von 162 Metern das erste Kohlenflöz angefahren und 1874 mit der Förderung begonnen. Danach wurden zwar acht weitere abbauwürdige Flöze durchstoßen, doch blieb die Jahresförderung mit 262 Zentnern sehr gering. 1875 erhielt die Schachtanlage Anschluss an die Köln-Mindener Eisenbahn, und die Tagesanlagen wurden erweitert. Die Jahre 1876 und 1877 waren geprägt von Wassereinbrüchen und einem Stillstand in der Förderung. Mit der Instandsetzung wurden auch die Tagesanlagen weiter ausgebaut, doch stockte der Kohlenabsatz weiterhin. 1879 erhielt die Anlage auch Anschluss an die Strecke Dortmund-Sterkrade der Königlich-Westfälischen Eisenbahn. Die technischen Probleme der Wasserhaltung blieben jedoch bis in die 1880er Jahre bestehen; Probleme der Bewetterung kamen hinzu, da auch diese Zeche nur einen Schacht besaß. Zunächst wurde nur Schacht 1 weitergeteuft, bis 1886 eine Kokerei errichtet und eine Ringofenanlage in Betrieb genommen. 1890 begannen die Teufarbeiten für Schacht 2, der 1893 den Betrieb aufnahm.

In den Jahren 1895/96 erhielt die Zeche einen eigenen Hafen am Stichkanal des noch nicht eröffneten Rhein-Herne-Kanals und zu Kriegsbeginn 1914/15 einen weiteren Hafen für die Schachtanlage 3/4, die 1907 in Betrieb genommen worden war. Die Belegschaft war auf 4.000 Bergleute und die Jahresförderung auf 1,18 Millionen t Kohle angestiegen.

Die allgemeinen Rationalisierungsmaßnahmen der Zwischenkriegszeit und das Bestreben, Verbünde zwischen Hütten- und Steinkohlenzechen herzustellen, führten 1921 die Zeche Friedrich der Große und die Ilseder Hütte in Peine zusammen, wodurch deren dauerhafte Belieferung mit der begehrten Fettkohle über den Rhein-Herne-, den Dortmund-Ems- und den Mittellandkanal sichergestellt wurde. Nach der Ruhrbesetzung beschloss die Zechenleitung umfangreiche Investitions- und Rationalisierungsmaßnahmen, um das Überleben der Zeche sicherzustellen; es waren dies der Bau einer Zentralkokerei auf der

Stadt Herne, Bildarchiv

Abb. 3.1.7 Zeche Friedrich der Große 1926

Schachtanlage 3/4 und 1930 die Konzentration der gesamten Förderung aus dem Grubenfeld auf diese Schachtanlage. Die erhofften günstigen Auswirkungen dieser Maßnahmen blieben jedoch wegen der Weltwirtschaftskrise zunächst aus; von 1933 bis 1936 stieg die Förderung allerdings von 615.533 t auf den Höchststand von 1.086.087 t.

Zeche Unser Fritz

Im Wanner Norden hatten in den 1860er Jahren lokale Handwerker gemutet und die Berechtsame für drei Felder von insgesamt 4,9 km² erhalten; dann war ihnen jedoch das Geld ausgegangen. 1871 kauften der Industrielle Friedrich Grillo, der Bankier Ludwig von Born und die Unternehmer Friedrich Funke und Wilhelm Hagedorn, alle aus Essen, diese Felder und gründeten als bergbauliche Gewerkschaft die Zeche „Unser Fritz", benannt nach Kronprinz Friedrich Wilhelm, dem späteren 99-Tage-Kaiser Friedrich III., der wegen seiner liberalen Einstellungen beliebt war und „unser Fritz" genannt wurde. Um Fließsande und Wassereinbrüche einzudämmen, kam beim Abteufen von Schacht 1 1872 wieder das Tübbing-Verfahren zur Anwendung; 1873 wurde die Förderung – vorwiegend von Gas- und Gasflammkohle – aufgenommen. Auf zwei Sohlen bestanden Durchschläge zur Gelsenkirchener Zeche Consolidation. Die Schachtanlage erhielt 1875 durch eine Verbindungsbahn zum Bahnhof Gelsenkirchen-Bismarck Anschluss an die Bergisch-Märkische Eisenbahn und 1876 durch einen Abzweig zum Bahnhof Wanne an die Köln-Mindener Eisenbahn.

Nach der Schlagwetterexplosion von 1875 forderte die Bergbehörde zur besseren Bewetterung die Anlage eines zweiten Schachtes. Dieser wurde ab 1881 nördlich der Emscher abgeteuft und ging 1883 in Förderung; gleichzeitig wurde die Verbindung zur Zeche Consolidation aufgegeben. Da Schacht 2 ohne Verbindung zum Eisenbahnnetz war, musste die geförderte Kohle über eine Kettenbahn zum Schacht 1 befördert werden. Über dessen altem Malakowturm errichtete man 1890 einen eisernen Schachtturm mit einer neuen Förderanlage.

Diese Investitionen sind Ausdruck des wirtschaftlichen Aufschwungs, den die Zeche seit der Mitte der 1880er Jahre nahm. Neben Schacht 2 wurde 1897 unter den üblichen Schwierigkeiten ein neuer Schacht niedergebracht, der ab 1907 der Hauptförderschacht der Anlage 2/3 wurde. Da bei der gestiegenen Förderung – von 93.000 t (1875) auf 690.000 t (1900) – und dem relativ kleinen Grubenfeld die Schachtanlage schnell in die Tiefe ging, gleichzeitig aber das Ausrichten einer neuen Fördersohle zeit- und kostenintensiv war, konnte sich der Abbau ab 1900 nicht mehr allein auf die reinen Gas- und Gasflammkohlen beschränken, sondern man musste auch unreinere Flöze abbauen, die man seit der Mitte der 1870er Jahre unberührt gelassen hatte. Folgerichtig wurde 1910 eine erste und 1913 eine zweite Kohlenwäsche gebaut; 1911 kam eine Kokerei, 1913 eine Benzolfabrik hinzu.

Stadt Herne, Bildarchiv

Abb. 3.1.8 Unser Fritz 1/4, undatiert

1908 teufte man neben Schacht 1 einen neuen Förderschacht ab, der für eine doppelte Förderung ausgelegt war und 1904 in Betrieb ging. Mit dem Bau des Rhein-Herne-Kanals (1915) erhielt auch diese Zeche einen eigenen Hafen, was den Absatz verbesserte. 1918 ging die bergbauliche Gewerkschaft in den Besitz der Mannesmannröhren-Werke in Düsseldorf über. Zwar wurde noch 1920 ein Wetterschacht für die Anlage 2/3 abgeteuft und 1925 mit 3.842 Mann Belegschaft der Förderungshöchststand von 891.000 t erreicht, doch führten die schlechten Bedingungen des Kohleabsatzes in den Zwischenkriegsjahren, verbunden mit der Ruhrbesetzung, 1928 endgültig zur Stilllegung der Zeche. 1936 wurde die Schachtanlage aber wieder in Betrieb genommen, die Schächte dienten seitdem der Seilfahrt, dem Bergeversatz und der Wetterführung der Gelsenkirchener Zeche Consolidation, mit der Unser Fritz in den 1940er Jahren endgültig verbunden wurde.

Zeche Mont-Cenis

Die Gründung der Zeche Mont-Cenis in Sodingen im Jahre 1871 fällt in eine Zeit, als die deutsch-französischen Beziehungen auf einem Tiefpunkt waren. Während Elsass-Lothringen zur Rohstoffsicherung der deutschen Schwerindustrien von Frankreich abgetrennt wurde, kauften Joseph Pierre Monin aus Marseille und Francois Auguste Viviers aus Lyon von Wilhelm Endemann aus Bochum verschiedene Grubenfelder und konsolidierten sie zu einem Feld von 5,16 km² Größe. Die Namensgebung dürfte der zeitgenössischen Technikbegeisterung der neuen Besitzer geschuldet sein; denn 1871 war auch ein 13 km langer Tunnel durch den gleichnamigen Berg in den französisch-italienischen Alpen eröffnet worden.

Das Abteufen von Schacht 1 begann 1873 im westlichen Teil des Bergbaufeldes, die Förderung wurde 1875 aufgenommen. Allerdings hatte man nicht wie auf den Nachbarzechen wertvolle Fettkohle erreicht, sondern zunächst nur Gaskohle; zudem fanden sich zahlreiche tektonische Störungen. Verkehrstechnisch war die Zeche an den Bahnhof Herne der Köln-Mindener Eisenbahn angeschlossen. Nachdem die Zeche um 1890 einen Kaufverein mit der Harpener Bergbau-AG eingegangen war, wurden die Tagesanlagen ausgebaut und ab 1895 – mit dem Abteufen von Schacht 2 – das Ostfeld aufgeschlossen, in dem man günstigere Lagerungsverhältnisse angetroffen hatte. Die Förderung stieg von 177.213 t (1890) auf über 700.000 t (1900), die Belegschaft zeitgleich von 656 auf 2.389 Mann.

Um die Jahrhundertwende begann auch die Mechanisierung der Zeche. Kompressoren ermöglichten den Einsatz von Druckluft zum Antrieb von Bohr- und Abbauhämmern, Schüttelrutschen und Schrämmaschinen; Benzol-Lokomotiven wurden ab 1905 eingesetzt und ab 1927 durch Druckluftloks ersetzt. 1905 wurde mit dem Abteufen von Schacht 3 begonnen und die erste Batterie der Kokerei mit Nebengewinnungsanlagen sowie eine Kraftzentrale fertiggestellt. Schacht 3 wurde schließlich Hauptförderschacht der Anlage 1/3. Nach den Zwischenkriegsjahren mit geringen Investitionen wurde im Ostfeld 1930 der Schacht 4 abgeteuft, um eine Anlage 2/4 zu entwickeln. Bereits 1929 erreichte man mit 3.987 Mann Belegschaft den Jahresförderungshöchststand von 1.145.272 t. Zur Veredlung der Nebenprodukte beteiligte sich die Zeche an der Gasverarbeitungsgesellschaft Börnig-Sodingen (Gaveg); diese musste allerdings ihre Produktionsanlagen nördlich des Zechengeländes 1931 stilllegen, nachdem sie an die IG Farben verkauft worden war und die Produktion nach Merseburg verlegt wurde. Die Weltwirtschaftskrise brachte einen Förderrückgang um 40 %, der zur Aufgabe der Förderung auf der Anlage 2/4 und einer allgemeinen Reduzierung der Belegschaft zwang; hinzu kamen 1931 eine Schlagwetterexplosion und 1935 ein Grubenbrand.

Bis 1936 bestand Mont-Cenis als eigenständige Gesellschaft, dann wurde sie von der Harpener Bergbau-AG aufgekauft; 1939 fiel sie an die Gewerkschaft Vereinigte Constantin der Große, wodurch die betrieblichen Grundlagen beider Zechen – insbesondere auf dem Gebiet der gemeinsamen Kokerei-, Strom- und Gaswirtschaft – erweitert wurden. Die sich bietenden Möglichkeiten konnten jedoch wegen des Zweiten Weltkriegs nicht mehr richtig genutzt werden; lediglich eine Verbindungsbahn zwischen Mont-Cenis und Constantin wurde fertiggestellt.

Zeche Teutoburgia

Teutoburgia ist die östlichste Zeche Hernes und die letzte Zechengründung auf Alt-Herner Gebiet. Der Kaufmann Carl Wilhelm Rüping mutete 1855 in der Gemeinde Holthausen und wurde mit dem Flöz Laura fündig; 1856 mutete er zwischen Holthausen und Obercastrop und war wieder erfolgreich. 1866 kaufte Mulvany diese Mutungen auf und teufte die ersten Schächte der Zechen Teutoburgia und Erin ab. Er erkannte jedoch recht bald, dass das Grubenfeld der Zeche Teutoburgia mit 2,76 km² zu klein war und außerdem stark gestörte Lagerungsverhältnisse aufwies. Daher verkaufte er die Zeche an den Bochumer Verein für Bergbau und Gussstahl-Fabrikation, der zwischen 1905 und 1909 die Schächte 1 und 2 erneut abteufte und 1910 den Betrieb aufnahm. Allerdings wurde bereits 1913 mit 1.512 Mann Belegschaft die maximale Jahresför-

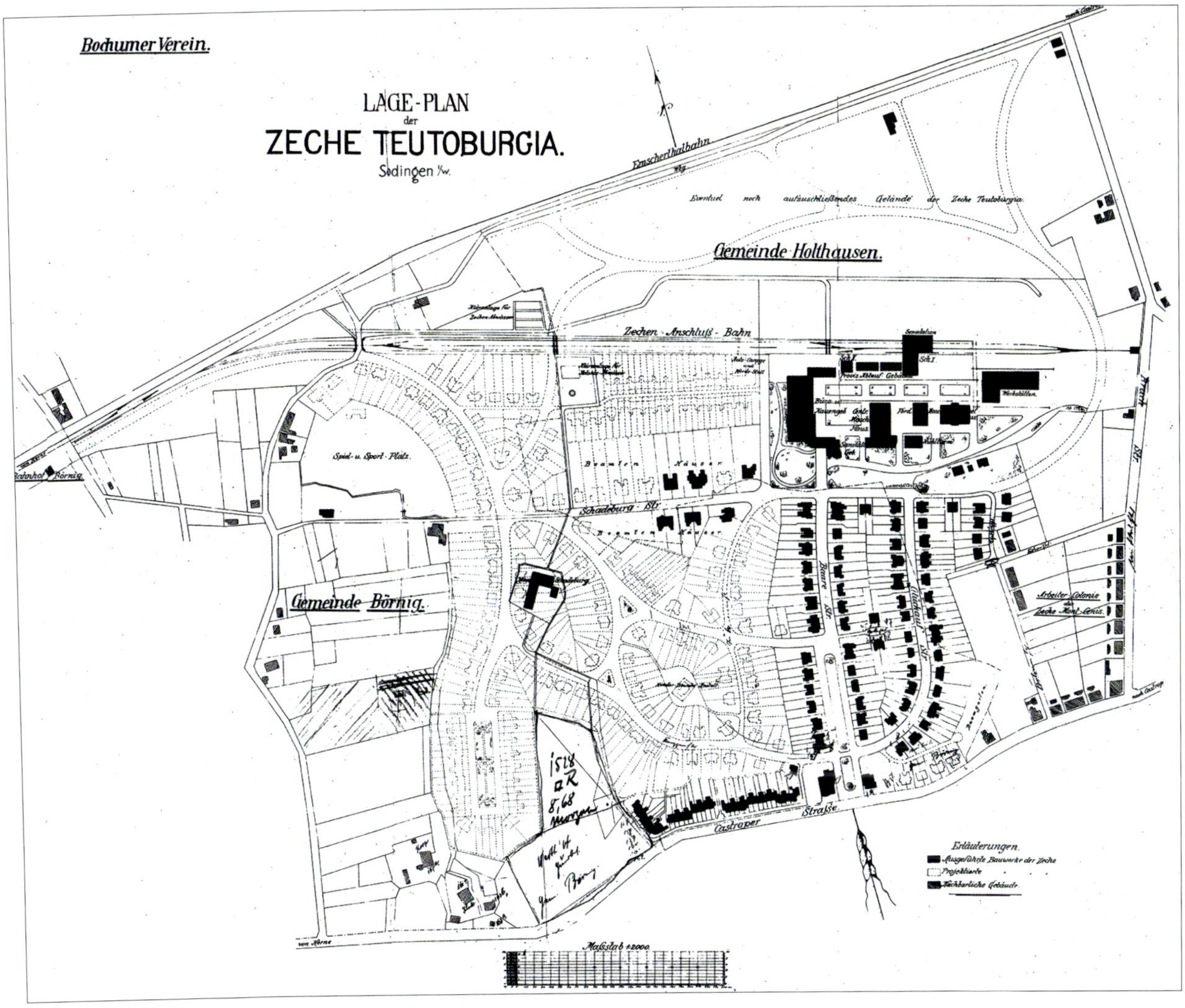

Stadt Herne, FB Vermessung und Kataster

Abb. 3.1.9 Lageplan der Zeche Teutoburgia

derung von 553.574 t erreicht. Als sich der Ruhrbergbau in den 1920er Jahren im Zuge der Rationalisierungsmaßnahmen auf rentable Großzechen konzentrierte, wurden allein 1925 34 Schachtanlagen stillgelegt, darunter nach nur 15 Jahren auch die Zeche Teutoburgia. Die Tagesanlagen wurden weitgehend abgebrochen, die Schächte wurden aber weiterhin für die Seilfahrt und Bewetterung der Zeche Erin in Castrop-Rauxel genutzt; die endgültige Stilllegung erfolgte 1983. Die ehemalige Maschinenhalle steht seit 1984 unter Denkmalschutz.

Zeche Constantin der Große

Das Grubenfeld der Zeche Constantin der Große lag auf Bochumer und Herner Stadtgebiet. 1849 bildete sich die entsprechende bergbauliche Gewerkschaft, die von 1850 bis 1852 Schacht 1 in Bochum-Riemke abteufte und 1857 die Förderung aufnahm. Wenngleich auch hier gestörte Lagerungsverhältnisse den Kohlenabbau erschwerten, so war doch die Lagerstätte recht groß und weitgehend gasfrei. Bis 1926 waren 12 Schächte abgeteuft, von denen die Schächte 4/5 und 11 in Sodingen lagen. Schacht 4 wurde ab 1893 abgeteuft und ging 1895 in Förderung; auf Schacht 5 wurde nach fünf Jahren Teufarbeiten im Jahre 1900 die Förderung aufgenommen. Schacht 10, 1913 südöstlich der Anlage 4/5 in Bochum-Hiltrop abgeteuft, ging 1919 in Förderung; der zugehörige Wetterschacht 11 wurde 1914 begonnen, ging jedoch kriegsbedingt erst 1917 in Betrieb.

Im Jahr 1921 ging die Gewerkschaft einen Betriebs- und Interessengemeinschaftsvertrag mit der Fried. Krupp AG ein, die außerdem Anteile an der Gewerkschaft erwarb. Die Weltwirtschaftskrise erzwang auf verschiedenen Anlagen der Zeche Rationalisierungen, die 1930/31 zur Aufgabe des Betriebsteils 10/11 führten. Die höchste Förderung vor dem Zweiten Weltkrieg wurde 1927 mit über 2,8 Millionen t von 10.671 Beschäftigten erbracht.

1939 erwarb die Gewerkschaft Constantin die Zeche Mont-Cenis; zwischen den Tagesanlagen der beiden Zechen wurde eine Verbindungsbahn gebaut, und die Kokereien wurden durch eine Gasleitung verbunden. Der Zweite Weltkrieg hätte der Zeche beinahe ein vorzeitiges Ende bereitet, denn aufgrund der Vielzahl der Luftangriffe konnte kaum noch Kohle gefördert werden; im April 1945 kam die Förderung vollständig zum Erliegen.

Zeche Hannibal

Der Kaufmann Johann Heinrich von Hüllen und der Destillateur Hermann Heypertz, beide aus Mülheim, muteten 1846, erhielten die Berechtsame für die Felder Hannibal I, II, III und gründeten 1847 die bergbauliche Gewerkschaft Hannibal. Der Felderbesitz erstreckte sich über die heutigen Bochumer Stadtteile Hofstede und Riemke. In Hofstede begann man 1848 mit dem Abteufen von Schacht 1, in dem 1854 eine bescheidene Förderung für den Eigenbedarf aufgenommen werden konnte. Hannibal gehörte zu den ersten, nördlich von Bochum durch den Kreidemergel abgeteuften Zechen. Wassereinbrüche machten größere Investitionen erforderlich, die wiederum zu Finanzierungsproblemen führten und den Betriebsbeginn verzögerten. 1856 wurde zwar eine regelmäßige Förderung aufgenommen, es blieb aber das Problem bestehen, dass der sechs Kilometer entfernte Bahnhof Herne nur mit Pferdekarren auf unbefestigten Landstraßen zu erreichen war. Erst 1867 nahm die Zeche zusammen mit der Zeche Constantin eine Anschlussbahn nach Herne in Betrieb. Damit waren die Voraussetzungen für eine Expansion geschaffen, und man erwarb vom Bochumer Kohlenhändler Wilhelm Endemann die Felder Nosthausen I und II in Eickel und teufte 1872 Schacht 2 ab, der 1876 die Förderung aufnahm. Die Investitionen reichten aber nicht aus, um vom Boom der Gründerjahre zu profitieren; die Gewerkschaft Vereinigte Hannibal ging 1899 in das Eigentum der Fried. Krupp AG über.

Diese führte die Zeche gemeinsam mit der benachbarten Kruppzeche Hannover; der Schwerpunkt der Entwicklung lag auf dem Ausbau der Kokerei und der Nebengewinnungsanlagen sowie dem Bau umfangreicher Siedlungen, um eine Stammbelegschaft sesshaft zu machen. Der wirtschaftlichen Krise in der Mitte der 1920er Jahre fiel die Anlage Hannibal 2 zum Opfer, der Schacht in Eickel wurde 1926 stillgelegt und diente danach nur noch zur Bewetterung.

Im Rahmen der nationalen Autarkiebestrebungen wurde das brachliegende Zechengelände 1936 Standort des von der Fried. Krupp AG errichteten Chemiewerks zur Herstellung von Benzin nach dem Fischer-Tropsch-Verfahren. Entscheidend für die Standortwahl waren zum einen die guten Eisenbahnverbindungen und die Anschlüsse an die Häfen des Rhein-Herne-Kanals, zum anderen der Zechenbesitz der Firma Krupp im Bereich um Wanne-Eickel, der die Rohstoffgrundlage sicherte. Das erste Benzin produzierte die Anlage 1938, den ersten Schwelteer 1939. Als kriegswichtiges Unternehmen geriet es schnell in den Fokus des alliierten Bombardements; nach dem schwersten Angriff wurde das Werk 1944 geschlossen.

Zeche Hannover

Die Entwicklung der Zeche Hannover begann 1847 mit Mutungen im südlich der Herner Stadtgrenze gelegenen Bochum-Hordel. Auch hier führte der Kapitalmangel der ursprünglichen Muter dazu, dass das Feld von 4,16 km² Größe 1855 an die Hannoversche Bergwerksgesellschaft Hostmann und Co. AG in Düsseldorf verkauft wurde. Deren Zahlungsschwierigkeiten führten wiederum dazu, dass das Abteufen von Schacht 1 bis 1870 dauerte. Erst durch den Zufluss französischen Kapitals konnte die Steinkohlenbergwerk Hannover AG gegründet und die Betriebsentwicklung vorangetrieben werden. Als die Gesellschaft 1871/72 erstmals einen Überschuss erwirtschaftete, wurde dieser in die Anlagen investiert und die prosperierende Gesellschaft an die Fried. Krupp AG in Essen verkauft, die 1873 mit dem Abteufen der Schachtanlage 3/4 begann.

1912 gelang es im Kokerei-Laboratorium, aus den Abgasen von Benzol größere Mengen von Kunstgummi und Kunstseide herzustellen. Dort gelang es auch, aus Benzin und Benzol einen brauchbaren Kraftstoff für Autos herzustellen, den man „Aral" nannte.

Förderung und Belegschaft

Wenngleich der Bergbau für Herne und Wanne-Eickel der wichtigste und die gesamte lokale Wirtschaftsstruktur dominierende Wirtschaftszweig war, gehörten die Schachtanlagen im regionalen Vergleich weder nach ihrer Förderleistung noch hinsichtlich ihrer Belegschaftszahlen zu den bedeutenden.

Für den Zeitraum von 1860 bis 1945 lässt sich die Entwicklung der Förderung auf den Zechen in Wanne-Eickel und Herne in zwei Phasen mit unterschiedlichen Tendenzen gliedern. Bis 1900 liegen die 5-Jahres-Steigerungsraten ihrer Förderung zum Teil deutlich über dem Durchschnitt des gesamten Ruhrgebiets; die im Jahre 1900 geförderten 6.097.375 t Kohle machten 10,1 % der regionalen Förderung aus. Bis zum Ende des Ersten Weltkriegs blieben die Steigerungsraten leicht, danach bis 1945 allerdings

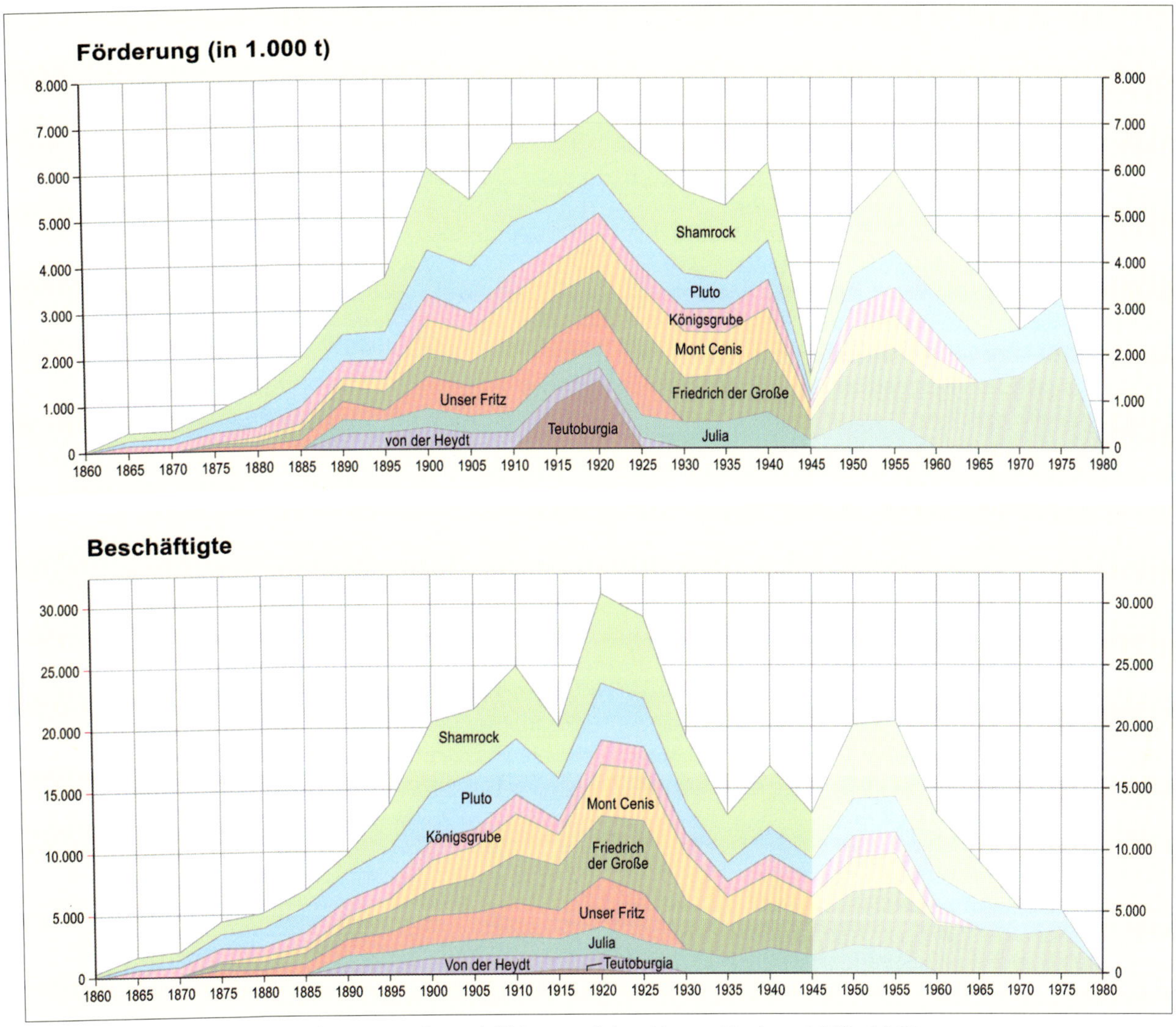

nach Huske 2006; Jahrbuch der europäischen Energie- und Rohstoffwirtschaft, versch. Jahrgänge; Kartographie: Gudrun Reichert

Abb. 3.1.10 Steinkohlenförderung und Beschäftigte auf den Herner Zechen 1860–1945

deutlich unter dem regionalen Durchschnitt; der Anteil an der regionalen Produktion fiel von 8,1 % (1900/05) auf 4,6 % (1940/45). Der Gesamthöchststand der Jahresförderung aller Zechen in Herne und Wanne-Eickel wurde mit 5.986.362 t bereits 1915 erreicht. Ab 1880 war die Zeche Shamrock durchgängig die produktivste; alle Zechen erreichten ihren Produktionshöchststand vor dem Zweiten Weltkrieg.

Auch die Entwicklung der Bergbaubeschäftigten in Herne und Wanne-Eickel lässt sich in diese zwei Phasen gliedern; insgesamt werden aber nur zwischen 1910 und 1925 regionale Beschäftigungsanteile von mehr als 5 % erreicht. In diesen Zeitraum fallen auch die Beschäftigungshöchststände aller lokalen Zechen sowie 1920 der Gesamthöchststand mit 30.769 Beschäftigten, wobei seit 1895 die Zeche Shamrock durchgängig die belegschaftsstärkste war.

Nach dem Ersten Weltkrieg erschütterten die im Versailler Vertrag festgelegten Reparationsleistungen, die Inflation von 1921 bis 1923, die französisch-belgische Besetzung des Ruhrgebiets von 1923 bis 1925 und die Weltwirtschaftskrise von 1929 bis 1933 das politische und wirtschaftliche System und führten zu einer insgesamt rückläufigen Entwicklung. Auf diese reagierten die Bergwerksunternehmen mit Mechanisierung und Rationalisierung, bei den Zechen Teutoburgia und Unser Fritz in den Jahren 1925 bzw. 1928 jedoch mit Stilllegung. In dem für den lokalen Arbeitsmarkt dramatischsten Jahr 1930 folgte eine Entlassungswelle der nächsten. Die Zeche Friedrich der Große 1/2 beendete im April 1930 vorübergehend ihre Förderung und entließ 510 Bergleute, im Juni standen weitere Entlassungen an – 200 auf Shamrock, 200 auf Friedrich der Große und 50 auf Constantin 4/5 –, im Juli wurden 142 Bergleuten der Zeche Julia und 30 von Mont-Cenis gekündigt, im September folgten weitere 90 Bergleute von Julia. Die Zeche Friedrich der Große entließ im Oktober und November nochmals 760 Bergarbeiter, und im November wurde schließlich der Schacht Constantin 10 mit weiteren 650 Entlassungen stillgelegt.

Die bedeutendste Entwicklung im Bergbau der Zwischenkriegszeit war der Auf- und Ausbau der Kohlechemie. Zum einen betrieb die Bergwerksgesellschaft Hibernia von 1925 bis 1931 die Gasverarbeitungs GmbH (Gaveg), zum anderen erweiterte sie ab 1928 ihr Arbeitsfeld in der Kohlechemie und gründete in Holsterhausen die Hibernia-Chemie (später VEBA Chemie und Hüls AG, zuletzt Norsk Hydro) mit Verbindungen zu den Kokereien von Shamrock 1/2 und Shamrock 3/4. Die Kokskohlengase wurden für die Düngemittelproduktion, später für Aetylen und ab 1934 auch für Autotreibgas verwendet. Eine Beziehung zwischen Bergbau und Kohlechemie hatte in kleinen Anfängen bereits in den 1880er Jahren begonnen, als auf der Zeche Pluto durch Destillation Teer hergestellt wurde, aus dem man u. a. Benzol, Naphthalin und Pech gewann; daneben lieferte man Straßenteer, Dachlack, Dachpappe.

3.2 Eisenverarbeitende Industrien und Maschinenbau

Der Bergbau war weitgehend bestimmend für die Struktur der Herner Wirtschaft. Im Gegensatz zu anderen Standorten im Ruhrgebiet entwickelten sich keine grundständigen Eisen- und Stahlindustrien; vielmehr wurden durch die wachsende Nachfrage der Bergbauunternehmen eine bergbauaffine eisen- und stahlverarbeitende Industrie und der Maschinenbau beflügelt. Die Bergbauunternehmen zeigten eine steigende Nachfrage nach Kohlengewinnungs- und Abtransportmaschinen wie Bohrhämmer, Drehbohrmaschinen, Abbauhämmer, Ketten-, Stangen- und Säulenschrämm-Maschinen, Förderhaspeln, Schüttelrutschen, Kompressoren, Förderwagen und Kohleöfen. Alle einschlägigen Zulieferfirmen erlebten vom Zeitpunkt ihrer Gründung bis zur Jahrhundertwende hinsichtlich Belegschaft und Produktion eine Steigerung um ein Vielfaches.

Während sich in Wanne-Eickel – u. a. wegen des begrenzten Raumes – keine nennenswerten eisenverarbeitenden Industrien ansiedelten, wurde Herne zum Standort eines breiten Spektrums entsprechender Betriebe. Auch für sie war die Köln-Mindener Bahnstrecke ein wichtiger Standortfaktor, ermöglichte sie doch einen sicheren Transport der Rohstoffe und der gefertigten Maschinen und Anlagen. Die Areale um die Güter-/Sammelbahnhöfe Herne und Constantin wurden daher zu wichtigen Standorten dieser Unternehmen. Nicht zuletzt aufgrund verschiedener Fusionen und Übernahmen sind allerdings einige Unternehmen nicht durchgängig dokumentiert.

Den Anfang unter den eisenverarbeitenden Betrieben machte der Schmiedemeister Victor Halstrick, als er 1869 in Baukau den ersten eisenverarbeitenden Betrieb gründete. Als Zulieferer der Kohlen-, Erz- und Kalibergbauunternehmen konnte die **Viktor Halstrick KG** in ihrer Blütezeit etwa 25 % des Bedarfs an Gruben- und Kokswagen im rheinisch-westfälischen Kohlerevier abdecken. Die Zahl der Beschäftigten stieg bis 1929 auf 130 an.

1871 wurde die **Drahtseilfabrik Eduard Gessmann** für die Fabrikation von Draht- und Hanfseilen gegründet, die auch patentierte Drahtseile für Förderkörbe produzierte.

Die ebenfalls 1871 angesiedelte **Dampfkesselfabrik Berninghaus** war eine Zweigniederlassung der Duisburger Ewald Berninghaus Dampfkesselfabrik, Schiffswerft, Eisengießerei und Maschinenfabrik von 1866. Das Herner Reparaturwerk wurde 1875 gegründet, und 1912 errichtete die Firma in der Nähe von Shamrock I/II eine neue Fabrikanlage mit Bahnanschluss; hergestellt wurden Hochleistungskessel für die Hochöfen- und Koksgasfeuerung, aber auch Schiffs- und Lokomotivkessel.

Der Ingenieur Fritz Baum arbeitete seit 1875 auf der Schachtanlage Hibernia, bevor er 1883 die **Maschinenfabrik Baum AG** gründete. Diese entwickelte sich aus kleinen Anfängen zu einem bedeutenden Unternehmen, das sich hauptsächlich mit der Kohleaufbereitung befasste. Es stellte Kokereimaschinen, Filter- und Flotationsanlagen, Schachtaufschiebevorrichtungen, Transportanlagen sowie Kohlenwäschen für Nass- und Trockenaufbereitung her. Bis 1911 war das Unternehmen auf 220 Beschäftigte angewachsen. Um im scharfen Wettbewerbskampf der Zwischenkriegsjahre besser bestehen zu können, beschloss die Hauptversammlung 1927 den Zusammenschluss mit dem ältesten

Foto: H.-W. Wehling 2019

Abb. 3.2.1 Ehemaliges Beien-Verwaltungsgebäude, seit 1992 „Haus der Natur"

und größten Unternehmen der Aufbereitungsbranche, der **Gewerkschaft Schüchtermann & Kremer** in Dortmund. Der Hauptsitz der neuen **Schüchtermann & Kremer-Baum Aktiengesellschaft für Aufbereitung in Dortmund** wurde nach Dortmund verlegt. Ihm folgte 1929/30 die Gesamterzeugung an Gießereiwaren; im Gegenzug wurde 1930/31 in Dortmund der Stahlbau stillgelegt und vom Werk Herne übernommen.

Alexander Beien gründete 1885 eine **Eisengießerei und Maschinenfabrik** und siedelte sie in der 1888 stillgelegten „Herner Eisenhütte" an. Die Zahl der Beschäftigten stieg von 30 auf 150 vor dem Ersten Weltkrieg. Die Firma produzierte als Bergbauzulieferer Förderhaspel-, Seil- und Kettenbahnen, Dampfkabel, Förderkörbe, Seilscheiben, Kerb- und Schrämm-Maschinen.

Die Elektroindustrie war seit 1897 durch die Firma **Funke & Huster** vertreten, die u. a. Schaltanlagen für den Bergbau herstellte. Hinzu trat um 1900 die Firma **Witzig & Winter**, die in Röhlinghausen elektrische Anlagen produzierte. Auf ihrem Gelände siedelte sich in den Zwischenkriegsjahren die Firma **Raacke & Co.** für Eisen- und Blechkonstruktionen an.

Als die in Baukau ansässige Herner **Muttern- und Schraubenfabrik** um 1900 in Konkurs ging, übernahm die aus Altenkirchen im Westerwald stammende Firma Dorn das Unternehmen und verlegte ihren Produktionsschwerpunkt nach Herne. Wurden in den ersten Jahren hauptsächlich Schrauben für den Bergbau und seine Zulieferindustrien produziert, kamen später als Abnehmer die Eisenbahn sowie der Brücken-, Schiff-, Waggon-, Fahrzeug- und Landmaschinenbau hinzu. Ende der 1920er Jahre hatte das Unternehmen einen eigenen Bahnanschluss und gehörte zu den leistungsfähigsten seiner Branche. Die Zahl der Beschäftigten stieg von rund 170 (1912) auf etwa 500 (1928).

1897 wurde die Herner **Herdfabrik Schaefer & Co.** gegründet; sie siedelte sich auf einem Grundstück des Herner Drahtseilfabrikanten Eduard Gessmann am Grenzweg an und begann, Kohlenherde für Haushalte zu produzieren. Die hohe Nachfrage führte in den Folgejahren zu einer ständigen Erweiterung der Betriebsfläche; 1913 gliederte die Firma eine Eisengießerei an, um den eigenen Gussbedarf selbst decken zu können. Die Fabrikationspalette wurde Anfang der 1920er Jahre auf Gasherde, Gaskocher, kombinierte Herde für Kohlen und Gas, Zentralheizungs- sowie auf Hotel- und Anstaltsherde ausgedehnt. Das Unternehmen wurde in die Herdfabrik und Eisengießerei A.G. umgewandelt.

Das **Röhrenwerk Kuntze AG Herne** entstand um die Jahrhundertwende und war eine Zweigfabrik der im Jahr 1869 gegründeten Firma G. Kuntze in Göppingen; es stellte schmiedeeiserne Röhren und Röhren aus Siemens-Martin-Stahlblech her. 1928 wurde das Werk durch den Neubau von drei großen Hallen und anderer Gebäude erweitert und der Maschinenpark modernisiert; die Zahl der Beschäftigten war auf 210 gestiegen.

Zur Produktionspalette der 1912 gegründeten Firma **Axmann und Compagnie GmbH** gehörten Bergwerksmaschinen, Zahnräder und Getriebe. Angeschlossen war eine Gießerei.

Die **Maschinenfabrik Wilhelm Knapp** produzierte ab 1920 Walzenschrämlader.

1926 gründete der Ingenieur Bernhard Hackforth in Wanne-Eickel die **Maschinenfabrik Hackforth & Co.**, die vor allem Reparaturen und kleinere Auftragsarbeiten im Bergbau und in der Hüttenindustrie ausführte. Seit 1941 übernahm die Maschinenfabrik die Fertigung von Schraubenbandkupplungen für Hebemaschinen, Winden und Umkehrgetriebe für die Dortmunder Firma VULKAN.

Der Schlossermeister **Friedrich Wilhelm Schwing** gründete 1934 seinen Handwerksbetrieb und konzentrierte sich auf die Produktion von Maschinen für den Berg- und Straßenbau sowie für die Bauindustrie.

Zu einem wichtigen Schrittmacher auf dem Gebiet der Bohrtechnik im Kohlen- und Erzbergbau sowie in der Industrie der Steine und Erden wurde die **Maschinenfabrik Heinrich Flottmann**, die 1902

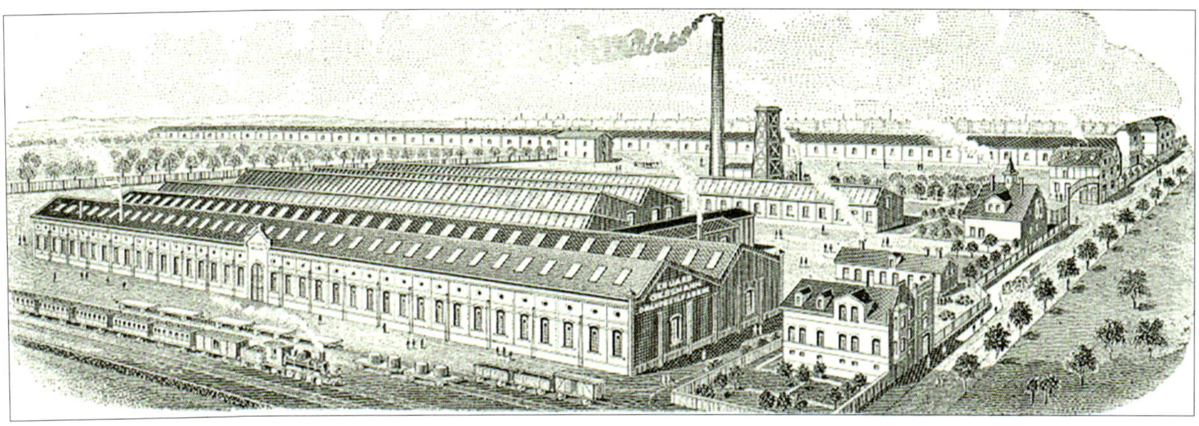

Knöll 1928

Abb. 3.2.2 Herner Herdfabrik 1922

Piorr 2016a

Abb. 3.2.3 Werbeschild der Flottmann AG, hergestellt von der Imoglas-Plakatfabrik Barmen um 1930, und Konstruktionszeichnung „Laufender Mann mit Bohrhammer"

Ab 1922 sollten alle Erzeugnisse – vom Briefkopf bis zu den Bohrhämmern und Kompressoren – mit einem neuen Warenzeichen versehen werden: der Flottmann-Schriftzug und das von der neuen Sachlichkeit inspirierte Logo des laufenden Mannes. Das Unternehmen betrieb damit etwas, was es dem Namen nach noch nicht gab – Markenbranding.

von Bochum nach Herne übersiedelte. Sie hatte ihren Ursprung in der 1872 gegründeten **Metallgießerei und Armaturenfabrik Heinrich Flottmann & Co.**, die zunächst Ventile, Messingstücke sowie Rot- und Eisenguss in Tiegeln herstellte. Zunehmend spezialisierte sie sich jedoch auf die Reparatur von Bergbaumaschinen und auf die Herstellung von Ersatzteilen. Daher war es nicht eine Massenproduktion, die dem Unternehmen auch in wirtschaftlich schwierigen Perioden die Existenz sicherte, sondern Qualitätserzeugnisse aus der mechanischen Werkstatt. Nach dem Großbrand von 1902, der einen Großteil der Werkshallen und Maschinen vernichtete, wurde das Unternehmen von dem alten Standort mit seinen geringen Expansionsmöglichkeiten und seinem fehlenden Bahnanschluss in die aufgelassenen Gebäude der in Konkurs gegangenen Rheinisch-Westfälischen Betonwerke verlagert, die genau diese Standortvorteile boten. 1908/09 errichteten die Architekten Schmidtmann und Kleny im Jugendstil neue Werksräume in einer Gruppe von fünf nebeneinanderliegenden Hallen mit einer höheren Halle in der Mitte. Die Wände waren aus Backstein, dekoriert mit Haustein und Putzverzierungen. Die Schauseite zur Flottmannstraße wurde symmetrisch gestaltet, links der Ausstellungshalle mit der vorgewölbten Front lagen die beiden Versandhallen, rechts die beiden Hallen für Schmiede und Schlosserei. Das bereits 1902 von Heinrich Flottmann erworbene schmiedeeiserne Jugendstil-Tor diente als Haupteingangstor für die Beschäftigten.

Mit der Erfindung des „Drucklufthammers mit Kugelsteuerung und selbsttätiger Umsetzung" leitete die Firma 1904 eine neue Epoche der Drucklufttechnik ein und ersetzte die mühsame Handarbeit mit Schlägel und Eisen. Der Drucklufthammer fand zunehmenden Einsatz in Steinbrüchen, im Tunnel- und Straßenbau sowie im Bergbau, hier vor allem beim Bohren von Sprenglöchern, beim Schachtabteufen und beim Stollenvortrieb; bereits 1913 waren 11.000 Bohrhämmer auf den Ruhrgebietszechen im Einsatz. Das weitere Angebot des Unternehmens umfasste Druckluftmaschinen, Drehbohrmaschinen, Schüttelrutschen, Verladeeinrichtungen, elektrische Grubenbeleuchtungen, Kompressoren, Dampfmaschinen und Vakuumpumpen.

Die 1903 errichtete Gießerei musste bereits 1908 mit neuen Siemens-Martin-Öfen erweitert werden, eine neue Kraftzentrale und eine neue Gesenkschmiede entstanden, die mechanischen Werkstätten wurden ausgebaut. Mit über 500 Beschäftigten war Flottmann vor dem Ersten Weltkrieg eine der größten Maschinenfabriken im mittleren Ruhrgebiet. Seit 1905 bestand eine regionale Verkaufsorganisation, die über einen Kundendienst den Kontakt mit den Abnehmern aufrechterhielt; zur Förderung des Exports bestanden in Brüssel, Budapest, Cardiff, Lüttich, Madrid, Mailand, Paris, Prag, Wien und Zürich eigene Filialen und Vertretungen. Mit über 500 Beschäftigten war Flottmann vor dem Ersten Weltkrieg eine der größten Maschinenfabriken im Herner Raum.

Da auch im Ersten Weltkrieg die Entwicklungsarbeit mit Abbauhämmern, Schüttelrutschen und

Foto: H.-W. Wehling 2019

Abb. 3.2.4 Eingangstor zum Werksgelände der Flottmann AG

Carl Weinhold, der künstlerische Leiter der Kunstschmiede Füssmann und Feeth in Essen, entwarf das Tor 1902; auf der Industriemesse desselben Jahres in Düsseldorf wurde es als „Denkmal deutscher Schmiedekunst" gefeiert. Die zentrale Wappenkartusche zeigt neben den Initialen „HF & Cie" die Symbolpaare „Winkelmaß und Zirkel" für die zeitweilige Nähe des Familienunternehmens zur Freimaurerei und „Hammer und Zange" für die Eisenindustrie. Die Flottmann AG übergab das Tor 1968 der Stadt Herne als Geschenk; 2010 wurde es restauriert wieder in der Nähe der Flottmann-Hallen aufgestellt.

Abb. 3.2.5 Flottmann-Werke

ab 1917 mit Kompressoren fortgesetzt worden war, konnte die Rezession der Zwischenkriegszeit schnell überwunden werden; denn mit den grundlegenden Rationalisierungs- und Mechanisierungsmaßnahmen im Ruhrbergbau konnte das Unternehmen seine führende Marktposition weiter ausbauen. 1917 wurde die Maschinenbau AG in Marktredwitz hinzugekauft, die in den folgenden Jahren vor allem Drucklufterzeugnisse und Kompressoren herstellte; 1921/22 folgte der Erwerb der Aktienmehrheit an der Westfalia AG in Gelsenkirchen. 1922 wurde der hunderttausendste Bohrhammer verkauft und 1926 die Firma in Flottmann AG umbenannt. Das Werksgelände hatte sich auf 15 ha erweitert. Auf dem wirtschaftlichen Höhepunkt des Unternehmens im Jahre 1929 waren allein im Stammwerk in Herne 1.032 Menschen beschäftigt. Als Folge der Weltwirtschaftskrise brach jedoch die Nachfrage ein und bis 1932 wurde fast die Hälfte dieser Belegschaft entlassen. In der Zeit des Nationalsozialismus erlebte das Unternehmen – nicht zuletzt aufgrund der Nähe der Inhaber zum Regime – eine bis dahin nicht gekannte Blüte und erreichte 1939 wieder eine Belegschaft von mehr als 1.500 Beschäftigten. In den Kriegsjahren konnte eine hohe Beschäftigtenzahl allerdings nur durch den Einsatz zahlreicher Zwangsarbeiterinnen gehalten werden.

Von dem allgemeinen wirtschaftlichen Aufschwung profitierte auch die Bauwirtschaft und mit ihr zahlreiche Ziegeleibetriebe und Ringofenanlagen, vor allem im Süden des Stadtgebiets im Bereich der ausgedehnten Ton- und Lehmböden. Der öffentliche und privatwirtschaftliche Baubedarf im Zuge der Industrialisierung bot der 1892 durch Engelbert Scharpwinkel, gen. Heitkamp, in Wanne gegründeten **Tiefbaufirma E. Heitkamp** recht schnell eine gute Auftragslage. Zwar wurden anfänglich nur für die Bauern der Nachbarschaft Kanäle und Straßen gebaut, ab 1902 weitete jedoch der Sohn von E. Scharpwinkel, Heinrich Heitkamp, das Betätigungsfeld über die Grenzen von Wanne hinaus und auf den Hoch- und Tiefbau, den Gleis- und Verkehrswegebau, auf die Anlage gemeindlicher Entwässerungssysteme und die Bachregulierung sowie auf Bergbauleistungen aus. Das Unternehmen war u. a. beteiligt an den Abteufungen zahlreicher regionaler Zechen, wie z. B. Shamrock und Unser Fritz, am Neubau des Bahnhofs Herne, am Bau der Chemischen Werke Hüls in Marl sowie an den Erd-, Kanal- und Regulierungsarbeiten für die Emschergenossenschaft und den Lippeverband.

3.3 Ölmühlen, Brennereien, Brauereien, Bäckereien

Die **Ölmühle Funkenberg** geht zurück auf das Jahr 1539, als Margarete von Asbeck, die Witwe des Jobst von Strünkede, die Mühle und einen Mühlenteich anlegen ließ. 1789 war Johann Wilhelm

Stadt Herne, Bildarchiv

Abb. 3.3.1 Gebäude der Hülsmann-Brauerei am Eickeler Markt 1920er Jahre

Der 1910 bis 1914 in Ziegelwerkstein nach Plänen des Architekten Robert Lohse errichtete viergeschossige Bau erfuhr im Zweiten Weltkrieg starke Beschädigungen. Ende der 1950er Jahre wurde das Verwaltungsgebäude durch einen runden Anbau erweitert.

Funkenberg der Pächter der Mühle, ab 1811 ihr Besitzer. Sein Sohn Heinrich Wilhelm verkaufte die Ölmühle mit allem Zubehör 1841 an Georg Weusthoff, der sie in eine Korn- und Ölmühle umwandelte und eine Dampfmaschine anschaffte. Weusthoff verkaufte die Mühle an die 1857 gegründete „Herner Dampfmühlen-Handlungs-Kommandit-Gesellschaft", deren Geschäftsführer der Kaufmann Heinrich Schlenkhof wurde, der außerdem Besitzer eines großen Zement- und Kalkunternehmens war; 1888 wurde der Mühlenbetrieb eingestellt. Erst 1898 wurde mit der Schlenkhoffschen Dampfwaschanstalt ein neuer Betrieb darin eröffnet.

Die **Brennerei Eicker & Callen** in Eickel wurde erstmals um 1749 genannt und gehört zu den ältesten noch verbliebenen Brennereien Westfalens. Auf einem gepachteten Gelände stand das Gründungsgebäude an der ehemaligen Auguststraße in Wanne-Süd; hier wurde seit Anfang des 19. Jh.s Korn gebrannt. Als das Gelände vom Eigentümer für den Bau des Hauptbahnhofs Wanne-Eickel verkauft wurde, siedelte die Brennerei 1889 auf ein Gelände an der damaligen Blücherstraße (heute: Heitkampsfeld) um, wo bereits die Hofbrennerei des Bauern Johann Knipping bestanden hatte. Im Zuge dieser Umsiedlung gründeten der Brennmeister Wilhelm Conrad Callen und der Kaufmann Hermann Eicker die Kornbrennerei Eicker & Callen.

Georg Engelbert Hülsmann und seine Ehefrau Anna Catherine gründeten 1817 eine Kornbrennerei als landwirtschaftlichen Nebenbetrieb.

Die spätere **Brauerei Heinrich Hülsmann** zählt zu den ältesten Familienbrauereien der Emscher-Ruhr-Region. Die erste urkundliche Erwähnung erfolgte zwar erst 1692, die Höhe früherer Steuertaxierungen legt jedoch nahe, dass die Braustätte schon seit Anfang des 16. Jh.s in Betrieb war. Zunächst braute hier der Bauer Markmann für den Eigenbedarf. Als jedoch benachbarte Bauern das Brauen aufgaben, erhöhte er die Bierproduktion. 1789 vergrößerte Johann Heinrich Markmann den Braubetrieb, das ursprüngliche Kötterhaus wurde durch ein Fachwerkhaus ersetzt, das bis zu seiner Zerstörung im Zweiten Weltkrieg als Wohn- und Bürogebäude diente. Der Transport des Eickeler Bieres erfolgte durch Pferdewagen, die über den Gahlenschen Kohlenweg das Ruhrtal und über die Dorstener Straße das Münsterland erreichten. Nach dem Tod Georg Heinrich Diedrich Markmanns erbte seine Witwe Luise den gesamten Besitz; als sie 1852 Heinrich Hülsmann, den Besitzer der oben genannten Brennerei und Likörfabrik Hülsmann heiratete, wurde auch die Brauerei nach ihm benannt. Mit der Industrialisierung stieg die Nachfrage nach Bier; 1869 wurde ein neues Brauhaus mit einem Sudwerk für die Dampfkochung errichtet und damit die erste Dampfbierbrauerei im westfälischen Raum betrieben. Ab 1870 erhöhte sich der Bierausstoß auf 80.000 Hektoliter jährlich; im Jahre 1900 hatte der Braubetrieb 70 Mitarbeiter und einen Bierausstoß von 100.000 Hektolitern. In den Jahren 1908 bis 1915 erfolgte der bauliche und maschinentechnische Ausbau der Brauerei, die 1920 eingerichtete Abfüllanlage konnte 50.000 Flaschen pro Tag abfüllen. Zeitgleich wurde aus der Kornbrennerei im Nebenerwerb durch Neubau und den Zukauf von Brennrechten ein gewerbliches Unternehmen. In der ersten Hälfte des 20. Jh.s wurde der Betrieb um eine Großdestillation, eine Weinhandlung sowie eine Likör-, Fruchtsaft- und Mineralwasserherstellung erweitert.

Konnte die Hülsmann-Brauerei in Eickel noch mit der Regionalbrauerei Moritz Fiege in Bochum mithalten, blieb die **Zengerling-Brauerei** in Wanne eher eine Hausbrauerei. 1885 von den Brüdern Theodor und Hubert Zengerling gegründet und 1902 in Exportbierbrauerei Theodor Zengerling umbenannt, wechselte sie seit 1908 mehrfach den Besitzer, fiel aber letztlich den Wirtschaftskrisen der Zwischenkriegszeit zum Opfer.

Um sich von den zuliefernden Brauereien der Nachbarstädte Dortmund, Bochum und Eickel zu lösen und den lokalen Bierbedarf aus einer eigenen Brauerei zu decken, gründeten schließlich 1897 Fritz Brinkhoff und Friedrich Cremer die **Bürgerliches Brauhaus Herne AG**. Die Brauerei wurde mit modernsten Gebäuden, Kellereien, Maschinen und sonstigen Anlagen ausgestattet; so wurde das Flaschenbier mit halbautomatischen Maschinen abgefüllt. Die Krisen der Zwischenkriegsjahre wirkten sich aber auch auf diese Brauerei aus; laut Beschluss der Generalversammlung ging das Unternehmen 1927 in den Besitz der Schlegel-Scharpenseel-Brauerei AG in Bochum über und bildete deren Abteilung „Bürgerliches Brauhaus Herne".

In keiner Stadt des Ruhrgebiets gab es vor dem Zweiten Weltkrieg – gemessen an der Einwohnerzahl – so viele Bäckereien und Brotfabriken wie in Wanne-Eickel. Angesichts des rasanten Bevölkerungsanstiegs reichten um 1900 die bäuerlichen Backbetriebe nicht mehr aus, um die Versorgung zu decken. In Wanne und Eickel gründeten sich Brot- und Backfabriken wie **Ruwe** (1887), **Hiesgen** (1908), **Timmerbrink** und **Sauerland** (1911) oder **Scherpel und Brinker** (1919). Die Bäcker- und Konditoreninnung der Ämter Wanne und Eickel zählte im Jahr 1925 104 Mitglieder, von denen etwa 40 reine Backbetriebe waren.

Insgesamt wurde die seit Beginn der industriellen Entwicklung in beiden Städten bestehende wirtschaftliche Dominanz des Bergbaus weder durch den Ausbau der chemischen Industrie, der kleinen Baufirmen und der verschiedenen metallverarbeitenden Betriebe gebrochen, noch durch den Handel, dessen Entwicklung zwar durch den rapiden Bevölkerungszuwachs beschleunigt wurde, sich aber – von den Brotfirmen und ihren Vertriebsformen abgesehen – nur aus kleineren Einzelhandelsunternehmen zusammensetzte. Geschäfte des gehobenen und seltenen Bedarfs fehlten fast völlig, da auch die entsprechende Käuferschicht weitgehend fehlte. Größere Einkäufe wurden in Bochum, Gelsenkirchen und im regionalen Einzelhandelszentrum Essen getätigt.

3.4 Das Eisenbahnnetz

Mit der Anlage der Köln-Mindener Eisenbahn im Jahre 1847 begann die bis 1879/82 andauernde Ära der privaten Eisenbahngesellschaften. Diese

Stadt Herne, Bildarchiv

Abb. 3.4.1 Bahnhof Herne um 1870

Stadt Herne, FB Vermessung und Kataster

Abb. 3.4.2 Schachtanlagen, Bergbaufelder, Eisenbahnlinien, Kanäle und Häfen im Raum Herne um 1935

Bahnstrecke war als überregionale „Kohlenabfuhrstrecke" geplant und wurde entgegen den Wünschen der Essener und Bochumer Kommunalverwaltungen nördlich der Hellwegstädte ausgelegt. In den folgenden Jahren zog sie zahlreiche Anschlussgleise von Hüttenwerken und Schachtanlagen auf sich und wurde so zur wesentlichen Erschließungsbahn für den Emscherraum. Ihr folgten 1860/62 die Bergisch-Märkische Eisenbahn, die den Hellwegraum erschloss, und ab 1870 die Rheinische Eisenbahn.

Alle Gesellschaften legten im Raum Herne ihre Streckennetze aus. Der erste Bahnhof war der 1847 als Bahnhof „Herne-Bochum" eröffnete Bahnhof in Herne an der Köln-Mindener Eisenbahnlinie. Da erst 1862 der Bahnhof Bochum an der bergisch-märkischen Strecke eröffnet wurde, liefen für 15 Jahre alle wichtigen Transporte dieses Raumes über den Bahnhof in Herne. 1914/17 wurde die viel benutzte Bahnstrecke auf einen Damm gelegt, das heutige Bahnhofsgebäude errichtet, und eine Fußgängerbrücke über die Bahnhofstraße löste den bis dahin niveaugleichen Bahnübergang ab. In der Nähe des Bahnhofs Herne an der Köln-Mindener Eisenbahn eröffnete 1870 der Bahnhof Herne der Bergisch-Märkischen Eisenbahn; ab 1872 lief über diesen Bahnhof die Strecke zum Bahnhof am Juckweg (Von-der-Heydt-Straße) und zum Güterbahnhof im Rottbruch.

Eine deutlich größere Bedeutung für den Personen- und Güterverkehr als der Bahnhof Herne erlangte allerdings bereits um 1900 der Bahnhof Wanne, der 1926 zum Hauptbahnhof Wanne-Eickel wurde. 1867 eröffnet, war er anfangs – anders als der Bahnhof Herne – ausschließlich als Güterbahnhof geplant. Diese Funktion ergab sich jedoch nur bedingt aus der lokalen und regionalen Transportnachfrage. Vielmehr eröffnete er den Zugang zu notwendigen großräumigen Verkehrsverbindungen und verband – nachdem 1870 die Strecke über Recklinghausen nach Haltern, Münster, Bremen und Hamburg eröffnet worden war – das Ruhrgebiet mit den Nordseehäfen. Erst danach wurde er 1872 auch für den Personenverkehr geöffnet. Es folgte eine Netzverdichtung durch Regionalstrecken – 1873 nach Schalke als Teil der Emschertalbahn von Dortmund nach Sterkrade, 1874 nach Essen-Kray und 1886 über Unser Fritz nach Dorsten sowie über Riemke, Bochum, Witten nach Hagen.

Der wirtschaftliche Aufschwung zwischen 1900 und dem Ersten Weltkrieg führte bis 1913 zu einem Ausbau des Rangier- und Personenbahnhofs auf den neuesten Stand der Technik. Aufgrund seiner regionalen und überregionalen Standortgunst weitete sich das Areal des Bahnhofs Wanne beständig aus. Die Anlage erreichte bei einer Länge von 2,25 km eine Größe von 42 ha mit über 75 km Gleisen, sie-

Abb. 3.4.3 Bahnhof Wanne um 1880

ben parallel verlaufenden Strecken und den längsten Bahnsteigen im Ruhrgebiet; er war Heimatbahnhof für 100 Lokomotiven und Waggons sowie für eine Reihe von Reisezügen. Infolgedessen war in der „Stadt der 1000 Züge" der Hauptbahnhof neben den Zechen ein wichtiger Arbeitgeber; die Zahl der Bediensteten stieg von 146 (1875) auf 2.119 (1913). Schließlich war der Bahnhof Wanne 1872 auch Namensgeber für das für Bickern und Crange zuständige Postamt und 1875 für das neu gebildete Amt Wanne; 1897 wandelte auch die alte Gemeinde Bickern ihren Namen in „Wanne" um.

Die erste Station an der Köln-Mindener Bahnstrecke im Amt Wanne war jedoch ein kleiner Güterbahnhof, der 1856 auf Gesuch der Zechenverwaltungen in der Nähe der Zechen Königsgrube und Pluto-Thies eröffnet wurde; 1864 wurde hier auch ein Bedarfshaltepunkt für den Personenverkehr eingerichtet.

Vor dem Hintergrund eines scharfen Frachttarifwettbewerbs der großen privaten Eisenbahngesellschaften legten die Zechen und Werke der Schwerindustrien Mehrfachanschlüsse an, um in den Genuss der jeweils günstigsten Frachtraten zu kommen. So entstanden neben den von Westen nach Osten verlaufenden Hauptstrecken mit ihren zum Teil nahe beieinanderliegenden Bahnhöfen zahlreiche nicht-öffentliche Querbahnen, die später häufig auch für den öffentlichen Verkehr geöffnet wurden.

Im Netz der Bergisch-Märkischen Eisenbahn wurde 1867 von Bochum aus eine Anschlussbahn zum Gussstahlwerk Bochumer Verein angelegt, die 1869/70 über Riemke hinaus zur Zeche Königsgrube verlängert und von dort mit dem Bahnhof Herne verknüpft wurde. Diese erste, heute noch bestehende Nord-Süd-Strecke wurde ab 1874 auch vom öffentlichen Güterverkehr genutzt, wodurch die Zechen Königsgrube, Pluto und Hannibal Anschluss an das Netz der Bergisch-Märkischen Eisenbahn erhielten.

Der erste Tiefbauschacht der Zeche Constantin hatte bereits seit 1856 Anschluss an die Bergisch-Märkische Eisenbahn. 1860 war die Zechenbahn von Shamrock zum Bahnhof Herne fertiggestellt, 1861 die von der Zeche Mont-Cenis. 1874 nahm die Zeche Friedrich der Große eine Anschlussbahn an die Köln-Mindener Eisenbahn in Betrieb. Die Zechen Von der Heydt und Julia hatten Anschluss an die Netze der Köln-Mindener, der Bergisch-Märkischen und der Westfälischen Eisenbahn. Von der Zeche Unser Fritz bestanden um 1900 Bahnanschlüsse zum Bahnhof Wanne und zum Bahnhof Bismarck im heutigen Gelsenkirchen.

Als sich nach der Reichsgründung der Produktionsschwerpunkt des Bergbaus endgültig in den Emscherraum verlagerte, wurde dieser für die Eisenbahngesellschaften so attraktiv, dass sowohl die Köln-Mindener als auch die Bergisch-Märkische und die Westfälische Eisenbahngesellschaft jeweils eine Emschertalbahn anlegten.

1879 wurde die Köln-Mindener Eisenbahngesellschaft, 1880 die Rheinische, 1882 die Bergisch-Mär-

Stadt Herne, Bildarchiv

Abb. 3.4.4 Bahnhof Wanne um 1920

kische und 1889 die Niederländisch-Westfälische Eisenbahngesellschaft verstaatlicht. Mit der Gründung der Eisenbahndirektion Essen kamen die nunmehr königlich-preußischen Bahnstrecken 1895 unter eine einheitliche Verwaltung. Einige der zahlreichen Parallelstrecken wurden stillgelegt und nicht parallele Strecken mit demselben Ziel wurden miteinander verbunden, um das gesamte Streckennetz dem erhöhten Verkehrsaufkommen anzupassen. Zur Steigerung der Effizienz und der Kapazität begann man – so z. B. 1884/85 beim Bahnhof Wanne – mit dem Bau von Sammelbahnhöfen, den späteren Rangierbahnhöfen. Mit der Übernahme von Zechenanschlussbahnen entstanden die ersten allgemeinen Verbindungsstrecken, die die nördlichen mit den südlichen West-Ost-Hauptstrecken verbanden.

Von spezieller Bedeutung für den regionalen Verbund der Montanindustrien im mittleren Ruhrgebiet war die „Erzbahn", eine Werksbahn, die in mehreren Teilabschnitten zwischen 1912 und 1929 entstand und die Stahlunternehmen des Bochumer und des Schalker Vereins sowie einige Zechen mit dem Rhein-Herne-Kanal verband.

Auch der Personenverkehr erlangte eine größere Bedeutung als zuvor. Der Personenbahnhof Wanne-Unser Fritz wurde 1891 an der Strecke von Wanne nach Bismarck in Betrieb genommen, und 1893 wurde an der Strecke von Bochum nach Wanne der Bahnhof Röhlinghausen für den Personenverkehr eröffnet.

1925 war der Hauptbahnhof Wanne auch zum Knotenpunkt von zwei europäischen Schnellbahnstrecken des Personenverkehrs geworden; es kreuzten sich hier die Strecke Kiel–Hamburg–Bremen–Osnabrück–Münster–Wanne–Köln–Basel–Genua und die Strecke Paris–Brüssel–Köln–Wanne–Hannover–Berlin.

Stadt Herne, Bildarchiv

Abb. 3.4.5 Bahnhof Herne 1925

3.5 Kanäle und Häfen, Emscherregulierung

Um die hochwassergefährdete Lippe als Schifffahrtsweg zu entlasten oder abzulösen, wurde von 1767 bis 1774 mit der preußischen Regierung verhandelt, um die Emscher schiffbar zu machen sowie den Kohlehafen Dorsten durch den Hafen Crange zu ersetzen, um damit den Transportweg für die Kohle aus dem Raum Bochum an den Rhein zu verkürzen und die Wirtschaftskraft Cranges zu stärken. Der Bergbauunternehmer Johann von Oven knüpfte mit diesem Projekt an Überlegungen an, die bereits die Essener Fürstäbtissin und der Graf von Nesselrode 1739 angestellt hatten. Der Ovensche Plan fand auch in Bochum, Gelsenkirchen und Recklinghausen Unterstützer, doch die preußische Regierung lehnte 1774 die Konzession für die Schiffbarmachung der Emscher ab, weil sie aufgrund des Baus zahlreicher notwendiger Schleusen die Rentabilität des Unternehmens bezweifelte. Außerdem fürchtete man sowohl die Proteste der Bauern angesichts der erheblichen Landschaftsveränderungen als auch die Arbeitsplatzverluste, die sowohl in Dorsten als auch in Gahlen am Gahlenschen Kohlenweg drohten, der wiederum als ein ordentlicher und bewährter Transportweg zu Lande angesehen wurde.

Ab 1865 bildete sich unter der Führung des Industriellen Friedrich Harkort in Dortmund eine Initiative zum Bau des Mittellandkanals. Gegen die Einsprüche der mächtigen privaten Eisenbahngesellschaften, die zur Ablehnung des Vorhabens in den Jahren 1877 und 1883 geführt hatten, wurde schließlich von 1892 bis 1899 der Dortmund-Ems-Kanal von Emden über Leer, Lingen und Münster in den Raum Dortmund gebaut. Von dort wurde von 1893 bis 1896 – teilweise unter Nutzung der ehemaligen Trasse der Westfälischen Eisenbahn – ein Kanal bis zur Bahnhofstraße in Herne angelegt.

Dieser Zweigkanal des Dortmund-Ems-Kanals, dessen stillgelegter Teil in Herne auch als „Stichkanal" bezeichnet wurde, war eine rund sieben Kilometer lange und 15 m tiefer liegende Wasserstraße, sodass zwischen ihr und dem Dortmund-Ems-Kanal das Schiffshebewerk Henrichenburg eingefügt werden musste. Der Stichkanal war der Vorläufer einer Verbindung des Dortmund-Ems-Kanals mit dem Rhein, dem heutigen Rhein-Herne-Kanal. An seinem westlichen Ende lag der Hafen Herne. Außerdem diente der Kanal dem Kohletransport zwischen den Schachtanlagen Friedrich der Große 1/2 in Herne-Horsthausen und 3/4 in Herne-Börnig, denn eine durchgehende Straßenverbindung zwischen Horsthausen und Börnig gab es noch nicht. 1937 wurde der von Bergschäden stark beeinträchtige Stichkanal stillgelegt und am 2.1.1938 das Wasser endgültig abgelassen.

Der Dortmund-Ems-Kanal erwies sich von Anfang an als eine wirksame überregionale Entlastung des durch die steigende Transportnachfrage völlig überlasteten Eisenbahnnetzes. Allerdings war er nicht geeignet, eine vollständige Entlastung der Eisenbahn und eine Verbilligung der Transportwege im östlichen Teil des Industriegebiets sicherzustellen wie sie der westliche Teil durch die Rheinschifffahrt hatte. Daher wurde von 1906 bis 1914 der Rhein-Herne-Kanal bis Ruhrort gebaut und mit dem Lipperaum über den Lippe-Seiten-Kanal verbunden, dem für die weitere Entwicklung eine ähnliche Bedeutung zugesprochen wurde wie sie dem Rhein-Herne-Kanal zugedacht war. Für die Linienführung des Rhein-Herne-Kanals waren zum einen die natürlichen Reliefverhältnisse, zum anderen die Standorte der Zechen ausschlaggebend. Daher wurde der Kanal südlich der Emscher gebaut und nicht nördlich von ihr. Die topographischen Verhältnisse entlang des Rhein-Herne-Kanals erforderten die Errichtung von sieben Schleusen, um die rund 36 Höhenmeter zwischen dem Rhein und der Einmündung des Kanals in den Dortmund-Ems-Kanal zu überwinden.

Die Dimensionierung des Kanals ermöglichte den Einsatz der größten Kähne der Kanalschifffahrt; „Rhein-Herne-Kanal-Kähne" konnten eine Ladung von 1.350 t transportieren; diese hohe Ladekapazität und die preiswerten Transportkosten machten die Verschiffung von Massengütern – ganz überwiegend Kohle und Erz – äußerst wirtschaftlich.

Entlang des Kanals entstand von Oberhausen bis Herne eine Reihe von Häfen, zum größten entwickelte sich der Wanner Hafen; einige Häfen waren kommunale Anlagen, mehrheitlich gehörten sie jedoch den Industrieunternehmen, im Herner Bereich der Harpener Bergbau AG und der Gewerkschaft Friedrich der Große. Insgesamt bildete und bildet der Rhein-Herne-Kanal mit den Industriegebieten, die sich an ihm anlagerten, bis heute eine schwer überwindbare räumliche Barriere für die Städte südlich der Emscher und hat in ihnen wesentlich zur Verdichtung des Siedlungsbildes und der Bevölkerung beigetragen.

Mit der Freigabe des Kanals nahm das Schleppmonopol, eine staatliche Behörde, mit 35 Schleppbooten ihre Tätigkeit auf. Schleppkähne waren das vorherrschende Transportmittel, selbstfahrende Dampfschiffe eher selten. Oberhalb der Schleuse VII (Herne-Ost) wurden die Schleppzüge für die Fahrt durch den Kanal zusammengestellt. Auf dem gesamten Kanal bestand für die Schleppkähne die Verpflichtung, die staatlichen Schlepper in Anspruch zu nehmen. Diese Regelung schaltete zum einen private Schlepperflotten aus und verhinderte zum anderen das verkehrsbehindernde Treideln, d. h. das Ziehen der Kähne durch Pferde, die auf dem Treidelpfad entlang des Kanals liefen. Um die Schlepper zu warten, wurde mit der Eröffnung des Kanals die Königlich Preußische Werft Herne – ab 1921 das Wasserstraßenmaschinenamt – gegründet, dessen Arbeiter in acht Doppelhäusern an der Werftstraße untergebracht wurden.

Die günstige Lage Wannes im regionalen und nationalen Eisenbahnnetz wurde durch den Anschluss an das mitteleuropäische Wassernetz noch gestärkt. 1913 gründete sich die Hafenbetriebsgesellschaft Wanne-Herne mbH als öffentliches Wirtschaftsunternehmen, an dem zunächst der Landkreis Gelsenkirchen 50 %, die Gemeinde Wanne 30 % und die Gemeinde Eickel 20 % der Anteile hielten. Nach der Auflösung des Kreises Gelsenkirchen und der Bildung der Stadt Wanne-Eickel im Jahre 1926 war diese mit 70 % und die Stadt Herne mit 30 % beteiligt.

Von 1911 bis 1914 wurden der West- und der Osthafen angelegt und 1915 der Westhafen durch eine Bahnlinie an den Bahnhof Wanne angebunden. Der Westhafen war Umschlagplatz für Massengüter (Erze, Holz, Sand, Kies, Düngemittel) und entwickelte sich zum wichtigsten Kohlenumschlagplatz am Kanal, während der Osthafen vorwiegend dem Umschlag von Lebensmitteln aller Art, Getreide, Baumaterialien, Schrott und Industrieerzeugnissen diente. Der Hafen Julia wurde am Nordufer des Kanals angelegt und war mit einer Kettenbahn mit der gleichnamigen Zeche verbunden; andere Zechen richteten Gleisanschlüsse ein, um Kohlen zum Kanal transportieren zu können.

Der Westhafen (Hafen Wanne) liegt im Unterwasser der Schleuse Wanne-Eickel; die alten Anlagen umfassten ursprünglich das alte Verladeufer des verbreiterten Rhein-Herne-Kanals mit einer nutzbaren Ladelänge von 420 m. So konnten zehn Schiffe von je 80 m Länge zur gleichen Zeit in einer Zweierreihe zum Verladen angelegt werden. Der ständig wachsende Verkehr und die Nachfrage nach bestimmten Kohlesorten und -qualitäten brachte bereits in den 1920er Jahren eine erhebliche Steigerung des Transportraumbedarfs mit sich. Der steigende Zulauf an Schiffen führte zeitweilig zur vorübergehenden Sper-

LWL-Industriemuseum 2014

Abb. 3.5.1 Notgeld der Stadt Herne 1921

rung des Hafens; schließlich mussten die für den Westhafen bestimmten Schiffe in den Vorhäfen und im Hafen der Stadt Gelsenkirchen untergebracht werden, bis sie im Westhafen beladen werden konnten. Diese Entwicklung und die Aussicht auf weitere Zechenanschlüsse erforderten eine Erweiterung und einen Umbau der gesamten Hafenanlagen.

Die 1924 begonnenen Planungen umfassten nicht nur ein neues Hafenbecken mit ausreichenden Verlademöglichkeiten und Liegeplätzen, sondern eine gut ausgebaute Bahnhofsanlage musste einen reibungslosen Eisenbahnbetrieb garantieren; allerdings mussten diese Raumansprüche auf einem von Rhein-Herne-Kanal, der Emscher und zwei regionalen Straßen begrenzten Areal realisiert werden.

Ab 1926/27 war das Hafengelände auf 9,8 ha vergrößert, das neue Hafenbecken erstreckte sich auf der Nordseite über 560 m, auf der Südseite über 450 m. Diese Größe ermöglichte nicht nur den Umschlag von Kohle, Erz und Holz, sondern der Hafen stand auch zu Liegezwecken zur Verfügung. 28 bis 30 Schiffe des Rhein-Herne-Kanal-Typs konnten gleichzeitig zum Laden oder Löschen angelegt werden. Außerdem konnten weitere 60 Schiffe auf Liegeplätzen vorgehalten werden. Überall waren technische Vorkehrungen getroffen worden, um möglichen Auswirkungen von Bergsenkungen auf die Anlagen entgegenwirken zu können; diese Vorkehrungen waren so dauerhaft, dass erst 1962 die östliche Kaimauer so weit abgesunken war, dass sie um zwei Meter erhöht werden musste.

Sieht man von dem allgemeinen wirtschaftlichen Einbruch der Zwischenkriegsjahre ab, gingen mit dem beständigen Ausbau des Wanner Hafens tendenziell steigende Umschlagzahlen einher, von 886.900 t im Eröffnungsjahr (1916) auf 3.079.400 t (1939). Die Umschlagzahlen des Hafens Herne waren dagegen mit 406.900 t (1916) bzw. 928.100 t (1937) deutlich geringer.

Die Schließung des Stichkanals führte schließlich 1938/39 zum Ausbau eines großen Hafenbeckens von 1.000 m Länge zwischen der Schleuse VII und der Zeche Friedrich der Große 3/4.

Neben den Kanalbauten war die Regulierung der Emscher ein wichtiges Projekt der wirtschaftlichen Erschließung. Denn im letzten Drittel des 19. Jh.s war die Emschertalung in dem Maße zu einer ökologischen Problemzone geworden, wie die der Em-

Stadt Herne, Bildarchiv

Abb. 3.5.2 Hafen Herne 1924

scher zufließenden Bäche die Abwässer der Zechen, Industrien und Städte mit sich führten. Die Probleme wurden dadurch verschärft, dass Bergsenkungen den Emscherbereich um mehrere Meter absinken ließen, so dass die Emschermündung zweimal rheinabwärts verlegt werden musste, um überhaupt ein Gefälle aufrecht zu erhalten. Auf stärkere Regenfälle folgten oft Überschwemmungen; das Wasser der Emscher und ihrer Nebenbäche breitete sich mit einer Fülle von gefährlichen Substanzen und Erregern über weite Flächen aus und war die Ursache für wiederkehrende Seuchen. Als Interessengemeinschaft von Kommunen und von Bergbau- und Industrieunternehmen wurde 1899 die Emschergenossenschaft gegründet, die in den folgenden Jahren kontinuierlich die Entwässerung, den Hochwasserschutz und die Behandlung der Abwässer im Bereich des Emschersystems betrieb. Da eine unterirdische Abwasserführung zu kostspielig war und außerdem höchst anfällig gegenüber Bergsenkungen gewesen wäre, wurden die Emscher und ihre Nebenbäche kanalisiert – was zu einer Verkürzung des Emscherlaufs von 109 km auf 85 km führte – und oberirdisch in offenen Betonschalen geführt. Zum Schutz vor Hochwässern wurde die Emscher auf etwa 40 km eingedeicht; diese Deiche sind bis in die Gegenwart fortlaufend erhöht worden, um den Folgen der Bergsenkungen entgegenzuwirken.

3.6 Die Bevölkerungsentwicklung

Der Bergbau ist im gesamten Ruhrgebiet der grundlegende und strukturbildende Wirtschaftszweig der industriellen Entwicklung. Die phasenhafte Nordwanderung seines Produktionsschwerpunktes bildete in etwa einhundert Jahren unterschiedliche west-östliche Struktur- und Entwicklungszonen aus. Angesichts der bis zum Ersten Weltkrieg nur geringen Mechanisierung unter Tage war den Zechen eine Produktion und deren Steigerung nur durch die Anwerbung und Vergrößerung eines festen Mitarbeiterstamms möglich; die Bergbau- und Bevölkerungsentwicklung des Ruhrgebiets stehen also bis zum Ersten Weltkrieg in einer direkten Beziehung.

Von 1818 bis etwa 1840 erlebte die Ruhrzone die stärkste Bevölkerungszunahme aller Zonen des Ruhrgebiets. Mit dem technischen Übergang vom Stollen- zum Tiefbau verlagerte sich der Schwerpunkt der Bevölkerungszunahme bis etwa 1852 in die Hellwegzone und in die südliche Emscherzone, der auch der Raum Herne angehört. Mit dem 1871 beginnenden Aufschwung wuchs die Bevölkerung des Ruhrgebiets bis 1885 um nahezu 50 %. Den absolut höchsten Bevölkerungsgewinn hatten die Hellwegstädte, ihr relatives Wachstum blieb jedoch deutlich hinter den zuvor nahezu menschenleeren Emscherzonen zurück. In der nachfolgenden und bis 1895 dauernden Krisenphase verlagerte sich der Schwerpunkt des relativen Wachstums in die südliche Emscherzone, die nördliche wurde aufgeschlossen. In der Aufschwungphase von 1895 bis 1905 übertraf die absolute Bevölkerungszunahme die der vorangegangenen Phasen beträchtlich. Niemals zuvor oder danach vermochte das Ruhrgebiet einen derartigen Bevölkerungszuwachs auszulösen.

Sowohl Wanne-Eickel als auch Herne folgen hinsichtlich der Zuwachsraten der Bevölkerung den Tendenzen der südlichen Emscherzone, in der sie liegen. Jedoch sind die Bevölkerungszuwächse stärker ausgeprägt und reichen zudem deutlich in die Phase zwischen 1895 und 1905 hinein. Außerdem wuchs die Bevölkerung im früher und intensiver vom Bergbau beeinflussten Wanne-Eickel stärker als in Herne. Im Jahr 1858 lebten 3.045 Menschen auf dem Gebiet, aus dem später die Stadt Wanne-Eickel wurde. Zwei Jahre später begann auf der Zeche Königsgrube die erste Kohleförderung, 1861 nahm Pluto/Thies die Förderung auf, 1874 folgte Unser Fritz und 1876 Pluto/Wilhelm. Die Zahl der Einwohner stieg über 11.232 (1875) auf 24.562 (1890) an.

Da wichtige Zechen auf Herner Gebiet – wie Friedrich der Große und Mont-Cenis – erst nach 1870 und damit deutlich später abgeteuft wurden als die meisten Zechen in Wanne und Eickel, konzentrierte sich das industrielle Bevölkerungswachstum bis 1885 vornehmlich auf Herne, Baukau und Horsthausen; die östlichen Bergbaugemeinden Börnig, Sodingen und Holthausen kamen erst bis 1905 hinzu. Von 1858 bis 1871 verdoppelte sich die Bevölkerung in Alt-Herne auf 7.342, bis 1895 vervierfachte sie sich dann auf 31.875, um sich bis 1905 auf 60.770 fast zu verdoppeln. In der ersten Phase waren hohe Geburtenraten der wesentliche Motor des Bevölkerungswachstums, während die Jahre ab 1890 bei gleichbleibend hohen Geburtenraten vor allem durch enorme Wanderungsraten gekennzeichnet waren.

Der durchgängig hohe Bevölkerungszuwachs führte zu einer schnellen Erhöhung der Bevölkerungsdichten; um 1890 lag sie bereits bei 1.000 Einwohnern pro km^2 und stieg bis Anfang der 1930er Jahre auf nahezu 3.500 Einwohner pro km^2. Auf Ortsteilebene folgte die Veränderung der Bevölkerungsdichten der Verteilung der Zuwachsraten.

Vergleicht man die lokalen Zuwachsraten in den entscheidenden Entwicklungsphasen bis zum Ersten Weltkrieg mit denen der größten Städte des Ruhrgebiets und insbesondere mit denen der anderen Emscherstädte, so zeigt sich, dass Wanne-Eickel und Herne nach Gelsenkirchen, das sich zum dominanten Zentrum der Emscherzonen entwickelte, zwischen 1858 und 1871 mit 152,3 % bzw. 121,7 % und vor allem zwischen 1871 und 1890 mit 519,4 %

Tab. 3.6.1 Bevölkerungsentwicklung in den ehemaligen Gemeinden bzw. den Ortsteilen von Herne, Wanne und Eickel 1818–1939

Gemeinde/Ortsteil	1818	1831	1839	1842/43	1852	1858	1867	1871	1885	1892/95	1905	1910/14	1925/27	1933	1939
Wanne/Bickern	296	312	359	438	470	556	1.000	1.313	5.811	14.384	30.578	38.752	40.236		
Crange/Krange	155	174	201	240	198	211	226	245	305	528	853				
Röhlinghausen	180	174	201	229	258	506	822	993	2.852	4.294	11.296	13.229	14.264		
Eickel	494	523	602	634	789	1.121	1.931	2.918	7.125	11.821	20.368	32.030	34.470		
Holsterhausen	252	294	339	382	406	651	1.128	1.420	2.788	4.130	8.424				
Wanne-Eickel	**1.377**	**1.477**	**1.702**	**1.923**	**2.121**	**3.045**	**5.107**	**6.889**	**18.881**	**35.157**	**71.519**	**84.011**	**88.970**	**92.269**	**86.680**
Herne	749	698	804	938	1.407	1.992	3.398	4.417	9.906	19.304	33.266				
Baukau	316	294	339	349	355	424	542	971	2.780	4.922	10.474	57.147	66.685		
Horsthausen	100	115	132	154	179	214	232	377	1.030	2.406	4.665				
Pöppinghausen	158	215	248	250	243	269	296	285	390	442	438	–	–		
Börnig	222	258	287	307	357	349	447	487	865	1.148	2.385	3.895	7.979		
Sodingen	134	212	236	264	257	223	227	277	592	2.055	4.513	6.150	8.198		
Holthausen	228	220	244	246	286	305	473	528	968	1.598	5.029	5.664	5.925		
Alt-Herne	**1.907**	**2.012**	**2.290**	**2.508**	**3.084**	**3.776**	**5.615**	**7.342**	**16.531**	**31.875**	**60.770**	**72.856**	**88.787**	**98.595**	**94.649**
Gesamt	**3.284**	**3.489**	**3.992**	**4.431**	**5.205**	**6.821**	**10.772**	**14.231**	**35.412**	**67.032**	**132.289**	**156.867**	**177.757**	**190.864**	**181.329**

Statistisches Landesamt NRW 1956; Wiel 1970; heutiger Gebietsstand

und 215,1 % weit überdurchschnittliche Bevölkerungszuwächse erfuhr. Beide Städte gehörten ab 1890 zu den größten des Ruhrgebiets; in Herne hielt diese Entwicklung noch bis zum Ersten Weltkrieg an. Insgesamt stieg die Bevölkerung des Amtes Wanne von 1870/71 bis 1910 um das Zwanzigfache, in Herne verzehnfachte sie sich. Die Zuwanderung veränderte die Bevölkerungsstruktur so nachhaltig, dass 1905 in Herne nur noch 38,7 % der Bevölkerung ortsgebürtig war, in Eickel und Wanne waren es sogar nur noch 36,5 % und 34,1 %. Mit dem Abflauen der weitgehend bergbaubasierten Wirtschaftsentwicklung erreichte das Bevölkerungswachstum von Wanne-Eickel und Herne danach nur noch zonale Durchschnittswerte, neben Gelsenkirchen wurde nun Oberhausen zum Aufsteiger in der südlichen Emscherzone; denn in beiden Städten entstanden Großzechen und sie wurden daneben zum Standort von Großunternehmen der Eisen- und Stahlindustrien.

Die Schachtanlagen der frühen Entwicklungsphasen in der Ruhr- und Hellwegzone konnten noch auf den lokalen Arbeitsmarkt zurückgreifen oder Arbeitskräfte im Rheinland und Westfalen anwerben. In der in vorindustriellen Zeiten kaum besiedelten Emscherzone waren die Schachtanlagen von vornherein gezwungen, Arbeitskräfte anzuwerben. Dieser Bedarf an Arbeitskräften konnte allerdings schon bald nicht mehr durch Zuwanderer aus den Nachbarregionen gedeckt werden. Der Anwerberaum weitete sich auf ganz Deutschland, nach der Reichsgründung von 1870/71 vor allem auf die preußischen Ostprovinzen, auf Österreich-Ungarn und andere Teile Europas aus. Stand die erste Anwerbung aus dem oberschlesischen Revier noch in der Tradition der seit Jahrzehnten geübten Suche nach Fachkräften, so wurden nach den Krisenjahren der 1880er Jahre Arbeitskräfte in großem Stil vor allem aus den ländlichen Räumen von West- und Ostpreußen sowie aus Posen angeworben. Mit Aufrufen, wie dem von 1887 zur Anwerbung masurischer Bergarbeiter für die Zeche Viktor im späteren Castrop-Rauxel, wurde ein sicherer Arbeitsplatz, hoher Lohn und eine gute Wohnung versprochen, um junge, harte körperliche Arbeit gewohnte Männer zur Abwanderung ins rheinisch-westfälische Industriegebiet zu bewegen. Diese Bemühungen waren erfolgreich, und die Zuwanderung aus Ostpreußen, Posen, Schlesien, Pommern, Österreich und Polen trug entscheidend zu der rapiden Bevölkerungszunahme bei. Ein einziger Werbebesuch an einem Ort löste gewöhnlich eine anhaltende Dauerwanderung aus, da die zuerst Angeworbenen durch Mundpropaganda und durch Briefe ihre Verwandten und Bekannten ins Revier lockten. Die Zuwanderung aus den Ostprovinzen stieg nach 1890 an und erlebte 1912/13 ihren Höhepunkt, bevor sie nach dem Ersten Weltkrieg ihr Ende fand.

Ende 1899 waren von den 69.379 aus den preußischen Ostprovinzen stammenden Bergarbeitern im Oberbergamtsbezirk Dortmund 28.439 (41 %) auf den 19 „Polenzechen" beschäftigt; diese hatten mehrheitlich über tausend Beschäftigte, von denen mehr als 50 % Polnisch sprechende Zuwanderer waren. Zu diesen Zechen gehörten Von der Heydt (58 % Polnisch sprechende Bergarbeiter) und Julia (53 %) in Baukau, Pluto (74,7 %) und Unser Fritz (55 %) in Wanne sowie Friedrich der Große (62,5 %) in Horsthausen. Von 1890 bis 1910 stieg in der damaligen Stadt Herne die Zahl der Polen

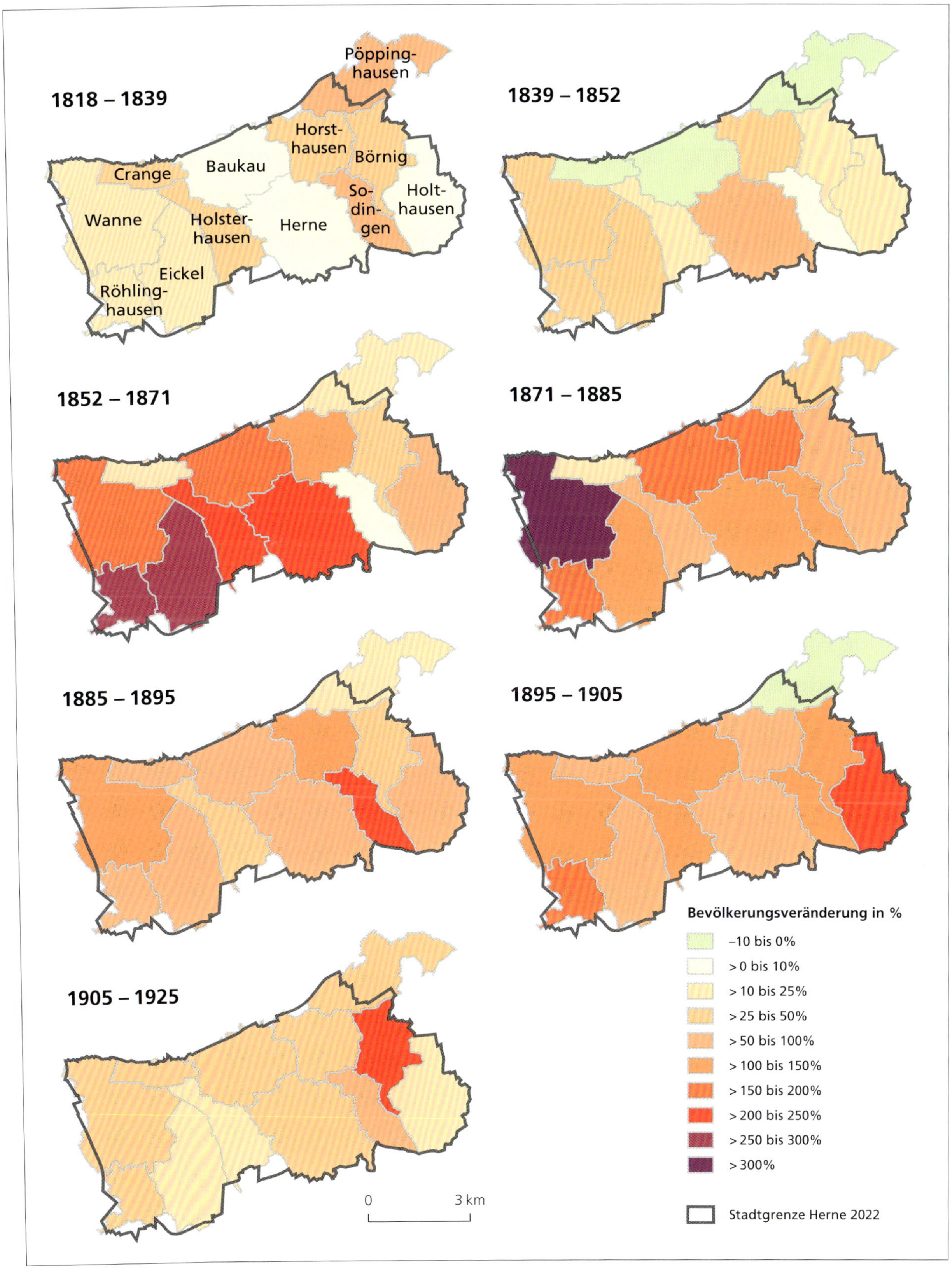

Statistisches Landesamt NRW 1956 und Wiel 1970; Kartographie: Birgit Sattler, Sabrina Henschel

Abb. 3.6.1 Bevölkerungsveränderung in den Ortsteilen 1818–1925/27 in %

von 2.121 auf 12.364, ihr Anteil an der Gesamtbevölkerung von 15,2 % auf 21,6 %. Bezogen auf das Bergrevier Herne stieg ihr Anteil an den Bergarbeitern von 37,3 % (1893) auf 48,8 % (1913). Vor dem Ersten Weltkrieg galt Herne als die „Polenstadt" schlechthin.

Die katholischen polnischen Zuwanderer sahen sich neben den allgemeinen Schwierigkeiten, die

Tab. 3.6.2 Die Bevölkerungsentwicklung von Herne und Wanne-Eickel im regionalen Vergleich 1816/18–1939

1816/1818		1840/43		1858		1871		1885		1890		1905		1910/13		1925		1933		1939	
DU	5.364	DU	8.384	DO	22.099	E	51.513	DO	78.435	DO	89.663	E	245.270	E	319.300	E	629.564	E	654.461	E	666.743
MH	4.985	MH	8.374	DU	18.714	DO	44.420	E	65.064	E	78.706	DU	192.346	DU	245.016	DO	525.921	DO	540.965	DO	542.352
HAM	4.688	DO	7.620	E	17.165	DU	30.533	DU	47.519	DU	59.285	DO	175.577	DO	241.000	DU	412.217	DU	440.419	DU	434.646
E	4.496	HAM	7.003	MH	12.748	BO	21.119	BO	40.767	BO	47.601	GE	147.005	GE	176.111	GE	330.186	GE	332.545	GE	317.568
DO	4.289	E	6.672	HAM	10.022	HAM	16.294	MH	24.465	GE	28.057	BO	118.464	BO	145.076	OB	186.322	BO	314.546	BO	305.485
UN	3.490	UN	5.247	BO	8.797	WIT	15.161	WIT	23.879	MH	27.903	MH	100.912	MH	120.467	BO	156.782	OB	192.345	OB	191.842
BU	3.344	BO	4.282	WIT	6.908	MH	14.267	HAM	22.523	WIT	26.310	OB	76.507	OB	97.518	MH	128.830	MH	133.279	MH	137.540
DAT	2.960	HAT	4.067	HÖR	6.860	OB	12.805	OB	20.371	OB	25.249	**W-E**	**50.946**	**W-E**	**72.380**	**HER**	**91.297**	**HER**	**98.595**	**HER**	**94.649**
RE	2.577	BU	3.837	UN	6.402	HÖR	12.262	GE	20.290	HAM	24.969	**HER**	**48.405**	**HER**	**64.560**	**W-E**	**91.024**	**W-E**	**92.369**	**W-E**	**86.680**
GLA	2.453	DAT	3.525	OB	5.590	UN	6.915	HÖR	14.598	**W-E**	**26.205**	RE	44.396	RE	53.701	BOT	77.197	RE	87.411	RE	86.313
BOT	2.214	RE	3.319	BU	4.167	BOT	5.396	**W-E**	**12.936**	BOT	13.595	HAM	38.429	HAM	47.732	RE	60.352	BOT	86.218	BOT	83.385
BO	2.107	GLA	2.638	RE	4.066	RE	4.858	BOT	10.356	**HER**	**13.920**	WIT	35.841	BOT	47.162	GLA	60.043	GLA	61.239	GLA	58.713
W-E	**790**	**W-E**	**1.072**	**HER**	**1.992**	**HER**	**4.417**	**HER**	**9.873**												
HER	**749**	**HER**	**938**	**W-E**	**1.677**	**W-E**	**4.231**														
K	49.276	K	75.858	K	114.477	K	129.233	K	161.401	K	281.681	K	428.722	K	550.540	K	680.704	K	756.605	K	767.222
MS	17.316	D	25.063	D	38.765	D	69.365	D	115.190	D	144.642	D	253.274	D	409.520	D	432.633	D	498.600	D	548.000
D	14.100	MS	20.908	MS	23.004	MS	24.821	MS	44.060	MS	49.340	MS	81.468	MS	93.554	MS	106.418	MS	122.210	MS	141.059

BO - Bochum, BOT - Bottrop, BU - Buer, D - Düsseldorf, DAT - Datteln, DO - Dortmund, DU - Duisburg, E - Essen, GE - Gelsenkirchen, GLA - Gladbeck, HAM - Hamm, HAT - Hattingen, HER - Herne, HÖR - Hörde, K - Köln, MH - Mülheim, MS - Münster, OB - Oberhausen, RE - Recklinghausen, UN - Unna, W-E - Wanne-Eickel, WER - Werne, WIT - Witten

Wiel 1970, Reekers 1977, Angaben der Städte; jeweiliger Gebietsstand

Migranten zu überwinden hatten, mit zusätzlichen Problemen konfrontiert; des Deutschen kaum mächtig und als „Pollacken“ bezeichnet, kamen sie in eine fremde, mehrheitlich ablehnende Gesellschaft. Die Arbeitgeber stellten ihnen lediglich Arbeitsplatz und Wohnung zur Verfügung, überließen sie jedoch sonst ihrem Schicksal. Nicht selten wurden sie auch am Arbeitsplatz ausgegrenzt und mussten als bergfremde Anlernlinge die gefährlicheren, schmutzigeren und schlechter bezahlten Tätigkeiten übernehmen.

Gleichzeitig führte die Tatsache, dass Polen trotz mangelnder Sprachkenntnisse recht schnell zu Vollhauern befördert wurden, zu Protesten von Seiten der deutschen Bergarbeiter. 1899 wurde daher die Einstellung und Beförderung von Bergleuten von der Beherrschung der deutschen Sprache abhängig gemacht; der preußische Staat wurde dabei von den Zechenbesitzern und der christlichen Gewerkschaft unterstützt. Im Laufe des Jahres 1899 verschärfte sich die Situation im Bergbau. Als für polnische Bergleute die Knappschaftsbeiträge um mehr als 100 % erhöht wurden, traten polnische ungelernte Schlepper, Bremser und Pferdejungen auf der Zeche Von der Heydt in den Ausstand. Der Streik weitete sich als „Polenrevolte“ auch auf die Zechen Friedrich der Große, Mont-Cenis, Unser Fritz und Pluto aus. Die Zechenleitungen riefen verstärkte Polizeiverbände zu Hilfe, und es kam zur blutigen „Schlacht auf der Bahnhofsstraße“ mit Toten und Schwerverletzten. Die Unruhen hielten an, auch wenn die polnische Zeitung „Wiarus Polski“ die polnischen Bergleute aufrief, sich nicht am Streik auf den Herner Zechen zu beteiligen. Erst das auf Berliner Befehl aus Münster anrückende Militär stellte die Ruhe wieder her. Nach dem Herner Bergarbeiterstreik wurden 192 Bergleute verhaftet und etliche von ihnen zu langen Haftstrafen verurteilt; drei Bergleute waren bei den Demonstrationen ums Leben gekommen.

Parallel dazu stellte die religiöse, politische und kulturelle Integration der polnischen Zuwanderer ein besonderes Problem dar. Der mit den deutschen Katholiken geteilte Glaube war ein erster Anknüpfungspunkt zur Integration in die sprachlich und kulturell fremde Industriegesellschaft, da die Teilnahme am religiösen Leben ohne formale Hindernisse möglich war. Die katholische Kirche im Ruhrgebiet geriet dadurch jedoch in ein Dilemma. Einerseits sprach eine wachsende Anzahl ihrer Gläubigen nur oder hauptsächlich Polnisch und man musste deren Seelsorge berücksichtigen, andererseits wollte man am Ende der 1880er Jahre, nach Beendigung des Kulturkampfs zwischen dem preußischen Staat und der katholischen Kirche, die Ruhe nicht gefährden. Zudem waren große Teile des katholischen Klerus selbst von der Germanisierungspolitik des Staates überzeugt.

Da sich das Fehlen polnischsprachiger Priester zunehmend als praktisches Hindernis bei zentralen Elementen der Religionsausübung (Beichte, Kommunion) herausstellte, begründete der für weite Teile des westfälischen Ruhrgebiets und auch für Herne und Wanne-Eickel zuständige Erzbischof von Paderborn 1884 eine Kaplanstelle in Bochum, die die Polnisch sprechenden Gläubigen im mittleren Ruhrgebiet zu versorgen hatte. Zwar wurden durch die Amtsinhaber dieser Stelle enge Beziehungen zu den örtlichen Pfarreien hergestellt, doch die religiö-

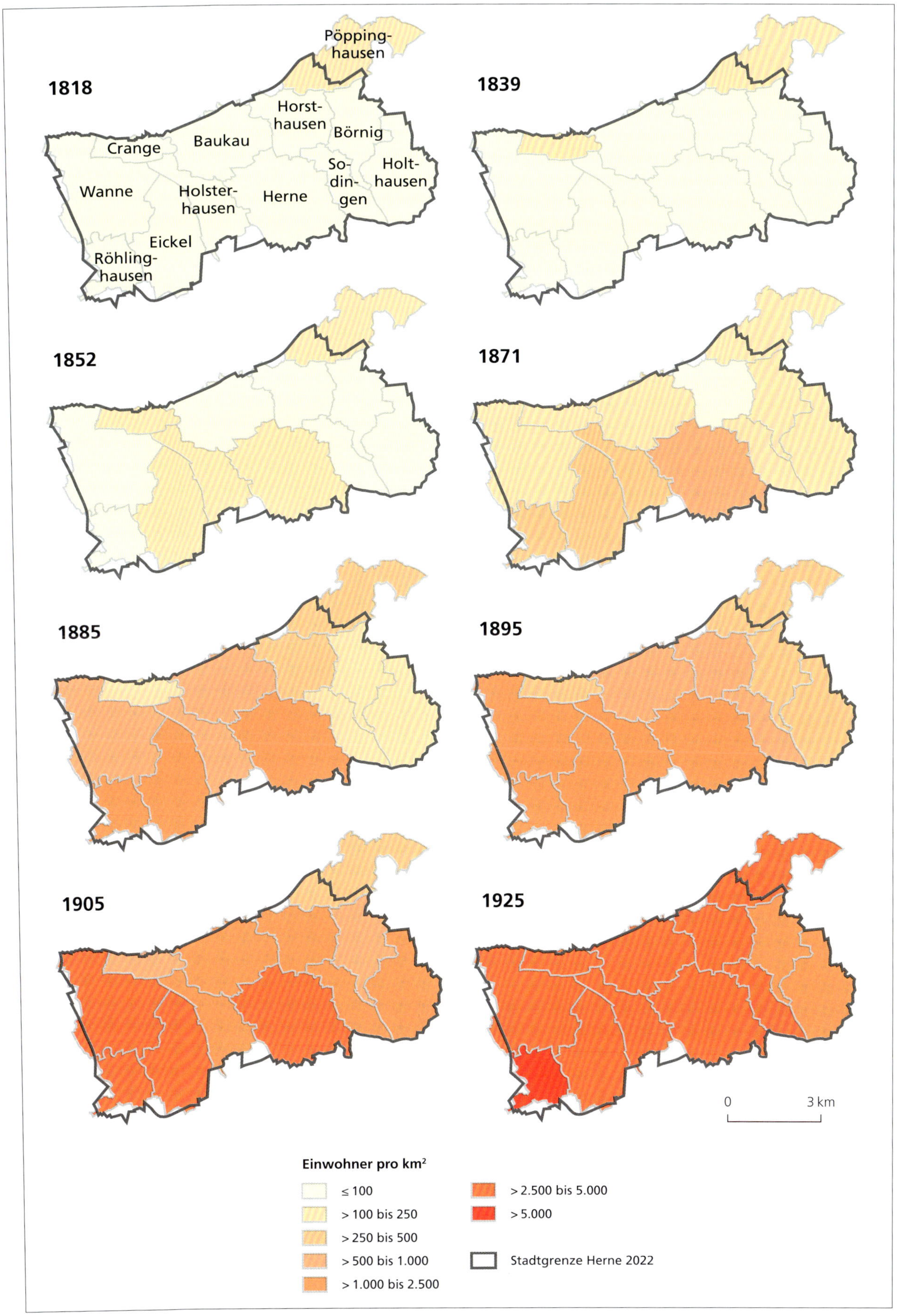

Abb. 3.6.2 Bevölkerungsdichten (Einw./km²) in den Ortsteilen 1818–1925

Statistisches Landesamt NRW 1956 und Wiel 1970; Kartographie: Birgit Sattler, Sabrina Henschel

sen Bedürfnisse konnten letztlich nicht hinreichend befriedigt werden. Um Abhilfe zu schaffen, wurden in Zusammenarbeit mit den örtlichen deutschen Priestern polnisch-katholische Vereine gegründet, die im Laufe der Jahre – auch angesichts der Ablehnung der Ruhrpolen durch die einheimische (protestantische) Bevölkerung – wichtige religiöse und soziale Funktionen übernahmen.

In dem Maße jedoch, wie sich die polnischen Vereine emanzipierten und neben religiösen auch national-politische Interessen pflegten, riefen sie in der deutschen Öffentlichkeit und insbesondere bei den Behörden Misstrauen und Ablehnung hervor; denn im sich entwickelnden Deutschtum wollten sie keinen parallelen polnischen Nationalismus dulden. Um die politisch-polnische Agitation zu unterbinden, führte der Staat gegenüber den polnischen Vereinen zunehmend restriktivere Auflagen hinsichtlich ihres öffentlichen Auftretens und des Zeigens nationaler Symbole ein. Dem Druck des Staates gaben die westdeutschen Bischöfe nach, beriefen den polnischen Kaplan aus Bochum ab und schickten keine neuen mehr ins Ruhrgebiet. Stattdessen bildete man deutsche Priester speziell für die Polenseelsorge aus, für die sie die polnische Sprache zu erlernen hatten. In Herne fand eine solche Seelsorge in den Kirchen St. Bonifatius und Herz Jesu, in Baukau in St. Marien, in Horsthausen in St. Josef und in Börnig in St. Peter und Paul statt. In Wanne waren es die Kirchen St. Laurentius, St. Michael und Herz Jesu, in Eickel St. Marien und in Röhlinghausen St. Barbara.

Diese Bemühungen, ausschließlich mit polnisch sprechenden deutschen Priestern die Lage zu entspannen, führten bei vielen maßgeblichen Ruhrpolen zu einer wachsenden Ablehnung. Dagegen wurde die Forderung der polnischen Gläubigen nach regelmäßigen polnischsprachigen Gottesdiensten durch polnische Priester, die ihre Mentalität verstanden, immer selbstbewusster geäußert. Deutsche polnischsprachige Seelsorger wurden häufig abgelehnt, weil man meinte, dass nur wenige von ihnen die Vorstellungen der polnischen Gläubigen erfüllten; stattdessen unterstellte man ihnen, die Germanisierung der Polen im Ruhrgebiet umzusetzen. Die mangelnde Unterstützung der Wünsche nach polnischen Priestern führte in der zweiten Hälfte der 1890er Jahre zu einer wachsenden Distanz zwischen den polnisch-katholischen Vereinen und den deutschen Gemeinden. Letztlich führte diese Auseinandersetzung dazu, dass sich viele polnisch-katholische Vereine nach und nach politisierten und einen immer stärkeren national-polnischen Charakter bekamen. Die Gründungswelle polnischer Vereine mit bewusst katholischer Ausrichtung wurde dadurch aber nicht gebremst; insgesamt stieg ihre Zahl im Ruhrgebiet von 77 (1896) auf 368 (1911), 1904 wurde ein Zentralverband gegründet.

Im Jahre 1911 waren über 50 Polnisch sprechende Priester im Ruhrgebiet tätig; denn die katholische Kirche bemühte sich ernsthaft, entsprechend den staatlichen Auflagen deutsche Geistliche mit guten Polnisch-Kenntnissen auszubilden. Die grundsätzliche seelsorgerische Betreuung war damit gewährleistet und wurde von staatlicher Seite auch nicht in Frage gestellt. Nach der Jahrhundertwende beschränkte der preußische Staat dieses Angebot jedoch auf rudimentäre Dienstleistungen; der allgemeine Religionsunterricht an Schulen musste auf Deutsch erfolgen, Taufen, Eheschließungen und Beerdigungs-Gottesdienste auf Polnisch abzuhalten, war ebenfalls untersagt. Die katholische Kirche befolgte diese Anordnungen der preußischen Polenpolitik und beschränkte auf einer Konferenz in Wanne im April 1904 ihre Angebote für die polnischen Mitglieder auf ein Minimum. Dies führte zu Massenprotesten und zu einer Liste von Forderungen, die auf einer Kundgebung in Eickel im Mai 1904 aufgestellt wurde und im Wesentlichen eine von der deutschen Seelsorge unabhängige kirchliche Versorgung forderte. Diese Liste blieb bis 1914 aktuell, konnte aber von den Polen nicht durchgesetzt werden. Auch wenn die katholische Kirche ihre Einschränkungen

Tab. 3.6.3 Anteil der Polen und Masuren an der Bevölkerung in den Ortsteilen 1902–1908 (in %)

Gemeinde/Stadt	1902			1904			1906			1908		
	Einwohner	Polen/ Masuren	in %	Einwohner	Polen/ Masuren	in %	Einwohner	Polen/ Masuren	in %	Einwohner	Polen/ Masuren	in %
Herne	23.647	4.986	21,1	32.103	6.198	19,3	34.359	6.789	19,8	57.103	18.213	31,9
Baukau	8.320	3.146	37,8	9.597	3.856	40,2	11.059	4.850	43,9	eingemeindet		
Horsthausen	4.002	1.958	48,9	4.637	2.249	48,5	5.000	2.556	51,1	eingemeindet		
Sodingen	4.259	1.044	24,5	4.246	1.464	34,5	4.467	1.552	34,7	5.030	2.571	51,1
Holthausen	1.279	57	4,5	4.818	640	13,3	5.288	1.336	25,3	6.225	2.099	33,7
Eickel	17.457	2.497	14,3	19.841	2.838	14,3	21.584	3.007	13,9	23.368	3.412	14,6
Holsterhausen	7.149	1.916	26,8	8.271	2.217	26,8	8.691	2.330	26,8	9.882	2.773	28,1
Wanne	24.002	6.379	26,6	28.744	7.552	26,3	33.040	8.455	25,6	38.146	11.880	31,1
Röhlinghausen	8.221	1.786	21,7	10.662	3.154	29,6	11.733	4.731	55,5	13.422	5.792	43,2

Peters-Schildgen 1997

teilweise wieder aufhob, misslang letztlich nicht nur die gesellschaftliche, sondern auch die religiöse Integration der Polen. Vielmehr kam es zu einer kulturellen, sprachlichen und religiösen Isolation und einer nationalen Subkultur der Ruhrpolen, in der 1909 in Herne auch die polnische Zeitung „Naród" („Der Nationalist") gegründet wurde, die bis in die 1930er Jahre bestand.

Mit dem Ende des Ersten Weltkrieges und dem Versailler Friedensvertrag veränderte sich die nationale Lage der Polen. Es wurde ihnen ein eigener Staat zugesichert, der weite Teile der vorher preußischen Provinzen Westpreußen und Posen und einen Teil Oberschlesiens umfasste. Mit 150.000 Personen kehrte etwa ein Drittel der Ruhrpolen daraufhin in den neu gegründeten polnischen Staat bzw. ihre polnischsprachige Heimat zurück. Als die Reparationszahlungen und die Ruhrbesetzung zu einer nationalen, im Ruhrgebiet besonders deutlich ausfallenden Wirtschafts- und Finanzkrise führten, verließ ein weiteres Drittel der polnischen Arbeiter mit ihren Familien das Ruhrgebiet und zog in die belgischen und besonders die nordfranzösischen Kohlegebiete. Bei dem letzten Drittel, das im Ruhrgebiet verblieb, ist davon auszugehen, dass ein Großteil davon der masurischen Volksgruppe angehörte, die ohnehin nicht in den polnischen Staat ziehen wollte und sich in der zweiten Generation oft schon in die deutsche Gesellschaft integriert hatte. Bei der Volkszählung von 1925 gaben im Ruhrgebiet lediglich 15.000 Personen Polnisch als Muttersprache an; in Herne waren noch 1919 rund 13.000, d. h. 22 % der Einwohner polnischer Herkunft, 1925 waren es mit 1.600 Einwohner nur noch 2,4 %.

Die bei der Zuwanderung aus den Ostprovinzen neben den deutschen und den polnischen Zuwanderern auftretenden Masuren waren eine Volksgruppe, die einen altpolnischen Dialekt sprach und daher von den Einheimischen mit den Polen gleichgesetzt wurden. Als Protestanten grenzten sie sich aber von den Polen ab und fanden Unterstützung bei Obrigkeit und protestantischer Kirche. In der Christuskirche in Wanne fanden regelmäßige Gottesdienste in masurischer Sprache statt, für die kleinere Gemeinde der Masuren in Herne stand der Betsaal an der Düngelstraße zur Verfügung.

Stärker als die polnischen Migranten unterhielten die masurischen feste Beziehungen zu den Heimatgemeinden und neigten innerhalb des Ruhrgebiets zu Clustern mit gleicher Herkunftsgemeinde; so konzentrierten sich Migranten aus dem Kreis Ortelsburg in Gelsenkirchen, solche aus Neidenburg und Soldau in Wattenscheid; Osteroder siedelten sich überwiegend in Bochum und Lötzener in Wanne an. Auch die Masuren hatten mit den Problemen zu kämpfen, die sich aus dem Wechsel von einer isolierten Agrar- in eine dynamische Industriegesellschaft ergaben. Die Suche nach Gemeinschaft mit Landsleuten und die seit 1897 koordinierte masurische Seelsorge durch Amtskirche und Gebetsvereine halfen jedoch, einer Selbstisolierung zu entkommen und den neuen Lebensbereich zu erschließen. Mit ihrer protestantisch-nationalen Einstellung hatten die Masuren schon vor dem Ersten Weltkrieg weniger Schwierigkeiten mit der Eingliederung als die Polen. Bereits in der zweiten Generation wurde fast nur noch Deutsch gesprochen, und es bestand eine deutlich geringere Neigung nach Ostpreußen zurückzukehren als bei den Polen.

Das Durchschnittsalter der deutschen Zuwanderer aus den östlichen Gebieten des Deutschen Reiches lag insgesamt deutlich unter dem der ortansässigen Bevölkerung. Es trug dazu bei, dass die ohnehin hohen Fruchtbarkeitsziffern und Geburtenraten im Deutschen Reich am Ende des 19. Jh.s in den Ruhrgebietsstädten noch übertroffen wurden. Wanne lag im Jahre 1900 mit einer Geburtenrate von 60,6 ‰ deutlich über dem nationalen Durchschnitt von 36,1 ‰; Röhlinghausen war mit 63,3 ‰ die geburtenreichste Gemeinde des Deutschen Reiches.

Abb. 4.0.1 Bahnhofstraße in Herne um 1900

Stadt Herne, Bildarchiv

4 Die industrielle Stadtentwicklung

Die Schachtanlagen und die Bahnhöfe wurden zu Orientierungspunkten der industriell-urbanen Strukturen, die seit den 1860er Jahren mit zunehmender Geschwindigkeit im heutigen Stadtgebiet entstanden. In dem bis dahin dünn besiedelten Raum waren vorrangig Wohnsiedlungen zu errichten und die Grundlagen städtischer Infrastrukturnetzwerke zu legen. In jeder der beiden Städte wurde die zum jeweiligen Bahnhof führende Straße zum linearen funktionalen Zentrum.

Die Straße, die durch das Dorf Herne führte, 1775 noch als Treibweg ausgewiesen, wurde von 1839 bis 1841 zu einer Chaussee ausgebaut und ist im Urmesstischblatt von 1842 Teil der überregionalen Verbindung von Wuppertal über Münster zur Nordsee. Mit der Eröffnung des Bahnhofs „Herne-Bochum" wurde diese neue „Chaussee" zu einer wichtigen Zubringerstraße für alle diejenigen aus den Nachbarorten Bochum und Recklinghausen, die eine Bahnreise antreten oder Güter versenden wollten.

Vom Bau des Bahnhofs (1847) bis zur Verleihung der Stadtrechte (1897) wurde der Abschnitt, der den Bahnhof mit dem alten Dorf verband,– nun die Bahnhofstraße – zum Standort von Geschäften, Gaststätten und Handwerksbetrieben. Die Bebauung der beiden Straßenränder vollzog sich zum einen vom Dorfkern nach Norden bis zur heutigen Behrensstraße; außerhalb des Dorfes entstanden 1865/66 die ersten Gaststätten und die erste Apotheke („Alte Apotheke") sowie 1869 die erste Schule. Zum anderen entwickelte sich die Bebauung allmählich aus dem Umfeld des Bahnhofs in Richtung Süden. Um 1880 setzte ein Bauboom ein, der bis zur Jahrhundertwende zu einer nahezu vollständigen beidseitigen Bebauung führte; früh bebaut waren auch die Wilhelmstraße im Osten sowie die Von-der-Heydt-Straße und Kampstraße im Westen. Nach den geltenden Bauvorschriften hatte ein Neubau einen Abstand von etwa 3,7 m zum Straßenrand und knapp 0,5 m zum Nachbarhaus einzuhalten; die Höhe der Bebauung war ungeregelt. Stand auf der Grundstücksgrenze bereits ein Gebäude, so war der Nachbar verpflichtet, den gesamten Gebäudeabstand zu übernehmen. Das Ergebnis war eine offene bis halboffene Bebauung, bei der das Einzelgebäude immer erkennbar blieb; die damit verbundenen Bauwiche ließen bis in die jüngste Zeit Raum für Passagen, Buden und Gebäudeerweiterungen.

1880 wurden die alten Alleepappeln gefällt und durch Ulmen ersetzt, 1882 erhielt die Bahnhofstraße offiziell ihren Namen und 1888 eine Kopfsteinpflasterung; als 1892 noch die alten Straßengräben mit ihrer Geruchsbelästigung durch eine unterirdische Kanalisation ersetzt und an ihrer Stelle gepflasterte Gehwege angelegt worden waren, hatte die Bahnhofstraße ihr charakteristisches Aussehen der Jahrhundertwende erhalten, wobei die Baumreihen die Grenze zwischen den Gehwegen und der Fahrbahn markierten.

Die Bebauung bestand in der Frühzeit aus meist zweigeschossigen Fachwerkbauten auf hohem Sockel und mit der Ausbildung eines Drempels, in den Folgejahren aus Feuerschutzgründen meist verputzt; bei Geschäftseinbauten im Erdgeschoss wurden sie durch Eisenträger abgestützt. Zunehmend entstanden jedoch repräsentative zweigeschossige Massivbauten im Stil der Neorenaissance, seltener der Neogotik, beides Varianten des Späthistorismus. Ortstypisch waren ausgeprägte Kranzgesimse, coupierte Mansard-Walmdächer und Zwerchhäuser auf dem Dach sowie bei Geschäftshäusern eine Gliederung des Erdgeschosses durch Halbkolonaden. In den späten 1890er Jahren kamen zudem turmbekrönte Wohn-Geschäftshäuser, meist als Eckbauten, im Stil des Neobarock und Wohn-Geschäftshäuser mit „luftigen" Erdgeschossfronten aus Gusseisen und Glas in Mode.

Im Bereich von Wanne und Eickel waren die räumlichen Vorbedingungen anders. Vor der Anlage des Bahnhofs gab es keine durchgehende Straße zwischen Crange und Eickel, sondern die Landgemeinden Eickel, Wanne und Crange waren bis zur Mitte des 19. Jh.s nur durch Wege verbunden. An einem von ihnen wurde im siedlungsfreien Raum der Bahnhof Wanne eröffnet. Keine der alten dörflichen Siedlungen Eickel und Crange lag für die Verhältnisse in einer fußläufigen Gesellschaft nahe genug am Bahnhof, um eine Geschäftsstraße entstehen zu lassen; lag das Dorf Herne etwa einen Kilometer vom Bahnhof entfernt, waren es bei Crange und Eickel jeweils etwa 2,5 Kilometer. So wurde der Kommunalweg zwischen Eickel und Crange, die heutige Hauptstraße, zwar zur Lebensader der späteren Stadt Wanne-Eickel, es bildete sich aber über Jahrzehnte hinweg keine kontinuierliche Bebauung aus. Vielmehr entstanden sowohl in Eickel als auch in Wanne Cluster von Wohn- und Geschäftshäusern, Gewerbebetrieben und Gasthäusern, während die Zwischenbereiche nicht oder nur locker bebaut waren.

Diese mit einigen städtischen Funktionen ausgestatteten Kernbereiche waren Teile eines insgesamt lockeren bis disjunkten Gemenges von industriellen Werken, Halden, Brachen, Schienenwegen, nicht selten unzureichend ausgebauten Straßen, sporadischen Wohnzeilen der Mittelschicht und zum Teil ausgedehnten Werkssiedlungen.

4.1 Werkssiedlungen und Genossenschaftssiedlungen

Allen Bergwerksgesellschaften war daran gelegen, eine qualifizierte Belegschaft an sich zu binden bzw. sie davon abzuhalten, zu Konkurrenzunternehmen abzuwandern. Daher wurden im Verlauf des 19. Jh.s und im gesamten rheinisch-westfälischen Industriegebiet die sogenannten Wohlfahrtseinrichtungen, d. h. betriebliche Leistungen, die neben dem Lohn gewährt wurden, immer wichtiger. Zu ihnen gehörte auch die Bereitstellung von Wohnraum in betriebseigenen Werkssiedlungen. Besonders in den ländlichen Gemeinden beiderseits der Emscher, in denen sich noch keine öffentliche Wohnungsfürsorge oder eine private Wohnungswirtschaft entwickelt hatten, waren die Bergwerksgesellschaften gezwungen, Wohnraum in eigener Planung und auf eigene Kosten zu erstellen. Da der Mietvertrag für die Werkswohnungen immer mit dem Arbeitsvertrag gekoppelt war, erwies sich die Bereitstellung von betriebseigenem Wohnraum als eine wirksame Maßnahme, um eine Stammbelegschaft aufzubauen und im besten Fall eine Loyalität zum Betrieb und zur neuen Lebensumwelt zu entwickeln.

Die Werkssiedlungen entstanden in der Nähe der Schachtanlagen auf werkseigenem Grundbesitz, der jedoch wegen der Gefahr von Bergschäden nicht hoch und dicht bebaut werden konnte. Um die Sesshaftwerdung der zuwandernden Arbeitskräfte zu fördern, waren die Wohnungen in den Siedlungen auf die Unterbringung von Familien ausgerichtet. Über alle Entwicklungsphasen bis zum Ersten Weltkrieg hinweg waren jedoch die zuwandernden Bergleute zu etwa einem Viertel ledige Männer; diese kamen als Kostgänger in Bergmannsfamilien unter und trugen dabei zur Erhöhung der Haushaltseinkommen bei.

Die Formen der Werkssiedlungen und ihrer Häuser unterlagen bis zum Ersten Weltkrieg mehreren formalen Wandlungen, wenngleich alle Unternehmen durchgängig um einen sparsamen und zweckmäßigen Umgang mit Raum und Baumaterialien bemüht waren. Jeder Wohneinheit war Gartenland zugeordnet, denn Nahrungsmittel mussten bis in die Zwischenkriegszeit hinein weitgehend selbst erzeugt werden, da ein funktionsfähiger Einzelhandel fehlte oder zu weit entfernt war. Zudem sollte den Bergarbeiterfrauen mit der Gartenarbeit aus Sicht der Unternehmen eine sinnvolle, die Sesshaftigkeit fördernde Beschäftigung gegeben werden, und schließlich konnte dadurch das Lohnniveau auf einem erträglichen Maß gehalten werden. Bei manchen Zechen wurde zwischen Siedlungen für Arbeiter und solchen für Beamte, d. h. für die Ingenieure und kaufmännischen Angestellten, unterschieden.

Der am meisten gebaute Haustyp war das 1½-geschossige Ziegelhaus im Kreuzgrundriss, der sogenannte Vierspänner, der in einem Baukörper vier, in allen Etagen voneinander getrennte Wohneinheiten umfasst. Er separierte durch getrennte Eingänge die Familien voneinander, erzeugte dabei jeweils den Eindruck eines Einfamilienhauses, war jedoch wegen gemeinsamer Außenmauern für vier Wohneinheiten vergleichsweise preisgünstig zu errichten. Zu zwei Räumen im Erdgeschoss, von denen einer als Küche diente, gehörten jeweils zwei Räume im Dachgeschoss. Hinzu kam ein Anbau mit Stall und Toilette im Erdgeschoss und eine Kammer für den Kostgänger im Dachgeschoss. Dieser Haustyp wurde ein- oder zweireihig entlang von weitgehend unbefestigten Stichstraßen gebaut, die rechtwinklig von einer Durchgangsstraße abgingen. Die geringen Bauwiche gaben dieser auch als „Kolonie" bezeichneten Siedlungsform ein geschlossenes Erscheinungsbild.

Im Laufe der Jahrzehnte kamen die Doppelhaushälfte, das 2½-geschossige Sechsfamilienhaus und der Wohnblock als neue Haustypen hinzu. Zudem nahm die deutsche Gartenstadtbewegung die von Ebenezer Howard entwickelte Gartenstadtidee auf und propagierte seit 1902 die durchgrünte, aufgelockerte vorstädtische Kleinhaussiedlung, eine Idee, die auch Einzug in die Planung von Werks- und besonders Genossenschaftssiedlungen hielt.

Durch das Mieterschutzgesetz von 1920 wurde die Koppelung von Arbeits- und Mietvertrag gesetzlich verboten. Die montanindustriellen Unternehmen zogen sich daraufhin aus dem direkten Werkwohnungsbau zurück. Zum einen gründeten sie eigene Wohnungsbauunternehmen und sicherten sich ein Belegrecht an dem von diesen erstellten sogenannten „werksgeförderten Wohnungsbau"; zum führenden Wohnungsunternehmen des regionalen Bergbaus wurde die „Treuhandstelle für Bergmannswohnstätten im rheinisch-westfälischen Industriegebiet" (THS) mit ihren lokalen Unterabteilungen. Zum anderen kooperierten die Montanunternehmen mit Baugenossenschaften, die seit der Jahrhundertwende gegründet worden waren, um der allgemeinen Wohnungsnot und insbesondere der Unterversorgung derjenigen Bevölkerungsgruppen entgegenzuwirken, die aus strukturellen oder finanziellen Gründen keinen Zugang zum privaten Wohnungsbau oder zum Werkswohnungsbau hatten.

Wenngleich im Umfang dem Werkswohnungsbau und dem werksgeförderten Wohnungsbau nachgeordnet, eröffnete der starke Bevölkerungszuwachs und die starke Nachfrage nach Wohnraum auch dem privatwirtschaftlichen bzw. dem spekulativen Wohnungsbau relativ hohe Gewinnmöglichkeiten. Bauunternehmer bauten und vermieteten auf eigene Rechnung überwiegend drei-, manchmal viergeschossige Mehrfamilienhäuser, die als Häuserzeile das Straßenbild prägten. Nicht selten traten jedoch auch Bergleute als Hausbesitzer und Wohnungsvermieter auf.

Die Zechengesellschaften errichteten im heutigen Stadtgebiet bis zum Zweiten Weltkrieg über dreißig Werkssiedlungen unterschiedlicher Größe und Gestaltung; mehrheitlich in der unmittelbaren Nähe zu den Schachtanlagen gelegen, bildeten sie mit diesen neue funktionale Einheiten neben den vorindustriellen Siedlungsstandorten.

Auf einer verhältnismäßig großen Fläche zwischen Wanne, Eickel und Herne und südlich der zentralen Bahnlinie baute die Zeche Julia 1899/1900, 1909 und, mit Kleinstwohnungen, 1928/29 ihre Siedlung (Nr. 16 in Abb. 4.1.1). Die Lage der Zeche hatte

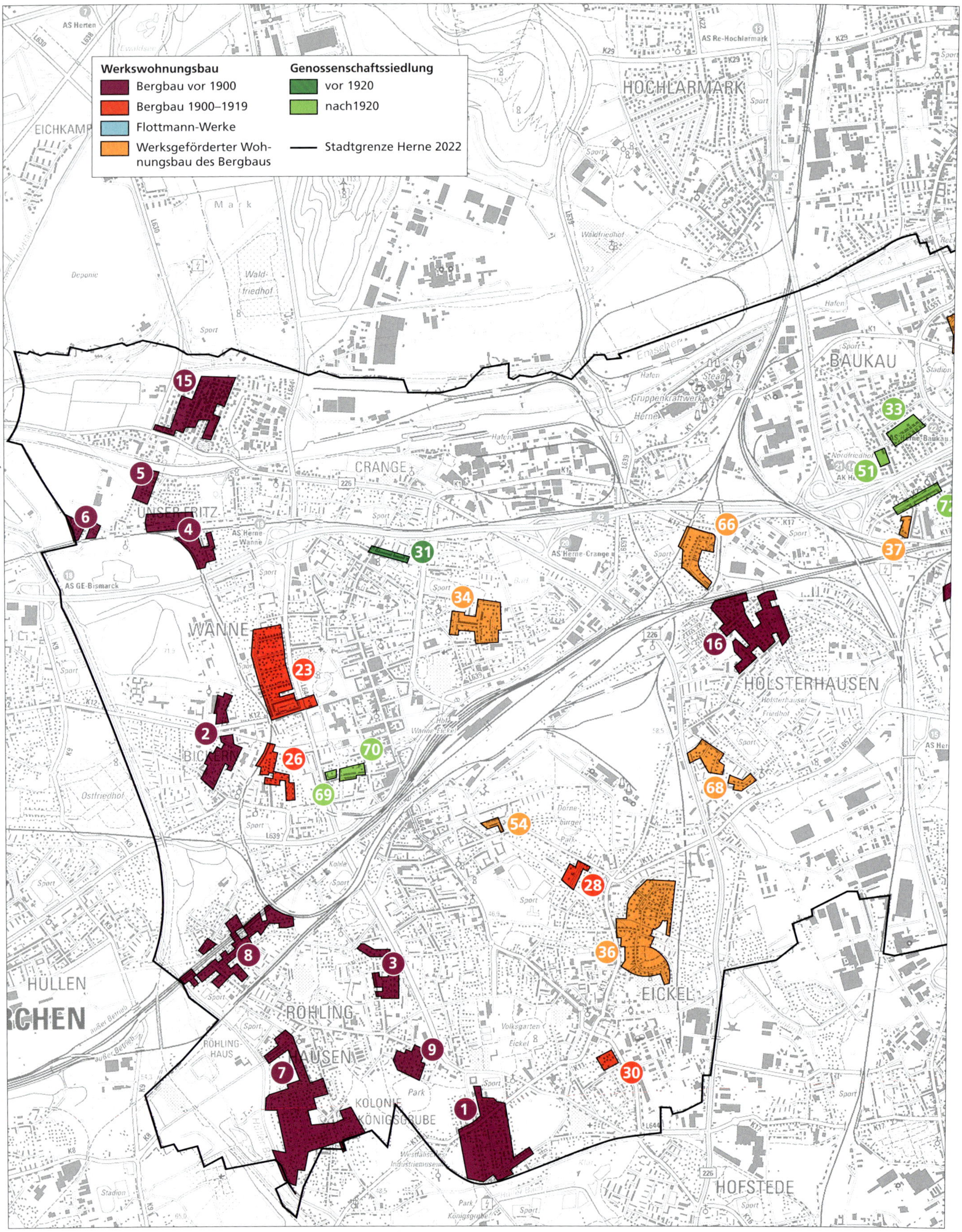

Bollerey/Hartmann 1978 und 1980 sowie eigene Erhebungen; Kartographie: Sabrina Henschel

Abb. 4.1.1 Verteilung der Werkssiedlungen, werksgeförderten Siedlungen und ausgewählten Genossenschaftssiedlungen, nach Bauherren

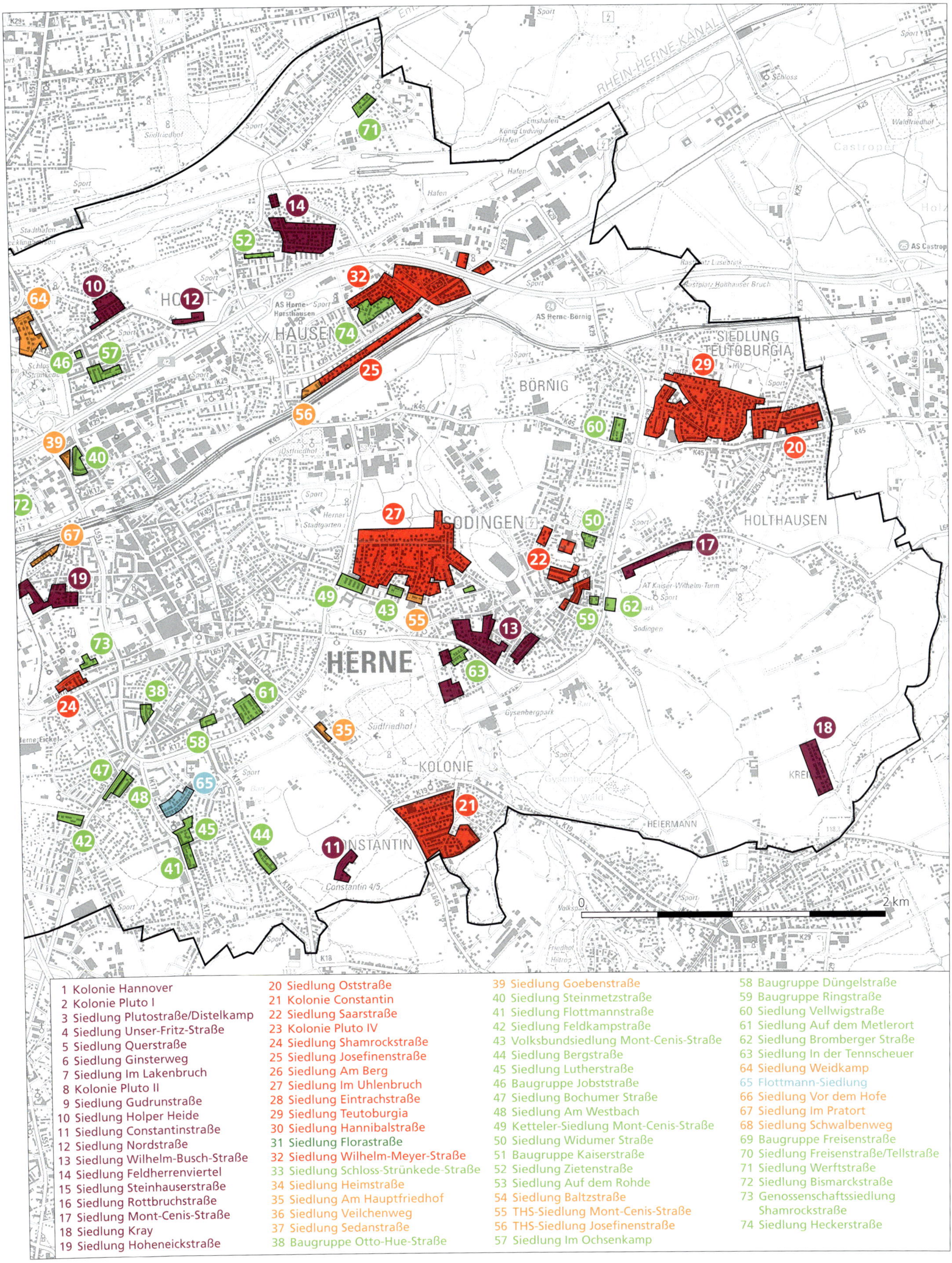

1 Kolonie Hannover
2 Kolonie Pluto I
3 Siedlung Plutostraße/Distelkamp
4 Siedlung Unser-Fritz-Straße
5 Siedlung Querstraße
6 Siedlung Ginsterweg
7 Siedlung Im Lakenbruch
8 Kolonie Pluto II
9 Siedlung Gudrunstraße
10 Siedlung Holper Heide
11 Siedlung Constantinstraße
12 Siedlung Nordstraße
13 Siedlung Wilhelm-Busch-Straße
14 Siedlung Feldherrenviertel
15 Siedlung Steinhauserstraße
16 Siedlung Rottbruchstraße
17 Siedlung Mont-Cenis-Straße
18 Siedlung Kray
19 Siedlung Hoheneickstraße
20 Siedlung Oststraße
21 Kolonie Constantin
22 Siedlung Saarstraße
23 Kolonie Pluto IV
24 Siedlung Shamrockstraße
25 Siedlung Josefinenstraße
26 Siedlung Am Berg
27 Siedlung Im Uhlenbruch
28 Siedlung Eintrachtstraße
29 Siedlung Teutoburgia
30 Siedlung Hannibalstraße
31 Siedlung Florastraße
32 Siedlung Wilhelm-Meyer-Straße
33 Siedlung Schloss-Strünkede-Straße
34 Siedlung Heimstraße
35 Siedlung Am Hauptfriedhof
36 Siedlung Veilchenweg
37 Siedlung Sedanstraße
38 Baugruppe Otto-Hue-Straße
39 Siedlung Goebenstraße
40 Siedlung Steinmetzstraße
41 Siedlung Flottmannstraße
42 Siedlung Feldkampstraße
43 Volksbundsiedlung Mont-Cenis-Straße
44 Siedlung Bergstraße
45 Siedlung Lutherstraße
46 Baugruppe Jobststraße
47 Siedlung Bochumer Straße
48 Siedlung Am Westbach
49 Ketteler-Siedlung Mont-Cenis-Straße
50 Siedlung Widumer Straße
51 Baugruppe Kaiserstraße
52 Siedlung Zietenstraße
53 Siedlung Auf dem Rohde
54 Siedlung Baltzstraße
55 THS-Siedlung Mont-Cenis-Straße
56 THS-Siedlung Josefinenstraße
57 Siedlung Im Ochsenkamp
58 Baugruppe Düngelstraße
59 Baugruppe Ringstraße
60 Siedlung Vellwigstraße
61 Siedlung Auf dem Metlerort
62 Siedlung Bromberger Straße
63 Siedlung In der Tennscheuer
64 Siedlung Weidkamp
65 Flottmann-Siedlung
66 Siedlung Vor dem Hofe
67 Siedlung Im Pratort
68 Siedlung Schwalbenweg
69 Baugruppe Freisenstraße
70 Siedlung Freisenstraße/Tellstraße
71 Siedlung Werftstraße
72 Siedlung Bismarckstraße
73 Genossenschaftssiedlung Shamrockstraße
74 Siedlung Heckerstraße

Hundt 1901

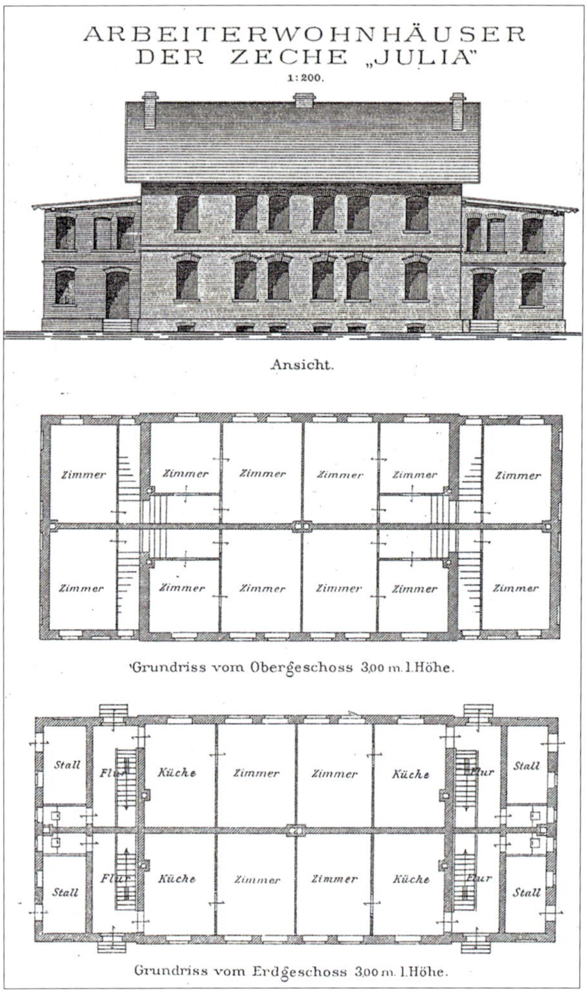

Abb. 4.1.2 Aufriss und Grundriss des frühen Arbeiterwohnhauses der Zeche Julia

Foto: H.-W. Wehling 2019

Abb. 4.1.3 Siedlung der Zeche Julia, Sechsfamilienhäuser an der Paderborner Straße und ehemaliges Stallgebäude

zuvor dazu geführt, dass Arbeiter der Zeche Julia auf ihrem Weg von ihren Wohnorten in den Ortskernen günstiger gelegene Zechen zu passieren hatten und letztlich nicht selten dorthin abwanderten. Die Ankündigung der Eigentümerin, der Harpener Bergbau-AG, eine Siedlung bauen zu wollen, führte zu einem Preisanstieg bei den dazu benötigten Privatgrundstücken, so dass die Gesellschaft in einigen Fällen auf Grundstückskäufe verzichtete, obwohl sie zur Abrundung der Siedlung wünschenswert gewesen wären. Die einzelnen Teile der Siedlung sind daher räumlich und auch stilistisch deutlich voneinander abgesetzt. Bei den ersten Häusern – 1½-geschossige Backsteinbauten in gerader Reihung und mit großen Nutzgärten – griff man zur Vermeidung weiterer Schwierigkeiten auf die erprobte frühe Form des regionalen Siedlungsbaus zurück. Mit dem Steigen der Belegschaft entstanden dann an der Paderborner Straße Sechsfamilienhäuser mit großzügigen Wohnungen. Die von der Straße rückversetzten Häuser an der Julia-, Mittel- und Industriestraße repräsentieren das Bild durchgrünter Wohnstraßen. 1928 errichtete die Stadt Herne an der Bielefelder Straße ein 50 m langes Laubenganghaus, dessen Kleinwohnungen das typisierte Bauen der 1920er Jahre repräsentieren.

Der Zeche Julia ist auch die kleine Siedlung an der Eintrachtstraße aus dem Jahre 1908 zuzuordnen, die aus Ziegelbauten in Doppelreihe für zwei oder vier Familien besteht (Nr. 28).

Die Zeche Pluto baute insgesamt sechs Siedlungen. Ab 1870 reihten sich am Distelkamp südlich der Anlage Pluto-Thies die ersten Häuser auf (Nr. 3); 1884/85 und 1907 wurde die Siedlung nach Norden erweitert. Ihre insgesamt geringe Größe und die vergleichsweise zahlreichen Haustypen spiegeln noch die Unsicherheit des Unternehmens in der Anfangsphase wider, systematisch in größere oder auf Wachstum angelegte Siedlungen zu investieren. Eine ähnliche Struktur weisen auch die von 1870 bis 1912 gebaute Kolonie Pluto I (Nr. 2) sowie die von 1874/75 bis 1922 errichteten 109 Häuser der Kolonie Pluto II (Nr. 8) auf. Gerade hier ist die lange Entstehungszeit der Grund für das städtebaulich uneinheitliche Bild der mehrheitlich für vier Familien ausgelegten Häuser. Die größte der noch erhaltenen Siedlungen der Zeche Pluto – die Kolonie III wurde in den 1990er Jahren abgerissen – ist die Kolonie Pluto IV (1902–1910; Nr. 23). Die Zeche Pluto – seit 1899 mit dem Schalker Verein und seit 1907 mit der Gelsenkirchener Bergwerks-AG verbunden – errichtete diese kompakte Siedlung zusammen mit dem Wanner Spar- und Bauverein. Sie erstreckt sich über fünf Parallelstraßen und ist aufgrund dieser Anlage auch als „Hühnerleiter"-Siedlung bekannt. Dabei unterscheiden sich die mit Jugendstil-Ornamenten verzierten bürgerlichen Baublocks des Spar- und

Bauvereins an der Vereins- und Wilhelmsstraße deutlich von den straff gereihten 2½-geschossigen Vier- und Achtfamilienhäusern in der übrigen Siedlung. Zwischen 1907 und 1910 entstand schließlich als letzte Siedlung der Zeche Pluto die kleine Siedlung Am Berg (Nr. 26).

Im Nordwesten von Wanne errichtete die Zeche Unser Fritz drei kleinere Siedlungen in der Nähe der Anlage 1/4 (Nrn. 4, 5, 6) und eine Großsiedlung bei Schacht 2/3 jenseits des Rhein-Herne-Kanals (Nr. 15).

Die südlichen Siedlungen wurden 1871, 1872 und 1873 begonnen. Die Siedlung an der I. und II. Querstraße besteht aus zweigeschossigen Backsteinbauten für acht Familien, in den übrigen Siedlungen überwiegen 1½-geschossige Bauten für vier Familien. Die betriebliche Kooperation mit der Gelsenkirchener Zeche Consolidation macht sich auch bei den Haustypen bemerkbar; so befinden sich im Ginsterweg einige Vierfamilienhäuser mit Stallanbauten unter abgeschlepptem Dach, die als Haustyp von der Zeche Consolidation entwickelt wurden. Einige Häuser an der Unser-Fritz-Straße spiegeln die Unterschiede in der betrieblichen Hierarchie wider; so unterscheiden sich die Beamtenhäuser durch Stuckornamente an der Fassade von der übrigen Bebauung.

Mit dem Bau der Siedlungshäuser, die mit dem Abteufen der Schachtanlage 2/3 nördlich des Kanals notwendig wurden, begann die Gewerkschaft Unser Fritz 1898; die Häuser an der Resser Straße entstanden 1908/09. In der Hauptbauphase des Jahres 1910 entstanden an drei Parallelstraßen – Fleithe-, Steinhausen- und Sternstraße – 22 Wohnhäuser im Kreuzgrundriss für je vier Familien; insbesondere an der Steinhausenstraße zeigt sich ein abwechslungsreiches Erscheinungsbild, da bei nahezu identischen Hausgrundrissen acht verschiedene Aufrisstypen entwickelt wurden. 1915 kamen weitere Häuser an der Sternstraße und 1927 vier Häuser für Obersteiger und Fahrsteiger an der Dorstener Straße hinzu.

Die Zeche Königsgrube erbaute ihre erste Kolonie, „Alte Kolonie" genannt, ab 1875 in der Hannoverstraße, Am Bollwerk, an der südlichen Gustav-, an der Schlägel- und an der Eisenstraße. Weitere Arbeiterwohnhäuser entstanden 1882/83 und 1899 „Im Lakenbruch" (Nr. 7). Alle diese Häuser waren typische 1½-geschossige Koloniehäuser mit seitlichem Stallanbau und Kreuzgrundriss für vier Familien, die entlang von geraden Straßen errichtet wurden. Jedem Haus war Gartenland zur Eigenversorgung zugeordnet. In den zum Teil mit Dachgauben erweiterten Dachgeschossen wurden Tauben gehalten. Eine Reihe der Siedlungshäuser steht seit 1993 unter Denkmalschutz.

Einen neueren Baustil zeigen die Häuser, die erbaut wurden, nachdem die Magdeburger Bergwerks-AG in den Besitz der Zeche Königsgrube gekommen war. Sie wurden zwischen 1901/02 und 1908 an der nördlichen Gustavstraße, im Hasenhorst, an der Frieda-, der Hof- und der Rheinischen Straße errichtet. Vierfamilienhäuser entstanden 1911 an der Günnigfelder Straße und Zweifamilienhäuser 1914 im Bogen zum Hüller Bach. Ihr Baustil ähnelt dem der Kruppsiedlung Dahlhauser Heide in Bochum-Hordel und sie sind identisch mit Häusern, die der Krupp-Architekt Robert Schmohl für die zwischen 1907 und 1912 errichtete Siedlung in Dat-

Foto: H.-W. Wehling 2019

Abb. 4.1.4 Kolonie Pluto IV – Glückaufstraße

Foto: H.-W. Wehling 2019

Abb. 4.1.5 Kolonie Pluto IV – Schalkestraße

Foto: H.-W. Wehling 2019

Abb. 4.1.6 Vierfamilienhaus am Ginsterweg

Foto: H.-W. Wehling 2019

Abb. 4.1.7 Häuser an der Gustavstraße

Foto: H.-W. Wehling 2019

Abb. 4.1.8 Häuser an der Friedastraße

teln-Beisenkamp entworfen hat. An der Hofstraße entstanden schließlich 1927 noch Wohnungen für die „Bergmannssiedlung Stadt und Landkreis Gelsenkirchen"; von der Treuhandstelle wurden 1929 die Mietwohnungen Im Lakenbruch gebaut.

1898 baute die Zeche am Stapelweg sowie an der Siegfried- und Gudrunstraße eine weitere Kolonie (Nr. 9), „Schübbeskolonie" genannt, da sich in der Nähe die Gastwirtschaft Schübbe befand; die Siedlung umfasst 31 1½-geschossige Doppelhäuser.

o.V. 1902

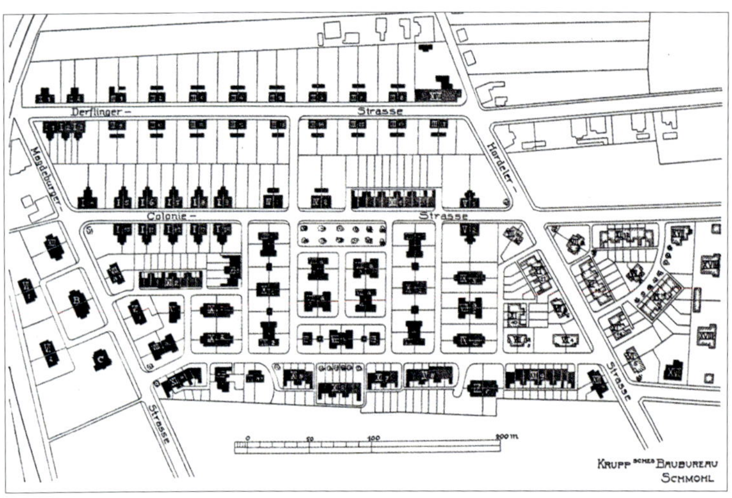

Abb. 4.1.9 Kolonie Hannover – Verteilung der Haustypen

Die Kolonie Hannover I (Nr. 1) entstand in mehreren Bauphasen zwischen 1864 und 1928 im äußersten Süden von Eickel nordöstlich der Schachtanlage Hannover 1/2/5 in Bochum-Hordel. Insgesamt wurden 206 Häuser erstellt; seit 1891 lag die Bauausführung beim Baubüro der Kruppschen Verwaltung, ab 1900 bei Robert Schmohl. Die ersten neun 1½-geschossigen Doppelhäuser und sechs Beamtenwohnhäuser wurden 1864 in der Alten Kolonie gebaut; 1975 wurden jedoch die meisten von ihnen abgerissen und die wenigen verbliebenen baulich stark verändert. Zwischen 1872 und 1893 entstanden Häuser an der Dahlhauser Straße, bis 1928 folgten weitere an der Sassenburg und der Koloniestraße. Insgesamt steht der relativ schematischen Siedlungsanlage ein Variationsreichtum an Aufrisstypen aus dem Kruppschen Typenkatalog gegenüber, wenngleich alle auf dem Kreuzgrundriss basieren.

1902 entstanden südlich der Magdeburger Straße in große Gartengrundstücke eingebettete, repräsentative Beamtenwohnhäuser für die leitenden Angestellten der Zeche 1/2/5. Vor dem Ersten Weltkrieg kamen eine katholische und eine evangelische Schule, zwei Kindergärten und eine Kruppsche Konsumanstalt hinzu. Nach erheblichen Zerstörungen im Zweiten Weltkrieg wurden vor allem im mittleren Teil Gebäude wiederaufgebaut. Etwa die Hälfte der Gebäude wurde von 1990 bis 1994 unter Denkmalschutz gestellt (vgl. auch Abb. 8.7.1).

Zusätzlich zu den Beamtenhäusern in der Kolonie Hannover und abgesetzt von ihr baute die Kruppsche Verwaltung 1910 und 1914/15 an der Hannibal- und Eickeler Straße eine kleine Beamtensiedlung, bestehend aus fünf Zweifamilienhäusern mit Waschküchenanbauten (Nr. 30).

Die Zeche Friedrich der Große erfuhr in ihrer Anfangsphase eine starke Fluktuation ihrer Belegschaft. Um dieser entgegenzuwirken, errichtete die Zeche insgesamt fünf Siedlungen für ihre Beschäftigten und wandte dabei zunehmend ein ähnliches Typensystem an wie die Kruppsche Bauverwaltung. In der Siedlung Holper Heide aus den 1890er Jahren (Nr. 10) bilden 67 2- bis 2½-geschossige Häuser für jeweils sechs Familien eine kompakte geometrische Anlage; die Reihung 2½-geschossiger Ziegel- und Ziegelputzbauten an der Nordstraße entstand 1897 (Nr. 12). Zu einer wirklichen Großsiedlung wurde die später als Feldherrenviertel bezeichnete Siedlung an der Yorck-, Gneisenau- und Scharnhorststraße (Nr. 14). In drei Bauphasen – 1898, 1906/07 und 1912 – wurden 155 Gebäude mit 2½- und mehr Geschossen errichtet. Die 4-, 6- und 12-Familienhäuser mit ihren verzierten Fassaden verleihen den baumbestandenen Straßen einen durchaus städtischen Charakter, zumal in einige Eckgebäude Geschäfte integriert waren.

Die lange Häuserreihe an der Josefinenstraße entlang der Bahnlinie (Nr. 25) wurde 1907/09 durch die Gewerkschaft Friedrich der Große begonnen und 1921 und 1929 durch die Bergmannssiedlung GmbH Herne fortgesetzt. Vor allem 2-geschossige Doppelhäuser mit seitlichen oder rückwärtigen Anbauten prägen den Gebäudebestand, der nach seiner Privatisierung im Erscheinungsbild stark verändert wurde. Dieselben Bauträger errichteten auch die zweite Großsiedlung der Zeche Friedrich der Große; 1916 bis 1921 und nach 1933 wurden beiderseits des Landwehrbachs und um die Von-Waldthausen- und die Wilhelm-Meyer-Straße 246 1½- und 2½-geschossige Häuser gebaut (Nr. 32). Die nördlich der Autobahn A42 gelegenen relativ großzügigen Steigerhäuser entstanden während des Ersten Weltkriegs, die Häuser südlich der Autobahn in den 1920er und 1930er Jahren. Gartenstädtische Gestaltungs- und Planungselemente – gekrümmte Straßen, Ensemble-Bildungen, Vorgarten- und Gartenanteile – prägen die Anlage. Die tief gezogenen Walmdächer und ornamentierten Eingangsbereiche sind wichtige Gestaltelemente dieser Häuser.

1893 entstand westlich der Schachtanlage Constantin 3/4 die zugehörige Beamtensiedlung (Nr. 11), bestehend aus sieben 1½-geschossigen Doppelhäusern, deren Dächer besonders aufwändig mit Türmen, Giebeln und Dachreitern gestaltet sind; 1921 wurden zwischen den Häusern Ställe eingepasst. Nach der Privatisierung ist der Charakter der Häuser durch Aus- und Umbauten zum Teil stark verändert worden.

Östlich der Schachtanlage entwickelte sich ab 1900 die zugehörige Arbeitersiedlung, die Colonie Constantin (Nr. 21), die ein gutes Beispiel für die Entwicklung mehrgeschossiger Siedlungstypen ist. Die nördliche Kronen- und die Dorastraße sind von sehr kompakten, 2½-geschossigen Wohngebäuden für jeweils zwölf Familien flankiert, deren Fassaden durch einen Wechsel von Putzflächen und Klinkerbändern gestaltet sind. Die nach den Entwürfen des Berliner Regierungsbaurats Henken erstellten südlicheren Straßenzüge sind dagegen hinsichtlich Gebäudehöhe, Straßenabstand und Grüngestaltung deutlich abwechslungsreicher; die Pieper- und die Courrieresstraße prägen 1½-geschossige Hausgruppen im englischen Landhausstil mit einer bewegten Dachlandschaft. Die meisten von ihnen stehen unter Denkmalschutz. Zur Gesamtplanung gehörte auch die 24-klassige katholische bzw. evangelische Volksschule von 1901; der Standort wird heute vom Willi-Pohlmann-Seniorenzentrum genutzt. Ebenfalls in die Planung integriert war eine Kleinkinderschule, die heute als Kindergarten genutzt wird. Einen besonderen Reiz schafft zudem das der Siedlung unterliegende Relief, das von Süden nach Norden einfällt und eine west-östliche Wölbung aufweist.

Foto: H.-W. Wehling 2019

Abb. 4.1.10 Kolonie Hannover, Magdeburger Straße – Beamtenwohnhaus für zwei Familien

Foto: H.-W. Wehling 2019

Abb. 4.1.11 Scharnhorststraße im Feldherrenviertel

Die Zeche Mont-Cenis errichtete für ihre Belegschaft insgesamt fünf Siedlungen. Eingebettet in große Gärten sind die Häuser nördlich der Wilhelm-Busch-Straße und an zwei Partien der Gysenbergstraße (Nr. 13). Insgesamt umfasst die seit 1897

Foto: H.-W. Wehling 2019

Abb. 4.1.12 Zeche Friedrich der Große, Steigerhäuser an der Von-Waldthausen-Straße

entwickelte Siedlung 174 Gebäude unterschiedlicher Geschosszahl und Gestaltung. Es herrschen Vierfamilienhäuser im Kreuzgrundriss vor, sie zeigen aber unterschiedliche Aufrissvarianten.

Mit der Abteufung von Schacht 2 entwickelte sich in mehreren Schüben – 1899, 1901 bis 1905, 1910 und 1921 – eine lange Reihe von 1½- bis 2½-geschossigen Mehrfamilienhäusern für Beamte an der Mont-Cenis-Straße (Nr. 17). Die Häuser der ersten Bauphase sind für zwei Familien bestimmte Putzbauten, die durch Klinkerbänder strukturiert sind. Die vorgezogenen Schopfwalmdächer und die hohen, mehrflügeligen Fenster geben den Häusern dieser Reihe ein kleingliedriges Erscheinungsbild, dem sich auch die 1921 errichteten Gebäude trotz ihrer Nüchternheit anpassen. Verputzt und mit Jugendstilornamenten versehen, sind die Mehrfamilienhäuser von 1904. Zur Siedlung gehört auch die westlich anschließende und in einem Park gelegene Direktorenvilla.

Nördlich der Castroper Straße und zwischen der Bruchstraße im Osten und der Siedlung Teutoburgia im Westen wurde das Gebiet sukzessive von 1900 bis 1928 bebaut (Nr. 20). Insgesamt entstanden in verschiedenen Ensembles mit unterschiedlichen Geschosshöhen 115 Gebäude. Bauherr war zunächst die Gewerkschaft Mont-Cenis, ab 1916 die Zeche Teutoburgia im Besitz des Bochumer Vereins, da offensichtlich deren Wohnungsbestand nicht ausreichte.

Mehrgeschossige Blockrandbebauung und Wohnhöfe kennzeichnen den Wohnungsbau der Zeche Mont-Cenis, der zwischen 1906 bis 1922 in den Bereichen der Thorner Straße und der Saarstraße errichtet wurde (Nr. 22). Er verschmilzt mit der städtischen Randbebauung im Ortskern Sodingen bzw. ist dessen konstituierender Bestandteil.

Die größte Siedlung der Zeche Mont-Cenis erstreckt sich westlich der Schachtanlage 1/2 zwischen der Mont-Cenis-Straße und der Straße Im Uhlenbruch (Nr. 27) und wurde zwischen 1908 und 1922 errichtet, wobei in den ersten Jahren an der Kantstraße und am östlichen Ende des Uhlenbruchs Haustypen aus den anderen Siedlungen verwandt wurden. 1919 entstanden auf beiden Seiten des Uhlenbruchs und am Grünen Weg Wohnhäuser für die Gemeinnützige Baugenossenschaft Sodingen, zwischen 1920 und 1922 wurden die übrigen Straßen bebaut. Die Gesamtplanung für die Gewerkschaft Mont-Cenis übernahm der renommierte Siedlungsarchitekt Georg Metzendorf, der auch die Essener Kruppsiedlung Margarethenhöhe geplant und gebaut hat; sie sah mehrere Plätze, einen Spielplatz sowie zwei Geschäftshäuser vor. Das Gelände zwischen den Nutzgärten und die Reservefläche für eine projektierte Bahn waren als Pachtland ausgewiesen und wurden in den 1940er und 1950er Jahren mit Einfamilienhäusern bebaut. Verkehrsberuhigte Wohnstraßen, eine starke Durchgrünung, alter Baumbestand und sorgfältig gestaltete Gebäudeensembles machen den Wohnwert aus.

Keinen Einfluss auf die Siedlungsstruktur der Stadt Herne hatte die abseits gelegene, weil zur Zeche Lothringen in Bochum gehörige Siedlung Kray in Sodingen (Nr. 18), deren 38 Gebäude in Doppelreihe

Foto: H.-W. Wehling 2019

Abb. 4.1.13 Colonie Constantin – Blick in die Kronenstraße

Foto: H.-W. Wehling 2019

Abb. 4.1.14 Colonie Constantin – Wohnhäuser und Konsumanstalt in der Pieperstraße

Foto: H.-W. Wehling 2019

Abb. 4.1.15 Wohnhof Thorner Straße

1899 bis 1900 errichtet, seit 1979 durch Um- und Anbauten aber stark verändert wurden.

Die Bergwerks-Gesellschaft Hibernia baute für die Zeche Shamrock ab 1899 an Pfähler- und Mulvanystraße 1½-geschossige und an der Mittelstraße 2½-geschossige Siedlungshäuser in Ziegelbauweise (Nr. 19). Dieser Bestand wurde 1926 von der THS um einen von kubischen Wohnblocks umstellten Wohnhof erweitert. Dabei suchte man durch ausgeprägte Mehrgeschossigkeit einen nahtlosen Anschluss an die zentrumsnahe Herner Bebauung zu erreichen, in deren Einflussbereich der Standort in der Zwischenkriegszeit geraten war. Die frühe Bebauung an Pfähler- und Mulvanystraße wurde 1973/74 abgerissen und teilweise durch Neubauten ersetzt. Die zweite Hiberniasiedlung, bestehend aus 2- bis 2½-geschossigen Vierfamilienhäusern und ausgestattet mit großen Gartenflächen, entstand von 1907 bis 1940 an der Gräff-, Hibernia- und Shamrockstraße (Nr. 24).

Parallel zum Aufbau der Zeche Teutoburgia begann der Aufbau einer Siedlung für die Arbeiter und Beamten der Zeche (Nr. 29). Zu den Häusern gehörten große Nutzgärten und ein Stall für die Kleintier-, Ziegen- und Schweinehaltung. 1909 erhielt die Gewerkschaft Teutoburgia die Genehmigung, in den Gemeinden Börnig und Holthausen 51 Wohnhäuser für 120 Familien zu errichten. Dem ersten, östlich der Baarestraße gelegenen Bauabschnitt folgten 1911 die Beamten- und Steigerhäuser an der Schadeburgstraße. Diese Häuser sind großzügiger als die der Bergleute, folgen aber demselben architektonischen Prinzip. Gleichzeitig entstanden die Geschossbauten an der Castroper Straße. 1912 entstand die Bebauung an der Schlägel-, Teutoburgia- und Schreberstraße. Die Gestaltung der Siedlung folgte der Gartenstadtidee. Großzügige Grünflächen und geschwungene Straßenzüge sollten den Eindruck ländlicher Idylle erwecken, damit sich die zugezogenen Arbeiter und Beamten, die in der Regel aus ländlichen Gebieten stammten, schnell heimisch fühlten.

Bollerey/Hartmann 1980

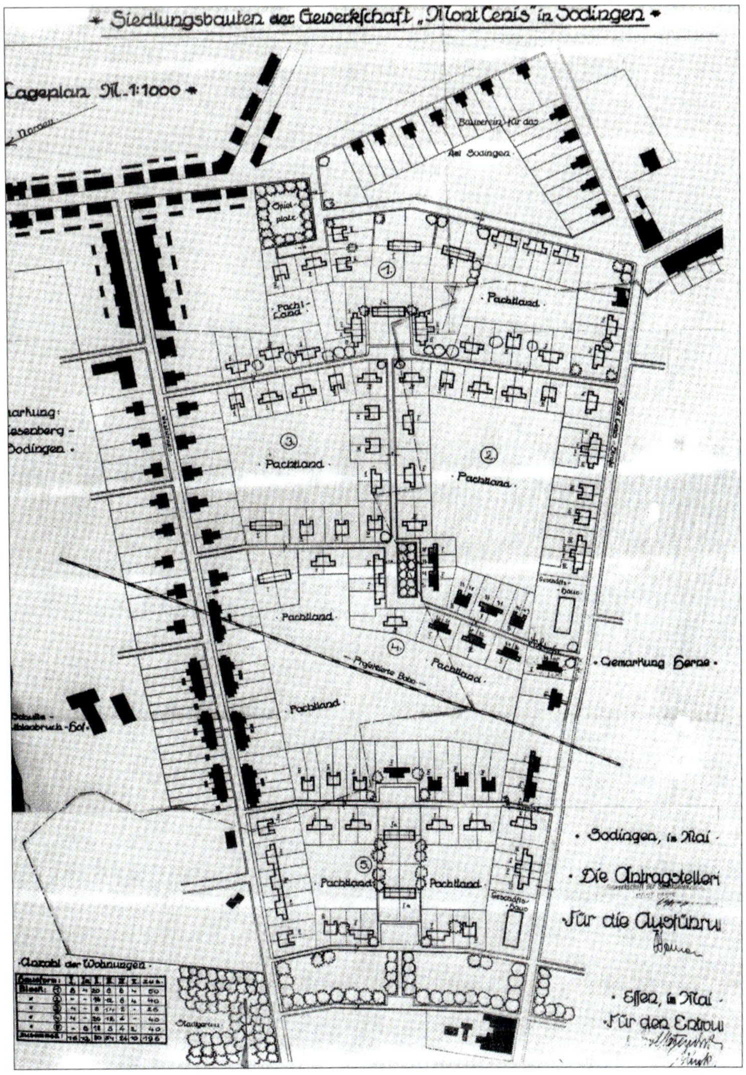

Abb. 4.1.16 Plan der Siedlung Mont-Cenis

Das Straßensystem der Siedlung ist auf die baumbestandene, von Norden nach Süden führende Baarestraße ausgerichtet; von ihr wurden die Schlägel-, Lauben- und Teutoburgiastraße schleifenartig abgeführt. Schmale, durch Hecken und Bäume eingefasste Wege gliedern westlich der Baarestraße die Baublöcke. Von Beginn an war die gesamte Siedlung an die elektrische Versorgung der Zeche angeschlossen, alle Gebäude verfügten über fließendes Wasser,

Foto: H.-W. Wehling 2019

Abb. 4.1.17 Siedlung Mont-Cenis, Schwarzer Weg

Foto: H.-W. Wehling 2019

Abb. 4.1.18 Siedlung Mont-Cenis, Grüner Weg

und das Abwasser wurde durch unterirdische Kanäle der Emscher zugeführt.

Die Siedlung besteht aus einer Vielzahl unterschiedlicher Gebäudetypen. Die 1½- bis 2½-geschossigen Gebäude wurden sowohl trauf- als auch giebelständig als Einzel-, Doppel- und teilweise als Reihenhäuser errichtet und sind durch vielfältig gestaltete Fassaden und Dachlandschaften geprägt. Durch eine Fülle von Fassadendetails, wie Auskragungen, Dachgauben, Erker, Veranden, Giebel, Klappläden, Fachwerk sowie unterschiedliche Fassadenmaterialien, entstand ein sehr abwechslungsreiches Siedlungsbild. Trotz dieses Variantenreichtums im Aufriss sind die Häuser hinsichtlich ihres Grundrisses jedoch weitgehend vergleichbar; so liegen z. B. im Erdgeschoss der gekoppelten Reihenhäuser straßenseitig jeweils die Wohnzimmer, zur rückwärtigen Gartenfront die Wohnküchen und die Ställe.

Die Bergmannssiedlung GmbH Herne stellte von 1921 bis 1923 den letzten Abschnitt der Siedlung, die Wohnanlage Teutoburgiahof, am südwestlichen Rand der Siedlung fertig. Gestalterisch ähnelt die Anlage noch den älteren Siedlungshäusern, doch wurde das Prinzip der Gartenstadt aufgegeben. So ist die Bebauung verdichtet und nicht so aufwändig gestaltet wie im Rest der Siedlung. Sie stellt jedoch ein geschlossenes Ensemble dar, in dem 2-geschossige, traufständige Reihenhäuser mit Satteldach und mehreren Giebeln einen baumbestandenen Platz umschließen; der Eingang der Anlage wird durch zwei Torgebäude betont.

Foto: H.-W. Wehling 2019

Abb. 4.1.19 Siedlung Teutoburgia, Baarestraße

Foto: H.-W. Wehling 2019

Abb. 4.1.20 Siedlung Teutoburgia, Häuser an der Schlägelstraße

Insgesamt wurden hier von der Gewerkschaft Teutoburgia 470 Gebäude mit 583 Wohnungen errichtet. Die unterschiedliche Größe der Baukörper, ihre individuell gestalteten Grund- und Aufrisse sowie ihre Ausrichtung in einem bewegten Gelände erzeugen eine hohe Vielgestaltigkeit. Dieser Vielgestaltigkeit steht an der Südseite eine kompakte 3-geschossige Mehrfamilienhausreihe als begrenzender Riegel gegenüber.

Nach der Stilllegung der Zeche Teutoburgia und der Unterbringung ihrer Arbeiter auf den benachbarten Zechen Constantin, Mont-Cenis und Erin zogen pensionierte Beamte von den Nachbarzechen in die freigewordenen Beamtenhäuser der Siedlung. Während des Zweiten Weltkrieges sind nur wenige von ihnen zerstört worden; sie wurden durch angepasste Neubauten ersetzt. Als einzige Herner Arbeitersiedlung steht die Siedlung Teutoburgia als Ganzes unter Denkmalschutz.

Die unmittelbaren Jahre nach dem Ersten Weltkrieg waren geprägt durch eine große Wohnungsnot. Erst allmählich engagierten sich die Kommunen und die Bergwerksgesellschaften – nun über die Treuhandstelle und ihre lokalen Ableger – wieder im Wohnungsbau. Ab den 1920er Jahren traten gemeinnützige Genossenschaften und Bauvereine als Bauträger hinzu. In Wanne waren dies der Spar- und Bauverein (gegründet 1901; seit 1942 Gemeinnützige Wohnstättengenossenschaft Wanne-Eickel eG., seit 2017 Wohnstätten Wanne-Eickel) und der Gemeinnützige Heimstättenverein (1924). In Herne gab es neun Baugenossenschaften: den Wohnungsverein Herne eG, die Bergmannssiedlung Herne, die Gemeinnützige Baugenossenschaft, den Wohnungssparverein „Selbsthilfe" Herne (1924; seit 1990 Wohnungsgenossenschaft Herne-Süd), die Gemeinnützige Siedlungsgenossenschaft der Kriegsgeschädigten, Kriegsteilnehmer und Kriegshinterbliebenen, die Eingetragene Genossenschaft für minderbemittelte Kriegsbeschädigte, Kriegshinterbliebene und minderbemittelte, kinderreiche Familien „Rote Erde", den Gemeinnützigen Bau- und Sparverein sowie den Ostpreußischen Bau- und Sparverein „Gott mit uns". In der zweiten Hälfte der 1920er Jahre kamen noch die Gemeinnützige Aktiengesellschaft für Angestelltenheimstätten sowie der Evangelische Volksbund, der Evangelische Arbeiter- und Bürgerverein, die Ketteler Baugenossenschaft Herne eG (1927), die Ruhr-Lippe Siedlungsgesellschaft und der

Foto: H.-W. Wehling 2019

Abb. 4.1.21 Siedlung Teutoburgia, Teutoburgiahof

Foto: H.-W. Wehling 2019

Abb. 4.1.22 THS-Siedlung an der Heimstraße

Deutsche Ostbund hinzu. In Sodingen bestand seit 1919 der Bauverein Sodingen.

Lagen die von den Bergwerksgesellschaften in der Zeit vor dem Ersten Weltkrieg selbst angelegten Siedlungen in der Nähe der Schachtanlagen, so orientierten sich die Standorte der von der THS bzw. der Bergmannssiedlung errichteten Siedlungen eher an den seit 1900 in Herne, in Wanne und in Eickel entstandenen städtischen Strukturen. Insgesamt wurden durch den werksgeförderten Wohnungsbau in der Zwischenkriegszeit elf Siedlungen unterschiedlicher Größe errichtet, mehrheitlich in Wanne und Eickel.

1921/22 ließ die THS von den Industriearchitekten Wink und Schupp nördlich des Bahnhofs Wanne 90 Wohnungen in Zweifamilienhäusern errichten (Nr. 34); die Wohnfläche lag mit 81 m² deutlich über dem lokalen Durchschnitt (60 m²). Die Siedlung ist stark durchgrünt; an der Heimstraße sind die Häuser um eine Grünfläche arrangiert und vermitteln den Eindruck eines Angerdorfes. Nach der Privatisierung wurde der äußere Charakter der Häuser jedoch stark verändert.

Mit ähnlichen Haustypen, jedoch in einem deutlich größeren Umfang entstand die Gartenstadt Dorneburg beiderseits von Tulpen- und Veilchenweg, im Süden und Osten umgeben von Friedhof und Kleingartenanlage sowie durchschnitten vom Dorneburger Mühlenbach (Nr. 36). Der gemeinnützige Bauverein Wanne machte sich dabei 1913 die Konzepte der deutschen Gartenstadtbewegung zu eigen und entwickelte auf dem als Kuhkamp bekannten Gelände in drei Phasen den nördlichen Teil der Siedlung. Die Bergmannssiedlung Gelsenkirchen schloss sich 1921/26 im Süden an und legte an einer Straßenschleife um einen Sportplatz Zwei- und Dreifamilienhäuser an. Insgesamt entstanden 252 1½- bis 2½-geschossige Gebäude; ihre Privatisierung in den 1980er Jahren hat die städtebauliche Geschlossenheit zwar zerstört, die starke Durchgrünung ist jedoch geblieben.

Auf einem Gelände „Vor dem Hofe", das allseitig von Bahngleisen umgeben ist, errichtete die Bergmannssiedlung Bochum GmbH 1938 eine Zwei- und Mehrfamilienhaussiedlung mit insgesamt 33 Gebäuden und 78 Wohneinheiten (Nr. 66). Im Nordteil reihen sich 1½-geschossige Zweifamilienhäuser mit Gartengrundstücken, während der Südteil von schlichten Geschossbauten geprägt wird.

Neben Einfamilienhäusern bauten die Genossenschaften und Bauvereine auch mehrgeschossige Wohnblocks in zentrumsnahen Bereichen, so die Ruhr-Lippe-Siedlungsgesellschaft die Siedlung Im Ochsenkamp in Holsterhausen (Nr. 57). Der Wohnverein Herne ließ an der Bahnhof-, Bismarck-, Goeben- und Steinmetzstraße ab 1927 ein charakteristisches Ensemble entstehen (Nr. 40), das zusammen mit dem Wohnhof der Bergmannssiedlung GmbH, erbaut von 1922 bis 1925 (Nr. 39), die Bebauung des Stadtkerns im Norden arrondierte. Bereits 1913 war die ausgeprägte Häuserreihung der Spar- und Bauverein GmbH an der Florastraße entstanden (Nr. 31).

Vergleichsweise spät und als einzige Werkssiedlung außerhalb des Bergbaus errichtete 1937 die Firma Flottmann die Siedlung an der Anna-Luise-Straße (Nr. 65) mit 23 Eigenheimen. Die Siedlerstellen wurden vom Unternehmen bezuschusst. Im Gegenzug behielt sich das Unternehmen Zugriffsmöglichkeiten vor. Als NSDAP-Mitglied sah Heinrich

Foto: H.-W. Wehling 2019

Abb. 4.1.23 THS-Siedlung am Tulpenweg

Foto: H.-W. Wehling 2019

Abb. 4.1.24 Wohnblock an Bismarckstraße/Westring/Goebenstraße

Die Architekten Feldmann und Müller aus Drolshagen errichteten diesen mehrfach gegliederten, fünfgeschossigen Wohnblock mit seinen expressionistischen Stilelementen für den Wohnungsverein Herne. Er wurde 2006 unter Denkmalschutz gestellt.

Flottmann diese Siedlung als seinen Beitrag „zum Wohle der Gefolgschaft, in Liebe zur Heimat und im Glauben an die Zukunft". Jeder Arbeiter hatte sich zunächst als „siedlungswürdig" zu erweisen. Beim Tod eines Siedlers waren die männlichen Nachkommen verpflichtet, sich um eine Arbeitsstelle bei Flottmann zu bemühen. Bei einer kinderlosen Ehe wurde von der Witwe erwartet, dass sie wieder einen Werksangehörigen heiratete. Die Siedlung stand repräsentativ für die paternalistisch-autoritär geführte Werksgemeinschaft der „Flottmänner". Die restriktiven Bestimmungen führten jedoch letztlich zum Streit zwischen Siedlern und Unternehmen, in dessen Folge eine Erweiterung der Siedlung um weitere 50 Häuser nicht realisiert wurde. Ab 1949 wurden die Häuser privatisiert.

Foto: H.-W. Wehling 2019

Abb. 4.1.25 Baugruppe Freisenstraße 50–56 der Herner Gesellschaft für Wohnungsbau mbH (HGW), seit 1997 unter Denkmalschutz

4.2 Der Aufbau von Infrastrukturen

Die Unternehmen kümmerten sich zwar aus klarem Eigeninteresse um eine gewisse Wohnungsfürsorge, jedoch wurden Investitionen in die notwendige, kostspielige, städtische Infrastruktur von den die Gemeinderäte dominierenden Grundbesitzern und Industrievertretern gemieden. Die für den enormen Bevölkerungszuwachs gänzlich unzureichende strukturelle Vorprägung machte jedoch einen umfangreichen Bau von Gemeinschaftseinrichtungen – Kirchen, Schulen, Krankenhäuser, Verwaltungsbauten – und den Auf- und laufenden Ausbau völlig neuer Organisationsstrukturen notwendig, die fast ausschließlich aus Steuermitteln finanziert werden mussten. Hinsichtlich ihrer Steuerpolitik gingen die Gemeinden unterschiedliche Wege. Während die Gemeinde Röhlinghausen eine eher industriefreundliche Steuerpolitik betrieb und daher mangels finanzieller Möglichkeiten noch 1911 auf Kanalisation, Straßenpflasterung und -beleuchtung verzichten musste, erhob die Gemeinde Holsterhausen bis zu ihrer Vereinigung mit Eickel im Jahre 1908 die höchsten Steuern im Amtsbezirk, war aber dennoch nicht in der Lage, die beträchtlichen Kosten für Straßenbau, Schulen u. ä. aufzubringen. Insgesamt stießen alle Gemeinden und ihre politischen Akteure angesichts der rasant steigenden Nachfrage in allen Bereichen der städtischen Infrastruktur recht schnell an ihre finanziellen Grenzen, sodass das Infrastrukturangebot über Jahrzehnte hinter der Nachfrage zurückblieb. Vor allem in der Phase vor dem Ersten Weltkrieg wurden Infrastrukturmaßnahmen nahezu ausschließlich aus Gründen der öffentlichen Ordnung und nicht im Sinne einer vorausschauenden Planung durchgeführt. Allerdings wurden auch ganze Bereiche der städtischen Versorgung in anderer Trägerschaft, vor allem der der Kirchen, entwickelt.

Kirchengemeinden und Kirchen

Der von der Industrialisierung ausgelöste Bevölkerungszustrom zog eine Neuordnung der Kirchenbezirke und den Bau zahlreicher Kirchen nach sich. Gab es um 1860 im heutigen Stadtgebiet eine katholische und – von der Schlosskapelle in Strünkede abgesehen – zwei evangelische Kirchen, so war deren Zahl bis zum Ende des Ersten Weltkriegs auf 13 katholische und 14 evangelische Kirchen, einschließlich einer evangelisch-freikirchlichen, angestiegen; bis zum Zweiten Weltkrieg kamen zwei katholische und eine evangelische Kirche hinzu.

Während des gesamten Mittelalters war das Gebiet von Herne katholisch geprägt. Dies änderte sich vollständig mit dem Aufkommen der Reformation.

Technische Universität Berlin, Architekturmuseum, Inventar-Nr. 028,002; https://architekturmuseum.ub.tu-berlin.de/index.php?p=51&SID=15688218102355 (Zugriff 18.09.2019)

Abb. 4.2.1 Herz-Jesu-Kirche, Ansichtszeichnungen, erbaut 1901, seit 1991 unter Denkmalschutz

Foto: H.-W. Wehling 2019

Abb. 4.2.2 Kath. Pfarrkirche St. Joseph, Eickel

Die neoromanische Basilika mit Doppelportal hat ihr bauliches Vorbild in der Basilika San Zeno Maggiore in Verona aus dem 12./13. Jh. Wie dort bewachen auch in Eickel Löwen die Vorhalle, weshalb die Kirche auch als Löwenkirche bezeichnet wird; sie steht seit 1992 unter Denkmalschutz.

Foto: H.-W. Wehling 2019

Abb. 4.2.3 Dreifaltigkeitskirche, Herne-Holthausen

Die Kirche wurde auf einem Betonkranz als Stahl-Fachwerk-Konstruktion errichtet, die an den Sockel angeschraubt wurde, jedoch bei bergbaubedingten Setzungen von diesem wieder gelöst und neu ausgerichtet wird. Die Konstruktion ist nicht sichtbar, sondern mit Klinkern und Ibbenbürener Sandstein verblendet; nicht zuletzt aufgrund ihrer technischen Besonderheit steht die Kirche seit 2009 unter Denkmalschutz.

Als einzige katholische Kirche blieb die 1685 erbaute Kirche St. Marien in Eickel. Als mit der Industrialisierung katholische Arbeiter zuwanderten und kirchlich versorgt werden mussten, wurde St. Marien zur Mutterkirche aller katholischen Kirchen in Herne und Wanne-Eickel. Filialkirchengemeinden von St. Marien wurden St. Laurentius in Wanne (1890), St. Barbara in Röhlinghausen (1903), St. Joseph in Wanne-Süd (1907), Herz-Jesu in Wanne-Nord (1907) und St. Franziskus in Holsterhausen (1909).

Als erste wurde allerdings 1862 die St. Bonifatius-Gemeinde in Herne abgepfarrt und wurde selbst zur Mutterkirche katholischer Kirchen in Herne. Die Inbetriebnahme der Zeche Shamrock durch Thomas Mulvany hatte katholische irische und belgische Bergleute ins protestantische Herne gebracht. Ein erster katholischer Gottesdienst fand 1858 im Privathaus eines Maurermeisters an der Von-der-Heydt-Straße statt, an der 1859 auch eine Notkirche gebaut wurde. 1862 entstand für die inzwischen auf 500 Mitglieder angewachsene Gemeinde eine Missionsvikarie in Herne, die das Baugrundstück kaufte, auf dem 1872 der Bau der Bonifatiuskirche begann. Nach Unterbrechung durch den Kulturkampf wurde die Kirche 1886 geweiht und mit dem Turmbau 1889 vollendet. Die erste Ausmalung von 1892 sponserte die Zeche Hibernia. Um 1900 war die Gemeinde auf 12.000 Mitglieder angewachsen und stellte nun etwas mehr als die Hälfte der Einwohner des 50 Jahre früher rein protestantischen Herne. Schon um 1890 hatte die Kirche allerdings mit starken Bergsenkungen zu kämpfen, die Stahlverstrebungen von Pfeiler zu Pfeiler notwendig machten, um dem Bau Halt zu geben.

Um dem verstärkten Zuzug katholischer Arbeiter, insbesondere aus Polen, und der damit verbundenen Überfüllung der Bonifatiuskirche Rechnung zu tragen, wurde 1894 in Baukau eine Notkapelle eingerichtet. Ebenfalls 1894 wurde ein Verein für den Bau einer neuen Kirche gegründet, doch war der Finanzzufluss, auch von der Mutterkirche, so zögerlich, dass erst 1899 die Grundsteinlegung für die Marienkirche erfolgte.

Nach der Marienkirche in Baukau war die Herz-Jesu-Gemeinde südlich des Stadtkerns die zweite und in der Finanzierung besser gestellte Abpfarrung von Bonifatius. Inmitten der mehrgeschossigen und von nur wenigen Gewerbebetrieben durchsetzten Wohnbebauung südlich der Bahnhofstraße wurde

Foto: H.-W. Wehling 2019

Abb. 4.2.4 Ehemaliger masurischer Betsaal, Düngelstraße

Für die aus Masuren stammenden Immigranten wurde 1894 der evangelisch-lutherische Gebetsverein gegründet, dessen Mitgliederzahl rasch anstieg. Der „Alte ev. ostpreußische Bauverein ‚Gott mit uns' GmbH Herne" ließ 1908 ein Wohnhaus mit Betsaal bauen. Der Herner Architekt Kemper entwarf diesen als eine Basilika von 20 m Länge, 15 m Breite und 10 m Höhe in Backsteinarchitektur mit Dachreitern, farbigen Industrieglasfenstern und 650 Plätzen. Das seit 2010 unter Denkmalschutz stehende Gebäude wurde sachgerecht renoviert, wird aber gegenwärtig nur als Lager einer Entrümpelungsfirma genutzt.

Foto: H.-W. Wehling 2018

Abb. 4.2.5 Evangelische Kirche in Crange

Diese Kirche mit ihrer klappsymmetrischen klassizistischen Fassade wurde 1854 erbaut und ist der Nachfolgebau der katholischen, 1449 dem hl. Laurentius geweihten Kapelle. Deren jährlich am Laurentiustag (10. August) im Dorf Crange gefeiertes Kirchweihfest war in Verbindung mit einem großen Pferdemarkt der Ausgangspunkt der heutigen Cranger Kirmes. Die 1936 erweiterte Kirche steht seit 1988 unter Denkmalschutz.

1901 ein Grundstück angekauft, auf dem ab 1904 der Kirchenbau nach den Plänen des Dortmunder Architekten Johannes Franziskus Klomp als dreischiffige Basilika errichtet und 1908 geweiht wurde.

Als Abpfarrung von St. Marien in Eickel wurde 1907 die Pfarrgemeinde St. Joseph in Wanne-Süd gegründet. Eine erste Notkirche hatte die Rektorats-Gemeinde St. Joseph seit 1894 in einem Bau des Bauunternehmers August Franke gefunden. Nach der Erhebung des Rektorats zur Pfarre stifteten dieser und der Landwirt Heinrich Lechtape das Grundstück für den Kirchenbau, auf dem von 1909 bis 1912 die St.-Joseph-Kirche errichtet wurde.

Die Dreifaltigkeitskirche in Holthausen ist der letzte Kirchenbau vor dem Zweiten Weltkrieg, der infolge des rasanten Bevölkerungsanstiegs in den neuen Bergbaugebieten errichtet wurde. Nachdem von der St.-Lambertus-Gemeinde in Castrop die Gemeinde St. Peter und Paul in Sodingen abgepfarrt worden war, entstand auch in Holthausen der Wunsch nach einer eigenen Gemeinde für Holthausen und die Siedlung Teutoburgia. Eine seit 1908 an der Mont-Cenis-Straße bestehende Notkirche wurde 1931/32 durch den expressionistischen Kirchenbau der Dreifaltigkeitskirche ersetzt.

Auf protestantischer Seite bestanden nach dem Übertritt der Sybilla von Strünkede zum reformierten Bekenntnis zwei Kirchengemeinden – die evangelisch-lutherische in der St.-Dionysius-Gemeinde im Dorf Herne und die evangelisch-reformierte in der Schlosskapelle Strünkede; sie wurden 1845 durch den Unionsvertrag zu einer einzigen evangelisch-unierten Kirchengemeinde zusammengeschlossen. Da mit dem wirtschaftlichen Aufschwung die Zahl der evangelischen Gemeindemitglieder ständig wuchs, wurde die romanische St.-Dionysius-Kirche zu klein und zwischen 1873 (Turm) und 1876 (Langhaus) abgetragen. Die Essener Architekten Julius Flügge und Peter Zindel ersetzten sie zwischen 1873 und 1875 durch eine dreischiffige neugotische Basilika mit 1.800 Plätzen. Der Grundriss der Kirche war so ausgerichtet, dass der Turm den Endpunkt der Bahnhofstraße markierte. Bis 1963 wurde sie

Foto: H.-W. Wehling 2019

Abb. 4.2.6 Christuskirche, Hauptstraße, erbaut 1886/87, seit 1987 unter Denkmalschutz

Wikimedia Commons, Zugriff 6.9.2019

Abb. 4.2.7 Lutherkirche

Die Architektur des 1907/08 erbauten und seit 1988 unter Denkmalschutz stehenden Kirchenbaus ist sehr ungewöhnlich. Es mischen sich Elemente der Neogotik mit denen der norddeutschen Ziegelarchitektur; hinzu kommen Details aus der deutschen und französischen Gotik des späten 12. Jh.s. Die Gesamtproportionen sind vom Jugendstil beeinflusst.

Evangelische Hauptkirche genannt, bis sie offiziell den Namen Kreuzkirche erhielt. Von dieser Gemeinde wurde 1896 Baukau abgepfarrt, wo von 1898 bis 1900 die Matthäus-Kirche errichtet wurde.

Sodingen gehörte bis 1902 zum Amt Castrop, und die evangelischen Einwohner waren Mitglieder der Castroper Lutherkirche. Ähnlich wie in der katholischen Sodinger Gemeinde St. Peter und Paul stieg mit der Entwicklung der Zeche Mont-Cenis auch die Zahl der evangelischen Einwohner, so dass das Presbyterium in Castrop 1900 beschloss, in Sodingen eine eigene Kirche zu errichten; die Bildung eines eigenen Amtes Sodingen beförderte diesen Plan. Nach Plänen des Architekten der Wanner Christuskirche, Gerhard August Fischer, entstand 1903/04 die Johanniskirche als eine dreischiffige neugotische Hallenkirche in Backstein mit polygonalem Chor; sie steht seit 1992 unter Denkmalschutz.

Demgegenüber führte die Gemeinde in Holsterhausen ein Schattendasein. 1904 abgepfarrt, verfügte sie seit 1899 nur über eine kleine Kirche, die der Landwirt Kampmann aus eigenen Mitteln errichtet hatte. 1928 kam ein eigenes, selbst gebautes Gemeindehaus, das Melanchthonhaus, hinzu; bis zum Zweiten Weltkrieg blieb diese Gemeinde die ärmste in Westfalen.

Die Keimzellen des Protestantismus in Wanne-Eickel waren die Gemeinden in Eickel und Crange. Mit dem Anwachsen der Gemeindemitglieder kam in Eickel 1873 eine zweite und 1900 eine dritte Pfarrstelle hinzu.

1884 wurde Bickern von Eickel abgetrennt und damit die neue Kirchengemeinde Wanne geschaffen. Für diese entstand 1886/87 nach den Plänen von Gerhard August Fischer an der Hauptstraße ein neugotischer Kirchenbau. Aufgrund des starken Bevölkerungswachstums in einem seit 1892 zudem vergrößerten Gemeindegebiet kam 1895 eine zweite Pfarrstelle hinzu; ein 1896 zusätzlich angestellter masurischer Pfarrer hielt abwechselnd in Herten und

Foto: H.-W. Wehling 2019

Abb. 4.2.8 Johanneskirche, Eickel, erbaut 1895/96, seit 1988 unter Denkmalschutz

Wanne den Gottesdienst in masurischer Sprache ab. 1907/08 kam nahe der Zeche Unser Fritz die Lutherkirche als zweite Kirche der Gemeinde hinzu; seitdem führt die Kirche an der Hauptstraße den Namen „Christuskirche". Ähnlich wie die Bonifatiuskirche auf der Herner Bahnhofstraße bildete sie einen markanten städtischen Mittelpunkt; sie steht seit 1987 unter Denkmalschutz.

Bereits 1895/1896 war – ebenfalls nach Plänen von Gerhard August Fischer – der Neubau der evangelischen Johanneskirche in Eickel errichtet worden. Sie ersetzte die alte Dorfkirche aus dem 15. Jh. auf dem Eickeler Markt, die zum einen für die steigende Zahl der Gemeindemitglieder zu klein, zum anderen aufgrund von Senkungen baulich bedenklich geworden war und daher 1890/91 abgerissen wurde. Die neue Kirche konnte zunächst nicht gebaut werden, da der Bauplatz wegen des darunter betriebenen Bergbaus als ungeeignet bezeichnet wurde. Die Gemeinde traf daraufhin mit der Bergwerksgesellschaft Hibernia ein Abkommen, in dem sie sich bereit erklärte, vier bis fünf Jahre zu warten, bis die Kohle unter dem Bauplatz völlig abgebaut war. Die Bergwerksgesellschaft stellte im Gegenzug unentgeltlich eine Notkirche zur Verfügung und gab einen Zuschuss zu den Baukosten der zu errichtenden Kirche. Bei der Einweihung erhielt die Kirche eine von der Kaiserin Auguste Viktoria signierte Bibel; die Kanzel wurde von der Familie Hülsmann, Eigentümerin der Hülsmann-Brauerei, gestiftet.

Wie die Johanneskirche waren die neuen Kirchen aus der zweiten Hälfte des 19. Jh.s gerade auf protestantischer Seite häufig im neogotischen Stil gebaut, weil die Übernahme entsprechender Bauformen besonders im Protestantismus der damaligen Zeit als Ausdruck nationaler Gesinnung galt, wurde die Gotik doch als deutscher Stil empfunden.

Röhlinghausen, wo sich seit 1875 die Bevölkerung mehr als verdoppelt hatte, wurde 1895 von Eickel abgepfarrt und erhielt 1899 die neogotische Lutherkirche. Die Gemeinde wuchs beständig, und bereits 1903 musste die Kirche erweitert werden. Der Bau eines Gemeindehauses (1909), die Einrichtung einer zweiten Pfarrstelle (1910) und die Fertigstellung eines zweiten Pfarrhauses trug dieser Entwicklung ebenfalls Rechnung.

Die letzte, vor dem Zweiten Weltkrieg errichtete Kirche war die Zwölf-Apostel-Kirche in Wanne (1917).

Die kleineren Glaubensgemeinschaften, so z. B. die neuapostolischen Gemeinden und die Baptistengemeinden, führten über Jahrzehnte hinweg ein Dasein in Wohnhäusern und Hinterhofgebäuden. Die neuapostolische Gemeinde in Herne bestand seit etwa 1898 und ist die Ursprungsgemeinde der Neuapostolischen Kirche im mittleren Ruhrgebiet; von Herne aus wurden weitere Gemeinden aufgebaut und versorgt. Als mit der steigenden Anzahl von Gemeindemitgliedern ein kleines Fachwerkhaus in Herne-Süd nicht mehr ausreichte, wurde 1904/05 ein Wohnhaus mit Versammlungsraum für 400 Personen an der heutigen Goethestraße gebaut. Im Verlauf der 1920er Jahre stieg die Zahl der Gemeindemitglieder auf 800, und 1929 wurde daher eine neue Kirche für 1.100 Personen errichtet.

1904 wurde von Gelsenkirchen aus die erste neuapostolische Gemeinde in Wanne gegründet. 1927 folgte eine Gemeinde im Stadtteil Unser Fritz und 1931 eine weitere in Wanne. Alle drei vereinigten sich 1939 zu einer Gemeinde von 629 Mitgliedern mit der Kirche an der Elsa-Brandström-Straße. In Eickel begann das Gemeindeleben 1908 in einer Privatwohnung; aber bereits 1909 fand sich ein geeigneter Versammlungsraum an der Königstraße. Die Gemeinde in Holsterhausen mietete 1930 erst einen Raum in der Gaststätte „Zum friedlichen Nachbarn" an, bevor ab 1932 ein Ladenlokal an der Dorstener Straße als Gottesdienstraum geweiht wurde. Auch in der Gemeinde Börnig liegen die Anfänge des Gemeindelebens in einem Gaststättenraum. Nach einigen Stationen in Privatwohnungen fanden Gottesdienste ab Mitte der 1920er Jahre in einem angemieteten Raum der Gaststätte „Breitenbruch" statt; 1938 wurde die Gemeinde mit dem Tod des Pfarrers allerdings aufgelöst und auf die Gemeinden in Herne und Castrop aufgeteilt. Im selben Jahr zog die Gemeinde in Horsthausen mit ihren Gottesdiensten aus Privatwohnungen in die Kegelbahn der Gaststätte „Wippermann" um.

Die Ursprünge der 1905 als „Baptistengemeinde Eickel" gegründeten evangelisch-freikirchlichen Gemeinde gehen zurück auf erste Zusammenkünfte im Umfeld der Zeche Königsgrube aus dem Jahr 1878. Die erste Kapelle von 1907 mit 300 Sitzplätzen wurde 1943 durch einen Bombenangriff zerstört, jedoch 1952 in erweiterter Form wiederaufgebaut. Im Jahre 2018 fusionierte die Gemeinde mit der seit 1966 in Wanne bestehenden freikirchlichen Schwestergemeinde.

Für das 18. Jh. gibt es nur gelegentlich Hinweise auf jüdische Familien in Herne. Eine nachweislich dauerhafte Ansiedlung begann, als 1806 eine Metzgersfamilie aus der Gegend von Kreuznach im französisch besetzten Rheinland zuzog, der weitere Familien aus dem Rheinland folgten. Die beginnende Industrialisierung löste eine kleine zweite Zuzugswelle vom Niederrhein aus, und das Anwerben von Arbeitskräften in Ost- und Westpreußen sowie in Polen brachte weitere jüdische Familien nach Herne. Dazu gehörten auch solche, die sich zunächst in den Industriegebieten von Belgien und Nordfrankreich bessere Lebensbedingungen erhofft hatten, deren Hoffnungen aber durch Inflation und Weltwirtschaftskrise zerstört wurden. Der allgemeine Bevölkerungsanstieg in Herne war schließlich Ursache für die Zuwanderung etlicher jüdischer Kaufmannsfamilien, darunter vornehmlich vom Mittelrhein.

Stadt Herne, Bildarchiv

Abb. 4.2.9 Die Synagoge in Herne, zerstört 1938

Foto: H.-W. Wehling 2019

Abb. 4.2.10 Shoah-Mahnmal auf dem Willi-Pohlmann-Platz

Der Entwurf der Industriedesigner Gabriele Graffunder und Winfried Venne war der Gewinner eines Ideenwettbewerbs des Jahres 2008; 2010 wurde das Mahnmal eingeweiht. Da es seitdem mehrfach Ziel von Vandalismus war, erhielt es 2019 ein schützendes Portalsystem.

Die Herner Juden gehörten bis 1889 zur Synagogengemeinde Bochum. Wie andere kleinere Glaubensgemeinschaften auch, nutzten sie zunächst eine Privatwohnung. Recht schnell wurde aber eine Kultusgemeinde gegründet, die Räume in der Schule an der Schulstraße nutzte; hier entstand auch eine jüdische Privatschule, die 1908 die Anerkennung als öffentliche Schule erhielt. In Wanne-Eickel gelang es erst nach langen Verhandlungen zwischen Wanne und Eickel, 1907 eine gemeinsame Synagogengemeinde zu etablieren; 1910 wurde eine Synagoge eröffnet, die Sakralräume, eine Wohnung und eine jüdische Schule enthielt. Die Herner Gemeinde weihte 1911 eine Kuppelsynagoge ein, die bis 1933 auch für Konzertveranstaltungen benutzt wurde.

Mit dem Zerfall der Territorien in Mittel- und Osteuropa nach dem Ersten Weltkrieg wanderten wiederum verstärkt Juden nach Herne, die mit ihren unterschiedlichen Sprachen und Staatsangehörigkeiten die lokalen jüdischen Gemeinden deutlich heterogener machten als diese es vor 1914 gewesen waren. Von der Machtergreifung (1933) bis zur Reichspogromnacht (1938), der beide Synagogen zum Opfer fielen, wurden die Lebensverhältnisse für die Juden immer schwieriger. Von 1930 bis 1937 sank ihre Zahl in Herne von 474 auf 341, in Wanne-Eickel von 316 auf 124; die stärkere Abnahme in Wanne-Eickel ist zum einen auf das rigorosere

Vorgehen der NSDAP-Ortsgruppe in Wanne-Eickel zurückzuführen, die die jüdischen Einwohner mit Überfällen und dem Boykott ihrer Geschäfte traktierte, zum anderen auf die Tatsache, dass der Nationalsozialismus im eher bürgerlichen Milieu Hernes weniger stark ausgeprägt war als im „proletarischen" Wanne-Eickel. Nach den letzten Angaben der Überwachungsbehörden gab es um 1942 in Wanne-Eickel noch 59, in Herne noch 108 jüdische Einwohner; danach begannen die Deportationen, 410 jüdische Einwohner wurden Opfer des Holocausts.

Hygienische Verhältnisse, Krankenhäuser

Obwohl es seit 1700 eine grundsätzliche staatliche Aufsicht des Gesundheitswesens gab, war sie bis zur Mitte des 19. Jh.s im Herner Raum ebenso lückenhaft wie die ärztliche Versorgung selbst; die Bewohner dieses ländlichen Raumes waren auf die Ärzte in Bochum und Recklinghausen angewiesen, bis sich der erste Arzt 1846 in Herne niederließ. In den folgenden Jahrzehnten waren verschiedene Gruppen in der Gesundheitsfürsorge engagiert, so z. B. die Sanitätskolonne des Deutschen Roten Kreuzes, die bei Unglücksfällen und Seuchen half, oder der Vaterländische Frauenverein, der sich um Erkrankungen von Hausfrauen, insbesondere von Wöchnerinnen kümmerte und seit 1905 eine Milchküche unterhielt. Neben den bergbautypischen Krankheiten waren es epidemische Krankheiten – Typhus, Grippe, Malaria, Cholera, Ruhr und Pocken –, die wie in anderen hochindustriellen Teilen des Ruhrgebiets noch bis in die Zeit nach dem Zweiten Weltkrieg periodisch auftraten.

Eine wesentliche Voraussetzung für verbesserte hygienische Verhältnisse war der Zugang zu sauberem Wasser. 1880 löste eine erste Wasserleitung eines hygienisch einwandfreien Leitungssystems die Versorgung der Bevölkerung durch Brunnenwasser ab. 1887 gründeten 135 Gemeinden, 120 Zechen und 80 andere Werke die Aktiengesellschaft „Wasserwerk für das nördliche westfälische Kohlerevier", die heutige Gelsenwasser AG. Zeitgleich verbesserte sich mit der Gründung der Emschergenossenschaft die Abführung der Haus- und Industrieabwässer, die bis etwa 1900 durch offene Straßengräben unkontrolliert in die versumpfte Emscherniederung flossen. Die Emschergenossenschaft schuf bis 1911 im Raum Herne ein kanalisiertes Abwassersystem mit Kläranlagen; die Sterblichkeit infolge Typhus, Ruhr und Cholera verringerte sich daraufhin um die Hälfte.

Anders als in vielen Regionen Deutschlands gibt es im Ruhrgebiet auffallend viele kirchlich geleitete Krankenhäuser. Die Kirchen übernahmen im 19. Jh. vielfach Aufgaben, die die von der Industrialisierung überrollten Gemeinden nicht erfüllen konnten, auch wenn sie seit 1871 gesetzlich dazu verpflichtet waren. Die Gründe liegen zum einen in der späten Stadtwerdung, zum anderen in der Überforderung durch andere Infrastrukturmaßnahmen in den Bereichen Gesundheitsfürsorge, Verkehr, Bildung, Stadtentwicklung und Verwaltung, deren Kosten nur unzureichend durch die Steuereinnahmen gedeckt waren. Mit der Zahl der Einwohner stieg auch die Zahl der Kranken, zum einen, weil im industriellen Arbeitsalltag die Verletzungsgefahr sehr hoch war, zum anderen, weil die 1881 eingeführte Sozialversicherung eine kostenlose Behandlung auch in Krankenhäusern garantierte.

1882 gründeten katholische Bürger Hernes einen Sammelverein, um ein Krankenhaus zu errichten; zu den Spendern gehörten auch die beiden Zechengesellschaften Shamrock und Friedrich der Große. Das Haus wurde 1883 als St.-Marien-Hospital mit 28 Betten eröffnet und mehrmals bis 1929 auf 350 Betten erweitert.

Die evangelische Gemeinde Herne eröffnete 1887, die evangelische Gemeinde Eickel 1893 ein Krankenhaus. Besonders der Bau des evangelischen Krankenhauses in Herne war eine Antwort auf die katholische Konkurrenzgründung, denn die evangelische Gemeinde wollte die Behandlung evangelischer Gläubigen nicht den katholischen Nonnen im Marienhospital überlassen.

Geplant und gebaut wurden zunächst kleine Landkrankenhäuser, deren räumliche Auslegung die dynamische Entwicklung völlig verkannte. Wie das St.-Marien-Hospital wurde auch das evangelische Krankenhaus Herne 1894, 1901 und vor allem von 1926 bis 1928 auf eine Kapazität von 360 Betten erweitert. Auf einem benachbarten Grundstück, auf dem 1968 das heutige Haupthaus errichtet wurde, entstand 1928 ein Park für die Genesenden.

Ähnliches galt für das evangelische Krankenhaus Eickel, das als dreistöckiges Gebäude errichtet worden war, aber nur über zwanzig Betten verfügte. 1907/08 und vor allem 1930 kamen an den Stand der Technik angepasste Anbauten hinzu.

Hermann Hertkens, Pfarrer an St. Laurentius in Herne, richtete 1898 das Schwesternhaus „St. Anna Stift" mit einer Kinderverwahr- und Nähschule ein. Die Schwestern versorgten zwar auch Kranke und Alte, doch war die medizinische Versorgung auf Dauer nicht ausreichend. Das kleine Krankenhaus, das daraufhin 1900/01 errichtet wurde, musste noch vor Fertigstellung teilweise bezogen werden, da eine schwere Typhusepidemie grassierte. Es wurde endgültig 1902 mit 100 Betten eröffnet. 1907 kam ein Isolierhaus hinzu, das insbesondere während der Grippe- und Typhusepidemien (1918), der schweren Pockenepidemie (1919/20) und der

Ruhrepidemie (1920/21) zum Einsatz kam. 1924/26 wurde das Anna-Hospital durch einen Erweiterungsbau auf eine Kapazität für 220 Personen ausgebaut.

Das Josefs-Hospital, heute Marienhospital Klinik II, wurde 1913 in der Pfarrgemeinde Peter und Paul in Sodingen-Börnig eröffnet; 1924/25 kam ein Südflügel hinzu und 1926 bis 1928 ein großer Erweiterungsbau nach den Plänen des Gelsenkirchener Architekten Josef Franke, der die Kapazität auf 196 Betten erhöhte.

Das Schulwesen

Um 1870 gab es im späteren Wanne-Eickel vier protestantische Schulen, je eine in Crange (Cranger Schule), Eickel (Lutherschule), Bickern (Viktoriaschule) und Röhlinghausen (Südschule); ihre Kapazitäten waren in vorindustrieller und frühindustrieller Zeit ausreichend für die Bildung der ortsansässigen Kinder und Jugendlichen. Die schulische Versorgung hier und in Herne entwickelte sich seitdem in einer häufig verwirrenden Vielfalt von Formen, institutionellen Zuständigkeiten und konfessionellen Rivalitäten. Mit dem Anstieg der Bevölkerung reichten nicht nur die vorhandenen Kapazitäten nicht mehr, die neuen Einwohner wurden zudem in der Nähe der Schachtanlagen und damit weitab der spärlichen vorindustriellen Infrastruktur angesiedelt. Wie bei der Errichtung neuer Kirchen war auch beim Bau neuer Schulen das entscheidende Argument, die bestehenden weiten Entfernungen zu reduzieren; so kamen bis 1880 in Wanne und Eickel vier evangelische Schulen hinzu.

Für den steigenden Anteil der katholischen Bevölkerung musste eine schulische Basisversorgung erst geschaffen werden; 1873/74 errichtete man die Augustaschule in Röhlinghausen, 1874 die Josefschule, die spätere Diesterwegschule in Wanne und 1876 die Josefschule in Holsterhausen. Ihnen folgten in Eickel die Marien- und Johannesschule und um die Jahrhundertwende die Bonifatius- und Liboriusschule. Dieses Angebot reichte jedoch schon für den rasanten Bevölkerungsanstieg der Jahrhundertwende nicht mehr aus, sodass bis zum Ersten Weltkrieg weitere 19 Schulen beider Konfessionen eingerichtet wurden, von denen einige schon wenige Jahre nach ihrer Eröffnung erweitert werden mussten.

In „Alt-Herne" vollzog sich eine ähnliche Entwicklung. Im Verlauf des 19. Jh.s hatten sich voneinander unabhängige Schulgemeinden in unterschiedlicher Trägerschaft gebildet. Nach Inkrafttreten des Volksschulunterhaltungsgesetzes wurden 1906/1908 – außer in Horsthausen und Sodingen – die konfessionellen Schulen durchgängig aus konfessioneller in kommunale Trägerschaft mit staatlicher Aufsicht überführt.

Um 1870 bestanden in der evangelischen Schulgemeinde Herne die „vordere Schule im Dorf" und die „hintere Schule im Dorf"; bis 1909 kamen zehn weitere Schulen hinzu.

Die noch wenigen katholischen Schüler mussten bis 1859 die Schule in Crange besuchen; danach bestand an der Von-der-Heydt-Straße ein kleiner, baulich unzulänglicher Schulraum, der jedoch einen Einzugsbereich bis nach Sodingen hatte. Das erste Schulhaus, das mit landesweiten Spenden finanziert worden war, wurde 1866 an der Bahnhofstraße eingeweiht. Aufgrund ständig steigender Schülerzahlen reichte es aber bald nicht mehr aus, sodass 1878 ein weiterer Schulbau an der Neustraße errichtet wurde, der aber bereits 1881 um einen Anbau erweitert werden musste. Die Schule an der Bahnhofstraße war seitdem die „Mädchenschule", die an der Neustraße die „Knabenschule".

Ständige Überfüllung der Klassenräume blieb jedoch ein Problem. Eine gewisse Entlastung brachten zum einen 1885 die Errichtung der Schule an der Cranger Straße in Baukau, die die Kinder der überwiegend katholischen Belegschaft der Zeche Julia aufnahm, und 1889 der Neubau eines wesentlich größeren Gebäudes an der Schulstraße für die Mädchenschule, die dorthin umzog. Zum anderen eröffneten 1893 und 1894 die Schulen an der Forellstraße und der Viktor-Reuter-Straße sowie 1897 die Schule an der Bismarckstraße. Für die südlichen Bereiche entstand 1898 die Schule an der Düngelstraße. Zu dieser Zeit verfügte die evangelische Schulgemeinde Baukau über die seit 1867 mehrfach erweiterte Schule an der La-Roche-Straße, viele Schüler der Gemeinde suchten aber auch die Schulen an der Forell- und Bismarckstraße in der Schulgemeinde Herne auf. Der Kommunalschulverband Horsthausen verfügte 1908 über eine katholische Schule an der Ludwigstraße (1895/96) und eine evangelische an der Josefinenstraße (1892/93).

Foto: H.-W. Wehling 2019

Abb. 4.2.11 Schule an der Max-Wiethoff-Straße

Die Schule wurde 1905 als Kaiser-Wilhelm-Schule eröffnet und steht seit 1989 unter Denkmalschutz.

Foto: H.-W. Wehling 2019

Abb. 4.2.12 Schule an der Vellwigstraße

1913 beschloss man den Neubau einer Schule auf einem Grundstück zwischen den Zechen Teutoburgia und Friedrich der Große; mit dem weiteren Ausbau der Siedlung Teutoburgia sah man die Notwendigkeit, für 12 bzw. 18 Klassen zu planen. 1914 erhielt die Schule den Namen Bonifatiusschule, was zu zahlreichen Protesten führte, da die Schule von katholischen und evangelischen Kindern besucht wurde, der Name jedoch eher auf eine katholische Schule schließen ließ. Begründet wurde der Name damit, dass er lediglich für den christlichen Glauben stünde, jedoch nicht den „konfessionellen Frieden" stören wolle. Bonifatius sei schließlich der erste Glaubensbote für ganz Deutschland gewesen.
Später wurde die Schule in Luther-und-Bonifatius-Schule umbenannt. Die Straße, an der die Schule liegt, hieß bis 1928 Wilhelmstraße. Danach wurde die Straße nach der zu Börnig gehörenden Unterbauernschaft, in der sie liegt, in „Vellwigstraße" umbenannt, weshalb auch die Schule heute „Grundschule Vellwigstraße" heißt.

Im Osten Hernes wurden 1822 die Gemeinden Sodingen, Gysenberg, Börnig und Börsinghausen zu einem katholischen Schulverband zusammengeschlossen. Die in einem baufälligen Haus in Börnig untergebrachte katholische Privatschule in einem Neubau unterzubringen war aber seit 1813 immer wieder hinausgeschoben worden. Erst 1823 errichtete man ein eingeschossiges Schulhaus in Eigenleistung, bei dem jedoch in den Folgejahren zahlreiche Baumängel auftraten, die kostspielig, weil fachmännisch behoben werden mussten. Obwohl seit Errichtung des Schulbaus auch die Gemeinden Horsthausen und Pöppinghausen angeschlossen worden waren, blieb die Schulversorgung aus mehreren Gründen über Jahrzehnte ungeordnet. So wurden administrativ die Zuständigkeiten zwischen diesen Gemeinden und den Gemeinden Castrop und Recklinghausen nicht geklärt. Weiterhin verhinderte die vielfach zögerliche Haltung der Bewohner, in die Bildung ihrer Kinder zu investieren, ein Schulgebäude von ausreichender Größe. Gleichzeitig führte aber die Neigung der Gemeinden, keine Kinder an Nachbarschulen abzugeben, da dadurch das Schulgeld verloren ging, zu einer wachsenden Überfüllung der Schule. Schließlich blieben einige Lehrer wegen der schlechten Bezahlung nicht lange, sodass periodisch der Unterricht ganz ausfiel. 1876 wurde in Sodingen ein eigener Schulverband für katholische und evangelische Schulkinder gebildet; 1879 entstand in Börnig ein neues Schulgebäude, die spätere Josefschule an der Kirchstraße. 1892 wurde Horsthausen ausgegliedert und erhielt 1893 eine eigene Schule; 1906 wurde schließlich der Amtsschulverband Sodingen gegründet.

Die Gemeinde Holthausen war 1871 aus dem Schulverband Castrop ausgeschieden. Nachdem zuvor der Unterricht in einer Scheune stattgefunden hatte, wurde 1874 ein Schulgebäude an der Holthauser Straße eröffnet. Auch wenn die Gemeinde von der Industrialisierung kaum berührt wurde, erhöhte die Bautätigkeit der Zechen die Einwohnerzahl jedoch so stark, dass nicht nur die Zahl der Klassen aufgestockt wurde, sondern 1901 an der Börsinghauser Straße auch eine zweite Schule und 1906 die spätere Leoschule eingerichtet wurde.

Auf evangelischer Seite gehörten Börnig und Holthausen – bis 1876 auch Sodingen – zum Schulverband Castrop. Wegen des weiten Weges gingen jedoch einige Kinder aus Börnig in die evangelische Schule in Herne oder in die ohnehin überfüllte katholische Schule in Börnig. 1892 wurde daher die evangelische Schule in Börnig an der Ecke Kirchstraße/Castroper Straße eröffnet. Vorausschauend und zeitgleich mit dem Ausbau eines neuen Schachtes der Zeche Mont-Cenis eröffnete 1902 eine evangelische Schule in Börsinghausen.

Nach der Gründung des eigenen Schulverbandes fand 1877 in Sodingen die Gründung der „Paritätischen Communalschule" statt, die zunächst im Saal einer Gastwirtschaft untergebracht wurde. Da 1885 wieder die konfessionelle Trennung vorgenommen worden war, zog 1886 jeweils eine einklassige Schule in getrennte Gebäudeteile der neuen Schule an der Händelstraße.

1876 war in Westfalen das Ansiedlungsgesetz in Kraft getreten, das Industriebetriebe, die Siedlungen für ihre Arbeitskräfte baute, verpflichtete, sich auch an den Kosten für die notwendige Infrastruktur zu beteiligen und sie nicht den Gemeinden allein aufzubürden. In diesem Zusammenhang übernahm die Zeche Mont-Cenis die Besoldung von zwei Lehrkräften an dieser Schule. Weiterhin stellte sie ein Grundstück zur Verfügung und kam für die Kosten eines Neubaus einer dreiklassigen Schule mit Lehrerwohnung auf. 1898 zog die evangelische Schule aus dem Gebäude an der Händelstraße aus und in die neue Schule an der Saarstraße ein.

Mit dem Zuzug ostdeutscher und polnischer Arbeitskräfte wuchs der katholische Bevölkerungsanteil schneller als der evangelische; daher wurde 1905 eine große katholische Schule für zwölf Klassen an der heutigen Max-Wiethoff-Straße eröffnet (vgl. Abb. 4.2.11).

Verteilt über das gesamte heutige Stadtgebiet waren bis zum Beginn des Ersten Weltkriegs insgesamt 66 Volksschulen entstanden. In der Zwischenkriegszeit erlaubte die schwierige finanzielle Situation beiden Städten keine Neugründungen. Der steigenden Zahl von Schülern in einer insgesamt jungen Einwohnerschaft begegnete man durch Anbauten an bestehende Gebäude und durch eine Heraufsetzung der Klassenstärken auf 50 bis 52 Schüler.

Auch die Initiativen für eine Schulbildung, die über eine Grundausstattung mit Volksschulen hinausging, wurden in den frühen Phasen der Stadtentwicklung ganz überwiegend von den beiden Kirchen getragen. Einer der Anfänge des heutigen Gymnasiums Eickel ist daher die vom evangelischen Pfarrer in Wanne 1886 eingerichtete höhere Knaben- oder Rektoratsschule (vgl. Abb. 4.2.14); 1894 war bereits eine entsprechende katholische Rektoratsschule eingerichtet worden. Diese waren aber nur auf eine gymnasiale Unterstufe im heutigen Sinne ausgelegt, danach mussten die Schüler weiterführende Schulen in Bochum oder Recklinghausen besuchen. Da über Jahre die finanzielle Kraft der Ämter Wanne und Eickel für eine eigene höhere Lehranstalt nicht ausreichte, machte es erst eine kommunalpolitische Initiative des Kreises Gelsenkirchen, dem die Ämter angehörten, möglich, dass 1904 ein Realprogymnasium eingerichtet wurde, eine Vorstufe des Realgymnasiums, einer Schulform, die erst 1900 als grundsätzliche Alternative zum humanistischen Gymnasium von staatlicher Seite anerkannt worden war. Von 1904 bis 1906 wurde nach den Plänen der Amtsbaumeister das Schulgebäude errichtet; die Zechen Shamrock und Pluto stifteten die farbigen Fenster der Aula. Mit wachsender Schülerzahl wurde 1909/10 auch hier ein Erweiterungsbau notwendig; 1911 fand das erste Abitur statt, und das Realprogymnasium wurde als Vollanstalt anerkannt. In der Zwischenkriegszeit schloss sich das Realgymnasium als Reformrealgymnasium den Bestrebungen an, die endgültige schulische Ausrichtung so weit wie möglich hinauszuschieben. Dadurch war es möglich, einen Schulzweig als Real- und Oberrealschule zu entwickeln und insgesamt das Lehrangebot zu differenzieren.

Die Anfänge des Mädchengymnasiums Wanne-Eickel gehen zurück auf die 1883 in Eickel gegründete private gehobene Mädchenschule. 1895 wurde an der in Wanne bereits bestehenden privaten evangelischen Rektorat-Schule für Jungen auch der Unterricht für Mädchen eingeführt; auf katholischer Seite vollzog sich dasselbe mit der bestehenden katholischen Rektorat-Schule. Nachdem 1904 das Realprogymnasium für Jungen als öffentliche paritätische Schule eingerichtet worden war, gingen 1907 auch die beiden entsprechenden Mädchenschulen in einer paritätischen höheren Mädchenschule auf, für die 1908 an der Ecke Gerichts- und Stöckstraße ein neues Schulgebäude errichtet wurde. Nach der Neuordnung des höheren Schulwesens in Preußen ab 1910 erhielt sie die Anerkennung als Höhere Lehranstalt und durfte den Namen „Lyzeum" führen; 1926 wurde die Schule zum Oberlyzeum ausgebaut, das zum Abitur führte.

Abb. 4.2.13 Königin-Luise-Schule

Das Schulgebäude wurde 1908/09 im Auftrag des Amtes Wanne nach einem Entwurf des Amtsbaumeisters Paul Spanier errichtet und 1910, zur hundertsten Wiederkehr ihres Todes, nach der preußischen Königin Luise benannt. In den 1920er Jahren war sie die mit Abstand größte Volksschule des Amtes Wanne. 1968 wurde sie zur Gemeinschaftshauptschule. Rückläufige Schülerzahlen führten 2012/13 zur Schließung. Nach Protesten der Denkmalpflege und der lokalen Bevölkerung, vor allem der Gesellschaft für Heimatkunde Wanne-Eickel, konnte der Abriss 2014 verhindert werden. Mit Unterstützung des Landes Nordrhein-Westfalen wurde das Gebäude zur Kindertagesstätte sowie zur Schul- und Familienberatungsstelle umgebaut.
Das Schulgebäude steht seit 1990 unter Denkmalschutz und wurde vom LWL als Denkmal des Monats Juli 2017 in Westfalen-Lippe ausgewählt.

Ursprung des heutigen Haranni-Gymnasiums ist eine 1868 an der Bahnhofstraße in Herne von bildungsbewussten Bürgern eröffnete private Bürgerschule. Sie wurde 1872 von der Stadt als öffentliche Schule übernommen und 1873 auch für Mädchen zugänglich gemacht. 1887 bezog die Schule als Rektoratsschule ein neues Gebäude an der Schulstraße. 1893 wurden die Mädchen aus dem Schulverband ausgegliedert und bezogen ein neues Gebäude an der Neustraße. Mit der Reform des Schulwesens wurde die städtische Mädchenschule 1908 zum „Lyzeum" umbenannt und 1910 als Höhere Lehranstalt anerkannt. 1913 erhielt sie den Namen Viktoria-Luise-Lyzeum und 1927 als Oberlyzeum den Status einer Vollanstalt.

Foto: H.-W. Wehling 2019

Abb. 4.2.14 Gymnasium Eickel

Bereits 1906, als das Gebäude errichtet wurde, befand sich hier eine Straßenkreuzung. Seine raumbeherrschende Wirkung erreichte der Altbau mit seinem wuchtigen Haupteingang jedoch erst durch die Erweiterung der Straßenräume und der umliegenden Bebauung sowie seit 1909/10 durch den Anbau des linken Seitenrisalits, durch den das Gebäude erst symmetrisch erscheint. Es wurde 1989 unter Denkmalschutz gestellt.
Der Schauspieler Heinz Rühmann besuchte in den 1910er Jahren für kurze Zeit das Gymnasium Eickel, der Schauspieler Ernst Schröder legte hier 1934 das Abitur ab.

Aus der Rektoratsschule für Knaben wurde 1902 die städtische Realschule mit Progymnasium gegründet, die 1903 ein neues Gebäude an der Hermann-Löns-Straße bezog. Wie das Gymnasium in Eickel durchlief auch diese Höhere Lehranstalt, aus der in der Nachkriegszeit das Pestalozzi-Gymnasium wurde, verschiedene Entwicklungsstufen. Ab 1909 wurde die Schule zu einer Oberrealschule ausgebaut; das Progymnasium sollte im Rahmen dieser Oberrealschule zu einem Reformprogymnasium umgewandelt werden. Da letzteres aber in der Öffentlichkeit nur eine geringe Akzeptanz erfuhr und immer mehr Eltern die Wiederherstellung des alten Progymnasiums forderten, wurde ab 1912 neben der Oberrealschule ein eigenständiges Progymnasium eingerichtet, das 1920, nach Durchführung des ersten Abiturs, als „Städtisches Gymnasium zu Herne" zur Vollanstalt wurde. 1928 wurde auf Beschluss der Stadt diesem Gymnasium noch ein Realgymnasium angegliedert.

Die angespannte Finanzlage der Stadt in den wirtschaftlich schwierigen Zwischenkriegsjahren, der schon ein geplanter Neubau zum Opfer gefallen war, setzte auch dieser weiteren Ausdifferenzierung ein Ende; 1932 wurde beschlossen, das Realgymnasium weiterzuführen, Gymnasium und Oberrealschule jedoch auslaufen zu lassen. Diese organisatorische Änderung zog eine räumliche Verlagerung mit sich. Gymnasium, Realgymnasium und Oberrealschule, die im Verlauf der 1930er Jahre mehr und mehr verschmolzen, bezogen das Gebäude des Oberlyzeums in der Neustraße, das dafür in das Gebäude der Oberrealschule an der Hermann-Löns-Straße einzog.

Verwaltungseinrichtungen

Nachdem Herne 1897 zur Stadt erhoben und 1908 um Baukau und Horsthausen erweitert worden war, entstand der Plan, die an verschiedenen Stellen verstreute städtische Verwaltung in einem neuen Rathaus zu vereinen. Der Standort wurde westlich der Bahnhofstraße zwischen dem ehemaligen Dorf und dem Bahnhof ausgewählt, um dem lang gestreckten Bereich einen städtischen Mittelpunkt zu geben. Auf den aufgekauften Flächen des Bergelmannshofs errichtete der mit dem Bauprojekt beauftragte Düsseldorfer Professor Wilhelm Kreis das Rathaus 1911/12 als zwischen Historismus und Neuer Sachlichkeit stehenden Repräsentationsbau mit einer durch einen Mittelrisalit betonten monumentalen Fassade. Im Gegensatz zum Rathaus von Wanne-Eickel ist das Herner Rathaus weitgehend in seinem Originalzustand erhalten. Zu ihm und dem bereits 1910 errichteten Postgebäude trat 1919 das neobarocke Amtsgericht; alle diese Gebäude stehen seit den 1980er Jahren unter Denkmalschutz.

Als Verwaltungssitz des 1875 neu gebildeten Amtes Wanne wurde 1877 ein Amtshaus errichtet, das im Erdgeschoss und in einem Anbau die Diensträume und im Obergeschoss die Wohnung des Amtmanns aufnahm. Nachdem 1893 die Wohnung ausgelagert war, verfügte das Amtshaus 1895 über insgesamt zwölf Diensträume; dennoch wurde auch dieser Verwaltungsbau bald zu klein, so dass 1901 ein Neubau, das spätere Rathaus Wanne-Eickel, beschlossen wurde. Das alte Amtshaus wurde 1976 abrissen. Dieses Rathaus (Amtshaus) wurde ab 1903 als Klinkerbau mit Rundbogenfenstern nach den Plänen des Amtsbaumeisters Otto Zahn gebaut und 1905 eröffnet. Doch auch nachdem die in der Anfangszeit noch als Wohnungen genutzten Räume im dritten Obergeschoß in Büros umgewandelt worden waren, erwies sich auch dieses Gebäude 1919 als zu klein, so dass Verwaltungsabteilungen anderweitig untergebracht werden mussten. Die Raumnot wurde nach der Stadterhebung im Jahre 1926 noch größer, doch machte die Weltwirtschaftskrise Pläne für einen Rathausneubau zunichte. Das Gebäude steht seit 1985 unter Denkmalschutz.

Nicht mehr vorhanden ist das Amtshaus des Amtes Eickel, das 1893 an der heutigen Richard-Wagner-Straße errichtet wurde. Wie viele andere Bauten der öffentlichen Infrastruktur war auch dieses Amtshaus bald zu klein und wurde 1899 durch einen Anbau vergrößert. Es verschwand in den 1970er Jahren mit dem Bau des Eickel-Centers.

Ein Postamt bestand in Eickel seit 1864 und seit 1872 in Wanne, und dort ab 1915 in einem neuen neoklassizistischen Bau an der heutigen Wanner Straße; Eickel erhielt zudem 1875 ein Telegraphenamt. 1896 kam ein Postamt in Röhlinghausen an der heutigen Edmund-Weber-Straße hinzu.

Von 1891 bis 1926 war das Amt Wanne dem Amtsgerichtsbezirk Gelsenkirchen, das Amt Eickel dem Amtsgerichtsbezirk Bochum zugeordnet; in dieser Zeit gab es mehrfach Bemühungen der beiden Ämter um ein jeweils eigenes oder ein gemeinsames Amtsgericht. Als Begründung der staatlichen Ablehnung wurde häufig angeführt, dass beide Ämter Gelsenkirchener Eingemeindungsgebiet seien. Nach der Erhebung zur Stadt (1926) drängten sowohl die Stadtverwaltung Wanne-Eickel als auch die Wirtschaftsverbände bei der preußischen Staatsregierung auf die Errichtung eines Amtsgerichts Wanne-Eickel. Nach deren Zustimmung (1930) stand dem Bau eines Gerichtsgebäudes allerdings die Notverordnung von 1931 entgegen, die die Errichtung von Neubauten für Verwaltungszwecke vorläufig untersagte. Daher vermietete die Stadt Wanne-Eickel eine Reihe von Räumen im Rathaus an den Preußischen Justizfiskus zur Unterbringung des Amtsgerichts, das 1933 seine Arbeit aufnahm.

Für Herne endete 1794 durch die Einführung des Preußischen allgemeinen Landrechts die historische Zugehörigkeit zum Gerichtsbezirk Strünkede; Herne wurde dem Kreisgericht, seit 1879 Amtsgericht, Bochum unterstellt. Die Errichtung des Amtsgerichts Herne wurde 1889 gesetzlich angeordnet und 1892 ein Gebäude an der Bahnhofstraße bezogen. Da ab 1904 aus Platzmangel außerdem private Räume angemietet werden mussten, entstand im Zusammenhang mit dem Bau des Herner Rathauses von 1915 bis 1921 auch ein Neubau für das Amtsgericht, zusammen mit einem Gebäude für das Gerichtsgefängnis. Organisatorisch sind seitdem sowohl das Amtsgericht Wanne-Eickel (heute: Herne-Wanne) als auch das Amtsgericht Herne dem Landgericht Bochum unterstellt.

Foto: H.-W. Wehling 2021

Abb. 4.2.15 Rathaus Wanne

Stadt Herne, Bildarchiv

Abb. 4.2.16 Rathaus Herne mit Polizeiamt und Amtsgericht um 1930

Grünanlagen, Freizeit- und Erholungseinrichtungen

Zur Grundausstattung einer Gemeinde mit städtischen Gemeinschaftseinrichtungen gehörten Ende des 19. Jh.s auch öffentliche Grünanlagen.

Auf dem Kreistag des Landkreises Gelsenkirchen von 1892 befürwortete der Landrat im Interesse der Volksgesundheit die Anlage von Volksgärten. Als erster wurde 1899/1900 der Volksgarten Eickel angelegt. Ein Verschönerungsverein sorgte für regelmäßige Veranstaltungen sowie für den Bau einer beleuchteten Rodelbahn, eines Skatpavillons und eines Springbrunnens in der Parkmitte. Alle diese Anlagen wurden im Zweiten Weltkrieg zerstört. In der Nachkriegszeit wurde der Park wiederhergerichtet, in den 1970er Jahren kamen ein Spielplatz und ein allgemein beliebter Minizoo mit Haustieren hinzu. Heute erstreckt sich der Volksgarten Eickel über 96.000 m² und ist durch ein Wegenetz von 2,6 km Länge erschlossen.

In Wanne wurde ab 1899 auf etwa fünf Hektar ein Volksgarten nach Plänen des Düsseldorfer Landschaftsarchitekten Fritz Gude angelegt, der den Namen „Kaisergarten" erhielt; das baumlose Gelände wurde bepflanzt, nach dem Vorbild des Englischen Gartens mit einem verschlungenen Wegesystem erschlossen und mit einer Teichanlage ausgestattet. Die Baukosten wurden durch Spenden von Vereinen und Einzelpersonen sowie von Seiten der Bergwerksgesellschaften aufgebracht. Den zeitgenössischen Gepflogenheiten folgend, kamen 1901 der Kaiserbrunnen – allgemein Kaiserdenkmal genannt – sowie 1911 ein Saalbau als „Kaisergartensaal" hinzu, ein repräsentatives Jugendstilgebäude für Theateraufführungen, später auch für Tagungen und kleinere Veranstaltungen. 1918 wurde die gesamte Anlage in „Stadtgarten" umbenannt. Der im Krieg zerstörte Saalbau wurde 1951 wiedereröffnet, 1972

Stadt Herne Bildarchiv

Abb. 4.2.17 Kaisergarten Wanne

und 1975 umgebaut und erweitert und beherbergt heute den Mondpalast.

Der Röhlinghauser Volksgarten wurde 1905 als Stiftung der Magdeburger Bergwerks AG anlässlich ihres fünfzigjährigen Jubiläums eröffnet. Neben dem Volksgarten kaufte die Gemeinde den Hof Stratmann und wandelte dessen Scheune 1923 in ein Volkshaus für kulturelle und soziale Aktivitäten um; 1943 wurde es bei einem Bombenangriff zerstört.

Der Herner Stadtgarten wurde von 1906 bis 1908 nach Plänen des Düsseldorfer Gartenarchitekten Döhmann auf einem neun Hektar großen Gelände angelegt. Attraktionen des Parks waren der botanische Schulgarten, der Musikpavillon, Tennisplätze sowie ein künstlich angelegter Teich; bis 1909 kam das Stadtgartengasthaus, das heutige Parkhotel, hinzu.

1909 regte auch der Kreisausschuss Dortmund die Anlage von Volksgärten mit Plätzen für Volks- und Jugendspiele an; das zugehörige Amt Sodingen beschloss daraufhin den Ankauf verschiedener Grundstücke zur Errichtung eines 20 ha großen Volksgartens. Die Sodinger Amtsversammlung benannte 1913 den Volkspark in Kaiser-Wilhelm-Park um; der im Bau befindliche Wasser- und Aussichtsturm wurde zum Kaiser-Wilhelm-Turm. Er behielt diesen Namen auch nach 1919, als der Park wieder zum „Volkspark" wurde.

Die Planung von Grün- und Erholungsflächen betraf vor allem den Gysenberg. Durch die seit 1926 geplante und 1928 vollgezogene Eingemeindung der Gemeinde Sodingen bot sich der dicht besiedelten Stadt Herne die Möglichkeit, dringend benötigte Erholungsflächen auszuweisen und zu entwickeln. 1927 kaufte sie daher den Stadtwald Gysenberg vom Grafen Westerholt, ließ ihn 1928 durch ein 6.170 m langes Wegenetz für Erholungssuchende erschließen und nahm mit über 15.000 Setzlingen umfangreiche Aufforstungen vor. Die alten Mühlenteiche am Gysenberger Gut wurden entschlammt und wiederhergerichtet, der stark verschmutze Ostbach wurde geklärt und reguliert. 1933 kam zusätzlich die Idee auf, dem Beispiel der Nachbarstädte Bochum, Recklinghausen und Wanne-Eickel folgend, im Gysenberg einen Park mit einheimischen Tieren einzurichten. Da die Stadt Herne kostenlos Arbeitskräfte und Material zur Verfügung stellte, wurden die Arbeiten so gefördert, dass schon 1934 die Eröffnung mit den ersten Tieren stattfinden konnte. Ein aus der Bürgerschaft entstandener Verein sorgte in den Folgejahren für eine Erweiterung der Anlagen und die Vergrößerung des Tierbestandes. Der Bestand an einheimischen Tieren genügte bald nicht mehr; zunächst wurde ein Affenhaus eingerichtet, dann gab ein in Herne gastierender Zirkus einen Löwen für geschuldete Vergnügungssteuer in Rechnung. Ihm folgten weitere Wildtiere, für die große Zwinger gebaut wurden. In den frühen 1930er Jahren war der Tierpark noch ein Publikumsmagnet, doch ab 1938 ließ der Besuch stark nach, da die Anlage nicht mehr gepflegt wurde. Im Krieg verschwand der Tierbestand nach und nach; in der Nachkriegszeit ging man erst 1952 wieder daran, einen Tierpark für heimische Tiere aufzubauen.

Neben den öffentlichen Parks entstand ein privater Vergnügungspark. 1898 kaufte der Fuhr-

Foto: H.-W. Wehling 2020

Abb. 4.2.18 Kaiser-Wilhelm-Turm, Volkspark Sodingen

Der 31,5 m hohe neoklassizistische Wasser- und Aussichtsturm wurde 1912/13 als Stahlbetonkonstruktion nach Plänen des Architekten Alfred Fischer errichtet, der auch das Hans-Sachs-Haus (1922–1927) in Gelsenkirchen entwarf. Der Turm steht seit 1988 unter Denkmalschutz.

Stadt Herne, Bildarchiv

Abb. 4.2.19 Flora, Teich und Schweizerhaus

unternehmer Wilhelm Marzina die Gaststätte Nehring an der Hauptstraße in Wanne und legte damit den Grundstein für das ausgedehnte Gelände „Zur Flora" mit einem 8.000 m² großen Gondelteich, einer Konzertmuschel, einem Schweizerhaus, einem Tiergarten und einer Halle, die mehrere Tausend Personen fasste. Im Zweiten Weltkrieg wurde die Flora weitgehend zerstört; auf dem Gelände eröffnete 1959 das Altenheim Flora Marzina. Durch Bergsenkungen schrumpfte der Gondelteich zum Ententeich; im vom Krieg verschonten Schweizerhaus fanden noch gelegentlich Konzerte statt, bevor es 1967 abgerissen wurde.

Zu den frühen, wenngleich nur kurzfristigen Freizeitvergnügen gehörten Rundflüge mit dem Luftschiff. 1912 gründeten Wanne, Eickel, Herne und Herten eine Flug- und Sportplatzgesellschaft, die im Hertener Wald einen Flugplatz anlegte und eines der zwischen 1909 und 1919 in Deutschland produzierten Parseval-Luftschiffe erwarb. Nach Ferdinand Graf von Zeppelin war August von Parseval ein populärer Luftschiffpionier im Deutschland nach der Jahrhundertwende, dessen Luftschiffe sich großer Beliebtheit erfreuten. Auf dem Flugplatz im Hertener Wald taufte die Erbprinzessin Charlotte von Sachsen-Meinigen, die Schwester Kaiser Wilhelms II., das erworbene Luftschiff auf ihren Namen. Es stand danach für Rundflüge zur Verfügung, und drei moderne Hallen wurden gebaut. Im Ersten Weltkrieg wurden diese Hallen und die „Charlotte" jedoch verkauft. Das Gelände blieb bis 1952 Segelflugplatz; danach wurde der Flugbetrieb eingestellt und die Fläche in ein Gewerbegebiet integriert.

Da sich in den entstehenden Industriegemeinden eine Versorgungsinfrastruktur erst allmählich aufbaute, waren den Häusern der Bergarbeitersiedlungen große Nutzgärten zugewiesen worden, um den Eigenbedarf an Nahrungsmitteln zu sichern. Für Haushalte ohne diese Möglichkeit gründeten sich ab der zweiten Hälfte des 19. Jh.s Kleingartenvereine, zum Teil nach den Vorstellungen der vom Leipziger Arzt Daniel Gottlieb Moritz Schreber begründeten Lebensreformbewegung. Die ersten waren die Gartenbauvereine in Wanne (1915) und in Horsthausen (1919); bis 1933 entstanden in Wanne-Eickel vier, in Alt-Herne fünf weitere Kleingartenvereine mit insgesamt 1.218 Mitgliedern.

Neben Volksgärten oder Volksparks gehörten Volksbäder seit der Jahrhundertwende zur weit verbreiteten infrastrukturellen Grundausstattung deutscher Städte. Die Stadt Herne errichtete 1928 in Gysenberg das Sommerbad. Die Anlage umfasste einen Sprung-, Schwimmer-, Nichtschwimmer- und Kinderbereich und bot Raum für rund 6.000 Badende. Zuvor war die Ausstattung Hernes mit öffentlichen Bademöglichkeiten beschränkt. Denn mit zunehmender Wohndichte und stärkerer Verschmutzung der Wasserläufe waren die Freibadeplätze am Ost- und Westbach sowie an der Emscher verlorengegangen; nur die Hafenbadeanstalt war neu entstanden. Für die Versorgung des Sommerbades mit frischem Wasser sollte Quellwasser von unterhalb des Emschermergels mit heißem Wasser von der Zeche Constantin 4/5 vermischt werden. Bergschäden zerstörten jedoch letztlich die Quellwasserzuflüsse, und das Zechenwasser erwies sich als zu unsauber, so dass das Sommerbad schließlich mit Leitungswasser betrieben werden musste.

Eine andere Art von Bäderwesen entstand in Wanne, nachdem 1891 auf der Zeche Pluto eine Kluft mit 24 bis 28 Grad warmer Natursole angeschlagen worden war; mit der Verleihung des Feldes Wilhelmsquelle erhielt die Zeche das Recht zur Gewinnung und wirtschaftlichen Ausbeutung der Sole. Zu diesem Zweck begann der Bauunternehmer August Franke 1893 auf dem Eckgrundstück an der

Sammlung H.-W. Wehling

Abb. 4.2.20 Flugplatz Wanne-Herten – Werbeplakat

Stadt Essen, Bildarchiv

Abb. 4.2.21 Ehemalige Stadthalle und St. Joseph-Kirche um 1925

Haupt- und Kurhausstraße mit dem Bau eines Kurhauses als Hotel mit Restaurant und Badeanstalt und schloss 1894 einen Liefervertrag für die Sole der Wilhelmsquelle mit der Bergwerks-AG Gelsenkirchen. Bereits im Gründungsjahr wurden 16.759 Solebäder verabreicht und 1897 wurde mit 25.471 Bädern die Kapazitätsgrenze bereits überschritten. Der größte Teil der Badegäste waren Bergleute; die Knappschaft hatte in der Nachbarschaft zusätzliche Unterkünfte für auswärtige Bergleute geschaffen. Auch Privatleute schätzten die Heilwirkung der Wanner Solequelle, erzielte sie doch Heilerfolge bei rheumatischen Beschwerden, Frauenleiden, Skrofulose und Rachitis. Die steigende Nachfrage erforderte aber auch ständige Investitionen, zu denen August Franke nicht in der Lage war. Er wandelte daher den gesamten

Piorr 2015b

Abb. 4.2.22 Das Kino Schauburg an der Bahnhofstraße um 1930

Besitz 1898 in eine Aktiengesellschaft um, die sich günstig entwickelte, bis 1918 die Solequelle auf Pluto/Thies infolge bergbaulicher Aktivitäten unerwartet versiegte. Auch wenn wenig später auf Pluto/Wilhelm eine andere Solequelle erschlossen wurde, machte es die Wirtschaftskrise immer schwieriger, durch Privatkapital den Betrieb aufrechtzuerhalten. Da aber sowohl die Besitzer, die Bevölkerung als auch die lokalen Politiker, die Knappschaft sowie Vereine und Verbände für den Erhalt des Bades eintraten, kaufte die Gemeinde Wanne schließlich 1920 das gesamte Aktienkapital am „Sol- und Thermalbad Wilhelmsquelle". Um die finanzielle Basis zu verbreitern, beteiligte sich auch die Nachbargemeinde Eickel ab 1925 an der Aktiengesellschaft. Dennoch machten die von der Wirtschaftskrise verursachten Einbrüche im Kurbetrieb bis zum Zweiten Weltkrieg jegliche Neubaupläne zunichte.

Ein für das gesellschaftliche Leben Wanne-Eickels bedeutender Bau war die Stadthalle, die 1925 gegenüber der Joseph-Kirche im geographischen Mittelpunkt der Stadt eröffnet wurde. Diese Halle, im Volksmund „Käseglocke" genannt, konnte je nach Bühnenaufbau 900 bis 1.200 Menschen aufnehmen und war nach der Stadtwerdung das kulturelle Bindeglied zwischen Wanne und Eickel. In ihrem Südflügel eröffnete 1927 die »Gesellschaft für Orts- und Heimatkunde« ein Heimatmuseum. Das Gebäude wurde 1942 durch einen Brand total zerstört.

Diente diese Stadthalle eher den sozialen und kulturellen Bedürfnissen der Mittelschicht, so wurden die Kinos in den ersten Jahrzehnten des 20. Jh.s zu immer populäreren Freizeiteinrichtungen. 1908 wurde das Biophontheater (ab 1941 Lito) an der Ecke Wanner Straße/Hauptstraße und 1911 das Thalia-Theater (ab 1929 Lichtburg) an der Hauptstraße eröffnet. Am Eickeler Markt entstand 1912 ein Kommunales Kino, das wahrscheinlich erste seiner Art in Deutschland; nach seinem Vorbild wurden in Deutschland noch mehrere Kinos in Regie der jeweiligen Gemeinde errichtet, die vorwiegend zur Volksbildung eingesetzt wurden. Die entsprechend produzierten Filme hatten aber immer geringeren Erfolg. Daher wurde das Kino in den 1920ern privatisiert und dann erfolgreich mit Publikumsfilmen weitergeführt. In Herne waren bis zum Ersten Weltkrieg vier Kinos eröffnet worden – das Corso 1904, die Lichtburg 1905, die Schauburg 1905 und das Olympia-Theater (später Gloria-Theater) 1913.

Als in den 1920er und 1930er Jahren der Film zum wichtigsten Unterhaltungsmedium in Deutschland aufstieg, entstanden weitere neue Kinos. In Röhlinghausen waren dies 1919 die Germania-Lichtspiele (ab 1926 Apollo), 1920 die Kammerlichtspiele (ab 1923 Astoria) in Wanne und die Industrie-Lichtspiele (ab 1927 Corso) in Röhlinghausen, 1927 die

Kammerspiele an der Hauptstraße und 1931 das Capitol (ab 1932 Schauburg) in Eickel. Insgesamt bestanden Ende der 1930er Jahre in Wanne-Eickel 14 Kinos; das letzte wurde 1992 geschlossen.

In Alt-Herne kamen in der Zwischenkriegszeit sechs weitere Kinos hinzu, darunter 1921 das erste kommunale Herner Filmtheater – die Kammerlichtspiele –, das Lehrfilme zu einer Vielzahl von Themen zeigte. Es gab in allen Stadtteilen Kinos, doch bis in die 1960er Jahre entwickelte sich die Bahnhofstraße mit sechs konkurrierenden Häusern zum Zentrum der 18 örtlichen Kinos, von denen das letzte 1999 geschlossen wurde. 2004 eröffnete die Filmwelt mit sechs Sälen und 900 Plätzen als neues Kino am Berliner Platz.

Die Straßenbahnen

Alle regionalen Eisenbahnlinien waren anfangs überwiegend West-Ost-Linien – erst sehr viel später kamen Süd-Nord-Verbindungen hinzu – und dienten als Güterverkehrsstrecken primär dem industriellen Aufbau. Im Gebiet von Herne, Wanne und Eickel bestand aufgrund der geringen Bevölkerungszahl bis etwa 1870 keine wirtschaftlich rentable Nachfrage nach Personenbeförderung. Auch die königlichen Personenkutschenlinien, die das Gebiet durchzogen, dienten eher der Verbindung zwischen den außerhalb des heutigen Stadtgebiets liegenden Städten. Es war dies zum einen die 1836 eingerichtete Personenpost von Bochum über Herne nach Recklinghausen, die 1894 auf dem Abschnitt Bochum–Herne und 1899 auf dem Abschnitt Herne–Recklinghausen eingestellt wurde. Zum anderen wurde seit 1864 eine Personenpoststrecke zwischen Bochum und Eickel unterhalten, die 1872 bis Wanne verlängert wurde; 1879 kam eine entsprechende Strecke von Bochum über Wanne nach Gelsenkirchen hinzu; beide Strecken wurden 1886 aufgegeben.

Die innerörtlichen Verbindungen im Gebiet von Herne, Wanne und Eickel sowie insgesamt die Nord-Süd-Verbindungen übernahmen ab den 1890er Jahren die Straßenbahnen. Sie verbanden die Siedlungen der auf freiem Feld abgeteuften Zechen mit den sich entwickelnden Kernbereichen und diese wiederum mit den Nachbarstädten. Dabei fügten sich die Netze verschiedener Betreiber im Zuge von Unternehmensübernahmen und Streckenaufgaben nach und nach zu einem Gesamtnetz zusammen.

Als erste eröffnete 1894 die Firma Siemens & Halske die Straßenbahnlinie von Bochum nach Herne, deren Betriebsführung ab 1908 die Bochum-Gelsenkirchener Straßenbahn AG (BOGESTRA) übernahm, die wiederum eine Gründung der Städte Bochum und Gelsenkirchen und der Firma Siemens war. Ab 1896 betrieb die BOGESTRA Straßenbahnlinien auf den Strecken von Bochum über Wattenscheid nach Gelsenkirchen-Schalke und von Bochum über Eickel zum Bahnhof Wanne. Da auf diesen Strecken durch hohe Fahrgastzahlen beträchtliche Gewinne erzielt wurden, zeigten sich Politiker und Investoren interessiert, auch andere Straßenbahnlinien zu entwickeln, auch wenn die räumlichen Voraussetzungen nicht dieselben waren. Dabei beteiligten sich private Investoren in der Erwartung hoher Gewinne, während die politischen Vertreter auf diese Weise Einfluss auf die funktionale Entwicklung der Gemeinden nehmen wollten.

So schlossen sich 1898 die Gemeinden Börnig, Holthausen, Sodingen, Horsthausen, Baukau, Holsterhausen, Eickel, Hordel, Günnigfeld, Crange und Wanne, die Städte Herne und Wattenscheid sowie ein Finanzkonsortium unter der Leitung der Berliner Bank zu einem Konsortium zusammen, um Straßenbahnlinien zwischen Castrop über Herne, Eickel, Wattenscheid nach Königsteele, von Castrop über Horsthausen, Baukau und Crange nach Wanne sowie von Herne über die Zeche Von der Heydt nach Baukau zu errichten. Nach einigen Schwierigkeiten wurde 1906 von den beteiligten Gemeinden und dem Landkreis Gelsenkirchen die „Kommunale Straßenbahn-Gesellschaft Landkreis Gelsenkirchen" mit Sitz in Eickel gegründet und den Siemens-Schuckert-Werken der Bau der Bahn übertragen. 1907 ging die Strecke von Baukau nach Höntrop in Betrieb; sie blieb jedoch bereits 1908 hinter den finanziellen Erwartungen zurück. 1911 sah der Verwaltungsrat in der Erweiterung des Streckennetzes noch einen Ausweg aus der Situation. Doch wurden diese Pläne nicht mehr verwirklicht, sondern die „Kommunale" wurde 1912 an die gerade gegründete Westfälische Straßenbahn GmbH mit der Verpflichtung verpachtet, weitere Strecken einzurichten und dabei auch den Bahnhof Herne besser anzubinden.

Gesellschafter dieser Westfälischen Straßenbahn GmbH waren die Städte Witten, Herne und Castrop sowie einige Landgemeinden; Gesellschaftszweck war es, durch Straßenbahnen die Gebiete um die Städte Castrop, Herne und Witten zu erschließen. Neben der Straßenbahn der Stadt Herne wurde auch die 1899 eröffnete Märkische Straßenbahn in die Gesellschaft eingebracht. Von der Vereinigung der zuvor selbstständigen Kleinunternehmen versprachen sich die Gesellschafter die Möglichkeit, Fahrpläne und Tarife zu vereinheitlichen.

Der Erste Weltkrieg unterbrach zunächst weitere Expansionspläne. Vielmehr wurde die Strecke von der Zeche Constantin nach Bochum sogar für Kohlentransporte genutzt. Als im Zuge der Kommunalreform 1926 der Landkreis Gelsenkirchen aufgelöst und die kreisfreie Stadt Wanne-Eickel gebildet wurde, ging die bisher gepachtete „Kommunale Straßenbahn-Gesellschaft Landkreis Gelsenkirchen" ebenfalls in den Besitz der Westfälischen Straßenbahn über.

Daneben operierten zwei weitere kommunale Straßenbahngesellschaften auf Herner Gebiet. Zum einen betrieben ab 1901 die Vestischen Kleinbahnen die Strecke Wanne–Crange–Herten–Recklinghausen, zum anderen wurde 1906 eine Straßenbahnlinie von Herne nach Sodingen eröffnet, an der die Stadt Herne zu zwei Dritteln beteiligt war. Die Gesellschaft änderte ihren Namen 1909 in „Straßenbahn Herne-Sodingen-Castrop", und die Strecke wurde entsprechend 1910 bis nach Castrop verlängert; 1928 erhielt sie ihren bis heute bestehenden Namen „Straßenbahn Herne-Castrop-Rauxel" (HCR).

Um den Bahnhof Herne besser an die Straßenbahnen anzuschließen, war eine völlige Umgestaltung des Bahnhofsbereichs notwendig. Bis in die Zeit vor dem Ersten Weltkrieg war der Eisenbahnverkehr beträchtlich angestiegen, und der über die Bahnhofstraße führende Bahnübergang war zu einem Nadelöhr geworden. Westlich und östlich von ihm waren die Gleisanlagen so erweitert worden, dass der alte Bahnhof praktisch in einen West- und einen Ostbahnhof zerschnitten wurde. Im Ostbahnhof wurden Fernzüge zusammengestellt, der Westbahnhof war Haltepunkt für Personenzüge und diente dem Güterverkehr. Westlich davon mündeten drei eingleisige Güterbahnstrecken von Gelsenkirchen, Bochum und Recklinghausen in die Hauptstrecke, beiderseits des Bahnübergangs zweigten Gleisanschlüsse von elf Bergwerken und Fabriken ab. 1908 befuhren täglich 69 Personen- und Schnellzüge sowie 312 Güterzüge den Bahnkörper, wodurch die Schranken häufig bis zu 45 Minuten geschlossen blieben. Fußgänger konnten zwar über eine Brücke ausweichen, ein durchgehender Straßenbahnverkehr war aber nicht möglich. Nach Verhandlungen der Eisenbahndirektion Essen mit der Stadt Herne wurden von 1911 bis 1917 die Gleisanlagen auf einen Damm gelegt und die Bahnhofstraße tiefergelegt; ein neues Bahnhofsgebäude war bereits 1914 in Betrieb genommen worden. Diese neue bauliche Situation machte es nun möglich, die Linien der in Herne verkehrenden BOGESTRA, Westfälischen Straßenbahn, Straßenbahn Herne-Sodingen-Castrop und Straßenbahn Herne-Baukau-Recklinghausen am Bahnhof Herne zu verbinden. Darüber hinaus konnten ab 1921 alle Straßenbahnstrecken auf Herner Gebiet gemeinschaftlich von allen Straßenbahngesellschaften genutzt werden.

Im Gesamtnetz waren die Linien der BOGESTRA von Beginn an die profitabelsten. Als Großaktionär der Gesellschaft war die Stadt Bochum an deren Rentabilität interessiert und kündigte 1928 den Gemeinschaftsverkehr mit den weniger rentablen Linien der Westfälischen Straßenbahn teilweise auf. Denn nach der allgemeinen Straßenbahn-Euphorie am Anfang des 20. Jh.s zeigte sich in den Zwischenkriegsjahren, welche Linienführungen dem Mobilitätsverhalten und dem Fahrgastaufkommen entsprachen. Die BOGESTRA verband mittlerweile die Großstädte Bochum, Herne, Wanne-Eickel, Gelsenkirchen und Essen und unterhielt in Gelsenkirchen und Bochum wichtige innerstädtische Strecken. Außerhalb von Witten verband demgegenüber die Westfälische Straßenbahn überwiegend nur kleine industriell-ländliche Gemeinden mit deutlich geringerem Fahrgastaufkommen; 1931 musste die Gesellschaft Konkurs anmelden.

Als im Zuge der Kommunalreform von 1929 einige der zuvor von der Westfälischen Straßenbahngesellschaft bedienten Gemeinden zu Bochum eingemeindet worden waren und die Stadt Bochum zu deren Rechtsnachfolger wurde, verfolgte sie als einer der Hauptgesellschafter der BOGESTRA erfolgreich das Ziel, die bisherigen Verkehrsbetriebe unter deren Dach zu vereinen. Gleichzeitig ging der Einfluss der Städte Wattenscheid, Witten und Herne auf die Gestaltung des Nahverkehrsnetzes zurück.

Seit 1926 hatte die BOGESTRA auch etliche Buslinien unterhalten, die Herne und Wanne-Eickel mit den umliegenden Städten verbanden, jedoch alle zwischen 1928 und 1932 eingestellt wurden. Ab 1938 richtete sie jedoch die Strecken Eppendorf–Wattenscheid–Eickel–Bahnhof Herne und Gerthe–Herne–Horsthausen als Omnibuslinien neu ein, vorrangig, um den Transport der Bergleute der Zechen Constantin und Friedrich der Große von ihren Siedlungen zu den Arbeitsplätzen sicherzustellen. Um 1940 war das Fahrgastaufkommen so angestiegen, dass es nicht mehr bewältigt werden konnte. Die Neueröffnung einer Straßenbahnlinie erschien angesichts der Kosten für die Gleisanlagen allerdings als zu hoch. Vielmehr stellten die BOGESTRA und die Firma Siemens Überlegungen für den Bau einer Oberleitungsbus-Linie (Obus) an; der Materialmangel während des Zweiten Weltkrieges verhinderte jedoch diesen Plan. Kriegsbedingt wurde vielmehr der Omnibusverkehr 1943 vollständig eingestellt.

4.3 Die Siedlungsstruktur

Die industriell beeinflusste Entwicklung der räumlichen Strukturen im heutigen Stadtgebiet lässt sich bis zum Zweiten Weltkrieg in zwei Abschnitte gliedern. Getragen von mehreren Phasen des wirtschaftlichen Aufschwungs und einem rasanten Bevölkerungswachstum entstanden bis zum Ersten Weltkrieg nahezu ausschließlich räumliche Strukturen, die für das sich bildende industrielle System von Nutzen waren. Flächennutzungen und Funktionen außerhalb dieses Systems waren nachgeordnet, blieben meist unzureichend und daher durchgängig überlastet; Ansätze kommunaler Planung waren meist reaktiv. In der Phase zwischen den Weltkriegen traten konzeptionelle und planerische Bemühungen in den Vordergrund, um der industriellen Entwicklung prospektiv eine städtische an die Seite zu stellen und strukturelle, funktionale und städtebauliche Defizite zu überwinden.

Die Siedlungsstruktur vor dem Ersten Weltkrieg

Um 1900 hatten sich nach mehr als drei Jahrzehnten umfassenden industriellen Wachstums die Grundstrukturen der neuen Kulturlandschaft herausgebildet. Wohnsiedlungen und Kolonien in der Nähe der Zechen waren entstanden, Handel und Gewerbe hatten Ansätze von Geschäftsstraßen entstehen lassen. Die Industriebetriebe mit ihren Anschlussbahnen hatten ebenso wie die überregionalen Eisenbahnlinien den ländlichen Charakter in Teilen verschwinden lassen. Kirchenneubauten und Schulen schufen soziale und funktionale Zusammenhänge. Da die Entwicklung insgesamt sprunghaft war und unterschiedlichen partikulären Interessen folgte, blieben zum Teil große Lücken in und zwischen den Ortsteilen; denn drei Jahrzehnte lang hatte unter großem zeitlichen und finanziellen Druck eine Vielzahl von infrastrukturellen Nachfragen realisiert werden müssen. Die örtliche Infrastruktur konnte aber nicht nur im Bereich des Wohnungsbaus, sondern auch bei der hygienischen, medizinischen und energetischen Versorgung der Bevölkerung, bei der Entsorgung und Kanalisation, der kommerziellen und kulturellen Versorgung nicht mit dem Bevölkerungswachstum Schritt halten und blieb über Jahrzehnte fragmentarisch. Eine übergeordnete, die beiden Gemeinwesen in ihrer jeweiligen Gesamtheit berücksichtigende Planung setzte erst um die Jahrhundertwende ein. Für das

Stadt Herne, Bildarchiv

Abb. 4.3.1 Eickel, Kaiserstraße, heute Hauptstraße, um 1910

Foto: H.-W. Wehling 2019

Abb. 4.3.2 Postgebäude in Wanne

Das seit 2005 unter Denkmalschutz stehende Gebäude wurde von 1912 bis 1914 nach einem Entwurf der Hochbauabteilung des Reichspostamtes in Berlin errichtet. Der zweigeschossige Bau besteht aus zwei ungleichen Flügeln – elf Achsen an der Wanner Straße, fünf Achsen „Am Friedhof" –, die durch das Hauptportal aus Ibbenbürener Sandstein zusammengeführt werden. 1932 wurde das Postamt nach Osten, in Richtung des Hauptbahnhofs Wanne-Eickel, um einen dreigeschossigen Bau im Stil des Backsteinexpressionismus erweitert, der wiederum durch einen würfelförmigen Eckbau abgeschlossen wurde.

Amt Wanne ist ein Bebauungsplan für 1897 überliefert, für den Kernbereich von Herne wurde er 1900 beschlossen.

Im Westen von Wanne-Eickel reihten sich ohne nennenswerte Unterbrechungen Zechensiedlungen und Übertageanlagen in einem breiten Band von Norden nach Süden, die Mitte durchzog ein breites Band von Eisenbahngleisen, zusammengefasst im Bahnhof und Güterbahnhof Wanne. Außerhalb dieser bandartigen Strukturen lagen nur die Schachtanlage Shamrock 3/4 sowie als geschlossene Siedlungsräume Eickel und die Kolonie Julia. Dazwischen hatten sich an Verbindungsstraßen Häuserreihen

Stadt Herne, Bildarchiv

Abb. 4.3.3 Eickeler Markt um 1910

1909 wurde der von dem Münchner Bildhauer Lorenz Schwind entworfene „Hohenzollern-Brunnen" eingeweiht. Die Brunnenfigur – eine Jungfrau, die die deutsche Kaiserkrone emporhob – wurde 1940 wie viele andere Metalldenkmäler in Deutschland im Zuge der „NS-Metallspendeaktion" eingeschmolzen. 1960 wurde auch der Brunnen abgetragen.

KVR/Neumann 1995, eigene Erhebungen; Kartographie: Sabrina Henschel

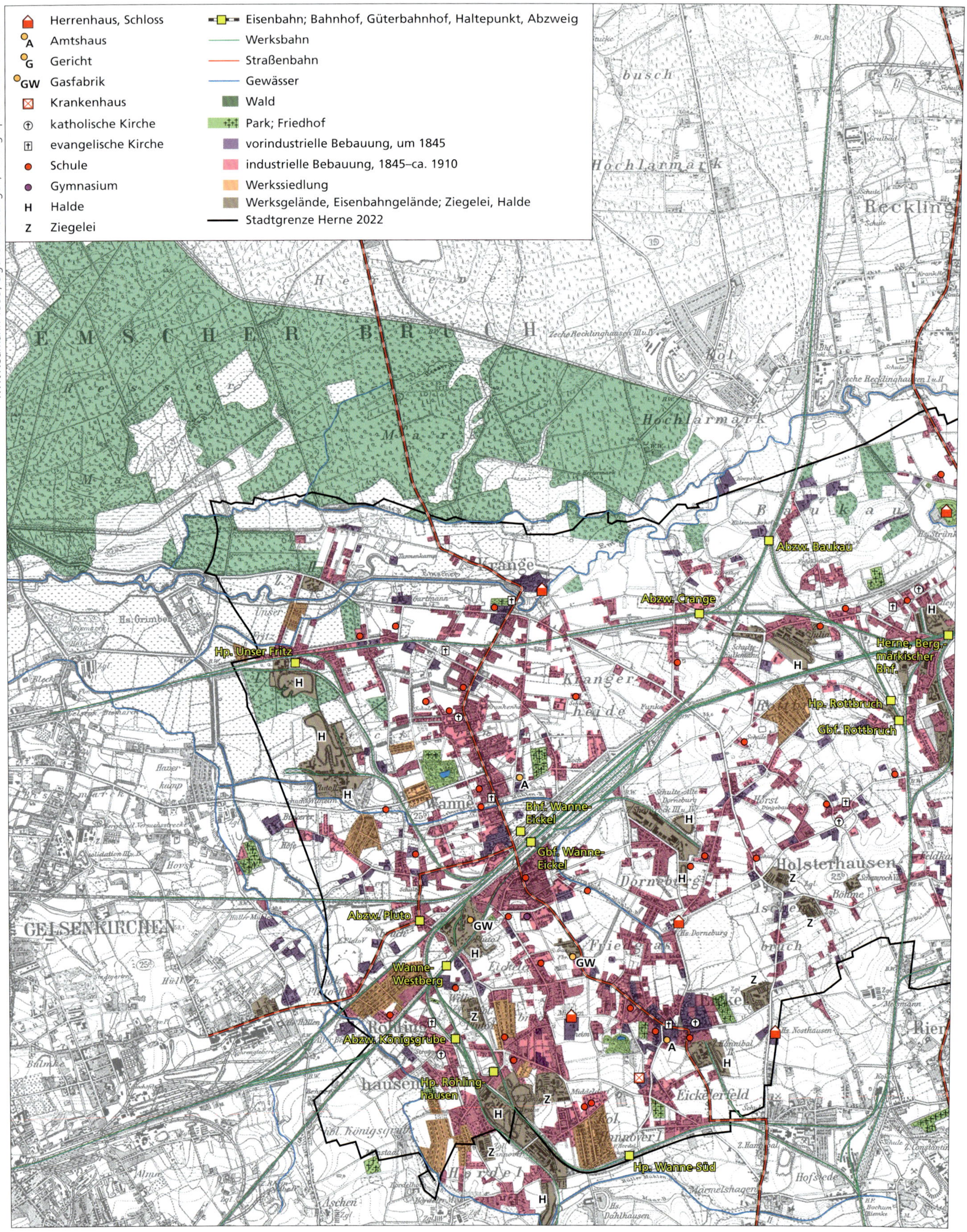

Abb. 4.3.4 Die Siedlungsstrukturen von Herne um 1910

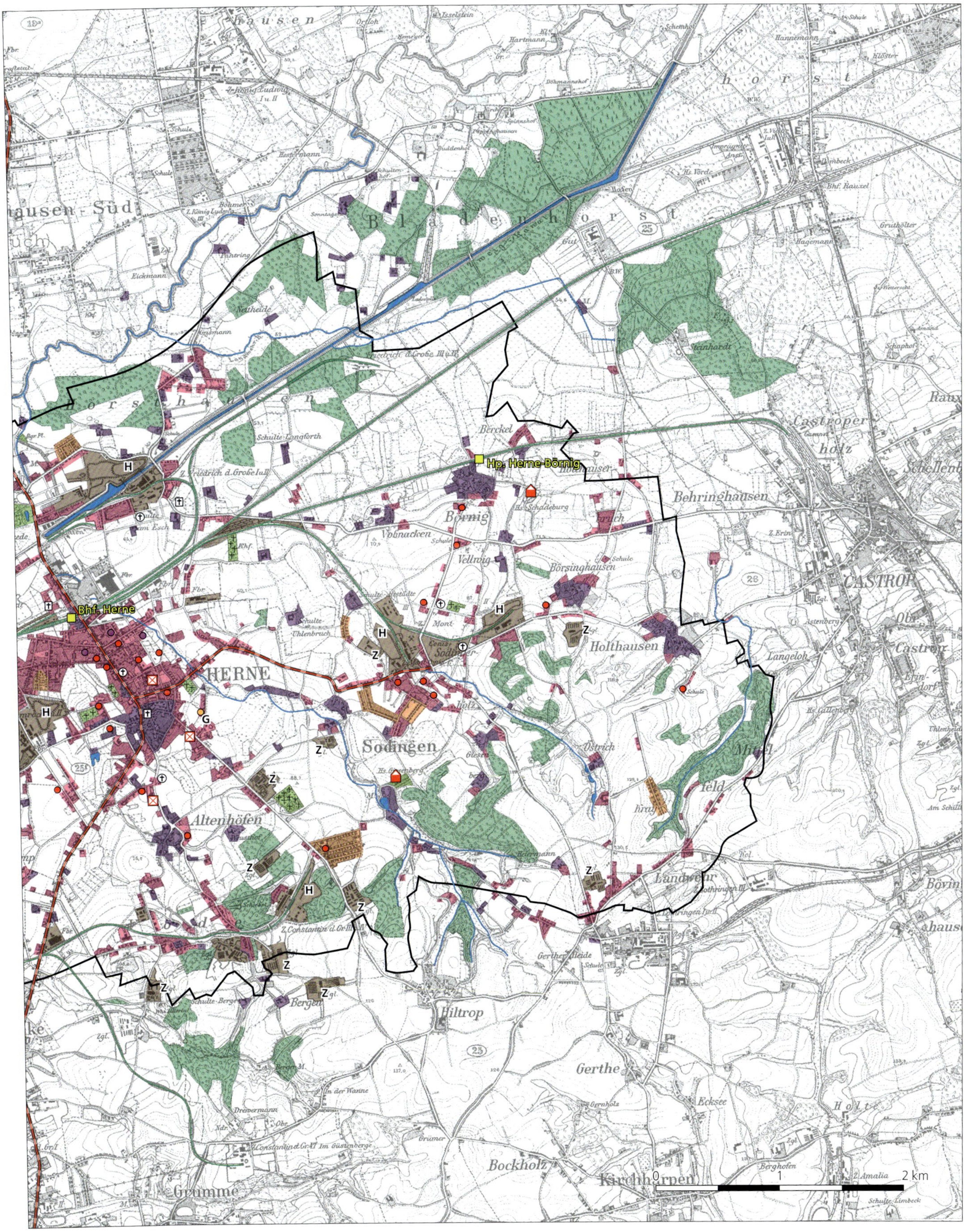
Hp. Herne-Börnig
Bhf. Herne
HERNE
Sodingen
Börnig
Holthausen
Behringhausen
Altenhöfen
Bladenhorst
Horsthausen
CASTROP
Castroper holz
Börsinghausen
Vellwig
Berckel
Landwehr
Gerthe
Hiltrop
Bergen
Bockholz
Grumme
Kirchharpen
Langeloh
Obercastrop
Rauxel
Habinghorst
0
1
2 km

Foto: H.-W. Wehling 2019

Abb. 4.3.5 Villen an der Schaeferstraße

Die Schaeferstraße ist nach dem früheren Ersten Bürgermeister und späteren Oberbürgermeister der Stadt Herne, Hermann Schaefer (1848–1932), benannt und ist gesäumt von einer ausgedehnten Reihe von Villen und Halbvillen, die mehrheitlich unter Denkmalschutz gestellt wurden.

gebildet, die sich vor allem in Wanne schon verdichteten.

Die neue Bahnhofstraße (später Hauptstraße) der Gemeinde Wanne wurde zur Sammelstraße für die von den Zechen und Kolonien in Richtung des Bahnhofs führenden Straßen. Charakteristisch waren und blieben Wohn-Geschäftshäuser, die sich beidseitig dieser einzigen Straße aufreihten, jedoch nur im Erdgeschoss Ladenlokale aufwiesen. Die bis 1885 prägende Bauweise mit schlichten ein-, manchmal zweigeschossigen Backsteinbauten mit fünf Fensterachsen und einem mittigen Zwerchgiebel wurde von 1890 bis 1905 überformt, ergänzt und verdichtet durch Bauten in stilistischen Varianten des Späthistorismus, wobei als lokale Besonderheit das Zwerchhaus beibehalten wurde und viele Eckbauten mit turmbekrönten Eckerkern oder Schildgiebel versehen waren. Besonders repräsentativ für Miets- und Geschäftshäuser waren aufgrund ihrer vielgestaltigen Fensterdächer und -rahmungen, ihrer Lisenen und Pilaster die Putz-Ziegelbauten im Stil der Neorenaissance.

Stadt Herne, Bildarchiv; Foto: H.-W. Wehling 2020

Abb. 4.3.6 Kaiserpassage um 1910 und Mozartstraße 2020

Die Häuser an der Mozartstraße wurden zwischen 1904 und 1912 errichtet. Das Ensemble der zwölf 3½-geschossigen Wohn- und Geschäftshäuser erweckt zwar einen geschlossenen Eindruck, die Kaiserpassage ist jedoch nicht als ein Baukörper entstanden. Vielmehr haben mehrere Architekten und Bauherren die in Grund- und Aufriss unterschiedlichen Häuser innerhalb eines Rahmenkonzeptes geplant.

Die Nebenstraßen, die rechtwinklig von der Hauptstraße abzweigen, wiesen meist nach wenigen Metern keine Geschäfte mehr auf. Eine funktionale Stärkung erhielt die Straße durch die Inbetriebnahme der Straßenbahnlinien nach Bochum und Gelsenkirchen (1896) sowie nach Herten und Recklinghausen (1901).

Orientierungspunkt für diese städtebauliche Entwicklung blieb der spätere Hauptbahnhof Wanne-Eickel. Gleichzeitig war er aber aufgrund seines ausgedehnten Güterbahnhofsareals, einschließlich der von Osten und Westen unmittelbar einmündenden und die Gemarkung durchziehenden Nebenlinien, ein erhebliches Hindernis für die städtische Entwicklung.

Kontraproduktiv für eine Citybildung war vor allem die 1913 nur aus bahntechnischen Überlegungen vorgenommene Verlegung des Bahnhofsgebäudes um 500 Meter nach Osten, auf das danach auch die Straßenbahnlinien hingeführt wurden. Während der Bahnhof ursprünglich von der Bahnhofstraße aus zugänglich und von Norden und Süden in gleicher Weise zu erreichen war, lag er nun abseits der durch ihn entstandenen Hauptstraße. Auch wenn das nun ausschließlich auf der Nordseite gelegene Bahnhofs-Entree durch den Bau des Postamts (1915) gestärkt werden sollte, wurden keine Geschäftsviertelbildung und damit eine funktionale Verbindung zur alten zentralen Entwicklungsachse ausgelöst. Vielmehr blieben die übrigen Areale um das Bahnhofsgebäude und an den Verbindungsstraßen unbebaut und wurden als Grünflächen angelegt.

Südlich des Bahnareals hatte sich im Kreuzungsbereichs des alten Weges nach Eickel und der Straßen nach Röhlinghausen und Holsterhausen sowie zur Zeche Shamrock ein örtliches Zentrum gebildet, zu dem auch das Amtshaus des Amtes Wanne und das erste Wanner Postamt gehörten. Durch die Teilung des Amtes in die Ämter Wanne und Eickel sowie durch Eröffnung eigener Bahnhöfe in Röhlinghausen und Eickel an der Bahnlinie Bochum–Riemke–Wanne wurde dieses Viertel funktional entwertet und geriet zunehmend in eine Randlage.

Im Dorf Eickel und entlang der südlichen Hauptstraße war eine verkleinerte Kopie der Wanner Geschäftsstraße entstanden, mit guter Anbindung an die Bergarbeiterkolonien von Röhlinghausen. Eickels Stellung als Kirchdorf hat dazu beigetragen, dass sich dieser Ortskern gegenüber den Stadtvierteln am Bahnhof eine gewisse funktionale Bedeutung erhalten konnte und sich in Röhlinghausen kein nennenswertes Geschäftsviertel ausgebildet hat.

Die Hauptstraße ist ein regionaltypisches Beispiel der langen Verbindungsstraßen, die die verschiedenen industriellen Siedlungsansätze miteinander verbanden. Während die Zechenkolonien eine gewisse Ordnung erkennen ließen, machten die Straßenzüge, die um die Jahrhundertwende durch private Bauinitiativen entstanden, einen mehrheitlich ungeordneten Eindruck, wiesen sie doch unterschiedliche Bauhöhen, Fluchtlinien und Fassadengestaltungen auf und waren durch Baulücken unterschiedlicher Ausdehnung unterbrochen. Wegen ihrer sich entwickelnden funktionalen Bedeutung wurden sie jedoch zu Leitlinien der weiteren städtischen Entwicklung.

Die Bauordnung von 1911 gliederte das Stadtgebiet von Alt-Herne in vier Bauklassen. Die erste Klasse sah viergeschossige Gebäude vor und umfasste nicht nur das Stadtzentrum, sondern zog sich strahlenförmig auch entlang der Hauptausfallstraßen bis an die Stadtgrenze. Zwischen den Strahlen dieser Straßen lagen die anderen Bauklassen – die Klasse II mit dreigeschossigen Gebäuden, die Klasse III mit zweigeschossigen Gebäuden und Industriearealen, und schließlich als Klasse IV die Villen- und Landhauszone in offener Bauweise. Zu dieser Klasse gehörten die nördliche Bochumer Straße, das Gelände an der Kronprinzenstraße sowie das Viertel beiderseits der Schaeferstraße, die auf der Höhe des neuen Stadtmittelpunkts die Bahnhofstraße mit dem Stadtpark verbindet. Im Zentrum dieses Viertels liegt der Neumarkt, wo wohnstandortnah für die Mittelschicht von 1896 bis 1922 der Wochenmarkt abgehalten wurde. Prestigeträchtig wurde im Kreuzungsbereich von Schaefer- und Schulstraße 1903 ein Kaiser-Wilhelm-Denkmal enthüllt, das allerdings im Zweiten Weltkrieg als „Metallspende" eingeschmolzen wurde.

Die Stadtarchitektur von Herne und Wanne-Eickel wurde im frühen 20. Jh. geprägt vom Jugendstil (ab 1905) und vom sogenannten Reformstil (ab 1908), wobei der Jugendstil, anders als der sparsame Reformstil, die Bahnhofstraße in Herne kaum prägte. Überragende Beispiele des Jugendstils finden sich dagegen im Bereich der Wanner Hauptstraße, vor allem in der Kaiserpassage, die die lokalen Ambitionen widerspiegelt, eine moderne Innenstadt auf- und auszubauen. Die Passage verband die Hauptgeschäftsstraße mit dem 1900 eröffneten Kaisergarten; Vorbilder waren die Wilhelm-Passage in Frankfurt (1900) und die Georg-Passage in Hannover (1901). Die „Glaspassage" wurde 1913 in „Kaiserpassage" umbenannt, verlor diesen Namen jedoch ebenso wie der „Kaisergarten" und war seitdem die Mozartpassage. In den 1920er Jahren wurde das Glasdach wegen zu geringen Lichteinfalls und häufiger Verschmutzung durch die nahen Zechen Pluto/Wilhelm und Unser Fritz jedoch wieder entfernt.

Städtebauliche Planungen der Zwischenkriegszeit

Die Inflation von 1921 bis 1923, die bis 1925 andauernde Ruhrbesetzung und die Zechenstilllegungen begrenzten die kommunalen Finanzmittel. So war es sowohl der 1926 gebildeten Stadt Wanne-Eickel als auch der Stadt Herne – seit 1928 mit dem Amt Sodingen verbunden – erst in der zweiten Hälfte der 1920er Jahre wieder möglich, in das Wohnungs- und Siedlungswesen und in Gemeinschaftsbauten zu investieren. Größere, mehrgeschossige Wohnblocks wurden in diesen Jahren an der Bochumer Straße, der Bismarckstraße, der Düngelstraße, der Goethe- und Lönsstraße und an Post- und Freiligrathstraße errichtet. Ähnliches gilt für die baulichen Aktivitäten der beiden Kirchen; erst um 1930 begannen sie verstärkt, Vereins- und Waisenhäuser zu bauen und ihre Krankenhäuser zu erweitern.

Infolge der seit 1900 gewandelten städtebaulichen Vorstellungen und vor allem beeinflusst durch die Zielsetzungen des 1920 gegründeten Siedlungsverbandes Ruhrkohlenbezirk (SVR) wurde die Stadtplanung völlig neu orientiert. Der alte Bauklassenplan von 1911 wurde revidiert, weil er – wäre er vollständig realisiert worden – zu einer Steinwüste geführt hätte. An seine Stelle trat zunächst 1929 ein nicht veröffentlichter Baustufenplan. Die wirtschaftliche und demographische Entwicklung sowie neue planerische Vorgaben des Siedlungsverbandes führten schließlich zur Ausarbeitung eines dritten Plans, der 1932 in Kraft trat.

Das vorrangige Ziel der Stadtplanung in Herne war es, das Stadtzentrum und die darum gruppierten und nur lose verbundenen, im Wesentlichen aus Zechenstandort und zugehörigen Kolonien bestehenden Ortsteile enger zusammenzuschließen. Die Abstände zwischen ihnen sollten durch einen Siedlungsring um den Stadtkern, die Entwicklung von Bebauungsachsen oder zumindest durch die Schließung von Baulücken verringert werden. Der sogenannte Baustufenplan wurde von einem Grünflächen- und einem Verkehrsplan begleitet.

Die höchsten Häuser, Stufe D mit bis zu fünf Vollgeschossen, waren auf den zentralen Abschnitt der Bahnhofstraße beschränkt; der nördliche Abschluss des Bahnhofsvorplatzes wurde einbezogen. Die

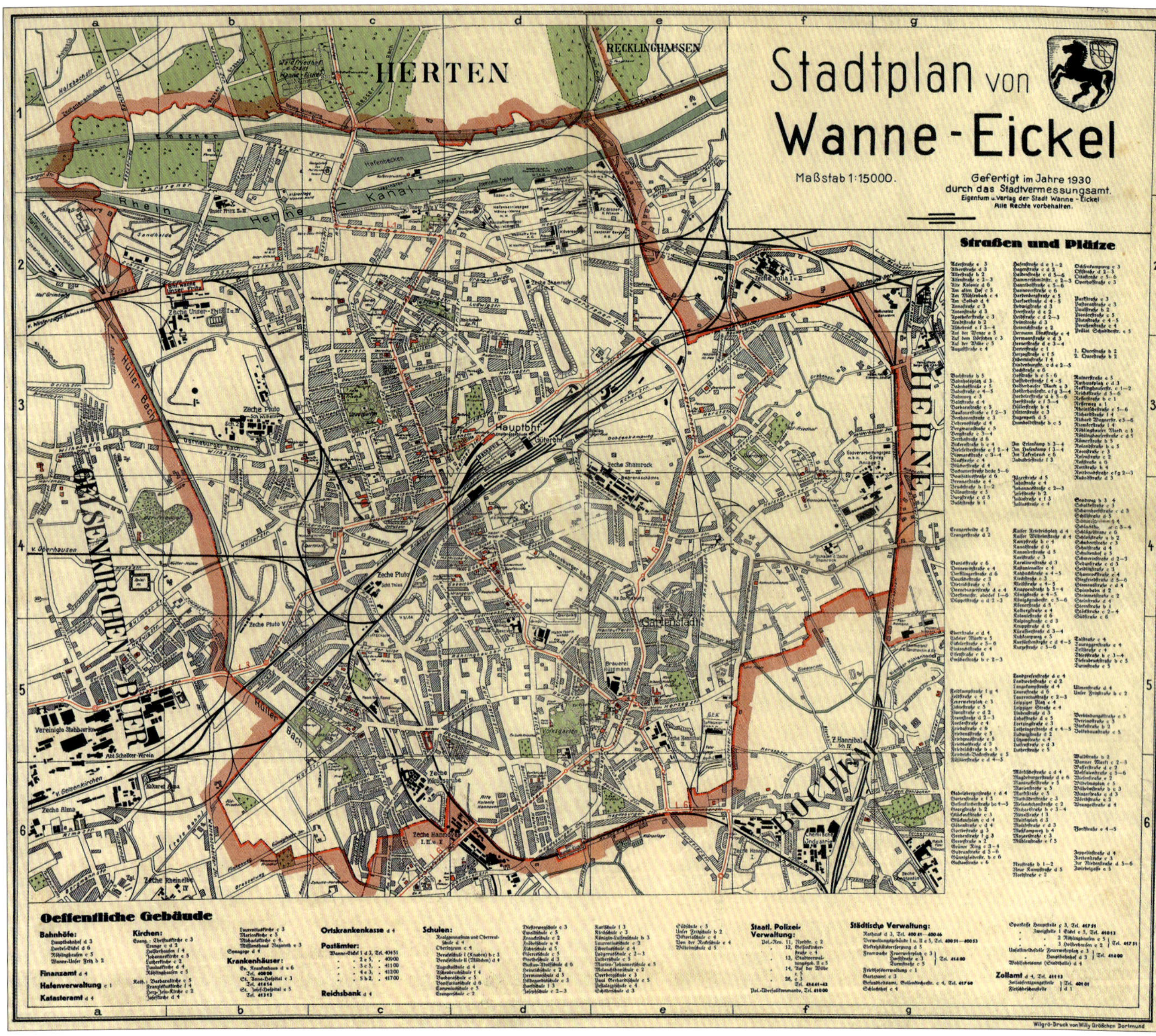

Stadt Herne, FB Vermessung und Kataster

Abb. 4.3.7 Plan von Wanne-Eickel 1930

Tiefe dieses Bebauungsstreifens betrug etwa 40 m, so dass die ersten Häuser der Nebenstraßen mit einbezogen waren. Hier hatte sich seit dem Ersten Weltkrieg ein eindeutiger Schwerpunkt des Einzelhandels herausgebildet; die tägliche Bedarfsdeckung dominierte, auch wenn sich in den Zwischenkriegsjahren erste Kaufhäuser etablierten. Das noch am Anfang des Jahrhunderts stark ausgeprägte Gastgewerbe blieb relativ zurück, Banken, Versicherungen und Wirtschaftsdienstleistungen suchten eher die Nähe zum Verwaltungsviertel.

Westlich der zentralen Achse schloss sich ein Gebiet der Baustufe C – gemischtes Wohngebiet mit Geschäfts- und gewerblichen Betrieben – mit bis zu viergeschossigen Häusern in geschlossener Bauweise an. Auch östlich der Bahnhofstraße, entlang der Bochumer Straße bis zur Stadtgrenze sowie in Sodingen südlich der Mont-Cenis-Straße entwickelten sich Gebiete der Baustufe C. Die reinen Wohngebiete, Baustufe B, schlossen sich danach allseitig nach außen an; aufgrund der dichten Bebauung wurden Streusiedlungsgebiete der Baustufe A nicht in den Plan aufgenommen. Industriegelände der Baustufe E umfassten vor allem die Zechenanlagen sowie Areale am Südufer des Rhein-Herne-Kanals.

Vorgaben für die innerstädtische Verkehrsplanung setzten die regionalen Planungen des Ruhrsiedlungsverbandes, die das Stadtgebiet mit einem Netz von Straßen – einschließlich eines „Emscherschnellweges" – überzogen und darauf abzielten, das Stadtzentrum ungeachtet der Verbreiterung der Bahnhofstraße im Jahre 1931 zu entlasten. Keine der geplanten Umgehungsstraßen ist jedoch bis zum Zweiten Weltkrieg realisiert worden.

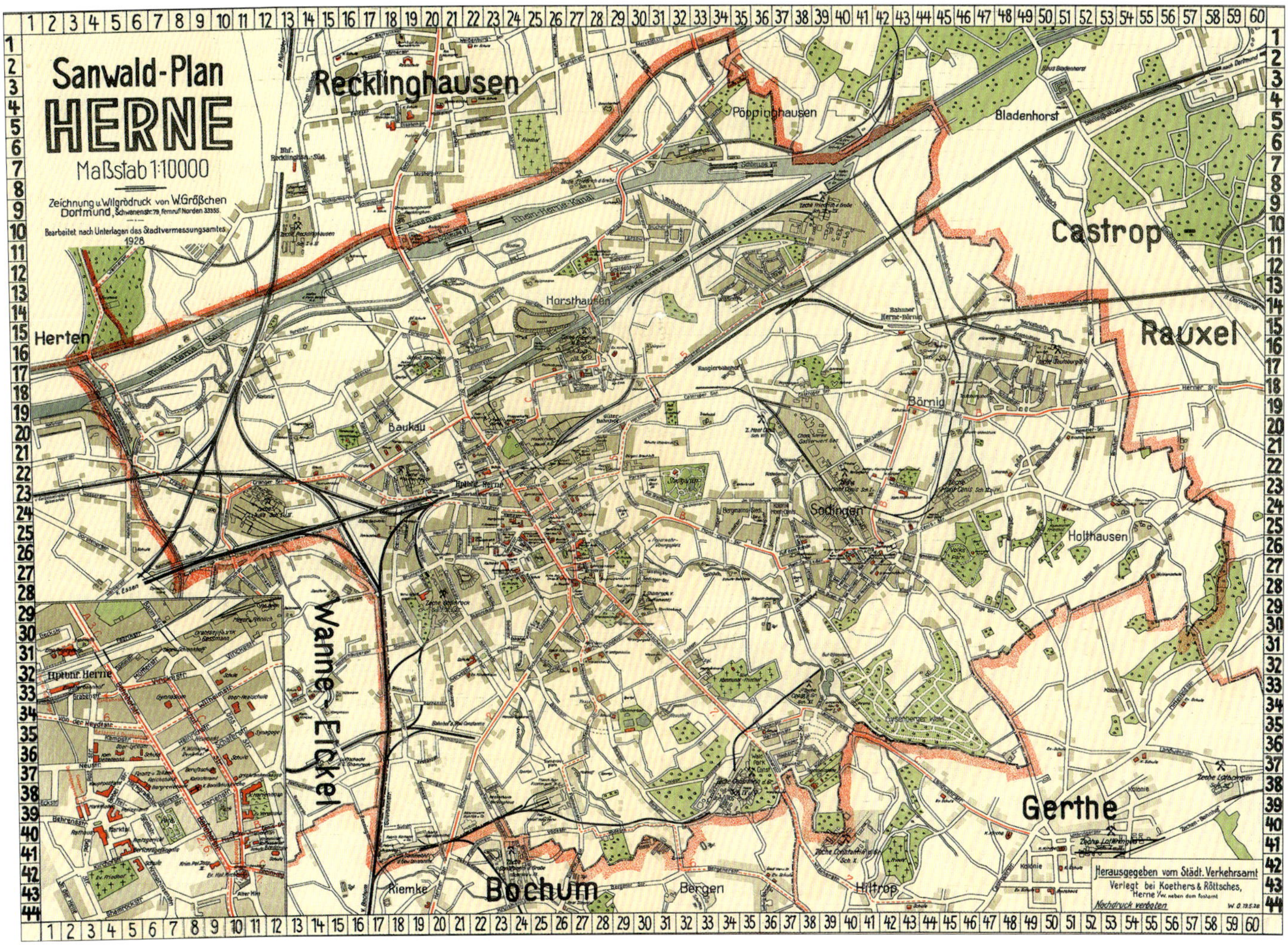

Abb. 4.3.8 Sanwald-Plan Herne 1928

Stadt Herne, FB Vermessung und Kataster

In den 1930er Jahren wurden zudem in Übereinstimmung mit dem SVR ein Wirtschaftsplan über die Art der Bodennutzung (1936), ein Verbandsgrünflächenplan (1939) und ein neuer Baustufenplan (1940) aufgestellt. Auf dieser Grundlage wurden die Grundzüge der Stadtplanung entwickelt, die es nach dem Zweiten Weltkrieg verhältnismäßig schnell ermöglichten, eine moderne Großstadt aufzubauen. Dazu gehörte die Planung des „Grünrings" als südliche Umgehung der Innenstadt für den Verkehr von und nach Sodingen und Castrop.

Ungleich stärker als die Stadt Herne, in der sich ganzheitliche Planungsziele abzuzeichnen begannen, sah sich die Stadtplanung der Stadt Wanne-Eickel einem strukturell zerrissenen Raumgebilde gegenüber; die Bahnhofsanlagen teilten das Stadtgebiet in zwei Hälften, durch den Rhein-Herne-Kanal gab es nur wenige Verbindungen nach Norden. Verstreut liegende Zechensiedlungen, das Fehlen einer dominanten städtischen Mitte und Straßen, die nicht auf eine gute städtische Verkehrsstruktur ausgerichtet waren, kennzeichneten die Ausgangssituation. Mehr noch als Herne zeigte Wanne-Eickel eine anurbane, nur von den Raumansprüchen der Montanindustrien geprägte Struktur. Nach der Erhebung zur Stadt wurde es auch hier als vorrangige Aufgabe angesehen, die Lücken zwischen den ehemaligen Gemeinden zu schließen und sowohl die innere Verkehrsstruktur als auch das städtebauliche Gesamtbild zu verbessern.

Abb. 4.3.9 Bahnhofstraße nach der Verbreiterung 1938

Stadt Herne, Bildarchiv

Foto: H.-W. Wehling 2019

Abb. 4.3.10 Hansa-Haus 1927/28 (Bebelstraße 12–16/ Neustraße 19–21)

Das nach einem Entwurf des Architekten Karl Veuhoff errichtete Gebäude ist typisch für die städtischen Wohn- und Geschäftsbauten der Weimarer Republik und in seiner Architektur prägend im Behördenviertel. Typische Gestaltungselemente sind hervorspringende Mittelrisalite und Erker, hinter denen sich großzügige Wohnungen verbergen, die den Wunsch nach Repräsentation des damaligen gehobenen Bürgertums befriedigten. Das Gebäude wurde 1992 unter Denkmalschutz gestellt.

Die wichtigste Entwicklung der 1920er Jahre war in beiden Städten die bauliche Verdichtung und funktionale Stärkung der Zentren. An der Bahnhof- bzw. der Hauptstraße entstanden zwischen 1925 und 1929/30 große Wohngeschäftshäuser mit Klinker- und Putzfassaden, zum Teil als dominante Eckbauten. In beiden Städten wurden die innerstädtischen Verkehrsachsen verbreitert, indem die Alleebäume gefällt und die Bürgersteige verschmälert wurden. Die Geschäftsnutzung breitete sich aus, vorhandene Betriebe wurden erweitert, Spezialgeschäfte entstanden; nach ersten Ansätzen vor dem Ersten Weltkrieg – z. B. die Kaufhäuser Voorgang (1901), Eickemann (1905) und Fischer (1911) – breiteten sich Kaufhäuser als neue Verkaufsform aus, unter anderem die Kaufhäuser Knaden (1927), Wehling (1928) und Sinn (1929). Fast alle Neubauten wurden, mit zum Teil geringerer Geschosshöhe als die Vorgängerbauten, viergeschossig errichtet. Nach 1929/30 kam die Neubautätigkeit allerdings zum Erliegen; insgesamt war in Herne die schönste Prachtstraße des Ruhrgebiets entstanden.

Funktional verlagerte sich das Zentrum endgültig aus dem Bereich des ehemaligen Dorfes rund um die Kreuzkirche in den Bereich um das Rathaus. Das Polizeipräsidium (1926–1929) ergänzte die vorhandenen öffentlichen Gebäude am Friedrich-Ebert-Platz und bildete mit ihnen das räumlich geschlossene Zentrum eines Behördenviertels. Ergänzend kamen das 1929 bis 1930 errichtete Sparkassengebäude (heute Bürgeramt) und ein expressionistischer Klinkeranbau an die Hauptpost hinzu; weiterhin gehörten die Gebäude der Reichsbank (1924) und des Finanzamtes (1925/26), die beide 2009 abgerissen wurden, zu diesem Viertel. Mit dieser Konzentration öffentlicher Gebäude verfolgte man das etwa zeitgleich auch in Buer und Bottrop realisierte Konzept, durch die gleichzeitige oder sukzessive Ansiedlung öffentlicher Gebäude in einem spezifischen funktionalen Viertel der ungeordneten industriellen Siedlungslandschaft eine funktionale Mitte zu geben.

Foto: H.-W. Wehling 2019

Abb. 4.3.11 Wohnanlage „Roter Block" – Sparkassengebäude und Ansicht von Osten 1927–1929

In gestaffelten Viertelkreisen vermieden die Architekten Georg Gobrecht und Ferdinand Revermann rechte Winkel und erzeugten einen dynamischen Übergang um zwei Straßenecken. Der „Rote Block" ist ein hochwertiges Ensemble des Neuen Bauens, das sich von der übrigen Blockrandbebauung aus dem späten 19. und frühen 20. Jh. hinsichtlich des verwendeten Materials und der extravaganten Formen absetzt und 1988 unter Denkmalschutz gestellt wurde.

Fotos: H.-W. Wehling 2019

Abb. 4.3.12 Hochbunker an der Roonstraße, auf dem Kirmesplatz in Crange und an der Mont-Cenis-Straße

Im Stadtgebiet ist noch eine Reihe von Bunkeranlagen erhalten; einige Hochbunker sind zu Landmarken geworden. Der ab 1936 erbaute Spitzbunker, auch „Betonzigarre“ oder „Zuckerhut“ genannt, der für etwa 600 Personen ausgelegt war, wurde 2009 unter Denkmalschutz gestellt. Auf dem Eingang zum Schutzbunker der Zeche Unser Fritz, Schacht 5, der mitten auf dem Platz der Cranger Kirmes steht, errichtete der Wanne-Eickeler Konzeptkünstler Helmut Bettenhausen 2007 aus Stahlblech ein Migrationsobjekt. Der Hochbunker an der Mont-Cenis-Straße wurde farblich gestaltet und zeitweilig als Musiktreff genutzt.

Die Architektur des Behördenviertels beeinflusste auch einige im Umkreis entstehende Wohn- und Geschäftshäuser, so das frühere Verlags- und Redaktionsgebäude des „Herner Anzeigers“ an der Bebelstraße (1926) und das Hansa-Haus an der Bebel- und Neustraße. Eine ähnliche raumprägende Wirkung hat auch der mehrere Blockseiten umfassende Wohnblock an Bahnhof-, Bismarck-, Goeben- und Steinmetzstraße.

Verstärkt wurden in den 1920er Jahren öffentliche Bauten mit hart gebrannten Zechenziegeln errichtet; der Backstein-Expressionismus wurde zum bevorzugten Baustil. Die Betonung vertikaler oder horizontaler friesartiger Gliederungen bestimmte die Gestaltung der ansonsten meist schlichten Fassaden. Der bedeutendste Bau dieser Art ist der vier- bis fünfgeschossige, in mehrere Abschnitte gegliederte „Rote Block“ in Wanne, in dem an der Hauptstraße 1928 das Sparkassengebäude eröffnet wurde. An dieses Sparkassengebäude schließen sich nach Osten in derselben Blockrandbebauung Wohngebäude an. Zusammen mit dem Telegraphenamt und anderen Wohngeschäftsbauten wurde dieses Gebäude Teil eines neuen Eingangsbereichs, der die funktionale Lücke füllen sollte, die der nach Osten verlagerte Hauptbahnhof hinterlassen hatte.

Am Beginn des Dritten Reichs kurbelte das Programm zur Arbeitsbeschaffung auch den Wohnungsbau an, wobei besonders Volkswohnungen mit 2 bis 2½ Räumen gefördert wurden; Wohnungsgesellschaften des Bergbaus arbeiteten dabei mit der Deutschen Arbeitsfront zusammen. Beispiele der einfach gestalteten, 1½-geschossigen Häuser sind die Viertel an der Berta-, Körner-, Kolping-, Düppel- und Horststraße sowie am Kuckucks-, Schwalben- und Sandfortweg. Den Häusern waren kleine Vorgärten und ein rückwärtig gelegener Gemüsegarten zugeordnet. Insgesamt war die Stadt bei der Erstellung der neuen Wohnungen bestrebt, vorhandene Baulücken zu schließen. Von 1933 bis 1938 wurden insgesamt 1.429 Wohnungen errichtet, davon 636 in Privatbauten und 536 in Genossenschaftsbauten. Doch schon 1938/39 erlahmte die Bautätigkeit und war mit Kriegsbeginn völlig beendet; die ohnehin vorhandene Wohnungsnot wurde in den Kriegsjahren durch Bombenschäden noch erhöht.

Das Ruhrgebiet erfuhr im Zweiten Weltkrieg umfangreiche Schäden als Folge unzähliger Luftangriffe. Wanne-Eickel war aufgrund seiner überregionalen Bedeutung als Eisenbahnknotenpunkt zwar häufiger Ziel von Bombardierungen – darunter besonders der Großangriffe im November 1944 – und wurde stärker zerstört als Herne, bei Kriegsende waren aber beide Städte im Vergleich zu den Nachbarstädten deutlich geringer in Mitleidenschaft gezogen worden. Nach der Trümmerstatistik für Wanne-Eickel wurden 10.000 Wohnungen leicht und etwa 700 total zerstört. In Herne wurden mehr als 1.200 Gebäude total zerstört und 1.400 mittelschwer beschädigt. Die Bahnhofstraße war allerdings eine nahezu unversehrte und äußerlich an Friedenszeiten erinnernde Geschäftsstraße geblieben und war in den Notjahren nach 1945 eine solche Seltenheit, dass sie überregional zur „Goldenen Meile“ – für Einkäufe, Gaststättenbesuche und Tanzvergnügen – und Herne zur „Goldenen Stadt des Westens“ wurde.

4 Das Herz einer neuen City

Abb. 5.0.1 Neugestaltung der Herner Innenstadt

Stadt Herne, 1976

5 Die Wirtschafts- und Stadtentwicklung 1945–2000

Der lokale Bergbau fiel nahezu vollständig der ersten Phase der Bergbaukrise zum Opfer, sodass früher als in anderen Ruhrgebietsstädten ein wirtschaftlicher Strukturwandel einsetzte. Die Stadtstruktur wurde auf ein Zentrensystem hin entwickelt, das die Beseitigung städtebaulicher und funktionaler Defizite nach sich zog. Wohnumfeldverbesserungsmaßnahmen und Projekte der IBA Emscher Park schufen im Jahrzehnt vor der Jahrhundertwende Wohnquartiere mit neuer Qualität.

5.1 Montanindustrielle Deindustrialisierung und Neu-Industrialisierung

Die Wirtschaft des Ruhrgebiets unterlag nach dem Zweiten Weltkrieg zunächst weitreichenden Produktionsbeschränkungen. Da jedoch der allgemeine Mangel an Kohle, Koks, Treibstoffen und elektrischer Energie den Wiederaufbau hemmte und zu einer Verelendung der Bevölkerung führte, erhielten die Kohlenbergwerke nicht nur recht schnell wieder eine Betriebserlaubnis, sondern auch Zuweisungen an Material und Lebensmitteln für die Beschäftigten. In den ersten Nachkriegsjahren war der Bergbau allerdings mit einem prekären Arbeitsmarkt konfrontiert. In Wanne-Eickel war die Zahl der Bergleute vor allem durch den Abgang der Fremdarbeiter von 7.310 (1943) auf 4.643 (1945), vorwiegend ältere Bergleute in schlechtem Gesundheitszustand, zusammengeschrumpft. Dementsprechend lag die Produktionsleistung 1945 80 % unter der Vorkriegsleistung. Die Militärregierung verpflichtete daher Arbeitswillige bevorzugt in den Bergbau und entließ ehemalige Bergleute vorzeitig aus der Kriegsgefangenschaft. Durch die Einstellung von Berglehrlingen und neuen Bergleuten gelang es bereits bis 1950 die Altersgliederung auf den Schachtanlagen deutlich zu verbessern; auf Shamrock sank zum Beispiel das Durchschnittsalter der Untertagarbeiter von 43,3 (1945) auf 33,8 (1950) Jahre, auf Friedrich der Große von 42,0 auf 36,2 Jahre. Zu dieser Verjüngung der Belegschaft trugen auch Neubergleute bei, die in den ersten Nachkriegsjahren aus dem Ruhrgebiet, den abgetrennten Ostgebieten, der sowjetischen Besatzungszone und aus Süddeutschland kamen und teils wegen der Vergünstigungen, die der Bergbau bot, teils wegen der fehlenden Arbeitsplätze in anderen Gebieten die Arbeit aufnahmen. Viele von ihnen wanderten allerdings ab etwa 1950 in dem Maße wieder ab, wie sich die wirtschaftlichen Verhältnisse auch in anderen Gebieten der Bundesrepublik besserten.

Anders als andere Ruhrgebietsstädte waren Herne und Wanne-Eickel weniger von den in den westlichen Besatzungszonen durchgeführten Demontagen betroffen, weil keine Rüstungsbetriebe vorhanden waren und zudem enge Verflechtungen zwischen dem von Demontagen ausgenommenen Bergbau und der übrigen Industrie bestanden. Nur das Röhren- und Schweißwerk Herne, vormals die Kuntze GmbH, wurde bis 1949 vollständig demontiert und musste neu mit Maschinen ausgestattet werden.

Überall im Ruhrgebiet wurde der Bergbau zum Motor des wirtschaftlichen Aufschwungs. Der Anteil der Steinkohle am Primärenergieverbrauch der Bundesrepublik Deutschland lag 1955 bei 70 %. Die Förderung des Ruhrgebiets erreichte 1956 mit 124,627 Millionen t den höchsten Stand der Nachkriegszeit. Dennoch fürchtete man, den Energiebedarf des dynamischen Wirtschaftswachstums nicht mehr decken zu können und propagierte eine weitere Steigerung der Förderung; die Zechengesellschaften bauten daher die Schachtanlagen aus und teuften neue Schächte ab. Bereits 1957 gab es jedoch erste Anzeichen einer Konjunkturabschwächung, und 1958 war der Absatz von Kohle und Koks stark rückläufig. Die Ursachen waren eine gesunkene Auftragslage in der Eisen- und Stahlindustrie, eine überhöhte Einfuhr amerikanischer Kohlen, vor allem aber der strukturelle Wandel des Energiemarktes; Erdöl etablierte sich in den Haushalten und in vielen Industriezweigen als neuer Energielieferant.

Die schlechte Absatzlage zwang die Ruhrzechen, Kohle und Koks in steigendem Maße auf Halde zu nehmen; Ende 1958 waren es insgesamt 7,334 Millionen t Kohle und 4,919 Millionen t Koks. Lagerkosten und Feierschichten führten zu einem starken Kostenanstieg, durch die Einführung der 5-Tage-Woche ab April 1959 verringerte sich die Zahl der verfahrenen Schichten zusätzlich. Der Ruhrbergbau reagierte mit der Schließung von Zechen und steigerte die Schichtleistung durch eine zunehmende Mechanisierung unter Tage bei abnehmender Belegschaft. Die Zahl der Bergbaubeschäftigten sank von 494.000 (1957) auf 344.000 (1963), die Förderung ging auf 117,2 Millionen t (1963) zurück.

Im Gegensatz zu vergangenen Krisen, die als konjunkturell begriffen wurden und nicht zu einer Veränderung der ökonomischen und sozialen Struktur des Ruhrgebiets führten, leitete diese Kohlenkrise einen langen strukturellen Wandel ein.

Die Beschäftigungsstruktur

Die Entwicklung der Beschäftigten in Herne und Wanne-Eickel spiegelt bis 1961 den wirtschaftlichen Nachkriegsaufschwung und danach eine sich beschleunigende Deindustrialisierung wider. Bis 1961 stieg die Zahl aller Beschäftigten um 31,8 %, die der Bergbau- und Industriebeschäftigten um 12,7 %; bis 1987 sank die Gesamtbeschäftigung um 26,8 %, die in Bergbau und Industrie um 59,7 %. Dominiert wurde diese Deindustrialisierung, die in Alt-Herne früher einsetzte als in Wanne-Eickel, vom absoluten Rückgang der Bergbaubeschäftigten; ihr Anteil an allen Industriebeschäftigten sank von 60,1 % (1950) über 48,4 % (1961) auf 28,7 % (1987). Im gleichen Zeitraum weitete die Bauwirtschaft, vor allem durch die Entwicklung der Firma Heitkamp, ihren Beschäftigungsanteil beträchtlich aus und erhöhte sich – weitgehend gleichsinnig in Alt-Herne und Wanne-Eickel – der Anteil der Dienstleistungsbeschäftigten

Tab. 5.1.1 Beschäftigte in Herne und Wanne-Eickel, 1950–1987, nach Wirtschaftsabteilungen

Wirtschaftsabteilung	1950			1961			1970			1987
	Alt-Herne	Wanne-Eickel	Gesamt	Alt-Herne	Wanne-Eickel	Gesamt	Alt-Herne	Wanne-Eickel	Gesamt	Herne
Land- und Forstwirtschaft, Gärtnerei, Tierzucht, Fischerei	29	20	49	26	120	146	70	103	173	223
Energiewirtschaft, Wasserversorgung, Bergbau	15.386	7.959	23.345	11.934	9.291	21.225	3.602	2.142	5.744	10.370
Verarbeitendes Gewerbe	9.611	5.906	15.517	12.184	10.404	22.588	11.641	9.199	20.840	12.941
Baugewerbe	2.516	2.943	5.459	2.987	6.845	9.832	1.842	8.617	10.459	7.682
Handel	4.996	3.460	8.456	6.584	5.070	11.654	5.245	4.226	9.471	5.880
Verkehr und Nachrichtenübermittlung	1.200	3.596	4.796	1.212	3.943	5.155	1.161	3.534	4.695	2.626
Kredit- und Versicherungsgewerbe	193	130	323	346	214	560	419	295	714	656
Dienstleistungen	2.803	2.071	4.874	2.772	4.456	5.739	3.039	2.695	5.734	7.347
Organisationen ohne Erwerbscharakter				838		1.489	1.448	1.001	2.449	
Gebietskörperschaften, Sozialversicherung	1.399	909	2.308	2.449	1.102	4.429	2.618	2.263	4.881	3.369
Gesamt	**36.734**	**26.085**	**62.819**	**41.332**	**41.485**	**82.817**	**31.085**	**34.075**	**65.160**	**51.094**

Anm.: Der Gliederung des tertiären Sektors liegen in den einzelnen Jahren unterschiedliche Systematiken zugrunde.

Stadt Herne, Statistikstelle

Störmer 1953; Bearbeitung: Sabrina Henschel, Gudrun Reichert

Abb. 5.1.1 Wirtschaftskarte Herne 1953

an der Gesamtbeschäftigung von 29,4 % (1950) über 35,0 % (1961) und 42,9 % (1970) auf 58,1 % (1987). Diese relative Zunahme der Dienstleistungsbeschäftigten war begleitet und verursacht von einer grundlegenden Veränderung der gesamten Wirtschaftsstruktur.

Die Beschäftigtenstruktur Hernes hat im Zeitraum von 1950 bis 1970 starke Veränderungen erfahren. Konnte man 1950 und 1961 mit Beschäftigungsanteilen von 41,0 % und 28,3 % noch von einer dominierenden Bergbauabhängigkeit der Herner Wirtschaft sprechen, fiel dieser Anteil 1970 auf 11,8 % ab. Dieser Rückgang ist die Ursache für den Beschäftigungsrückgang im gesamten sekundären Sektor, dessen Beschäftigungsanteil von 72,2 % (1950) auf 65,5 % (1961) und schließlich auf 57,8 % (1970) sank. Innerhalb dieses schrumpfenden sekundären Sektors stiegen im gleichen Zeitraum die Eisen- und Metallerzeugung und -verarbeitung und das übrige verarbeitende Gewerbe von 25,5 % (1950) über 29,5 % (1961) auf 40,3 % (1970) der Beschäftigten.

In zunehmendem Maße führte die unattraktive Arbeitsplatzstruktur von Alt-Herne und Wanne-Eickel zu einem ausgeprägten Auspendlerüberschuss. Die vorwiegend jungen Erwerbstätigen orientierten sich mehrheitlich nach Bochum, in geringerem Maße auch nach Castrop-Rauxel, Gelsenkirchen und Recklinghausen; der Austausch von Arbeitskräften zwischen Wanne-Eickel und Herne war nachrangig. Diese räumliche Orientierung der Pendler beeinflusste bis zu einem gewissen Grad auch die Einkaufsorientierung. Herne war und ist von attraktiven Einkaufszentren umgeben; daher wurde 1970 vor dem Hintergrund einer rückläufigen Beschäftigung im

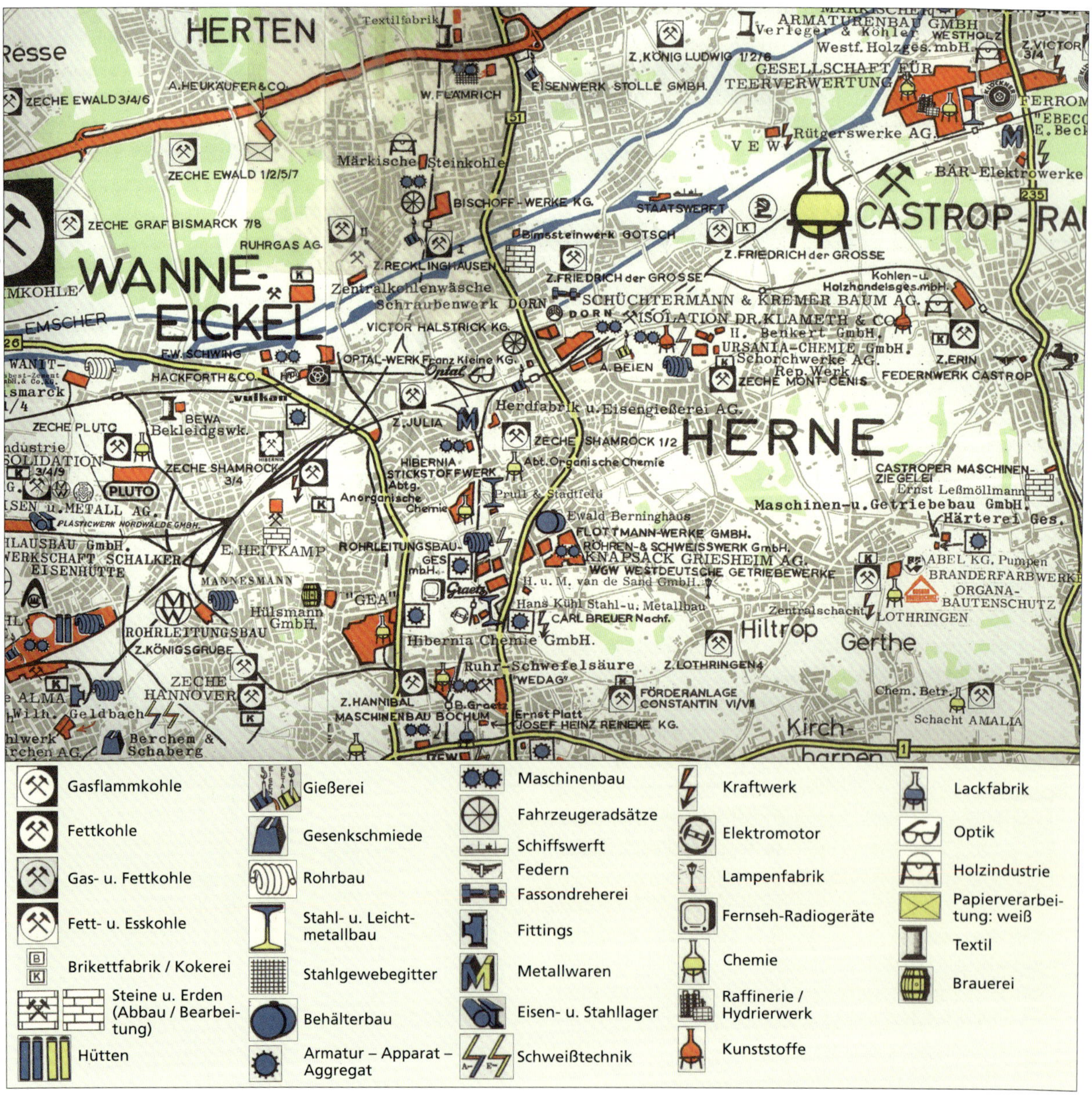

Industrie- und Verkehrskarten-Institut 1962; Bearbeitung: Sabrina Henschel, Gudrun Reichert

Abb. 5.1.2 Wirtschaftskarte Herne 1962

Handel für Alt-Herne eine Kaufkraftbindung von nur 70 % und für Alt-Wanne-Eickel von nur 50 bis 55 %, dagegen aber eine beträchtliche Käuferorientierung nach Bochum ermittelt.

Der Bergbau

Die Entwicklung der Herner Zechen spiegelt den regionalen wirtschaftlichen Wandel wider. Bis Ende der 1950er Jahre blieb der Bergbau der wirtschaftliche Leitsektor mit über 11.500 Beschäftigten und einem Beschäftigtenanteil von 25,2 % in Herne und etwa 10.700 bzw. 24,8 % in Wanne-Eickel. In einer ersten Phase des Niedergangs wurden die Schachtanlagen Julia, Friedrich der Große 1/2, Shamrock 1/2, Constantin 4/5, Königsgrube und Pluto/Thies stillgelegt. Als Nachzügler folgten in den 1970er Jahren Mont-Cenis, Pluto/Wilhelm und Friedrich der Große 3/4. Damit war im regionalen Vergleich die bergbauliche Grundlage der lokalen Wirtschaft recht früh verschwunden. Dementsprechend setzte auch recht frühzeitig ein struktureller Wandel ein, der die Schließung bergbaulicher Zulieferbetriebe ebenso beinhaltete wie die Ansiedlung neuer Branchen.

1962 legte die Bundesregierung einen Gesetzesentwurf für die Gewährung von Prämien für die Stilllegung von Steinkohlenbergwerken vor, um unrentable Betriebe schneller stillzulegen und die Förderung auf ertragreiche und wirtschaftlich effiziente Anlagen zu konzentrieren.

1924 war die Zeche Königsgrube aus dem Besitz der Magdeburger Bergwerks-AG in den der Deutschen Erdöl-Aktiengesellschaft (DEA) übergegangen. Im Zuge der Neuordnung des deutschen Steinkohlenbergbaus nach alliierten Vorgaben verkaufte die DEA 1954 die Zeche Königsgrube an die in der Nachbarschaft aus ehemaligen Kruppzechen gebildete Steinkohlenbergwerk Hannover-Hannibal AG in Bochum-Hordel; alle drei Zechen wurden in den Folgejahren zu einem Verbundbergwerk umge-

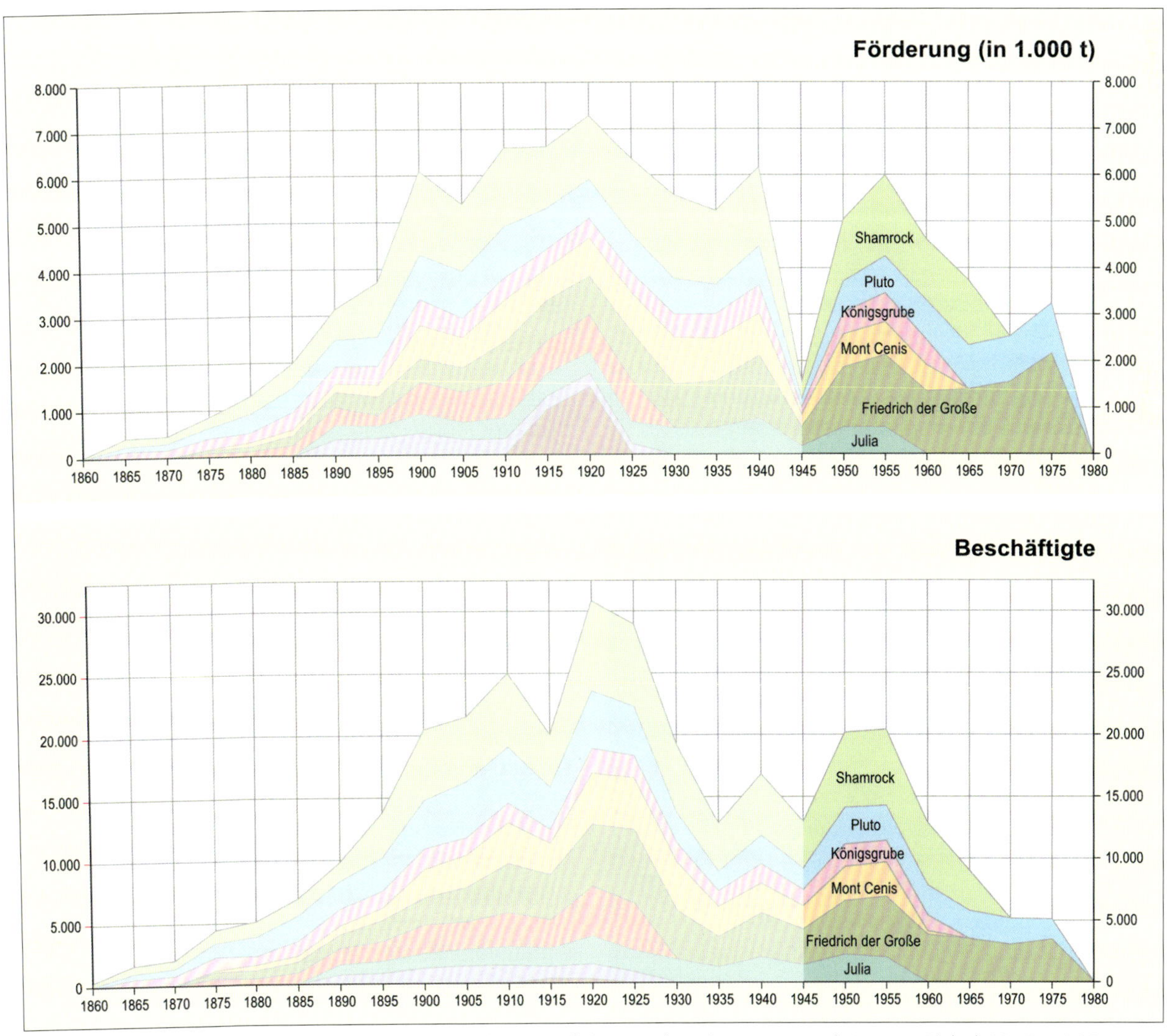

Abb. 5.1.3 Steinkohlenförderung und Beschäftigte auf den Zechen in Herne und Wanne-Eickel 1945–1980

nach Huske 2006

Tab. 5.1.2 Entwicklung der Zechen in Herne und Wanne-Eickel seit 1935

Zeche	Teufbeginn	Förderbeginn	1935	1940	1945	1950	1955	1960	1965	1970	1975	Förder-einstellung	Jahr der Übernahme durch	Stilllegung der Tagesanlagen
			Belegschaft *Förderung in Tonnen*											
Unser Fritz	1871	1874										1928	Consolidation, 1929	1993
Pluto	1857	1862	1.545 *640.360*	2.301 *842.080*	1.711 *211.770*	3.013 *669.070*	2.871 *792.600*	2.402 *841.100*	2.238 *940.000*	2.102 *976.500*	1.640 *1.076.144*	1976	Consolidation, 1976	1993
Königsgrube	1856	1863	1.259 *522.813*	1.566 *611.232*	1.307 *125.800*	1.794 *468.589*	1.726 *615.939*	1.199 *541.028*				1961	Hannover, 1961	1967
Teutoburgia	1909	1911										1925	Erin, 1929	1983
Mont Cenis	1871	1875	2.402 *909.314*	2.385 *898.585*	1.860 *274.573*	2.764 *708.094*	2.759 *707.799*	2.136 *558.630*				1978	Friedrich der Große, 1973	1978
Shamrock	1857	1860	3.919 *1.582.304*	4.975 *1.688.800*	3.755 *332.043*	6.040 *1.327.512*	6.128 *1.746.825*	5.012 *1.317.007*	3.169 *1.401.438*			1967	General Blumenthal, 1967	2001
Julia	1867	1869	1.236 *571.763*	2.037 *772.347*	1.397 *173.160*	2.235 *500.465*	1.996 *578.000*	4.845 *1.511.991*				1966		1966
Von der Heydt	1864	1866										1918	Julia, 1928	1964
Friedrich der Große	1870	1874	2.435 *1.009.790*	3.573 *1.350.562*	2.874 *407.644*	4.365 *1.286.747*	4.928 *1.557.684*	3.845 *1.359.264*	3.496 *1.400.647*	3.038 *1.556.438*	3.457 *2.162.206*	1978		1978
Constantin der Große[1]	1893	1895	6.079 *2.307.631*	6.080 *2.095.435*	4.551 *547.277*	5.498 *1.406.791*	5.343 *1.456.747*	4.115 *1.330.913*	3.817 *1.607.727*			1962		1964
Hannibal	1872	1876	1.513 *744.025*	2.199 *1.060.654*	2.343 *1.006891*	1.121 *37.986*	1.988 *593.720*	1.945 *714.353*	1.525 *624.896*			1964		1973

[1] Zeche mit Hauptsitz in Bochum und einigen Tagesanlagen auf Herner Stadtgebiet

baut. Danach wurden auf der Zeche Königsgrube 1956 die Aufbereitungsanlagen stillgelegt und 1961 unter dem Eindruck der Absatzschwierigkeiten die Förderung eingestellt; das Grubenfeld wurde von der Zeche Hannover übernommen. Die endgültige Stilllegung erfolgte 1967, der Abbruch der Tagesanlagen 1974.

Bereits 1963 hatte die Firma Krupp als Eigentümerin der Zeche Constantin der Große die Baufelder Constantin 4/5, 10 und 11 zur Stilllegung angemeldet. Mit der Einstellung der Seilfahrt wurde 1964 die Schachtanlage Constantin 4/5 aufgegeben und das Fördergerüst des bereits verfüllten Schachtes 11 gesprengt. Unter Tage waren Vorbereitungen getroffen worden, um die restliche Förderung der Zechen Constantin und Mont Cenis über den Schacht Hannover 2 zu fördern. Dementsprechend wurden 1964 auch die restlichen Anlagen der Zeche Constantin stillgelegt.

Die Zeche Julia hatte bereits 1939 mit 814.788 t die höchste Jahresförderung in ihrer Geschichte erreicht; 1945 war die Förderung auf nur 173.000 t gefallen. Zur Vorbereitung der Stilllegung wurden 1950 und 1954 Durchschläge mit der Nachbarzeche Recklinghausen 2 hergestellt. Nach dem endgültigen Verbund wurde die Zeche 1957 in Julia/Recklinghausen umbenannt und die Förderung in Recklinghausen konzentriert. Die Tagesanlagen der Zeche Julia wurden 1961 stillgelegt und die Schächte bis 1968 sukzessive verfüllt.

Auch auf der Zeche Shamrock war der Wiederaufbau mit Modernisierungen verbunden. Von 1957 bis 1961 wurde der Zentralförderschacht 11 abgeteuft, worauf alle anderen Schächte aufgegeben wurden. Nachdem 1967 der Durchschlag am Schacht 11 zur Zeche General Blumenthal fertiggestellt war, gehörten die Anlagen als Schacht 11 zur Zeche General Blumenthal – ab 1992 Blumenthal/Haard –, und die Zeche Shamrock wurde stillgelegt. Da jedoch moderne Übertageanlagen vorhanden waren, wurde noch bis 2001 Kohle aus dem Bereich Recklinghausen im Schacht 11 zutage gefördert und in der Kohlenwäsche aufbereitet.

Auf dem Gelände der aufgegebenen Anlage Shamrock 1/2/6/9 blieb jedoch die Produktion

Stadt Herne, Stadtarchiv

Abb. 5.1.4 Zeche Shamrock 1965

Abb. 5.1.5 Mont Cenis 1/3, Halden und Kokerei, vom Volksparkturm aus, 1957

von Ethylen, Ethanol und Hyroperoxid bestehen und wurde bis in die 1970er Jahre ausgebaut; ab 1965 kam die Isopropanol-Produktion hinzu. Nach 1980 war die Anlage zunächst Teil des überlokalen Chemie-Verbunds der Chemischen Werke Hüls und wechselte aber ab 1998 mehrfach den Besitzer, bis sie 2001 von dem südafrikanischen Konzern Sasol Ltd. übernommen wurde. Sasol Solvents stellte vor allem sauerstoffhaltige Lösemittel her (Isopropanol, Ethanol), die von der chemischen Industrie in Kosmetika, Haarsprays, Farben und Lacken verarbeitet werden. 2014 wurde das Werk mit dieser Produktion an den Chemiekonzern INEOS verkauft.

Auf der Schachtanlage Pluto 2/3 (Wilhelm) konnte während des Kriegs nur durch den massiven Einsatz von Kriegsgefangenen eine gleichbleibend hohe Förderung erreicht werden. Nach Kriegsende wurde Schacht 3 zum Hauptförderschacht, und die Tagesanlagen wurden nach Plänen des Architekten Fritz Schupp, der zusammen mit Martin Kremmer auch die Tagesanlagen von Schacht 12 der Essener Zeche Zollverein geplant hatte, modernisiert. Gerade als mit diesen Neuerungen erstmalig 1962 eine Tagesförderung von über 4.000 t erreicht wurde und die Rentabilität gesichert schien, führte auch bei Pluto die Kohlekrise dazu, dass die Halden wuchsen. Eine 1967 beschlossene Stilllegung wurde jedoch angesichts massiver Proteste und der anstehenden Neuordnung der deutschen Steinkohle ausgesetzt und die Zeche Pluto 1971 erst durch die Ruhrkohle AG mit der benachbarten Gelsenkirchener Zeche Consolidation zu einer Verbundanlage zusammengelegt. Mit der endgültigen Stilllegung im Jahr 1976 kamen die Felder und Schächte an die Zeche Consolidation, und die ehemalige Bergbaustadt Wanne-Eickel verlor ihre letzte Zeche.

In dem Baufeld Unser Fritz, das bereits seit 1923 mit der Zeche Consolidation verbunden war, wurden in den Jahren des Nachkriegsaufschwungs neue Bergbautechnologien – wie zum Beispiel Schüttelrutschen in den Streben – getestet. Die Bergbaukrise brachte auch hier die Einstellung der Förderung und 1993 die völlige Aufgabe. Von den Tagesanlagen ist zum einen der denkmalgeschützte Malakowtum von Schacht 1 übriggeblieben, zum anderen ist in aufstehenden Gebäuden der seit 1925 stillgelegten Schachtanlage 2/3 seit den 1960er Jahren ein lokales Zentrum für Künstler, die Künstlerzeche Unser Fritz, entstanden.

Auf der Zeche Mont Cenis, die 1939/40 von der Zeche Constantin übernommen worden war, wurde nach dem Krieg die Förderung schnell wiederaufgenommen. Da auch hier der Wiederaufbau mit Rationalisierungsmaßnahmen einherging, wurde bereits 1950 mit 708.000 t ein erster Höchststand nach dem Zweiten Weltkrieg erreicht. Die Kohlenkrise führte jedoch auch hier 1958/59 zu Feierschichten; 1960 lagen rund 48.000 t Kohle und Koks auf Halde. Daher wurden in den folgenden Jahren unrentable Betriebsanlagen stillgelegt, beginnend 1961 mit der Kokerei. Nach dem Durchschlag mit Constantin kam die Förderung aus dem Baufeld Mont Cenis 1963 zum Erliegen, und die Kohle wurde unter Tage zum Zentralschacht Constantin 6/7 transportiert; 1967 kam ein Förderverbund mit der Zeche Hannibal hinzu. 1969 wurde zwar die Anlage 2/4 aufgegeben, Schacht 1 aber weitergeteuft, um 1972/73 auf der 1.300 m-Sohle einen Durchschlag mit der Zeche Friedrich der Große herzustellen, die die Förderung von Mont Cenis und eines Teils der bereits stillgelegten Zeche Victor/Ickern in Castrop-Rauxel übernahm.

Die vollständige Zerstörung der Zeche Friedrich der Große durch den Volkssturm war im Frühjahr 1945 verhindert worden, sodass bereits im Oktober wieder die volle Förderung aufgenommen werden konnte und schon 1950 die Vorkriegsförderung wieder erreicht wurde. Laufende Modernisierungen machten die Zeche bald zu einer mit hohem Mechanisierungsgrad. Zudem wurde 1967 Schacht 6 als Zentralförderschacht in Betrieb genom-

Stadt Herne, Bildarchiv

Abb. 5.1.6 Zeche Friedrich der Große 1974

Fotos: H.-W. Wehling 2019/2020; https://commons.wikimedia.org/wiki/File:Bergwerk_Blumenthal_ Haard_XI.JPG?uselang=de (abgerufen am 28.7.2021)

Abb. 5.1.7 Fördertürme im Vergleich – Malakowturm „Unser Fritz" (1873, seit 1991 unter Denkmalschutz) – Strebengerüst „Teutoburgia" (1907, seit 1984 unter Denkmalschutz) – Doppelstrebengerüst „Pluto" (1953, seit 1999 unter Denkmalschutz) – Turmfördergerüst „Shamrock/General Blumenthal 11" (2013/14 abgerissen)

men, während die Schachtanlage 1/2 stillgelegt wurde. Innerhalb der neu gegründeten Ruhrkohle AG gehörte die Zeche ab 1969 der Bergbau AG Essen, ab 1972 der Bergbau AG Herne/Recklinghausen an. Zwar wurde 1974 noch die höchste Förderung von 2.213.022 t erreicht, die Kokerei aber bereits stillgelegt. In den Folgejahren reduzierten sich zunehmend die bauwürdigen Flöze, sodass 1978 die Förderung auf Friedrich der Große-Mont Cenis eingestellt wurde und die Bergleute auf umliegende Zechen in Recklinghausen, Herten, Oer-Erkenschwick und Gelsenkirchen umgesetzt wurden.

Das kriegszerstörte Hibernia-Stickstoffwerk wurde recht schnell wiederaufgebaut und erreichte bereits 1955 das Dreifache der Vorkriegsproduktion; als Folge der alliierten Entflechtung der regionalen Montanindustrie gehörte es seit 1950 zur Ruhr-Stickstoff-AG. Zwischen diesem Werk und der seiner zuliefernden Kokerei Shamrock einerseits sowie den Kokereien in Gelsenkirchen-Hassel und Gelsenkirchen-Scholven mit der angeschlossenen Scholven-Chemie andererseits entwickelte sich in den folgenden Jahren ein Chemie-Verbund, der weiterhin Verbindungen mit der Phenol-Chemie in Gladbeck-Zweckel und mit den Chemischen Werken Hüls aufbaute. 1974 übernahm die Veba AG die Aktienmehrheit; ihre Tochter Chemische Werke Hüls verkaufte die Ruhr-Stickstoff AG 1985 an die norwegische Norsk Hydro, die 1990 das ehemalige Hibernia-Stickstoffwerk stilllegte.

Auf dem Hannibalgelände wurde das Kruppsche Treibstoffwerk 1947 als Krupp Kohlechemie GmbH wieder in Betrieb genommen, um dem damaligen Mangel an Waschmitteln und Seifen abzuhelfen. 1961 wurde es an die Hibernia-Chemie verkauft. Diese begann 1967 die Produktion von Isophoronen, die als Lackrohstoffe zunehmend wichtig wurden. Darüber hinaus werden spezielle Komponenten für die Lackindustrie, Grundstoffe für Schuhcremes sowie für Fußboden- und Lederbeschichtungen hergestellt.

Stadt Herne, Bildarchiv

Abb. 5.1.8 VEBA-Stickstoffwerk um 1970

Foto: Robert Grabski (Sammlung Ralf Piorr)

Abb. 5.1.9 STEAG-Kraftwerk 1965

In Baukau ging 1963 das STEAG-Steinkohlenkraftwerk mit zwei Blöcken von jeweils 150 Megawatt Leistung ans Netz; 1966 kam Block 3 mit 280 Megawatt hinzu. Wie der 1989 gebaute vierte Kraftwerksblock mit 449 MW Leistung konnte auch Block 3 bei Bedarf Fernwärme bereitstellen. Block 1 wurde im Jahr 2000, Block 2 2014 und Block 3 2017 stillgelegt. Der Bau eines fünften Kraftwerksblocks fiel der Wirtschaftskrise von 2009, den niedrigen Strompreisen und den wenig lukrativen Geschäftsaussichten für Kohlekraftwerke zum Opfer. Stattdessen entstand als „Herne 6" ein Gas-und-Dampf-Kraftwerk, das 608 MW elektrische und 400 MW thermische Leistung erbringen soll. Die Bauarbeiten begannen Anfang 2019, der Block soll weite Teile des Ruhrgebiets über eine 23 km lange Leitung mit Fernwärme versorgen.

Das verarbeitende Gewerbe

Neben dem Bergbau wurde die Eisen- und Metallverarbeitung zu einem wichtigen Wirtschaftszweig; von dem Aufschwung der Nachkriegsjahre profitierten dabei zunächst die Bergbauzulieferunternehmen der Vorkriegszeit. Mitte der 1950er Jahre waren zwei Drittel der Beschäftigten Hernes im Bergbau beschäftigt oder vom Bergbau abhängig – auf den fünf großen Zechen oder bei den Zulieferer-unternehmen Beien, Flottmann und Halstrick.

In der **Eisengießerei und Maschinenfabrik Beien** war die Belegschaft bis 1951 auf 400 Beschäftigte gewachsen; die Firma, die hauptsächlich Maschinen für die Kohlengewinnung und -förderung herstellte, hielt 1950 einen Marktanteil von 25 % an der deutschen Gesamtproduktion von Streb- und Streckenfördermitteln. Mit der Herstellung von Blasversatzmaschinen und „Beien-Druckluftmotoren" erlangte sie Weltruf. 1970 ging die Firma in das Eigentum der Klöckner-Ferromatik GmbH über, fiel aber letztlich als typischer Bergbauzulieferbetrieb der Montankrise zum Opfer; 1976/77 wurde die Produktion in Herne eingestellt und im Werk Castrop-Rauxel weitergeführt. Von den zuletzt rund 520 Beschäftigten gingen etwa 450 in die neue Produktionsstätte.

Die **Flottmann-Werke** standen in der unmittelbaren Nachkriegszeit auf der Demontageliste der Alliierten, nicht zuletzt wegen der Nähe des 1944 verstorbenen Inhabers zum Nationalsozialismus und der Beschäftigung von Zwangsarbeitern. Das Auslandsgeschäft, das zuvor 40 % der Produktion ausgemacht hatte, war zusammengebrochen und konnte wegen der Importbeschränkungen etlicher Länder nur langsam wiederaufgenommen werden. Aufgrund der wichtigen Zulieferfunktion für den heimischen Bergbau konnte jedoch der Betrieb relativ schnell wiederaufgenommen werden; 1950 hatte das Unternehmen wieder etwa 1.000 Beschäftigte. Neben dem bewährten Bohrhammer wurden nun auch Druckluftwerkzeuge und Drucklufterzeuger für den Straßenbau produziert. In der Bergbaukrise wusste sich das Unternehmen jedoch nicht aus der einseitigen Orientierung auf den Bergbau zu lösen. Bis 1969 hatte sich die Mitarbeiterzahl auf 700 verringert, und 1977, als sich die Familie aus dem Unternehmen zurückzog, gab es nur noch 150 Mitarbeiter. 1983 verlagerte man den Hauptstandort zur Baukauer Straße, und aus der alten Fabrik gingen 1986 die Flottmann-Hallen als Kulturzentrum hervor. Nach einem vergeblichen Versuch der Sanierung übernahm 1988 das MAN-Tochterunternehmen Ecoair für Drucklufttechnik den Betrieb, verkaufte ihn jedoch 1994 an die Ingersoll Rand Company, die die Produktion schließlich nach Manchester verlagerte und den Standort Herne aufgab.

Die Bergbauzulieferfirma **Victor Halstrick KG**, deren Betriebsgebäude erhebliche Bombenschäden erlitten hatten, musste zunächst die verbliebenen Produktionsstätten wiederaufbauen. Bis 1949 war die Beschäftigtenzahl zwar wieder auf 197 angestiegen, zunehmende Schwierigkeiten bei der Materialbeschaffung und zögerliche Aufträge seitens des Bergbaus ließen die Produktion dann aber nur langsam anlaufen. Die Firma musste infolge des Zechensterbens die Produktion schließlich 1973 einstellen.

Auch die **Schraubenwerk Dorn GmbH** kam nach dem Krieg recht schnell aus ihrem Beschäftigungstief heraus und erreichte 1949 ihren Höchststand mit 717 Mitarbeitern. Um der Überproduktion an Schrauben in den Jahren 1949 und 1950 zu entgehen, wurde das Auslandsgeschäft seitdem auf 25–30 % ausgebaut. In den folgenden Jahren wurde die Produktivität mittels moderner Maschinen gesteigert, und durch Firmenzusammenschluss erfolgte 1981 die Umfirmierung in Knipping-Dorn GmbH. Nunmehr wurden verstärkt Schrauben als Sonder- und Zeichnungsteile für die Auto- und

Stadt Herne, Bildarchiv

Abb. 5.1.10 Schraubenwerk Dorn Ende der 1950er Jahre

Die Aufnahme zeigt im Mittelgrund die Firma Dorn, im Hintergrund Halden der Zeche Friedrich der Große, im Vordergrund die heutige Realschule Strünkede und das Mulvany Berufskolleg.

Nutzfahrzeugindustrie, den Bergbau sowie den Maschinen- und Anlagenbau produziert. Anfang 1993 beschloss allerdings die Knipping-Holding in Gummersbach, den Herner Betrieb zu schließen und die Maschinen einschließlich Kundenstamm an die Peiner Umformtechnik zu verkaufen, die dieselben Qualitätsschrauben und Verbindungselemente für BMW, Mercedes und Ford produzierte. Trotz lokaler Proteste und der Hilfsangebote der kommunalen Wirtschaftsförderung schloss der ehemals bedeutende eisenverarbeitende Bergbauzulieferer mit zuletzt 200 Mitarbeitern Ende 1993 endgültig.

In der Dampfkessel- und Apparatebaufirma **Ewald Berninghaus** kam trotz starker Kriegsschäden die Produktion gleich nach dem Zweiten Weltkrieg wieder in Gang. 1962 übernahm der Werksdirektor Fritz Becker die Firma als Maschinenfabrik Fritz Becker & Co., bis er sie 1977 an die Bergrohr GmbH verkaufte.

Die **Herdfabrik und Eisengießerei AG** – Großaktionär war die Moritz Fiege AG in Bochum – erweiterte in den 1950er Jahrenihre Produktpalette um Elektroherde und Ölöfen; 1970 kamen der Allgas-Heizofen „Algamat" und ein Einbau-Nachtstromspeicherofen hinzu. Diese Innovationen waren aber schon die ersten Anzeichen für den Niedergang, denn die Kohlenofenproduktion sank bis Ende 1970 um 70 Prozent. Öl- und Zentralheizungen liefen den klassischen Öfen mehr und mehr den Rang ab. Anfang 1971 wurde die Eisengießerei geschlossen. Auch die neuen Nachtspeicheröfen konnten die Firma nicht retten; sie wurde 1972 geschlossen. Nachtspeicheröfen wurden allerdings in den Produktionshallen noch durch die nachfolgende Gesellschaft für Maschinen- und Elektrobau „Momac" bis 1974 produziert.

Auf dem Gelände der Raacke & Co Eisen- und Blechkonstruktion in Röhlinghausen war 1943 ein Werk der **Mannesmann-Rohrbau AG** angesiedelt worden, das Stahlhochbauten aus Profilen herstellte. Der Bau von Rohren für die Petrochemie, die Aquatechnik und andere Verwendungen wurde vom Gelände der Zeche Unser Fritz ebenfalls nach Röhlinghausen verlagert. Nach dem Wiederaufbau wurde das Werk ab 1958 erheblich vergrößert und modernisiert; bis 1971 war die Belegschaft auf 700 Mitarbeiter angewachsen. Im Zuge betrieblicher Konzentrationsmaßnahmen wurde das Werk jedoch 1980 geschlossen.

Der stark zerstörte Betrieb der Firma **Schwing** erhielt nach dem Krieg recht schnell eine Betriebserlaubnis, weil er durch die Herstellung von Baumaschinen und von Zementdachpfannen aktiv am Wiederaufbau teilnahm. Seinen anschließenden wirtschaftlichen Aufschwung verdankt das Unternehmen jedoch vor allem der Produktion neuartiger Baumaschinen wie Betonpumpen, Hydraulikbaggern, Hochhausbaukränen und Betonmischern. Mit diesen Erfindungen wurde die Firma Schwing zum wichtigsten Exportunternehmen der Stadt; seit 1971 entstanden zwölf ausländische Tochterfirmen in elf Ländern, darunter in Österreich, Brasilien, den USA, in Russland, China und Indien. Mit dem Erwerb der Firma Stetter GmbH in Memmingen, die Fahrmischer herstellte, konnte ab 1982 die Marktdominanz des Unternehmens ausgebaut werden. Anfang des neuen Jahrtausends wurden 90 % der Umsätze im Ausland erbracht.

Neben der Stabilisierung vorhandener Unternehmen trug in den 1960er Jahren die Ansiedlung neuer Unternehmen zur Ausweitung und Differenzierung des verarbeitenden Gewerbes bei, wodurch

Stadt Herne, Bildarchiv

Abb. 5.1.11 Herner Herdfabrik 1950er Jahre

sich in Herne und Wanne-Eickel die traditionelle Monostruktur allmählich zu ändern begann. Einige der neuen Unternehmen überschätzten bei geringer Kapitaldecke allerdings ihre Möglichkeiten, andere Produktionen waren von vornherein als Zweigbetriebe ausgelegt und wurden im Laufe der Zeit im Zuge betrieblicher Umstrukturierungen wieder an den Hauptsitz zurückverlegt. Dennoch sind aus dieser ersten Ansiedlungsphase einige Betriebe geblieben.

So gründeten 1960 die Brüder Adams in Bochum die **Adams Armaturen GmbH** und stellen seitdem auf der Basis eigener Patente und deren Weiterentwicklungen Spezialarmaturen mit besonderen Dichtigkeitsanforderungen her. 1972 wurde die expandierende Firma auf ein größeres Gelände in Baukau verlagert.

Die Entwicklung der **Vulkan-Gruppe** begann 1889 mit der Gründung der Maschinenfabrik Louis Schwarz in Dortmund-Neuasseln, die Behälter und Kältekompressoren vor allem für die Dortmunder Brauereien produzierte. Mit dem Einstieg der Bankiersfamilie von der Heydt begann ab 1898 die Produktion von Kupplungen, Hebemaschinen, Winden und Umkehrgetrieben. 1918 wurde die Firma in Dortmunder Vulkan AG umbenannt. Das von Otto Hegemann konstruierte Wendegetriebe leitete eine neue Epoche im Schiffsgetriebebau ein. Die Maschinenfabrik Hackforth & Co. in Wanne-Eickel übernahm 1941 die Fertigung für die Firma Vulkan und erhielt 1951 durch Lizenzvertrag das alleinige Recht zur Herstellung und zum weltweiten Vertrieb der hochelastischen Vulkan EZ-Kupplung. 1956 erwarb Bernhard Hackforth die Firma und verlegte den Hauptsitz des Unternehmens von Dortmund nach Wanne-Eickel. In den 1970er Jahren wurde das Unternehmen umfirmiert in Vulkan Kupplungs- und Getriebebau Bernhard Hackforth GmbH & Co. KG. 2008 wurde schließlich das operative Geschäft der Vulkan Gruppe in die Geschäftsbereiche Vulkan Couplings, Vulkan Drive Tech und Vulkan Lokring aufgeteilt. Die Hackforth Holding GmbH & Co. KG ist dabei die Verwaltungsgesellschaft für die Tochterunternehmungen; der Geschäftsbereich Couplings befasst sich mit Schiffsantriebstechniken, der Geschäftsbereich Drive Tech produziert im Bereich der industriellen Antriebstechnik und der Geschäftsbereich Lokring ist Marktführer im Bereich der lötfreien Rohrverbindungstechnologie für die Anforderungen der Kälte- und Klimatechnik. Das Unternehmen ist heute in mehr als 50 Ländern tätig und verfügt über 19 Tochterunternehmungen, 50 Vertretungen und fünf Produktionsstätten. Die Produktionsstätte in Herne-Crange wurde bereits 1988 um 22.000 m² erweitert.

Die **Blome Korrosions- und Bautenschutz GmbH** ging aus einem 1899 in Castrop-Rauxel gegründeten Malerbetrieb hervor und entwickelte sich im Laufe der Zeit zu einem Spezialbetrieb für hochwertige Kunststoffbeschichtungen; die Firma hatte seit den 1930er Jahren enge Beziehungen zu den Leuna-Werken in Merseburg und zur BASF in Ludwigshafen. 1968 übersiedelte die stark expandierende Firma auf ein Areal von 60.000 m² Größe auf dem ehemaligen Betriebsgelände der Zeche Friedrich der Große 1/2 und nahm 1977 eines der modernsten Rohrisolierwerke Europas in Betrieb. Die aktuellen Schwerpunkte sind Industrieanstriche sowie Sanierungen, Abdichtungen und Beschichtungen im Rahmen des Bautenschutzes.

1920 gründete Otto Happel die **Gesellschaft für Entstaubungs-Anlagen mbH (GEA)**, 1953 kam der GEA Konvektorenbau Happel KG hinzu; in- und ausländische Großaufträge für Konvektoren, für Luftheizgeräte mit Lüftungs- und Filterfunktion, für Plattenheizkörper, Rollroste, Öl- und Gaslufterhitzer sowie Dachlüfter führten zu einer ständigen Erweiterung des Betriebs. Mit dem Einstieg in die

Stadt Herne, Bildarchiv

Abb. 5.1.12 Firma Schwing 1970er Jahre

Stadt Herne, Bildarchiv

Abb. 5.1.13 GEA-Werk 1970er Jahre

Stadt Herne, Bildarchiv

Abb. 5.1.14 Bosch-Blaupunkt-Gelände 1970er Jahre

Schwimmhallen-Entfeuchtung kam die Kältetechnik hinzu. 1973 erwarb die GEA Happel als neuen Standort 90.000 m² Grund an der Feldkampstraße (heute: Südstraße). Dem Börsengang der GEA-Gruppe 1989 folgte der Erwerb der Berliner Delbag Luftfilter GmbH und 2006 der englischen Firma DENCO, Hersteller von Präzisionsklimaschränken; die GEA-Gruppe entwickelte sich zunehmend zu einem „Global Player". Nach mehreren Umstrukturierungen fusionierte 2016 DencoHappel mit Fläkt Woods zur FläktGroup, deren Produktionsschwerpunkt auf energieeffizienten Lösungen im Bereich der

Stadt Herne, Bildarchiv

Abb. 5.1.15 Brillenetuiherstellung in der Firma Kapunkt

Lüftungs-, Filter- und Klimatechnik und auf Brandschutzlösungen liegt.

Das Bosch-Werk Herne wurde 1971 für den Geschäftsbereich Metallerzeugnisse der Robert Bosch GmbH gebaut, und 1971/72 siedelten die Kohlebürsten- und die Magnetfertigung nach Herne über; hinzu kam die Sinterteilefertigung; produziert wird seitdem für die Automobilindustrie sowie für die Herstellung von Haushaltsgeräten und Büromaschinen. 1990 wurde daraus ein Joint Venture von BT Magnet-Technologie GmbH, JV Partner Robert Bosch GmbH und TDK, das 2012 in BTMT GmbH und 2014 in Sinterwerke Herne GmbH umfirmiert wurde.

Die Ursprungsfirma der **Metallpapierfabrik H. Benkert GmbH & Co KG** wurde 1920 in Dresden gegründet und stellte bronzierte Papiere und Zigarettenmundstücke her. Nach Kriegszerstörung wurde der Betrieb bis zur Enteignung im Jahre 1949 weitergeführt. 1949 begann der Werksaufbau in Herne, zunächst in gemieteten Räumen, ab 1954 auf einem eigenen Firmengelände im Gewerbegebiet „Am Trimbuschhof". Die Produktion ging 1987 auf die Deutsche Benkert GmbH & Co KG über, während die Metallpapierfabrik kaschierte und bedruckte Aluminiumfolien, bronzierte Papiere sowie selbstklebende Papiere und Folien herstellte. Die Metallpapierfabrik wurde 2010 liquidiert. Die Deutsche Benkert beschäftigt heute mehr als 300 Mitarbeiter; der Produktionsschwerpunkt liegt weiterhin auf der Herstellung vielfältiger Spezialpapiere für Handel und Industrien.

Ebenfalls im Gewerbegebiet Trimbuschhof siedelte sich 1970 die **Herner Glas Bernd Hoffbauer GmbH & Co.** an und wurde als Hersteller von Leuchten- und Industrieglas zum Zulieferbetrieb der Beleuchtungs-, Sanitär- und Möbelindustrie. 2010 gingen 60 % der Produkte ins Ausland; in Städten wie Barcelona, Florenz und Dallas hatte das Unternehmen Glashütten, Auslieferungs- und Zwischenlager. Am Hauptsitz befanden sich neben der Geschäftsleitung die Entwicklungsabteilung und der Vertrieb. Der Niedergang begann, als das Exportgeschäft durch die europäische Finanzkrise in Mitleidenschaft gezogen wurde und als durch die Ausweitung der LED-Technik, die einen geringeren Glasbedarf hat, die Nachfrage sank. Als Rationalisierungsmaßnahme wurde noch 2015 ein Teil des Betriebsgeländes an die benachbarte Firma Reckli verkauft, aber 2016 wurde das Unternehmen endgültig liquidiert.

Die **Etuifabrik Edgar Kleine Kapunkt** entstand als Zweigbetrieb der kriegszerstörten Metallwarenfabrik Franz Kleine und stellte seit 1958 Brillenetuis aus Leder, Kunststoff und Stoff her; dabei wurden über 100 Frauenarbeitsplätze geschaffen.

Neben der aus der Metallindustrie entstandenen Etuifabrik erbrachte – wie in vielen Städten des

Ruhrgebiets mit ihrem Übergewicht an Arbeitsplätzen für Männer – die staatliche Förderung der Textil- und Bekleidungsindustrien nach dem Krieg auch in Wanne-Eickel und vor allem in Herne einen Zuwachs an Arbeitsplätzen für Frauen. Einerseits handelte es sich bei den entsprechenden Unternehmen um Neugründungen, andererseits um Wiedergründungen von Betrieben, die bis zum Kriegsende in den deutschen Ostgebieten angesiedelt waren, wie z. B. Wienands und Teichmüller aus dem oberschlesischen Antonienhütte und die Weberei Silesia. Mit einem weiten Spektrum von der Zwirnerei (H.L. Dienst & Sohn) über die Wäsche- und Trikotagenherstellung (Wäschefabrik Martin Möller GmbH, Herner Trikotagenfabrik) bis hin zur Damen- und Kinderbekleidung (Westdeutsche Bekleidungs-Werkstätten GmbH) und Brokatweberei (Hubert Sechtin GmbH & Co. KG) siedelten sich bis 1949/50 fünfzehn Betriebe mit mehr als zehn Beschäftigten und insgesamt 873 Beschäftigten an. Auch wenn bis 1962 die Zahl der Beschäftigten auf 2.792 anwuchs, erreichten die Textil- und Bekleidungsindustrien nie Beschäftigungsanteile von struktureller Bedeutung. Im Gegensatz zu Essen und Gelsenkirchen wurden Herne und Wanne-Eickel nicht zu wichtigen Standorten der regionalen Textil- und Bekleidungsindustrien der Nachkriegszeit; zudem erlebten die Betriebe in den Folgejahren eine zunehmende nationale und internationale Konkurrenz, der sie meist durch Insolvenz oder Übernahme durch Konkurrenten zum Opfer fielen. Bei Zweigwerken in Herne wurde die Produktion an den Stammsitz zurückverlegt (Strumpffabrik Schulte & Dieckhoff); zu einem kleineren Teil wurde die Produktion auch ins Ausland verlagert und die lokale Beschäftigtenzahl drastisch auf die reine Handelsfunktion reduziert.

Neben etlichen Textil- und Bekleidungsunternehmen verschwanden auch Unternehmen anderer Branchen, die sich in der Frühzeit des wirtschaftlichen Strukturwandels angesiedelt hatten, wieder aus Herne; die wichtigsten sind die Herner Röhrenwerke sowie das Blaupunkt- und das WANIT-Werk.

Die 1949 gegründete Herner Röhrenwerke GmbH wurde 1956 von der „Röhren- und Schweißwerk vorm. G. Kuntze GmbH" gepachtet. 1974 kaufte die Mannesmann Röhrenwerke, Bergrohr Herne das Unternehmen und betrieb den Standort Herne bis 1993.

1966 nahm die **Blaupunkt-Werke GmbH** zunächst in der alten Turnhalle der Zeche Julia die Produktion auf, um 1967 ins neu erbaute Werk an der Forellstraße umzuziehen; es entstanden 850 neue Arbeitsplätze, die von Seiten der 1965 gegründeten Wirtschaftsförderung der Stadt Herne als wichtiger Schritt im Strukturwandel angesehen wurden. Produziert wurden zunächst Bandfilter

Stadt Herne, Bildarchiv

Abb. 5.1.16 Strumpffabrik Schulte & Dieckhoff

und Transformatoren für Rundfunk- und Fernsehgeräte, ab 1970 auch Autolautsprecher; die Zahl der Beschäftigten stieg auf 1.600 (1980). Um die Mitte der 1980er Jahre begann der Niedergang, als die weltweite Konkurrenz mit weitreichenden Innovationen den Marktanteil von Blaupunkt reduzierte. Die Produktion wurde nach Portugal und Malaysia verlegt und 1992 das Werk endgültig geschlossen. Auf einer Teilfläche entstand das Innovationszentrum Herne. Das eigentliche Werk wurde in den folgenden Jahren von der BTMT GmbH genutzt, die seit 2014 in der Sinterwerke Herne GmbH aufging.

Das Unternehmen **WANIT** wurde 1955 von den Rheinstahl Hüttenwerken, den Buderus Eisenwerken und der Halberger Hütte zur Herstellung von Asbestzementprodukten gegründet. Auf dem 220.000 m² großen Gelände am Rhein-Herne-Kanal begann in einer 360 m langen Fertigungshalle 1958 die Produktion von Rohren, 1959 die von Asbestzementplatten. Das Werk galt in den 1960er Jahren als eines der modernsten der Welt und beschäftigte

Stadt Herne, Bildarchiv

Abb. 5.1.17 WANIT-Werk 1966

Anfang der 1980er Jahre rund 750 Mitarbeiter. Die Diskussion um die Gesundheitsschädlichkeit von Asbestpartikeln führte jedoch 1987 zur Schließung des Werks. Anschließend wurden umfangreiche Flächensanierungen durchgeführt, um das Areal für den Logistikpark „Schloss Grimberg" vorzubereiten.

Die Bauwirtschaft und andere Gewerbe

Aufgrund seiner unmittelbaren Nachbarschaft zum Hauptbahnhof Wanne-Eickel war auch das Betriebsgelände der Firma „E. Heitkamp, Tiefbaugeschäft in Wanne-Eickel" stark zerstört worden. Noch während der Trümmerbeseitigung wurde die Firma in die „**Bauunternehmung E. Heitkamp GmbH**" umgewandelt. 1948 entstand in einem Luftschutzbunker eine Trümmeraufbereitungsanlage; die gewonnenen Zuschlagstoffe wurden im eigenen Formsteinwerk zu Pfeilersteinen und Wandsteinen für Werkseinfriedungen sowie zu Formsteinen für den Gleisbau und den Ausbau unter Tage verarbeitet. Bahn und Bergbau wurden in den Nachkriegsjahren zu wichtigen Kunden; der Bau der Kläranlage und des Kanalhafens der Chemischen Werke Hüls, der Neubau des Hauptbahnhofs Bochum und die Beteiligung beim Bau des Ruhrschnellwegs waren erste Großprojekte. Ab 1959 wurde eine Abteilung für Rohrdurchpressungen aufgebaut, und mit dem Bau des Erbscheidt-Tunnels an der Bigge-Talsperre begann sich die Firma im Tunnelbau zu engagieren. Straßen-, Kanal-, Tunnel-, U-Bahn-, Damm- und (Kern-) Kraftwerksbau gehörten in den folgenden Jahren unter Anwendung spezialisierter Techniken und neuer Werkstoffe – wie z. B. wasserundurchlässigen Betons – zum breiten Spektrum des Unternehmens. Bis 1965 wurden Niederlassungen in Köln, Düsseldorf, Hamburg, München und Frankfurt gegründet. 1964 begann der Bau einer neuen, bereits 1969 erweiterten Firmenzentrale für mehr als 800 Mitarbeiter. In den 1970er Jahren wurde die Firma Heitkamp zu einem der zehn größten Baukonzerne Deutschlands, 1981 hatte sie bei einem Umsatz von über 1 Milliarde DM weltweit ca. 6.000 Mitarbeiter; 1985 und 1990 kamen als Geschäftsfelder die Umwelttechnik bzw. die Sanierung, Modernisierung und Umgestaltung von Bauwerken sowie der Bau von Mobilfunkstationen hinzu. Nach der Fusion mit der Deilmann-Haniel GmbH (1990) wurden die Bauaktivitäten in der E. Heitkamp GmbH und die Tiefbaumaßnahmen in der Heitkamp Erd- und Straßenbau GmbH konzentriert. Begünstigt durch die Öffnung der osteuropäischen Märkte kam es in den Folgejahren zu zahlreichen Neugründungen von Tochtergesellschaften und Firmenübernahmen in den Bereichen Umwelttechnik und Projektentwicklung.

Der 1929 von Heinrich **Overesch** in Wanne-Eickel gegründete Baustoffgroßhandel expandierte in der Nachkriegszeit beträchtlich; seit 1966 entstanden Zweigstellen in Gescher und Selm sowie zusätzliche Verkaufsausstellungen in Hagen, Gütersloh und Kalletal. 1952 richtete sich das Unternehmen immer stärker auf hochwertige Baustoffe wie Verblendklinker und andere Spezialbaustoffe aus und wurde 1953 Stützpunkthändler für ETERNIT-Erzeugnisse. 1960 baute Overesch die Produktpalette um gestaltende Baustoffe wie Wand- und Bodenfliesen aus und warb 1965 erstmals mit der Aussage „Haus der 1000 Fliesen", der 1972 und 1975 mit der Erweiterung der Ausstellungs- und Lagerkapazitäten Rechnung getragen wurde. 1985 ging das Unternehmen eine Kooperation mit dem Sanitär-Unternehmen Pietsch GmbH & Co. KG in Ahaus und Münster ein und war in deren Räumen mit einem exklusiven Fliesen-Shop vertreten. Im Jahr 2000 übernahm offiziell die Thüringer Mühl Product & Service + Overesch GmbH die Geschäfte; 2001 musste sie allerdings wegen der Krise in der Bauwirtschaft viele Standorte schließen und 2002 Insolvenz anmelden.

In einer Hochphase des Betonbaus wurde 1968 die Firma **RECKLI K.G.** Wiemers und Co. in Recklinghausen gegründet, um mittels elastischer Matrizen Sichtbeton ästhetisch und individuell zu strukturieren. 1973 entstanden in Herne die ersten Werkshallen, die wegen steigender Produktion bis heute immer wieder erweitert wurden. Nachdem das Unternehmen seit 1975 auf dem französischen Markt mit Filialen vertreten war, kaufte es 1996 den französischen Konkurrenten Soceco auf. Für SOCECO RECKLI S.A.S. entwickelte sich Frankreich zu einem bedeutenden und innovativen Markt für strukturierten Beton. In den folgenden Jahren wurden die Designs, die Methoden und die Werkstoffe fortlaufend verfeinert. Mehrfach wurde das Unternehmen, das in Herne ca. 100 Mitarbeiter beschäftigt und in 65 Ländern mit eigenen Mitarbeitern und Vertragspartner engagiert ist, mit Design- und Architekturpreisen ausgezeichnet.

Die wichtigsten Unternehmen der Vorkriegszeit außerhalb des montanindustriellen Komplexes waren die Hülsmann-Brauerei und das Transport- und Reiseunternehmen **Anton Graf**. Dieses begann die Nachkriegszeit mit einem LKW und einem umgebauten Reisebus. 1950 kam ein moderner Fernreisebus hinzu, von 1961 bis 1973 wurden Reisebüros in Wanne, Herne, Gelsenkirchen und Bochum eröffnet, und 1961 erschien der erste Reisekatalog. Mit der ständigen Vergrößerung der Busflotte wurde der Betriebsstandort 1970 und 1975 um insgesamt 12.000 m^2 erweitert, 1995/96 entstand ein zweiter Betriebsstandort in Baukau.

Das Gelände der **Brauerei Hülsmann** erlitt im Zweiten Weltkrieg starke Beschädigungen, das Stammhaus wurde völlig zerstört. Außerdem gestaltete sich die Wiederaufnahme der Produktion in der Nachkriegszeit anfangs schwierig, da wesentliche Rohstoffe wie Hopfen und Malz fehlten und ein Vollbier nicht gebraut werden konnte. Danach entwickelte sich aber bis Anfang der 1960er Jahre ein boomendes Unternehmen. In den 1980er Jahren führten Anpassungsversuche an eine geänderte Marktsituation zu einer Produktionsumstellung und einer Sortimentserweiterung; diese und auch neue Geschäftsverbindungen erfüllten jedoch nicht die in sie gesetzten Erwartungen. 1989 wurde die Brauerei stillgelegt.

Zu einem besonderen Unternehmen entwickelte sich die **Goldin Tankbetriebe GmbH**, die Erhard Goldbach, ein Kohlenhändler in Wanne, 1956 gründete und die eine Kette von über 260 Tankstellen betrieb; zum Besitz Goldbachs gehörten außerdem Autohäuser und ein Tanklager an der Heerstraße. Dadurch, dass Goldbach Benzin an den Steuerbehörden vorbei verkaufte, war es möglich, Benzin um wenige Pfennige günstiger als die Konkurrenzketten zu verkaufen. Damit wurde der Umsatz von 162 Mill. DM (1973) auf 2 Mrd. DM (1978) gesteigert. Da Mineralölsteuer erst Monate später abgeführt werden musste, konnte sie zunächst für weitere Zukäufe vorwiegend billigen Benzins aus Ostblockländern genutzt werden. Allerdings entstand so allmählich ein Schuldenberg von über 340 Mill. DM. Dass schon 1974 die Tankstellen nicht mehr rentabel arbeiteten, wurde unter anderem durch eine ungebremste Expansion verschleiert; um die Kundschaft zufriedenzustellen, musste zudem am Rotterdamer Spotmarkt Benzin zu Spitzenpreisen geordert werden, das jedoch unter dem Einkaufspreis wieder verkauft wurde. Obwohl schon länger Zweifel an der korrekten Buchführung des Unternehmens aufgekommen waren, führte erst 1979 eine unangekündigte Betriebsprüfung der Steuerbehörden zur unmittelbaren Schließung der Tankstellen. Erhard Goldbach, der „Ölkönig von Wanne", entzog sich zunächst durch Flucht, wurde aber 1980 wegen Betrugs und nachfolgend 1985 wegen Steuerhinterziehung zu einer Haftstrafe von insgesamt mehr als achtzehn Jahren verurteilt.

Die Einbindung in den regionalen Verkehr

Der Hauptbahnhof Wanne-Eickel erhielt recht schnell seine Vorkriegsbedeutung zurück, vereinigte er doch als einziger Bahnhof in der Bundesrepublik alle Betriebsarten, denn er war Personenbahnhof, Verschiebebahnhof, Güterumschlagplatz Schiene-Straße und Heimatbahnhof für über 100 Lokomotiven und mehr als 200 Waggons. Allerdings erreichte die Elektrifizierung des Bahnnetzes, die auf der Hauptstrecke zwischen den Hellwegstädten bereits seit 1957 durchgeführt worden war, Wanne-Eickel erst 1961. Zudem führten Rentabilitätsüberlegungen bis in die 1980er Jahre dazu, dass etliche Nord-Süd-Verbindungen eingestellt oder über den Bahnhof Herne geführt wurden. Schließlich reduzierte die montanindustrielle Deindustrialisierung nicht nur die Zahl der Anschlussbahnen und Parallelgleise, sondern insgesamt auch das Waggonaufkommen. Als Rangierbahnhof für Güterzüge behielt der Hauptbahnhof Wanne-Eickel jedoch seine regionale Bedeutung. Er umfasste 76 parallele Gleise mit über 55 km Gesamtlänge; wegen seiner Ladekanten von mehr als zwei Kilometern Länge bezeichne-

Stadt Herne, Bildarchiv

Abb. 5.1.18 Hauptbahnhof Wanne-Eickel um 1969, von Osten gesehen

In der linken Bildmitte münden die Gleisanlagen der Zeche Shamrock 3/4, links unten die WHE ein. In der Bildmitte liegen die Hallen der Güterabfertigung, rechts oben die Bahnsteige des Personenbahnhofs und das Empfangsgebäude.

Stadt Herne, Fachbereich Vermessung und Kataster

Abb. 5.1.19 Container- und Trailerterminal

te sich Wanne-Eickel als die Stadt mit den längsten Bahnsteigen.

Wie die Bahnhöfe aller Emscherstädte verlor auch der Bahnhof Herne im Zuge der Neuordnung des überregionalen Personenfernverkehrs gegenüber den regional dominanten Hellwegstädten; zudem verlor er gegenüber Wanne-Eickel und behielt in Nord-Süd-Richtung nur eine Nahverkehrsverbindung. Ungeachtet dessen blieben die in vielfacher Weise und meist auf Dämmen unterschiedlicher Höhe das Stadtgebiet durchschneidenden Eisenbahndämme als Hindernisse in der städtischen Entwicklung erhalten. Insbesondere in Abzweigungsbereichen waren seit dem 19. Jh. allseitig von Gleiskörpern umgebene Restflächen mit nur eingeschränkter (Wieder-)Verwendung entstanden.

Als kurz vor Kriegsende die über Emscher und Kanal führenden Brücken gesprengt und wichtige Betriebspunkte der Hafenbahn zerstört worden waren, war die Zufahrt zum wichtigen Westhafen unterbunden. Der Verkehr kam 1945 völlig zum Erliegen, und es dauerte bis 1951, alle Kriegsschäden zu beheben.

Die Häfen in Wanne-Eickel und Herne, die seit 1959 von der in „Wanne-Herner Eisenbahn und Hafen GmbH" (WHE) umbenannten Gesellschaft betrieben wurden, waren in den Anfangsjahren der Deindustrialisierung noch fester Bestandteil des industriellen Systems; gemessen am Güterverkehr war der Hafen von Wanne-Eickel um 1961 mit einem Güterumschlag von 3,409 Millionen t der viertgrößte am Rhein-Herne-Kanal. Dabei war die Abhängigkeit vom Bergbau eindeutig; in Wanne-Eickel entfielen 81,2 %, in Herne 73,7 % des gesamten Umschlags auf Kohlen und Koks. Als diese Abhängigkeit zurückging, sank auch der Gesamtumschlag von 1.727.085 t (1980) über 418.160 t (2000) auf 207.955 t (2019).

Nachdem der Rhein-Herne-Kanal unterhalb von Wanne ausgebaut worden war, konnten ab 1995 Großmotorschiffe und Schubverbände die Wanner Häfen erreichen. 1996 wurde das 20 ha große Stichhafenbecken mit Bergematerial verfüllt und damit das Bauland für das Güterverkehrszentrum und das neue Container- und Trailerterminal (CTH) geschaffen, das 2002 mit zwei Portalkrananlagen und fünf zuglangen Gleisen den Betrieb aufnahm; bis zu 250.000 Ladeeinheiten können jährlich umgeschlagen werden. Das CTH ist Teil des Güterverkehrszentrums (GVZ), das zu einem trimodalen Logistikknotenpunkt (Wasser, Schiene, Straße) mit Abstellflächen für über 400 Trailer geworden ist. Insgesamt stehen auf dem WHE-Gelände für Schütt- und Stückgüter 100.000 m² Freilagerfläche, Bandanlagen und eine Siloanlage zur Verfügung. Unmittelbar benachbarte Logistikunternehmen bieten weitere Lager und deren Bewirtschaftung sowie Lkw-Rampen an.

Tochtergesellschaften der WHE, die 2011 zu 94,9 % von der Stadtwerke Herne AG übernommen wurden, haben sich zudem auf die Bereiche Aufbereitung und Veredelung von festen Brennstoffen und Recyclingmaterialien (BAV) und im Eisenbahn-Technik-Zentrum (ETZ) auf die Wartung und Instandhaltung von Schienenfahrzeugen spezialisiert.

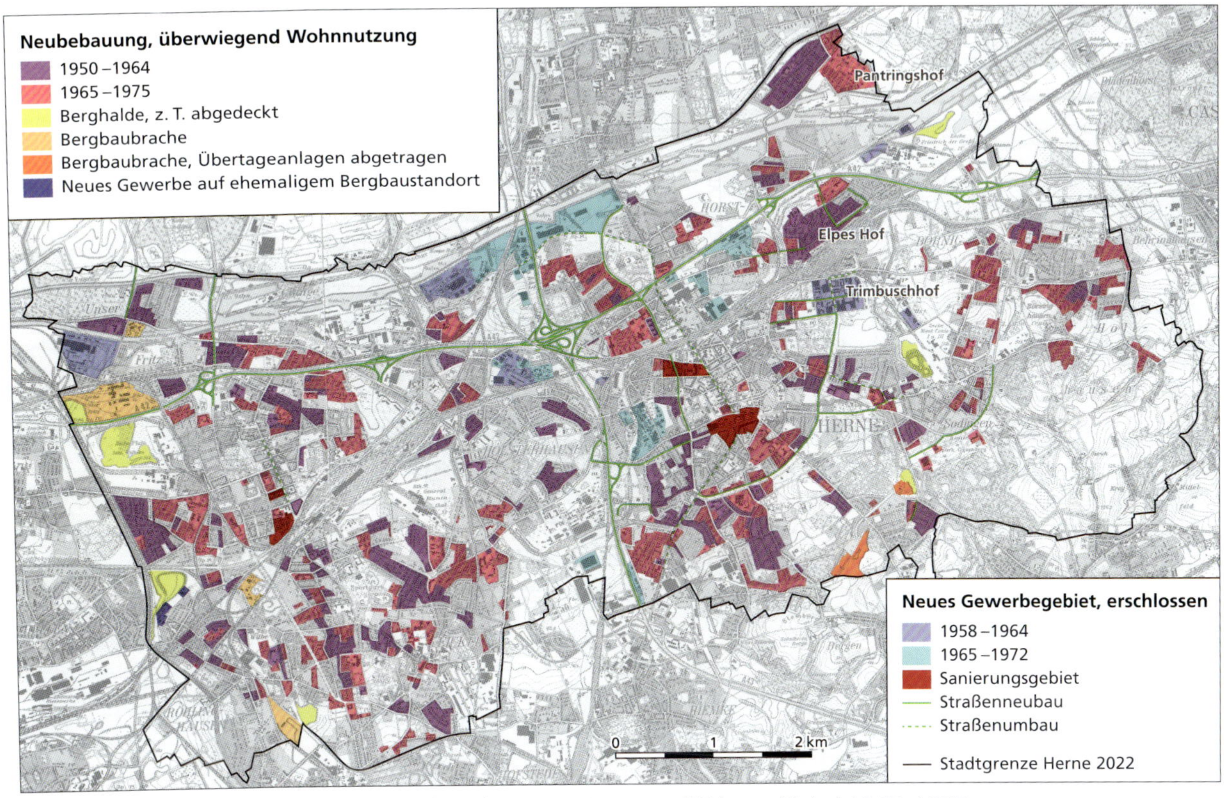

nach Stadt Herne, Stadtplanungsamt 1972, Stadt Wanne-Eickel 1971, Hüßler 2019; Kartographie: Sabrina Henschel

Abb. 5.2.1 Veränderungen in der Stadtstruktur von Herne und Wanne-Eickel 1945–1975

5.2 Wiederaufbau und Aufschwung 1945–1964

Wie in allen kriegszerstörten Städten war auch in Wanne-Eickel und in Alt-Herne die Belebung des Wohnungsbaus die vorrangige städtebauliche Maßnahme in den ersten Nachkriegsjahren.

Durch Bergarbeiterwohnprogramme konnten 1947/48 in Wanne-Eickel etwa 3.500 Wohnungen neu erstellt bzw. wiederaufgebaut werden; da in den Folgejahren die staatlichen Zuschüsse weiter erhöht und umfangreiches Baugelände zur Verfügung gestellt wurden, konnte 1955 der Vorkriegsbestand an Wohnungen von rund 25.000 Wohneinheiten wieder erreicht werden. Aufgrund der dichten Bebauung und der kleinen Stadtfläche waren aber etwa um 1964 die Wohnungsbaumöglichkeiten schon nahezu erschöpft, da kaum noch freie Bauplätze zur Verfügung standen.

Waren in den unmittelbaren Nachkriegszeiten Städte, die stärker zerstört waren als die „Goldene Stadt", bei der Zuteilung von Baumaterialien und anderen Mitteln bevorzugt worden, so reichte bald auch in Herne der in den Siedlungskernen der Vorkriegszeit vorhandene Wohnungsbestand nicht aus, den Zustrom an Flüchtlingen und Vertriebenen auch nur annähernd unterzubringen; vielmehr wurde die Stadt zum „Brennpunkt der Wohnungsnot" und unterlag einer strikten Wohnraumbewirtschaftung. Die Ausweisung neuer Wohngebiete

Foto: H.-W. Wehling 2020

Abb. 5.2.2 Behrensstraße 50/52

Die Gemeinnützige Wohnungsbaugesellschaft Scholven mbH plante und errichtete 1962 dieses 7-geschossige Wohnhochhaus mit versetzten Geschossebenen. Es bildet den Mittelpunkt der Erweiterung der westlichen Herner Innenstadt; die Fassade wurde im Nachhinein verändert.

konzentrierte sich auf Freiräume zwischen den vorhandenen Siedlungskernen und auf deren Randbereiche.

Zudem wurden die Interessen der Bergbaugesellschaften hinsichtlich der Lage der neuen Wohnsiedlungen und des Zugriffs auf sie berücksichtigt. Bis 1950 hatten die Bergwerksgesellschaften bereits 3.317 Wohneinheiten fertiggestellt. Für Friedrich der Große entstanden die Siedlungen Pantringshof und Elpeshof; hinzu kam der Baubestand der Bergarbeiter-Wohnungsgesellschaft mbH Glückauf an der Von-Waldthausen-Straße, an der Zieten-, Scharnhorst- und Gneisenaustraße. 1961 verfügte die Zeche bei einem Belegschaftsstand von 3.852 Mann über 3.826 Wohnungen. Die Zeche Constantin baute eine neue Siedlung mit 46 Doppelhäusern und zahlreichen Mehrfamilienhäusern zwischen Landwehrweg und Hügelstraße. Im Südwesten der Stadt errichtete die Hibernia AG zusammen mit der Gemeinnützigen Wohnungsbaugesellschaft Scholven mbH eine Reihe von Wohnungen in Mehrfamilienhäusern sowie Eigenheime an der Behrensstraße, der Overwegstraße und an Overkamps Hof sowie an der Oskar- und Bebelstraße. 1959 verfügte die zugehörige Zeche Shamrock so über 542 eigene und angemietete Wohnungen und hatte bei weiteren 1.472 Wohneinheiten ein Belegrecht.

Foto: H.-W. Wehling 2020

Abb. 5.2.3 Ehemaliges Sol- und Thermalbad

Der Gebäudekomplex wurde, ebenso wie sein Anbau von 1957, 1949 von dem Architekten Willi Wallmeier aus Wanne-Eickel errichtet. Nach der Verlagerung des Rheumazentrums wurde der Gebäudekomplex nach umfangreichen Umbauten ab 2015 als Kindertagesstätte „Kinder in der St. Elisabethgruppe“ neu genutzt.

Neben dem werksbezogenen Wohnungsbau, zu dem auch die Wohnungen der Maschinenfabrik Beien an der Vincke- und Victor-Reuter-Straße gehörten, errichteten die ortsansässigen Bauvereine und -genossenschaften Wohnungen an der Kantstraße und Auf dem Rohde (gemeinnütziger Bauverein für das ehemalige Amt Sodingen), an der Bismarck- und Sedanstraße (Ketteler-Baugenossenschaft), an der Bochumer Straße und Am Westbach (Wohnungsverein Selbsthilfe), an der Jahn- und Bergstraße (Gemeinnütziger Heimbau) sowie an der Jean-Vogel-Straße (Siedlerbaugemeinschaft Herne).

Ähnlich wie in den Jahren mit hohem Bevölkerungszuwachs um die Jahrhundertwende zog auch der Bevölkerungszuwachs der Wirtschaftswunderjahre, an dem in hohem Maße junge Familien beteiligt waren, eine Serie neuer Infrastruktureinrichtungen nach sich – Kindergärten, Schulen, Kirchen, Schwimmbäder und Verwaltungsbauten. Damit hielten beide Städte nicht nur Schritt mit dem Bevölkerungswachstum, sondern verbesserten – nicht selten vor dem Hintergrund einer angespannten Haushaltslage – auch insgesamt die Versorgung mit Basisinfrastruktureinrichtungen. Besonders im Bildungssektor waren Investitionen notwendig, da seit 1912 keine neue Schule gebaut worden war und sich viele Gebäude in einem schlechten Zustand befanden. Zahlreiche neue Volksschulen und zwei Berufsschulen – am Westring und an der Steinstraße – entstanden; die Realschule an der Bismarckstraße wurde 1953 gebaut, der Berufsschulkomplex in Wanne-Eickel eröffnete 1957, und die Alt-Gymnasien beider Städte wurden erweitert und modernisiert. Mit den neuen Wohnvierteln entstanden auch neue Kirchengebäude. So wurden in Herne die katholischen Kirchen St. Elisabeth (1951/52) und St. Konrad (1952–1955) sowie die evangelische Christuskirche (1954) gebaut.

1959 erhielt Herne am heutigen Willi-Pohlmann-Platz ein Hallenbad, 1954 Eickel eines gegenüber dem Sol- und Thermalbad Wilhelmsquelle, das im Krieg völlig zerstört, 1949 aber wiedereröffnet worden war. Anders als vor dem Krieg erhielt das Bad allmählich einen deutlichen medizinischen Charakter. Neben der Behandlung von Rheuma, Ischias, Wirbelsäulenerkrankungen, Wachstumsstörungen und Frauenleiden traten zusätzliche hydrophysikalische Einrichtungen für Unterwassermassagen, Kohlensäure-, Sauerstoff- und Luftperlbäder sowie eine finnische Sauna mit Luftgarten und Solebecken; bereits 1950 wurden mehr als 50.000 Bäder verabreicht. Für stationäre Kur- und Hotelgäste standen 21 Betten zur Verfügung. Zwar hatte das Sole- und Thermalbad einen großen regionalen Einzugsbereich – 50 % der Besucher waren Angehörige der Knappschaft –, doch wurde es anfangs überwiegend noch als Badeanstalt im landläufigen Sinn angesehen. Abhilfe schuf erst ab 1953 die Kooperation mit dem benachbarten St. Josef-Krankenhaus, deren hauseigene Rheumaklinik zu einer medizinischen

Anerkennung und Auslastung des Sole- und Thermalbades führte. Der Versuch, die steigenden Betriebskosten zu mildern, scheiterte allerdings, da Wanne-Eickel zwar offiziell ein Heilbad war, die steuerlich und finanziell wichtige Qualifizierung als Kurort aufgrund seiner Lage mitten im Ruhrgebiet aber nicht erreichen konnte. Die Lage blieb in den folgenden Jahren weiter angespannt, auch wenn die bisherigen Leistungen des St. Josefs-Krankenhauses und damit auch des Sol- und Thermalbads 1974 gewürdigt wurden, als es zur Fachklinik für Rheumaerkrankungen wurde. Als ab 1981 das thermalsolehaltige Wasser aus dem stillgelegten Abbau der Zeche Pluto nicht mehr genutzt werden konnte, schlossen die Stadtwerke Herne 1982 mit der Stadt Oberhausen, die das Solbad Raffelberg betrieb, einen Vertrag zur Lieferung von Sole für die Bäder in Herne. 1987 ging das Sol- und Thermalbad in kirchliche Trägerschaft über und wurde seitdem als Rheumazentrum Ruhrgebiet des St.-Josef-Krankenhauses betrieben. 2014 wechselte das Rheumazentrum in einen Neubau an der Claudiusstraße und wurde zu einer der größten Rheumakliniken Deutschlands.

Schwerpunkte des kulturell-gesellschaftlichen Lebens waren die als Theater und Kino genutzte Lichtburg sowie die Säle des Kolpinghauses, der Stadtschänke, von Flora Marzina, des Saalbaus in Wanne und des Volkshauses Röhlinghausen.

Eine fortwährende Planungsaufgabe stellte in Wanne-Eickel die Entwicklung von Grünflächen dar. Bei der Stadtwerdung 1926 betrug die gesamte öffentliche Grünfläche nur 15,3 ha. Die Erweiterung des Volksgartens in Eickel und des Stadtgartens in Wanne Ende der 1920er Jahre brachte – zusammen mit den Anfang der 1930er Jahre angelegten Dauerkleingärten – eine erhebliche Ausdehnung der Grünflächen, die jedoch bis 1945 infolge der zweckentfremdeten Nutzung während des Krieges auf 0,95 ha zurückgegangen war. 1949 begann man zuerst mit der Erweiterung und Umgestaltung der Anlagen am Bahnhofsvorplatz und am Sol- und Thermalbad; bis 1963 waren die Parks und Grünflächen mit 46 ha auf 2,2 % der Stadtfläche angewachsen. Nach dieser flächenmäßigen Erweiterung der Grünflächen blieb ihre räumliche Vernetzung das wesentliche Planungsziel der folgenden Jahre.

Die drei Straßenbahngesellschaften im Herner Raum – die Straßenbahn Herne-Castrop-Rauxel (HCR), die BOGESTRA und die Vestischen Straßenbahnen – nahmen seit den Nachkriegszeiten eine unterschiedliche Entwicklung. Die HCR wurde – nicht zuletzt wegen des schlechten Zustands ihrer Gleisanlagen – ab 1959 ein reiner Omnibusbetrieb. Dabei gelang es durch die Schließung von Lücken im Liniennetz und durch die Übernahme von BOGESTRA-Linien, neue Stadtteile zu erschließen, neue Betriebe anzubinden und insgesamt ein dauerhaft rentables Nahverkehrsnetz aufzubauen. Die BOGESTRA betrieb ab 1950 Buslinien von Herne nach Horsthausen und von Röhlinghausen zum Osthafen. Bei den Vestischen Straßenbahnen waren 1953 alle Straßenbahnlinien wieder in Betrieb, ab 1956 wurde allerdings aus Rentabilitätsgründen ihre Zahl zunehmend reduziert, und von 1976 bis 1982 wurde der Betrieb vollständig auf den Busverkehr umgestellt.

Stadt Herne, Stadtarchiv

Abb. 5.2.4 Straßenbahn der Linie 1 in der Amtmann-Winter-Straße 1956

In der Wiederaufbauzeit der 1950er Jahre stand der Herne-Wanne-Eickeler Wohnungs- und Siedlungsbau vor allem im Zeichen der quantitativen Bewältigung der Wohnungsnot, qualitative Gesichtspunkte des Städtebaus spielten eine eher nachgeordnete Rolle. Daher blieb die von der Montanindustrie hervorgerufene räumliche Grundstruktur der Vorkriegszeit erhalten.

Ab den 1960er Jahren gab die lebhafte Bautätigkeit im Süden, Südosten und Nordosten den Stadtplanern jedoch zunehmend die Gelegenheit, ihren Vorstellungen von einer geordneten Stadt näher zu kommen, deren wichtigstes Kriterium – entsprechend der Charta von Athen – die Trennung der Nutzungen Wohnen, Gewerbe, Geschäfte und Freiflächen war; zeitgleich wurden die notwendigen Verkehrsverbindungen ausgebaut. Der Grünring/Hölkeskampring wurde zum Verkehrssammler für die Straßen ausgebaut, die aus den südlichen und östlichen Stadtteilen zur Herner Innenstadt führen.

Er stellte zugleich das erste große Teilstück einer innerstädtischen Umgehungsstraße dar, die später auch westlich und östlich zu einer verkehrlichen Entlastung für die Innenstadt wurde.

Diese „Goldene Stadt" konnte sich zunächst als kulturelles Zentrum und als gut besuchte Einkaufsstadt behaupten. Dieser Glanz verblasste jedoch in dem Maße, wie die im Krieg schwer zerstörten Nachbarstädte mit großzügigeren und modernen Konzeptionen wiederaufgebaut wurden, während sich in Herne zahlreiche Stadtbereiche als sanierungsbedürftig und den modernen Anforderungen an Wohnungsbau, Verkehr und öffentliche Freiräume nicht mehr gewachsen erwiesen, sondern zu einem Entwicklungshindernis wurden.

5.3 Defizitbeseitigung und Stadtsanierung 1965–1975

Das nach dem Wiederaufbau einsetzende städtebauliche Wachstum erforderte Ordnung und damit Planung; neben der Stadtplanung etablierte sich die Raumordnung theoretisch, praktisch und juristisch. Bis zum Inkrafttreten des Bundesbaugesetzes 1960/61 (BBauG), der ersten Baunutzungsverordnung 1962 und der Anpassung der Landesbauordnungen an diese Situation war das Planungsrecht in Nordrhein-Westfalen durch das Gesetz über Maßnahmen zum Aufbau in den Gemeinden (Aufbaugesetz) von 1950 geregelt. Kernstück des Bundesbaugesetzes ist die Bauleitplanung; sie ist in ihrer räumlichen und inhaltlichen Festlegung zweistufig, als ihre Instrumente wurden der Flächennutzungsplan und der Bebauungsplan eingeführt.

Von Beginn der 1960er Jahre an wurden in Herne und Wanne-Eickel bauliche und demographische Bestandsaufnahmen durchgeführt und Bebauungsentwürfe entwickelt, die bis 1969 in Flächennutzungspläne mündeten. In ihnen wurden die Ziele und Maßnahmen definiert, die für die Stadtentwicklung der folgenden Jahrzehnte bestimmend waren. Der Siedlungsraum war zu ordnen, seine Ränder sollten definiert und hohe Baudichten in den Siedlungskernen konzentriert werden, um den Verbrauch von Erholungsgrün zu beschränken.

Stadt Herne, Bildarchiv

Abb. 5.3.1 Gewerbegebiet Trimbuschhof um 1970

Gewerbeflächenentwicklung

Vor dem Hintergrund des umfangreichen bergbaulichen Grundbesitzes – 1960 waren in Wanne-Eickel 36,3 %, in Herne 26,8 % der Stadtfläche und 57,0 % bzw. 60,7 % der potentiellen Gewerbe- und Industrieflächen im Besitz des Bergbaus –, war kommunaler Grunderwerb eine wesentliche Voraussetzung, um beide Städte nach den Vorstellungen der Charta von Athen umzubauen und weiter zu entwickeln und dabei bestehende Nutzungsgemenge aufzulösen. Bis etwa 1957 diente städtischer Grundbesitz dazu, den Bedarf im Wohnungs- und Schulbau sowie zum Teil bei den Grünflächen zu decken. Danach begleitete er die zunehmenden Umstrukturierungsmaßnahmen, zunächst im Straßenbau und dann beim Erwerb von Vorratsflächen für die Ansiedlung von Gewerbe- und Industrieunternehmen. In Herne wurde diese Aufgabe ab 1965 von der kommunalen Wirtschaftsförderungsgesellschaft übernommen, die gegründet worden war, um neue Unternehmen anzuwerben, deren Arbeitsplätze die Verluste im Bergbau kompensieren sollten.

In der Mitte der 1960er Jahre begann die Umwandlung der vom Bergbau besetzten Industrieflächen, die bis in die Gegenwart andauert. Auf allen ehemaligen Zechenstandorten wurden in den nächsten Jahrzehnten die Schächte verfüllt, und die aufstehenden Gebäude weitgehend abgetragen. So wurde das Gelände der Zeche Von der Heydt vollständig abgeräumt und in eine städtische Nutzung – Wohn- und Bürogebäude, das Pestalozzi-Gymnasium und zwei Seniorenzentren – integriert. Die Betriebsflächen der Zeche Julia wurden ab 1964 in eine neue gewerbliche Nutzung, beginnend mit dem Großmarkt, überführt. Integriert in die sich entwickelnde neue Siedlungsstruktur ging das Gelände der Zeche Constantin 4/5/11 1970 im Revierpark Gysenberg, das der Zeche Königsgrube 1990 im übergemeindlichen Königsgruber Park auf.

Da aufgegebene Bergbaustandorte nur zeitlich verzögert für eine Wiedernutzung verfügbar waren, war gerade die Neuansiedlung von Unternehmen und damit die Umstrukturierung der wirtschaftlichen Grundlagen zunächst nur möglich, indem man neue Gewerbegebiete auswies. Der Kanalbereich in

Wanne, der bereits seit Vorkriegszeiten ein lockeres Gewerbegebiet war, wurde in der Nachkriegszeit verdichtet und erweitert; insbesondere wuchs das Gewerbegebiet an der Heerstraße, das Ende der 1950er Jahre mit der Ansiedlung des Asbestwerkes Wanit begonnen worden war. Die weitere Aufbereitung der Wanner Kanalzone für gewerbliche Nutzungen schloss auch den Abriss sanierungsbedürftiger Wohnbebauung ein. Auch Alt-Herne öffnete mit der Ansiedlung von Blaupunkt und Bosch seinen Kanalbereich für Gewerbe und Industrie. In der Zone entlang des Kanals wurde, gefördert durch den Bau des Emscherschnellwegs (A 42), begonnen, schwerpunktmäßig eine gewerblich-industrielle Nutzung aufzubauen, die über leistungsfähige Straßen an das überregionale Straßensystem angeschlossen wurde. Grünzüge trennten die verschiedenen Nutzungen voneinander und waren mit den natürlichen Grün- und Freiflächen verbunden. In diese Entwicklung wurden Gebiete mit baulichen Defiziten und Gemengen von Wohn- und Gewerbeflächen als Sanierungsgebiete einbezogen. Nach dem Wegfall der Schleuse Herne-West war eine Hafenstrecke von 800 m das Kernstück der Entwicklung.

Die Standortgunst eines Bahnanschlusses nutzend, begann sich auch beiderseits der Köln-Mindener Eisenbahn ein Band von Gewerbegebieten zu entwickeln, so an der Herzogstraße, südlich der Castroper Straße sowie mit dem Gewerbegebiet „Am Trimbuschhof", das ab 1950 unmittelbar an überregionale Bahnlinien und über eine Hafenbahn an den Dortmund-Ems-Kanal angeschlossen wurde; es füllte sich von 1952 bis 1967 mit 22 Gewerbe- und Industrieunternehmen auf.

Stadt Herne, Bildarchiv

Abb. 5.3.2 Eichenforst-Siedlung (Emsring), erbaut um 1970; Westfälische Wohnstätten

Infrastrukturverbesserung

Zu den Zielen der regionalen Wirtschaftsförderung der 1960er Jahre gehörte es auch, grundlegende infrastrukturelle Defizite in den Städten zu beseitigen. Zu den besonders defizitären Bereichen gehörte das Bildungswesen in all seinen Ausprägungen. Mit der Erweiterung des Angebots war notwendigerweise der Neubau oder die Erweiterung von Schulbauten verbunden.

Die Realschule von Wanne-Eickel wurde 1958 erweitert und erhielt 1972 einen Neubau; die 1963 eröffnete Realschule in Herne bezog 1966 ein neues Gebäude an der Bismarckstraße. Erweiterungen erfuhren auch das Herner Mädchengymnasium (1960/61) und das Mädchengymnasium in Wanne-Eickel (1962/63) sowie das Jungengymnasium an der Gabelsberger Straße (1966).

In Herne wurde das Gymnasium als „Städtisches Gymnasium" 1946 wiedereröffnet, war ab 1949 „Neusprachliches Gymnasium mit math.-naturwissenschaftlichem Zweig" und wurde 1952 das Pestalozzi-Gymnasium. Danach erfolgten eine inhaltliche Ausdifferenzierung und die Entwicklung der Koedukation. 1966 wurde es in ein städtisches neusprachliches Jungengymnasium und in ein städtisches mathematisch-naturwissenschaftliches Jungengymnasium differenziert. Aus diesem entwickelte sich 1966 das Otto-Hahn-Gymnasium. Zeitgleich vollzogen sich mehrere Standortveränderungen. Beide Zweige zogen zunächst aus dem renovierungsbedürftigen Gebäude an der Neustraße in einen Neubau am Hölkeskampring, in dem nach Beendigung der Renovierung das Otto-Hahn-Gymnasium verblieb, während das Pestalozzi-Gymnasium an die Neustraße zurückzog. Beide Gymnasien wurden dann Gymnasien für Jungen und Mädchen.

Zu den Mängeln der städtebaulichen Strukturen gehörte der hohe Bestand an renovierungsbedürfti-

Foto: H.-W. Wehling 2020

Abb. 5.3.3 Scharpwinkelring, erbaut 1975; Architekten: B. Müller, B. und R. Möller

Stadt Herne, Stadtarchiv

Abb. 5.3.4 Wanne-Eickel, Lackmannshof 1969

gen Gebäuden aus der Zeit vor dem Ersten Weltkrieg; in Wanne-Eickel lagen 36 % aller Wohnungen in diesen Altbauten. Die Notwendigkeit von Flächen- und Objektsanierungen wurde zwar in entsprechenden Plänen dokumentiert, doch blieben sie aufgrund der finanziellen Lage der Stadt weit hinter dem Bedarf zurück und beschränkten sich auf kleinere Flächen im Kernbereich. Neue Wohnbebauung entstand dagegen im zentralen Bereich von Wanne – am Krankenhaus und beiderseits der Rathausstraße –, im nördlichen Eickel an der Landgrafenstraße, Kurhausstraße und Hardenbergstraße sowie bei der Erweiterung der Gartenstadt Eickel. Hinzu kamen Abrundungen der älteren Bebauung zu beiden Seiten der Bickernstraße. Im Norden von Crange wurde die Flöz-Hugo-Siedlung gebaut; neue Wohngebiete entstanden auch im Westen von Bickern und in Holsterhausen nördlich des Hibernia-Stickstoffwerks. Insgesamt waren aber die Ausdehnungsmöglichkeiten beschränkt.

Stadt Herne, Bildarchiv

Abb. 5.3.5 Revierpark Gysenberg um 1975

Demgegenüber wurden in Alt-Herne die Grün- und Freiflächen als ein Reservoir angesehen, das einerseits zur Verfügung stand, um dringend benötigten Wohnraum zu ermöglichen; andererseits suchte man angesichts seiner Begrenztheit und dem berechtigten Bedarf der Einwohner nach städtischen Erholungsflächen diese Inanspruchnahme weitgehend zu beschränken. Besonders bei der Arrondierung der Siedlungsränder am Südrand der Ortskerne von Herne und Sodingen und bei der Neuplanung der Bebauung am Hölkeskampring und an der Sodinger Straße blieben Freiflächen so weit wie möglich erhalten. Der Charta von Athen verpflichtet, wurden den neuen Wohnquartieren Freiflächen als Baulandflächen zugeordnet; denn anders als noch in den 1950er Jahren bestand insgesamt ein hohes Bewusstsein für die qualitative Ausstattung der Wohnumfelder. Dies gilt auch für die verdichteten Siedlungen, die dem bundesweiten Trend zu mehrgeschossigen Großwohnsiedlungen folgend, entstanden – die Siedlung Eichenforst in Pantringshof, der Lackmannshof in Baukau (vgl. Abb. 5.3.4) und die Bebauung am Scharpwinkelring in Wanne.

Gefördert durch staatliche Maßnahmen zur Eigentumsbildung entwickelten sich zeitgleich Eigenheimsiedlungen am grünen Rand der bestehenden Bebauung.

Parallel zu dem steigenden Bedarf an Bildungs- und Kultureinrichtungen stieg auch der Bedarf an Erholungsflächen und -einrichtungen. Infolge der hohen Bebauungsdichte gab es in Wanne-Eickel und Herne neben den älteren Parkflächen keine größeren zusammenhängenden Grün- und Freiflächen. Allerdings stellten im Südosten der Stadt Herne – und weitgehend in deren Besitz – der Gysenberger Stadtwald, der Volkspark Sodingen, die Holthauser Höhe und das Langeloh einen landschaftlich reizvollen, durch menschliche Einwirkung wenig genutzten Erholungsraum dar. Dieser wurde 1970 zum Standort des ersten kommunalen Freizeitparks Deutschlands, des Revierparks Gysenberg, der in Zusammenarbeit mit dem damaligen Kommunalverband Ruhrgebiet (KVR) von der Stadt Herne geplant und angelegt wurde.

Der Revierpark Gysenberg war wie alle Revierparks Teil des regionalen Freizeitangebots, das in den 1970er Jahren vom KVR aufgebaut wurde. Einerseits wurden an den regionalen Rändern, in oder in der Nähe der weitgehend offenen Landschaft Freizeitzentren entwickelt – am Halterner Stausee, am Hengsteysee, am Harkortsee, in der Weseler Aue, an der Sechs-Seen-Platte in Duisburg und am Kemnader Stausee. Um in der mit Freizeitanlagen schlecht ausgestatteten Emscherzone die Erholungsmöglichkeiten zu verbessern, entstanden andererseits in zwischenstädtischen Lagen fünf Revierparks – Gysenberg (1970), Nienhausen (1972), Vonderort (1975), Mattlerbusch (1979) und Wischlingen (1979). In den Gysenbergpark wurden neben dem Frei- und Wellenbad und dem Freizeithaus (1970) – erweitert 1971, nach Brand wiedereröffnet 1975 – ältere Parkanlagen, der 1957 wieder aufgebaute Tierpark und ein Fachwerkhaus aus dem 18. Jh. als Kinderspielhaus (1977) integriert. Hinzu kamen das Activarium mit Saunen, Fitness- und Ruheräumen (1972), ausgedehnte Spiel- und Liegewiesen, eine Eissporthalle (1972, Gysenberghalle) sowie 1985 die Sporthalle und 1988 das Squash-Center.

Darüber hinaus wurde im Norden Hernes und entlang des Ostbachtals großflächiges Inselgrün auf- und ausgebaut. Es wurde sowohl mit dem Freiraum im Südosten und dem östlich anschließenden regionalen Grünzug E (vgl. Abb. 8.6.2) als auch mit den zahlreichen Grünstreifen, die sich durch die städtische Bebauung ziehen, zu einem grünen Gesamtsystem verbunden.

In Eickel war 1955 auf dem ursprünglichen Eickel-Platz ein neues Stadion eingeweiht worden. Bis 1969 hatte sich daraus ein Sportpark mit Sport- und Tennisplätzen und einer Mehrzweckhalle entwickelt, die für unterschiedliche, auch nichtsportliche Veranstaltungen konzipiert ist und bis zu 3.000 Personen aufnehmen kann.

Stadt Herne, Stadtarchiv

Abb. 5.3.6 Herne, Bahnhofstraße mit Karstadt-Warenhaus 1969

Stadt Herne, Bildarchiv

Abb. 5.3.7 Wanne, Hauptstraße mit HERTIE-Warenhaus 1970, von Nordwesten

Pior/Schmidt 2017, S. 152/153

Abb. 5.3.8 Sanierungsobjekte in der Herner Innenstadt: Scala-Filmtheater – Gaststätte Haranni – Haus Heiland, Bochumer Straße – Bahnhofstraße 57–59

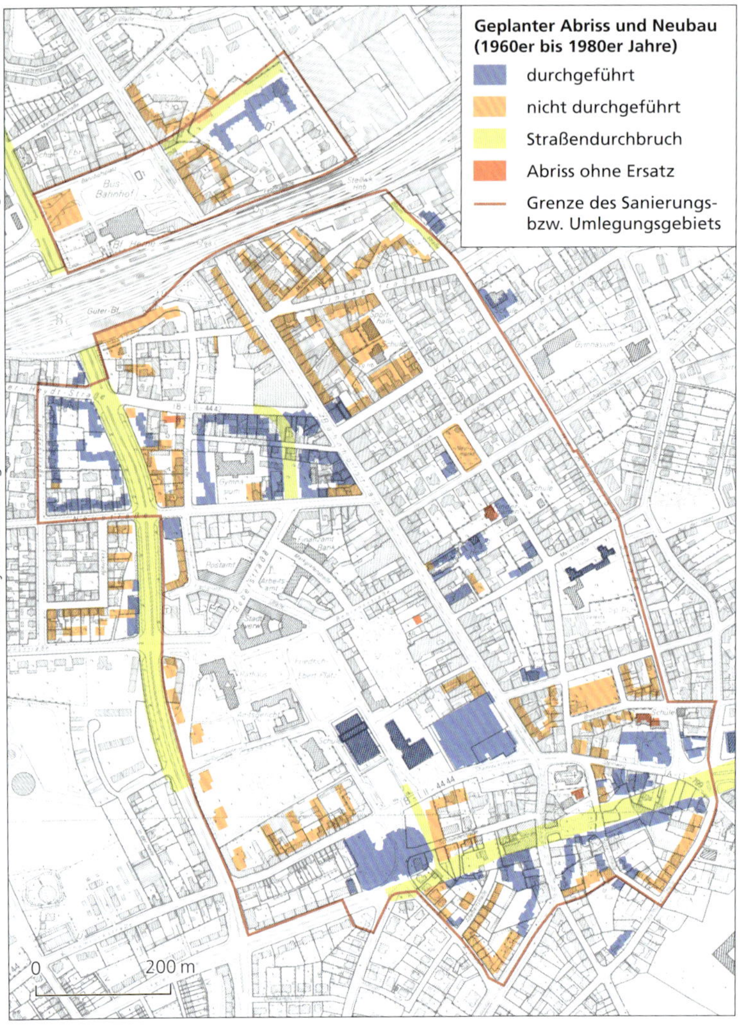

nach Leyh/Rothenberg/Smits 1969, Hommel 2009; Kartographie: Sabrina Henschel

Abb. 5.3.9 Stadtkernsanierung im Rahmen des „Herner Modells"

Stadt Herne, Bildarchiv

Abb. 5.3.10 Bahnhofstraße Mitte 1960er Jahre

Innenstadtsanierung

Die Nachkriegsattraktivität der Herner Bahnhofstraße war mittlerweile längst geschwunden. Bereits in den späten 1940er Jahren war die Bausubstanz in einigen Fällen in einem desolaten Zustand gewesen, die stark verschmutzten Fassaden zeigten deutliche Witterungsspuren; aus Arbeitskräfte- und Materialmangel waren die Arbeiten jedoch zurückgestellt worden. Als sich in den 1950er und 1960er Jahren gefährliche Situationen durch herabfallende Mauer- und Stuckteile häuften und die Innenstadt auch dem funktionalen Aufschwung nicht mehr zu genügen schien, wurde der Baubestand als unzeitgemäß angesehen; zudem war die Bahnhofstraße in ihrer Versorgungsfunktion eingeschränkt, da sie seit 1960 als vierspurige Durchgangsstraße (B 51) und Straßenbahntrasse fungierte und am zunehmenden Verkehr zu ersticken drohte. Die Funktionalität der Innenstadt war im Wesentlichen auf die Einzelhandelsfunktion dieser Straße beschränkt, die wiederum aus der Geschäftsnachfrage der ehemals boomenden Industriestadt hervorgegangen war.

Aufgrund seiner räumlichen und strukturellen Beschränkung erreichte dieses Geschäftszentrum in den 1960er Jahren auch nur eine geringe überörtliche Bedeutung; sein Einzugsbereich erstreckte sich auf Wanne-Eickel, Recklinghausen, Castrop-Rauxel und den Norden von Bochum, war aber in keiner dieser Städte dominant. Zudem war der bevorzugte Einkaufsort der Herner Bevölkerung die Bochumer Innenstadt; einige wenige Einwohner fuhren auch nach Essen und Gelsenkirchen.

Der gemeinsame Wunsch von Gewerbetreibenden und Stadtplanung, die Attraktivität der Bahnhofstraße – auch für anspruchsvollere Kunden – zu erhöhen und Herne ein großstädtisches Aussehen zu verleihen, fand 1960/61 seinen Ausdruck in der schrittweisen Errichtung des Kaufhauses Karstadt. Das 1961 eröffnete Warenhaus Althoff wurde 1962 von der Karstadt AG übernommen. Durch Zukauf benachbarter Grundstücke wurde es zunächst vergrößert und 1962 nach Abriss des Altgebäudes durch ein zeitgemäßes, als Stahlskelettbau errichtetes dominantes Gebäude des renommierten Düsseldorfer Architekten Emil Fahrenkamp ersetzt. Charakteristisch ist die vertikale Gliederung der Fassade durch schmale Lamellen, die über drei Verkaufsetagen bis zum Staffelgeschoss reichen. Den hohen Anforderungen, die die Stadt an die Architektur des Gebäudes stellte, wurde von Karstadt bereitwillig gefolgt, sah man doch in der Bahnhofstraße die längste und bedeutendste Geschäftsstraße des Ruhrgebiets. Der Eingangsbereich des Gebäudes wurde mit einer versenkbaren Vitrine betont, und im Erdgeschoss des Nebengebäudes befand sich eine

Stadt Herne, Bildarchiv

Abb. 5.3.11 Südwestliche Herner Innenstadt mit Kulturzentrum, City-Center und Stadtbad um 1976

Das nach langen Vorplanungen 1976 eröffnete Kulturzentrum der Architekten Allerkamp + Niehaus, Essen (linker Bildrand) schließt den Willi-Pohlmann-Platz nach Süden hin ab und beherbergt neben Sälen für verschiedene Veranstaltungen die Stadtbücherei, das Stadtarchiv, die Volkshochschule und eine Restauration. Das von 1971 bis 1973 errichtete City-Center der Architekten L. Commandeur und L. Palkowitz aus Herne (unterer Bildrand) prägt seitdem den südlichen Eingangsbereich der Bahnhofstraße. Das Stadtbad von 1959 (Bildmitte) wurde 2003 abgerissen.

„Kinderstube“, in der eine ausgebildete Kindergärtnerin während der Einkaufszeit auf die Kinder der Kunden aufpasste. 2007 wurde das Gebäude von der Karstadt-Tochter Hertie übernommen, 2009 wurde es geschlossen.

Eingepasst in die Ziele des Flächennutzungsplans wurde 1964 ein „Entwicklungsplan Stadtkern“ (EPS) aufgestellt, der sowohl den Zielen der Landesplanung entsprach als auch die Bedürfnisse der Stadt berücksichtigte. Neben der Modernisierung des Einzelhandelsangebots stand zum einen die Bildung eines Clusters von Bildungs- und Unterhaltungseinrichtungen im Vordergrund, das dazu beitragen sollte, den Kernbereich zu einer multifunktionalen City zu entwickeln. Zum anderen sollte der Fahrverkehr aus der Hauptgeschäftsstraße herausgenommen und der Stadtkern von einem Verteilerring mit rückwärtiger Parkplatzandienung umgeben werden. Schließlich sollte die axiale Struktur des Geschäftsviertels um Platzanlagen mit Verweilmöglichkeiten ergänzt werden.

Diesem Entwicklungsplan, später in „Standortprogramm“ umbenannt, wurden verschiedene Erneuerungsmaßnahmen – Sanierungsmaßnahmen, Verkehrsmaßnahmen für den Individualverkehr wie für den öffentlichen Nahverkehr, größere Baumaßnahmen, Gebäudemodernisierung und Fassadenrenovierung – zugeordnet.

Diese Ziele fanden in den Folgejahren Rückendeckung durch die im Entwicklungsprogramm Ruhr (1968) geforderte Neuordnung chaotischer Siedlungsstrukturen. Dazu sollten Wohnungen und Arbeitsplätze in Siedlungsschwerpunkten (SSP) an den Knotenpunkten neuer Verkehrsnetze konzentriert werden. Auch Herne war ein SSP, da sich hier die geplante Nord-Süd-Stadtbahn von Recklinghausen nach Bochum mit der auf der Köln-Mindener Trasse verkehrenden S-Bahn kreuzt und das Herner

Stadt Herne, Bildarchiv

Abb. 5.3.12 Wanne, Hauptstraße 1969 und 1975

Kreuz die Autobahn A43 (1967) mit der A42 (1968) verknüpft. Das Städtebauförderungsgesetz (1971) bot die rechtlichen und finanziellen Grundlagen für das Sanierungsverfahren.

Der gesamte Entwicklungsplan wurde in einem besonderen Verfahren realisiert, das später das „Herner Modell" genannt wurde und dem nach gründlicher, partizipatorischer Vorbereitung eine freiwillige Bodenordnung zugrunde lag; bei dieser war die Landesentwicklungsgesellschaft (LEG) durchführender Treuhänder, trat aber in der späteren Neubauphase nicht selbst als Bauherr auf. Zudem wurde ein geschlossener Immobilienfond aufgelegt, an dem sich auch Alteigentümer beteiligen konnten, die nicht selbst bauen wollten. In dieser Hinsicht war die Innenstadtsanierung in Herne Vorreiter, denn alle diese Ansätze und Verfahren wurden bundesweit erst ab dem Städtebauförderungsgesetz von 1971 in die rechtlichen Grundlagen von Sanierungsverfahren eingeführt.

Die Sanierung begann mit den Durchbrüchen und Erweiterungen des Westrings zur Aufnahme der B51 sowie mit den Durchbrüchen für die Holsterhauser/Sodinger Straße als Südtangente. Es folgte die Anlage der Stadtbahn als U-Bahn, so dass anschließend die Bahnhofstraße zur Fußgängerzone umgestaltet werden konnte.

An ihrem Südende wurde auf der Westseite die zum Teil nur eingeschossige Bebauung abgerissen und der Straßenbereich verbreitert; ab 1970 entstand hier in mehreren Bauphasen das City-Center als innenstadtintegriertes Einkaufszentrum mit 37 Läden und Praxen, mit Parkdecks und über hundert Wohnungen sowie später mit einem Textilhaus als Anziehungspunkt. Um einen neuen Verweilplatz und räumlichen Anziehungspunkt zu schaffen, wurde vor dem Karstadt-Gebäude die Bahnhofstraße zum Robert-Brauner-Platz aufgeweitet, wobei wiederum der vorhandene Baubestand an der Westseite abgerissen und durch eine vielgeschossige Wohnbebauung ersetzt wurde, die bis an die Straße heranreicht.

Von der Umgebung um das City-Center abgesehen, blieb der wilhelminische Baubestand weitgehend erhalten, wenngleich die Erdgeschosse mit der Geschäftsnutzung stark verändert wurden. Das Behördenviertel wurde nach Süden um den Sparkassenneubau und das Kulturzentrum erweitert. Am Westring und an der Südtangente, wo die vorhandene Bausubstanz den Straßenerweiterungen hatte weichen müssen, entstanden moderne Wohnblocks; zudem wurden zwei Wohntürme als neue Dominante direkt östlich der Kreuzkirche und des benachbarten Fachwerkhauses, den letzten Resten des alten Dorfs, errichtet.

Auch wenn sie nicht denselben Umfang hatte, folgte die Innenstadterneuerung in Wanne-Eickel doch ähnlichen Prinzipien wie die in Herne. Stärker noch als in Herne wurde der Einzelhandel hier von Geschäften des täglichen Bedarfs dominiert; der räumliche Schwerpunkt lag entlang der Hauptstraße in Wanne und abgeschwächt in Eickel. Geschäfte des periodischen und episodischen Bedarfs waren selten; die Ansiedlung des Kaufhauses Hertie erweiterte 1970 das Angebot des bestehenden Kaufhauses Karstadt. Eine weitere Verbesserung der Angebotsstruktur entstand 1972 bis 1974 gegenüber dem Eickeler Markt, als das Eickel-Center mit Ladenlokalen im Erdgeschoss und Wohnungen und Büros in den Obergeschossen errichtet wurde. Von 1973 bis 1976 wurde die Hauptstraße zwischen Kolpingstraße und Glückaufplatz in eine 900 m lange Fußgängerzone verwandelt (Abb. 5.3.12). Analog zur innerstädtischen Verkehrsplanung in Herne entwickelte sich in den folgenden Jahren vom Glückaufplatz aus ein System von Tangentialstraßen um die Innenstadt von Wanne.

Die zunehmende individuelle Motorisierung machte es möglich, dass die funktionale Trennung

Stadt Herne, Bildarchiv

Abb. 5.3.13 Wanne-Eickel, Trassierung der A42 von Westen, 1970

Die Aufnahme zeigt im Vordergrund die Zeche Unser Fritz, im Mittelgrund die spätere Anschlussstelle Herne-Wanne.

Stadt Herne, Bildarchiv

Abb. 5.3.14 Autobahnkreuz Herne 1972

von Wohn-, Arbeits- und Erholungsnutzungen sowie die funktionale und städtebauliche Entwicklung von Stadtteilzentren in den Folgejahren zum städtebaulichen Leitbild werden konnten. Gleichzeitig erforderte diese funktionale Trennung den Ausbau des Straßennetzes für den Individualverkehr sowie die Ausweitung des Öffentlichen Nahverkehrs.

1970 begann der Ausbau der Sodinger Straße, die als Umgehungsstraße den Ortskern von Sodingen umschließt und die Verbindung zum Revierpark Gysenberg herstellt; nördlich der Mont-Cenis-Straße entstand von 1971 bis 1975 der Zubringer zur Autobahn A42 (vgl. Abb. 5.3.13).

Diese Autobahn gehört zu den größten Investitionen in die regionale Verkehrsinfrastruktur während der ersten Phase der Deindustrialisierung. Sie sollte dazu beitragen, in der Industriezone beiderseits des Rhein-Herne-Kanals die Standortfaktoren für bestehende und neue Industrien zu verbessern. Sie begann 1965 im Raum Herne als Landstraße, die 1969 zur Autobahn hochgestuft wurde; 1971 wurde die erste Teilstrecke zwischen dem Kreuz Essen-Nord und dem Kreuz Herne freigegeben, 1975 folgte die Teilstrecke von dort bis zum Autobahnkreuz Castrop-Rauxel-Ost mit Verbindung zur A45. Zwischen den Auffahrten Herne-Baukau und Herne-Horsthausen wurde das stillgelegte Bett des ehemaligen Stichkanals genutzt, woraus sich eine schnurgerade Straßenführung ergab. Im Kreuz Herne traf die A42 auf die seit 1967 in diesem Bereich bestehende Autobahn A43 (vgl. Abb. 5.3.14).

Das durch die Autobahnen gebildete Achsenkreuz erhöhte einerseits die Zerschneidung des Stadtgebietes und störte den städtebaulichen Zusammenhalt des Stadtteils Baukau nachhaltig, ermöglichte jedoch andererseits eine schnelle Verbindung aller Stadtteile untereinander und vor allem eine kurze Anbindung der Gewerbegebiete an das überregionale und nationale Straßennetz.

Nach der Herstellung der Stadtbahn südlich der Innenstadt wurde 1974 in Verlängerung der Sodinger Straße die Holsterhauser Straße ausgebaut, die nach 1975 eine wichtige Verbindungsfunktion in die neuen westlichen Stadtteile übernahm.

Wirtschafts- und siedlungsstrukturell hatten beide Städte – Wanne-Eickel und Alt-Herne – seit dem Ende des Zweiten Weltkriegs zwei Entwicklungsphasen durchlaufen. Standen zu Beginn der 1950er Jahre noch die drängenden Probleme der Beseitigung von Wohnungsnot und der Versorgung einer wachsenden Bevölkerung mit Schulen im Vordergrund, so stellte die einsetzende Bergbaukrise die Notwendigkeit wirtschaftlicher Strukturveränderungen in den Vordergrund. Mit der zweiten Welle der Zechenschließungen verschwand der Bergbau nicht nur weitgehend als Arbeitsgeber, sondern zunehmend auch als Verhinderer von Strukturwandel aufgrund seiner restriktiven Bodenvorratspolitik. In Alt-Herne mehr als im wirtschaftlich schwächeren Wanne-Eickel begann man das überkommene städtische Gefüge an die zeitgemäßen Vorstellungen von Stadtentwicklung und Stadtstruktur anzupassen. Nach der Entwicklungsphase von etwa 1890 bis zum Ersten Weltkrieg, in der in beiden Städten die bis heute nachwirkenden räumlichen Grundstrukturen gelegt worden waren, wurden die späten 1960er und die 1970er Jahre zu einer zweiten wichtigen Entwicklungsphase, in der beide Städte ihre bis heute größte Erweiterung und eine qualitative Verbesserung ihrer funktionalen Differenzierung erfuhren. Insgesamt begann in dieser Phase der Wandel von der Dominanz des industriellen Systems zu der eines urbanen Systems, einschließlich der sozialen Ausdifferenzierung der Bevölkerung, die die Aufweitung der wirtschaftlichen Grundlagen mit sich brachte.

Eigener Entwurf; Kartographie: Sabrina Henschel

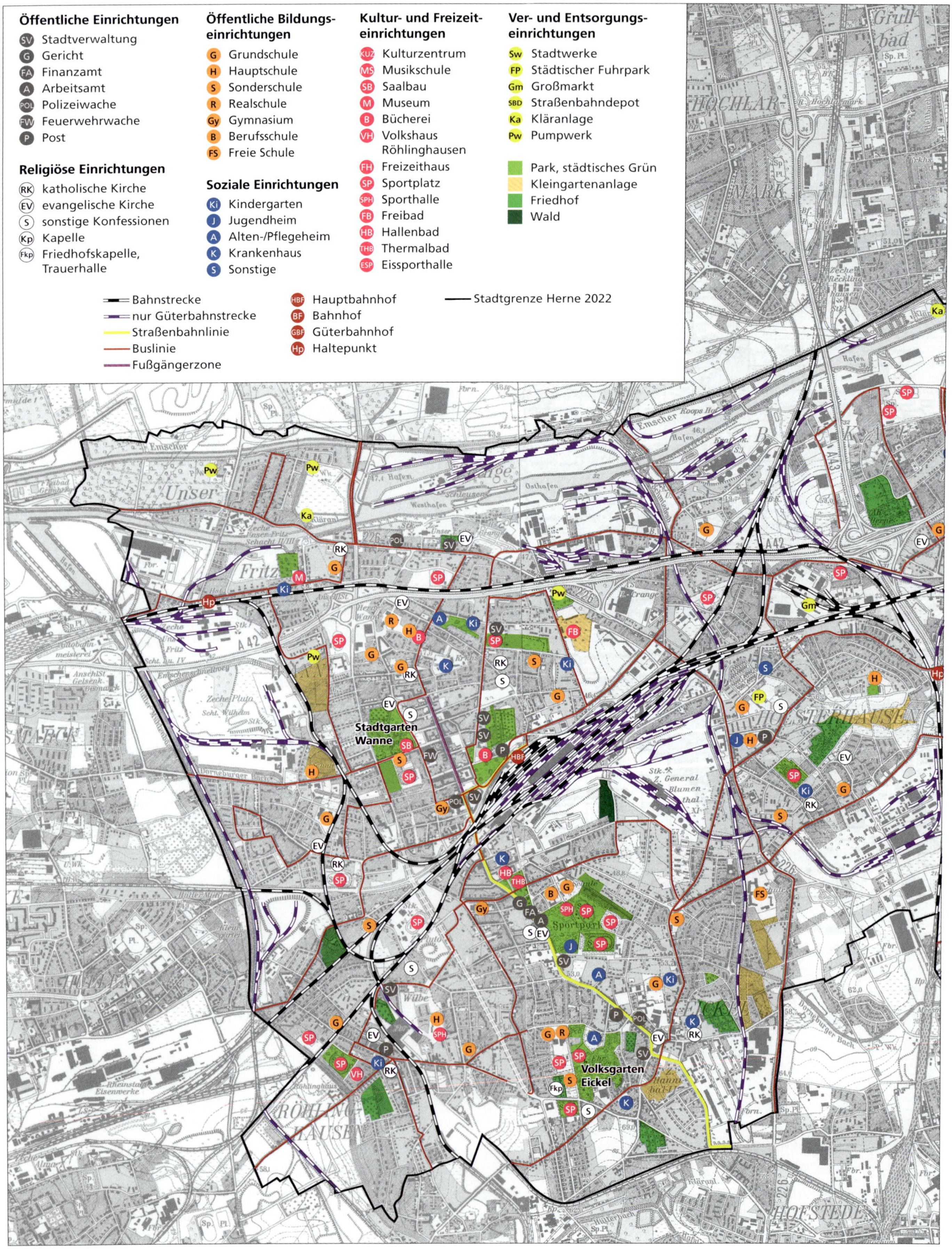

Abb. 5.3.15 Öffentliche Versorgungs- und Infrastruktureinrichtungen 1975

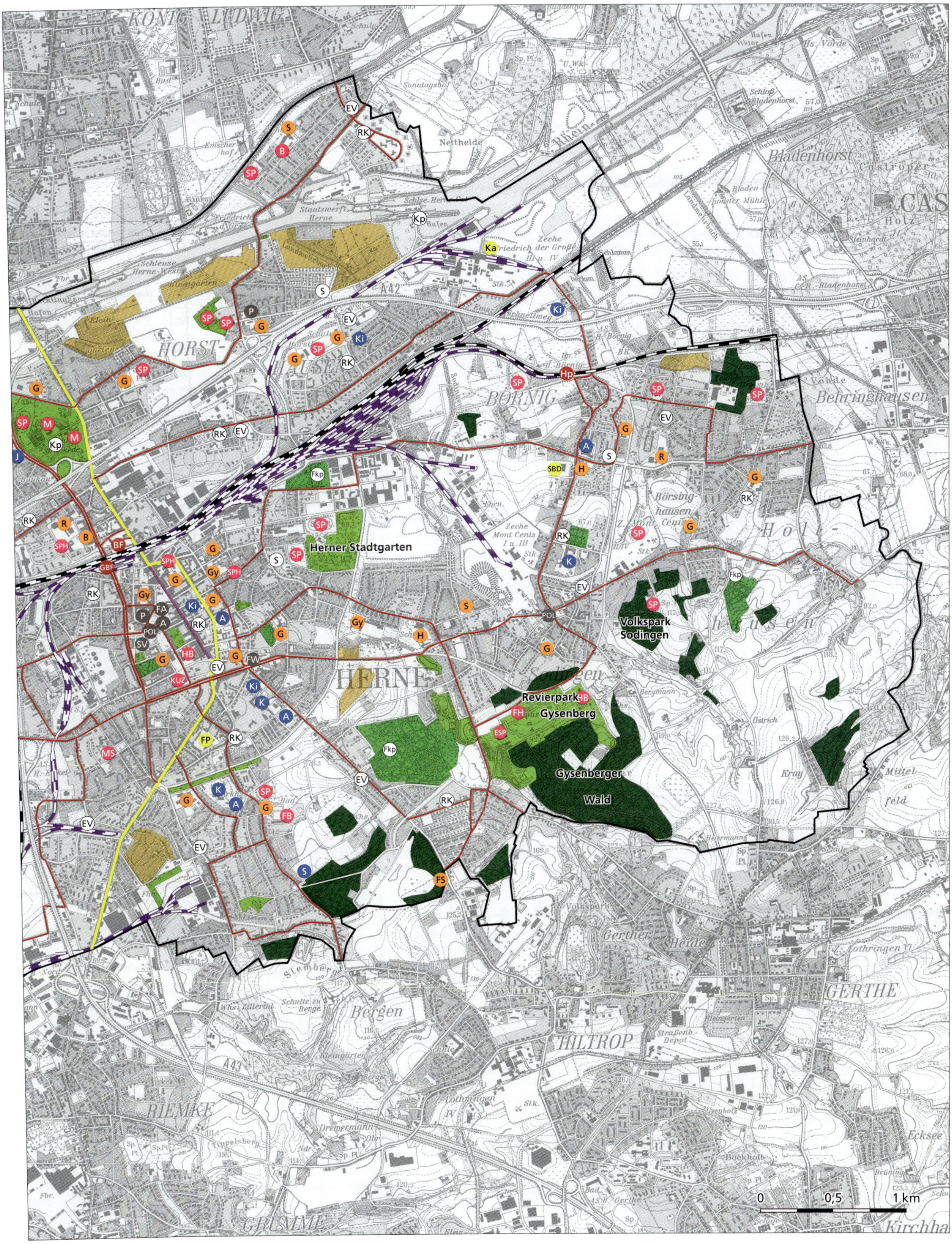
HERNE
Herner Stadtgarten
Volkspark Sodingen
Revierpark Gysenberg
Gysenberger Wald
HORST-
BÖRNIG
Behringhausen
GERTHE
HILTROP
RIEMKE
Bergen
A42
A43
0
0,5
1 km

5.4 Neue Ausrichtung und innere Neuordnung 1976–2000

Mit dem Zusammenschluss der beiden Städte veränderten sich die räumlichen Vorstellungen der Stadtentwicklungsplanung grundlegend. Konzeptionell und programmatisch war sie eingebunden in die verschiedenen Entwicklungsphasen der Landesplanung NRW. Die Länge der konkreten Planungsprozesse und die Verfügbarkeit notwendiger Finanzmittel beeinflussten dabei die Dauer der lokalen Stadtentwicklungsphasen; diese überlagerten sich in ihren Effekten und dauern zum Teil bis in die Gegenwart an.

Mit dem von der Landesregierung NRW 1968 aufgelegten „Entwicklungsprogramm Ruhr" (EPR) begann eine neue Sichtweise. Das EPR konnte zwar den Niedergang der Montanindustrie nicht aufhalten, war aber das erste Programm, das angesichts der Vielschichtigkeit der Probleme auf eine integrierte Entwicklungsplanung bzw. integrierte Strukturpolitik ausgerichtet war. War in der industriellen Entwicklung die Bindung der Arbeitskräfte an einen Standort eine wesentliche Voraussetzung gewesen, so war in Zeiten der Deindustrialisierung deren Mobilität notwendig. Der Ausbau der Straßen und des öffentlichen Nahverkehrs bildeten daher einen Schwerpunkt im EPR. Es forcierte das orthogonale Autobahnnetz, das bis heute mit den Ost-West-verlaufenden Autobahnen A 2, A 42 und A 40 das Rückgrat des regionalen Schnellstraßensystems bildet. Das ebenfalls der integrierten Strukturpolitik zuzuordnende „Nordrhein-Westfalen-Programm 1975" (NWP) von 1970 konkretisierte und erweiterte das EPR. Dabei wandte es sich vom Leitbild der Neuindustrialisierung ab und rückte die Reindustrialisierung und die Modernisierung bestehender Strukturen in den Vordergrund.

Im Hinblick auf die Stadtstruktur des Ruhrgebiets und sein Image propagierte das EPR eine systematische Verbesserung des äußeren Erscheinungsbilds, indem Halden begrünt, regionale Grünflächen ausgebaut, Waldgebiete gepflegt, leerstehende Gebäude abgebrochen, ungenutzte Flächen eingegrünt und genutzter baulicher Altbestand modernisiert werden sollten.

Die daraus folgenden städtebaulichen und stadt- und regionalplanerischen Konzepte folgten der seinerzeit in nahezu ganz Europa verbreiteten funktionalistischen Sichtweise. Die urbanen Strukturen waren zur Effizienzsteigerung auf hierarchische Systeme auszurichten – regional auf Entwicklungsschwerpunkte, lokal auf Siedlungsschwerpunkte (Stadtteilzentren), die baulich und funktional gestärkt, durch leistungsfähige Verkehrssysteme miteinander verbunden werden sollten. Die regionalplanerische Grundlage für diese Neuordnung wurde 1979 durch den Landesentwicklungsplan I/II gelegt; danach wurde der Entwicklungsschwerpunkt Herne als Mittelzentrum eingestuft.

Da die Ausrichtung der Stadt- und Regionalplanung auf hierarchische Zentrensysteme effektive (Nah-)Verkehrsverbindungen erforderte, entstand in den 1960er Jahren das Projekt einer regionalen Stadtbahn. 1969 gründeten die Städte Bochum, Castrop-Rauxel, Dortmund, Duisburg, Essen, Gelsenkirchen, Herne, Mülheim an der Ruhr, Oberhausen, Recklinghausen und Wattenscheid die Stadtbahngesellschaft Ruhr. Als 1972 Düsseldorf und Hattingen hinzukamen, wurde daraus die Stadtbahngesellschaft Rhein-Ruhr; 1981 trat die Stadt Witten ebenfalls der Gesellschaft bei, 1982 trat Recklinghausen wieder aus. Während der regionale Nahverkehr in West-Ost-Richtung als S-Bahn auf dem vorhandenen Eisenbahnnetz geführt werden sollte, sollte die geplante Stadtbahn effiziente Nord-Süd-Verbindungen herstellen. Da insbesondere Straßenbahnen als Hindernisse für eine Verkehrsentwicklung in der Innenstadt angesehen wurden, sollte die Stadtbahn in diesem Bereich als U-Bahn unterirdisch geführt werden. Von dem ursprünglich in einem geschlossenen und städteübergreifenden Netz geplanten 300 km sind bis heute aufgrund unterschiedlicher Spurweiten, schwieriger topographischer Verhältnisse und mangelnder Kompatibilität mit lokalen Netzen nur fünf getrennte Betriebsbereiche entstanden; Herne gehört dabei zum Betriebsbereich Bochum.

Die Entwicklung von Zentren

Mit der Einführung des räumlich-funktionalen Gliederungsprinzips wurde das überkommene zonale Strukturprinzip Hernes zunehmend von der Orientierung auf Siedlungsschwerpunkte abgelöst. Das Standortprogramm von 1975 stellte die beiden Siedlungsschwerpunkte Herne-Mitte und Wanne in den Mittelpunkt der Entwicklung. Die seit der Zwischenkriegszeit vollzogene Ansiedlung von Verwaltungen machte Herne-Mitte zum dominanten Behördenschwerpunkt mit etwa 1.500 Beschäftigten außerhalb und 1.860 (1975) innerhalb der Stadtverwaltung. Am Standort Wanne kamen zu den etwa 525 Beschäftigten in lokalen und regionalen Verwaltungen etwa 220 Bahnbeschäftigte (Rangierbetrieb, Stückgutverladung), über 1.300 in der Hauptverwaltung der Firma Heitkamp sowie 1.010 Beschäftigte in Stadtämtern und Zweigstellen städtischer Ämter.

Die Kernbereiche von Herne und Wanne sowie nachgeordnet von Eickel waren die Standorte der Einrichtungen der periodischen Bedarfsdeckung. Als Unterzentren für die tägliche Bedarfsdeckung trat

Sodingen hinzu. Den darüber hinaus bestehenden Siedlungskernen in Baukau-West, Pöppinghausen und Horsthausen bzw. in Röhlinghausen und Holsterhausen fehlte hingegen die funktionale Ausstattung.

Die ersten wesentlichen Planungsziele nach der Neugliederung waren die Herstellung eines effizienten Verkehrverbunds zwischen den beiden Siedlungsschwerpunkten, die planerische Entwicklung des Raumes zwischen ihnen sowie die Zuordnung und Entwicklung nachgeordneter Siedlungsgruppen.

Insgesamt entstand ein funktionaler Zusammenhang zwischen dem lokalen, regionalen und überregionalen Straßenverkehr. Das Gerüst für den Anschluss an das überörtliche Straßennetz waren die beiden Autobahnen mit sechs Anschlussstellen im Stadtgebiet und einer weiteren direkt südlich der Stadtgrenze. Das örtliche Straßennetz wurde in seiner Planung auf diese Autobahnauffahrten ausgerichtet. Zu seinem Grundgerüst wurde ein Verkehrsring, bestehend aus der geplanten Westtangente, der Dorstener Straße, dem Westring, dem Hölkeskampring und der Sodinger Straße in Nord-Süd-Richtung sowie dem geplanten Harpener Weg, der Cranger Straße, der Berliner Straße und der Holsterhauser Straße/Sodinger Straße in Ost-West-Richtung.

Die Nahverkehrsverbindung der Deutschen Bundesbahn war in West-Ost-Richtung gut, die Süd-Nord-Verbindung wurde erst 1989 durch die von der BOGESTRA betriebene Stadtbahnstrecke Bochum–Herne–Recklinghausen verbessert.

Die am Rhein-Herne-Kanal entstandene Industrie- und Gewerbezone umfasste in der zweiten Hälfte der 1970er Jahre aktiv genutzte und potentielle Industrie- und Gewerbegebiete sowie die Flächen stillgelegter und auslaufender Bergbaubetriebe. Die Ansiedlung neuer Arbeitsplätze war in diesen Jahren besonders dringlich, weil Herne, nachdem seine Wirtschaft die Stilllegungen der 1960er Jahre – zumindest zeitweise – überwunden hatte, von einer zweiten Welle der Stilllegungen erfasst wurde, in deren Verlauf über 4.000 Arbeitsplätze im Bergbau, vor allem auf der Großzeche Friedrich der Große, und in bergbauaffinen Betrieben verloren gingen.

Bemühungen zur Reindustrialisierung stießen in den 1970er Jahren auf Schwierigkeiten, da die ausgedehnten Bergbaubrachen am Westrand der Stadt nach den Zielen der Landesplanung überwiegend im regionalen Grünzug D (vgl. Abb. 8.6.2) aufgehen sollten und Teile der Betriebsfläche der Zeche „Friedrich der Große" von der Ruhrkohle AG noch für Aufschüttungen genutzt wurden. Daher begann die Stadt, am Kanal gewerblich bisher ungenutzte Flächen zu entwickeln, bei denen es sich überwiegend um industrielle Restflächen, Verkehrsbrachen und zersplitterte Siedlungsinseln handelte; ihre Arrondierung wurde in den Folgejahren mit Maßnahmen der Stadterneuerung und Modernisierung verbunden.

Weder die kommunale Neuordnung noch die Ausgestaltung der Siedlungsschwerpunkte zog den Bau neuer öffentlicher Gebäude nach sich, weil man einerseits im gesamten Stadtgebiet auf einen umfangreichen Gebäudebestand aus den 1960er und frühen 1970er Jahren zurückgreifen konnte und die Stadt andererseits angesichts sinkender Steuereinnahmen die Einspareffekte der kommunalen Neuordnung nutzen wollte. Daher beschränkte man sich im Wesentlichen auf Renovierungen, auf zum Teil nicht unbeträchtliche Erweiterungen und auf nur wenige Neubauten. So erhielt das Pestalozzi-Gymnasium 1977 bis 1980 einen Neubau, der das Schulzentrum nördlich des Herner Hauptbahnhofs komplettierte. Die heutige Gesamtschule Wanne-Eickel war, 1979 als „Gesamtschule Herne" gegründet, die erste Gesamtschule der Stadt. Nachdem 1983 die zweite Gesamtschule an der Mont-Cenis-Straße beschlossen und 1985 in Betrieb genommen worden war, wurde diese zur „Gesamtschule Herne" und ab 2001 zur Mont-Cenis-Gesamtschule; die Schule an der Stöckstraße wurde daraufhin in „Gesamtschule Wanne-Eickel" umbenannt.

Herne-Mitte und Wanne waren nach Tradition, Verkehrslage, Ausstattung, Einwohnerzahl und Geschäftsbesatz die Siedlungsschwerpunkte der Stadt; ihre Mitten waren der Hauptbahnhof Wanne-Eickel und der S-Bahnknotenpunkt Herne. Beide Standorte wiesen mittlerweile einen als Fußgängerzone ausgestalteten Geschäftsbereich, einen Umfahrungsring und zahlreiche Parkeinrichtungen für den ruhenden Verkehr auf. Mit 23.938 Einwohnern (Herne-Mitte) und 22.472 Einwohnern (Wanne) hatten sie 1976 etwa die gleich große Einwohnerzahl.

Im Rahmen des sogenannten Herner Modells wurden 1976 die Fußgängerzone mit den Verweilplätzen an der Kreuzkirche und am Bahnhofsplatz sowie das Kulturzentrum eröffnet. In Wanne war die Sanierungsmaßnahme um den Glückaufplatz begonnen worden, in deren Verlauf neben einem Verweilplatz eine mehrgeschossige verdichtete Wohnbebauung mit Ladenzeile errichtet wurde.

Die angestrebte Verdichtung der Wohnbebauung in den Stadtzentren setzte eine höhergeschossige Bebauung voraus. Eine Veränderung der Wohnbebauung konnte am ehesten im Rahmen von Umlegungs- und Sanierungsmaßnahmen dort beeinflusst werden, wo die Sanierungsbedürftigkeit des Gebäudebestandes oder der Bau von Straßen Gebäudeabbrüche notwendig oder möglich machte.

Zwar sollten bei der Neugestaltung des Stadtkerns erhaltungswürdige Altbauten durch Modernisierungen und Fassadengestaltungen an zeitgemäße Ansprüche angepasst werden und zur Verschönerung des Straßenbildes beitragen, doch hatte die

Stadt Herne, Amt für Stadtentwicklung, Stadtforschung und Statistik 1980, 1990; Stadt Herne, Stadtplanungsamt 1975, 1981, 1986, 1986/88, 1990; Kartengrundlage: Topographische Karte 1:25000, Blätter 4408 und 4409, Ausgabe 1997; Kartographie: Sabrina Henschel

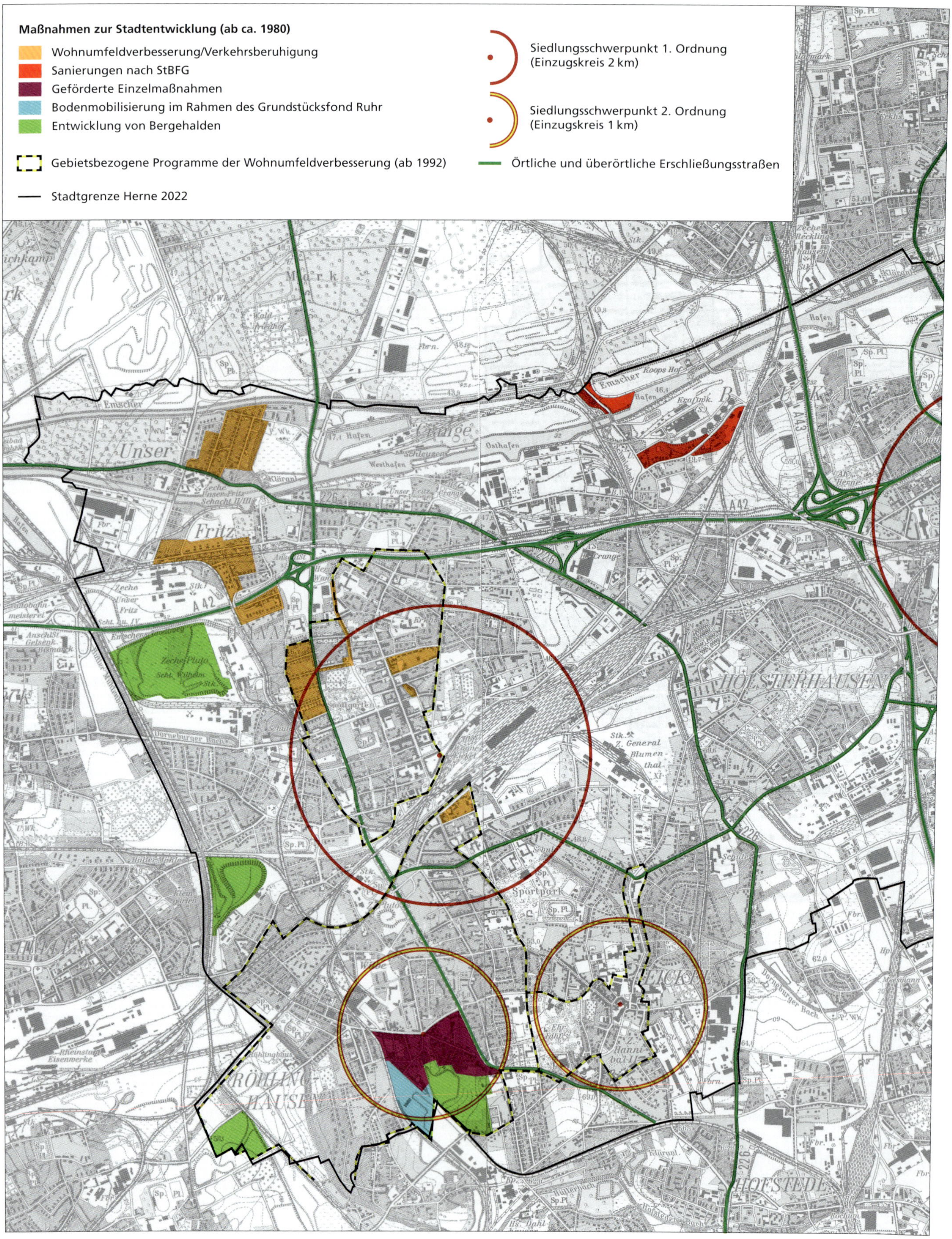

Abb. 5.4.1 Konzepte und Maßnahmen zur Stadtentwicklung 1975–2000

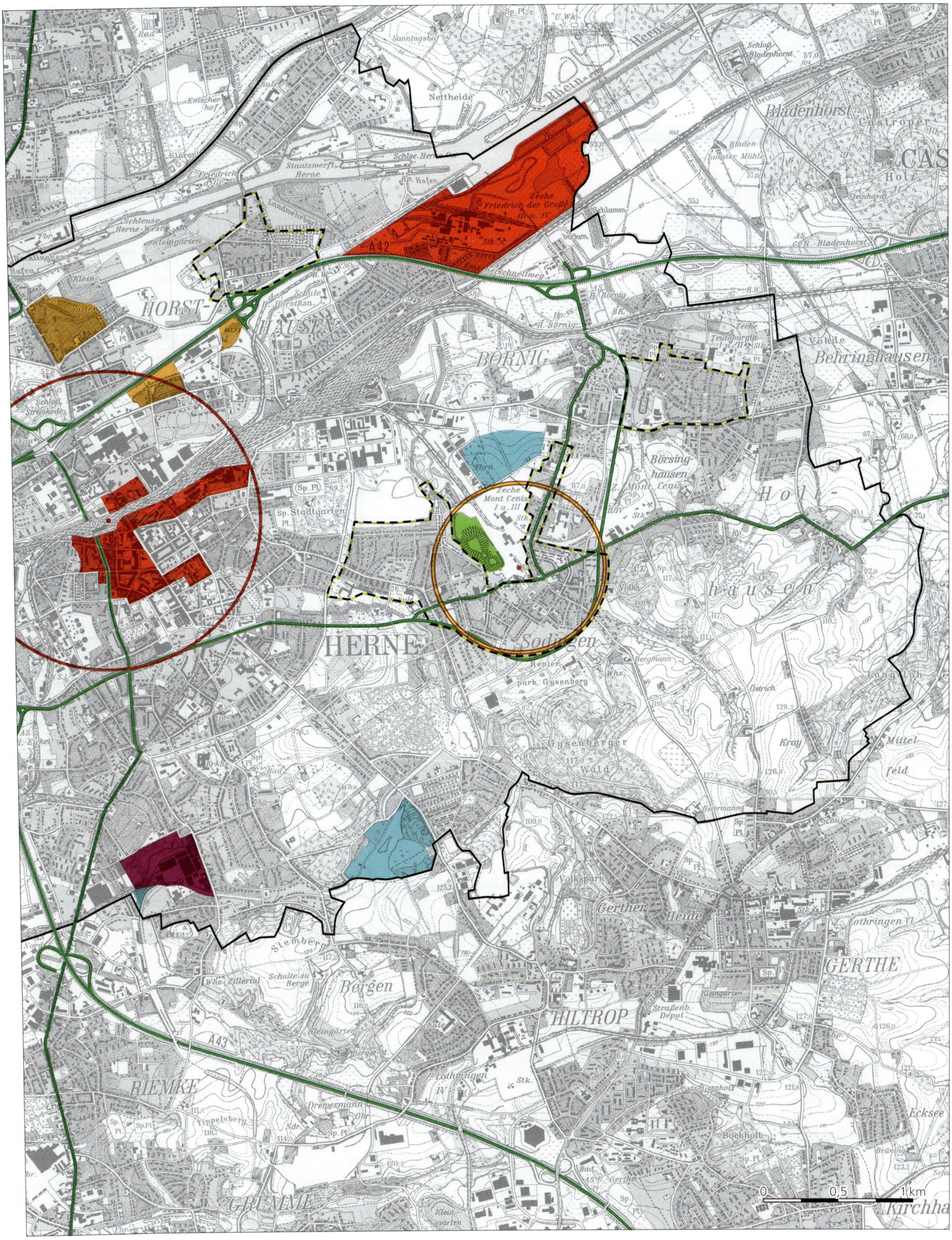
Zeche Friedrich der Große III u. IV
A42
HORST-HAUSEN
BÖRNIG
Bladenhorst
Behringhausen
Börsing-hausen
Zeche Mont Cenis I u. III
HERNE
Sodingen
Sp. Stadtgarten
Revierpark Gysenberg
Gysenberger Wald
Gerther Heide
GERTHE
HILTROP
Bergen
A43
RIEMKE
GRUMME
0
0,5
1 km

Foto: H.-W. Wehling 2020

Abb. 5.4.2 Gesamtschule Wanne-Eickel, Stöckstraße, erbaut 1980–1982

grundsätzliche bauliche Verdichtung, verbunden mit Flächensanierung, zeitweise einen höheren Stellenwert. Erst die Kritik an der architektonischen Gestaltung der Neubauten erzeugte einen Paradigmenwechsel und führte dazu, dass manche alten Gebäude nicht abgerissen und durch Neubauten ersetzt, sondern erhalten und modernisiert wurden. Nicht selten wurden zuvor verkleidete wilhelminische Fassaden in den Originalzustand zurückgeführt, wenngleich häufig unter Beseitigung der Stuckverzierungen. Letztlich blieb jedoch der hohe Altbaubestand beiderseits der Bahnhofstraße und der Hauptstraße prägend für das Stadtbild.

In unmittelbarer Nachbarschaft der Bahnhofstraße wurde nördlich der Vinckestraße ein mehrstufiges Stadterneuerungsverfahren durchgeführt, um den Wohnungsbestand zu verbessern, aufgegebene Betriebsstandorte neu zu nutzen und Gemengelagen aufzulösen (vgl. Abb. 5.4.4). Im Verlauf des Verfahrens stellte es sich als zweckmäßig heraus, den Sanierungsbereich nach Osten bis zur Horsthauser Straße zu erweitern, insbesondere, weil die Firma Klöckner als Eigentümerin des größten Teils der anschließenden Fläche diesen der Stadt zum Kauf anbot.

Stadt Herne, Bildarchiv

Abb. 5.4.3 Doppelwohnturm an der Kreuzkirche; erbaut 1976, Architekt: Gerald Baschek

Die Lärm emittierende Eisenbahnanlage im Norden wurde durch eine Grünzone abgeschirmt und die im Westen vorhandene Geschäftsnutzung an die Fußgängerzone der Bahnhofstraße angeschlossen; gleichzeitig wurden der Fahr- und der Parksuchverkehr reduziert und damit das Umfeld für die insgesamt dominierende Wohnnutzung verbessert. Einsturzgefährdete Gebäude wurden abgerissen, und erhaltungswürdige Gebäude wurden auf den physisch guten bis sehr guten Zustand der Mehrzahl der Wohngebäude gebracht. Die einschneidende Neuordnungsmaßnahme war die Anlage einer inneren Erschließungsstraße. Der südliche Bereich ist gekennzeichnet durch eine viergeschossige, größtenteils um die Jahrhundertwende errichtete Wohnbebauung. Der nördliche Bereich, der bereits den großvolumigen Hochbunker und eine Federnfabrik umfasste, wurde um ein Parkgebäude ergänzt, das zugleich eine Lärmschutzfunktion gegenüber dem Bahngelände übernimmt.

Im östlich anschließenden Baublock, der von den Gebäuden der Firma Klöckner dominiert wurde, entsprach das Gemenge von Industrie, Gewerbe und Wohnen inmitten des Stadtkerns nicht mehr den städtebaulichen Zielsetzungen. Eine funktionsfähige Gewerbenutzung blieb nur direkt an der Baumstraße erhalten. Sie dient zugleich als Lärmschutz für die östlich anschließende neue Wohnbebauung auf dem ehemaligen Klöckner-Betriebsgelände. Hierbei handelt es sich um rund 200 Wohneinheiten als Eigenheime und Geschosswohnungen in 2- bis 3-geschossigen Gebäuden, die zu einem Innenraum mit halböffentlichen Grünflächen geöffnet sind.

Nutzungskonflikte und Flächenengpässe

Die umfangreiche Neubautätigkeit hatte bis in die Mitte der 1970er Jahre zu einer quantitativ ausreichenden Wohnungsversorgung geführt; rückläufige staatliche Investitionen und sinkende Geburtenraten brachten den sozialen Wohnungsbau zu einem Ende. Bestehen blieb jedoch zunächst der frei finanzierte moderne Geschosswohnungsbau und der Bau von Eigenheimen, der noch nicht erschlossene Freiflächen und ehemalige Industrieflächen nutzte. In Horsthausen kam es Anfang der 1980er Jahre zu größeren Wohnungsbauaktivitäten. Südlich der Pöppinghauser Straße entstand das neue Wohnquartier „Eichenforst", und die THS baute an der Gneisenau- und Luisenstraße für „Planverdrängte", die wegen des Baus der Autobahn A42 ihre alten Wohnungen aufgeben mussten.

In der zweiten Hälfte der 1980er Jahre änderten sich jedoch allmählich die Rahmenbedingungen. Zum einen zeichnete sich ein ausgesprochener Mangel an ausgewiesenem Bauland für den Wohnungs-

LEG 1980 und eigene Erhebungen; Kartographie: Sabrina Henschel

Abb. 5.4.4 Entwicklung der Sanierungsgebiete nördlich der Vinckestraße 1973–2020

Stadt Herne, Bildarchiv

Abb. 5.4.5 Sanierungsgebiet Vinckestraße 1966

Foto: H.-W. Wehling 2020

Abb. 5.4.6 Sanierungsgebiet Vinckestraße – Neubaugebiet am Beienweg

Foto: H.-W. Wehling 2020

Abb. 5.4.7 Wohnhochhaus, Hölkeskampring 100

In einer Reihe von mehreren Wohnhochhäusern entstand 1978–1980 nach den Plänen des Architekten W. Stemmermann aus Herne diese achtgeschossige Anlage aus Eigentumswohnungen. Von einem Erschließungskern gehen runde, gegeneinander versetzte Geschosse aus, deren Fassade aus vorgefertigten Sandwich-Elementen errichtet wurde.

bau ab. Da eine weitere Inanspruchnahme freier Flächen aufgrund des bereits hohen Bodenversiegelungsgrades problematisch wurde, blieben als Ausweg nur eine weitere Verdichtung, das Schließen von Baulücken und das Flächenrecycling. Zudem verkehrte sich der noch ein Jahrzehnt zuvor ausreichende Wohnungsbestand in einen wachsenden Altbaubestand, von dem ein erheblicher Anteil sanierungs- und modernisierungsbedürftig wurde.

Bei der Gewerbeansiedlung entwickelte sich ein ähnlicher Flächenengpass. Altlasten schränkten die Nutzung von Industriebrachen ein und machten Sanierungsmaßnahmen notwendig. Außerdem standen, nachdem die 72 ha große und verkehrsgünstig am Kanal und an der A42 gelegene Gewerbefläche Friedrich der Große vermarktet war, keine Grundstücke mehr zur Verfügung; insbesondere mangelte es an kleineren, stadtteilnahen, erschlossenen Gewerbeflächen. Wie beim Wohnungsbau setzte der bereits erreichte hohe Verdichtungsgrad einer weiteren Ausweitung bestehender Industrie- und Gewerbeflächen enge Grenzen, und dies in einer Zeit, in der neue Produktionsweisen dazu geführt hatten, dass in nahezu allen Wirtschaftsbereichen der Flächenbedarf je Arbeitsplatz gestiegen war.

Der Mangel an Freiflächen war und blieb ein Problem mit hoher Dringlichkeit. Er war einer der Gründe für die Abwanderung der Bevölkerung, konnte aber nicht behoben werden, wollte man weiterhin wirtschaftlichen Belangen absoluten Vorrang einräumen. Andererseits konnte sich eine Stadt mit einer Flächennutzungsstruktur wie Herne keinen weiteren Freiflächenverlust mehr leisten, sondern diese waren vielmehr zu vermehren; denn es wurde immer schwieriger, ein räumlich vernetztes, die gesamte Stadt überziehendes Freiflächensystem zu realisieren, wie es die vom damaligen KVR gesteuerte Regionalplanung forderte.

Wohnumfeldverbesserungen

Außerhalb der Neubaugebiete waren in vielen traditionellen Wohnquartieren komplexe Problemlagen aus einem überalterten Wohnungsbestand, städtebaulichen Missständen und strukturellen Unzulänglichkeiten entstanden, die nicht selten mit fehlender Instandhaltung, einer sozialen Entmischung und einer daraus resultierenden Segregation verbunden waren. Anders als in den späten 1960er und den 1970er Jahren erforderte eine Stadterneuerung hier kleinteiligere und umfassendere Ansätze zur Modernisierung. Planerischer Ausdruck dieser umfassenderen Hinwendung zu den Lebensbedingungen in den Stadtteilen waren seit 1981 die Maßnahmen zur Wohnumfeldverbesserung, die von Bund und dem Land NRW gefördert und in sieben

Projektgebieten – Röhlinghausen, Wanne, Sodingen, Eickel, Herne-Mitte, Teutoburgia und Horsthausen – durchgeführt wurden.

Durchgängig traten in den Projektgebieten räumliche Defizite auf, die sich aus der industriellen Vergangenheit ergaben – wenig definierte Siedlungsränder, Gemengelagen nicht kompatibler Nutzungen, unzureichende oder obsolete Hinterhof- und Blockinnennutzungen, kleinere und größere Industrie- und Gewerbebrachen, eine starke Durchschneidung durch Eisenbahntrassen und ein eher auf Durchgangsverkehr als auf ein Ortszentrum ausgerichtetes Straßennetz. Hinzu traten die zunehmende Überalterung des Wohnbestandes, die – nicht nur in den zum Teil ausgedehnten Zechenkolonien – durchgreifende Modernisierungsmaßnahmen erforderte.

In Röhlinghausen und Sodingen waren die Maßnahmen eingebunden in das Modellprogramm „Wohnumfeldverbesserung Mittleres Ruhrgebiet"; als besonders erfolgreich wurden die Rückbaumaßnahmen beiderseits der Edmund-Weber-Straße (Röhlinghausen) und der Mont-Cenis-Straße (Sodingen) angesehen. Durch Straßeneinbauten, Aufpflasterungen und Absperrung von Straßeneinmündungen wurde der Durchgangsverkehr in den umliegenden Wohnvierteln reduziert und insgesamt der trennende Charakter der beiden Straßen gemildert. Hinzu traten zahlreiche Hinterhof- und Fassadengestaltungen sowie über fünfzig Maßnahmen zur Gestaltung und Begrünung öffentlicher Flächen. In Wanne wurden neben Verkehrsberuhigungsmaßnahmen – vor allem in den Quartieren zwischen der Hauptstraße und der A 42 sowie östlich des Stadtgartens – Verbindungen zwischen den vorhandenen Grünflächen aufgebaut. Dasselbe Ziel verfolgte auch die Anlage kleinerer Grün- und Freiflächen sowie des Wegesystems „Im Uhlenbruch" auf der ehemaligen Mülldeponie im Ortsteil Sodingen. Die Maßnahmen in Eickel umfassten die Revitalisierung des Rosengartens im Volksgarten, die Anbindung einiger Seitenstraßen an die Hauptstraße sowie die Neugestaltung des Eickeler Markts im Rahmen des Umbaus der Hülsmann-Brauerei. In Herne-Mitte wurden schließlich der Behrenspark und der Vorplatz des City-Centers umgestaltet.

Die Internationale Bauausstellung IBA Emscher Park

Ab 1987 wurde die seit 1975 verfolgte zentralisierte Strukturpolitik des Landes Nordrhein-Westfalen endgültig abgelöst von einer regionalisierten Strukturpolitik, deren Maßnahmen zeitlich und räumlich begrenzt waren. Als Teil dieser Strukturpolitik wurde 1989 die auf zehn Jahre ausgelegte Internationale Bauausstellung IBA Emscher Park eröffnet, deren oberstes Ziel der ökologische Stadt- und Landschaftsumbau im Raum beiderseits der Emscher war.

Konzeptionell wurden dabei die industriellen Frei- und Brachflächen – zum Teil noch mit aufstehenden Industriegebäuden – nicht länger als Entwicklungshindernisse angesehen, sondern als räumliche Potentiale für zukunftsorientierte, ökologische Nutzungen und neue städtebauliche Rahmenbedingungen. Vorherrschendes räumliches Leitprojekt ist der Aufbau des Emscher Landschaftsparks, der durch die Integration von Frei- und Brachflächen die regionalen Grünzüge entlang von Emscher und Rhein-Herne-Kanal miteinander verbinden und damit einen „Wiederaufbau von Landschaft" sicherstellen soll. Integriert in den Landschaftspark wurden besonders gestaltete Parks, regionale Wander- und Radwege sowie – als ein weiteres Leitprojekt – der „ökologische Umbau des Emscher-Systems". Dabei werden seitdem bei rund 400 km Abwasserkanälen die bisher oberirdisch in Betonrinnen geführten Abwässer unterirdisch abgeleitet und die Bachläufe naturnah umgestaltet. Im Leitprojekt „Arbeiten im Park" wurden Brachflächen genutzt, um landschaftlich und städtebaulich hochwertige Gewerbestandorte entstehen zu lassen. Diese wurden mit dem Landschaftspark vernetzt oder trugen dazu bei, Industrie- und Technikdenkmäler zu erhalten oder Stadtteilzentren abzurunden. Im Leitprojekt „Städtebauliche und soziale Impulse für die Stadtteilentwicklung" stand zum einen die städtebauliche und wirtschaftliche Entwicklung von Stadtteilen im Vordergrund, zum anderen wurden in Stadtteilen mit besonderem Erneuerungsbedarf Projekte zur sozialen Integration oder zur Beschäftigung und Qualifizierung entwickelt. Die Modernisierung gartenstadtähnlicher Arbeitersiedlungen, Wohnprojekte u. a. für ältere Menschen, Selbstbausiedlungen zur sozialen Wohnungsversorgung sowie schließlich der Neubau städtebaulich geschlossener Siedlungen zur Revitalisierung von Industriebrachen waren die Schwerpunkte im Leitprojekt „Neue Wohnformen und Wohnungen". Das Leitprojekt „Industriekultur und Tourismus" folgte dem in den 1980er Jahren erwachten Interesse an den Denkmälern der industriellen Vergangenheit. Neben der vielfältigen Neunutzung dieses Gebäudebestandes und der Inszenierung der Bergehalden durch Landmarken wurde unter dem Management des Regionalverbandes Ruhr die „Route der Industriekultur" eingerichtet.

In Herne wurden Projekte aus allen Leitprojekten realisiert oder angestoßen. Nach Plänen der Schuster Architekten GmbH aus Düsseldorf entstand auf dem abgeräumten Gelände der Hülsmann-Brauerei um einen Wohnhof eine Siedlung, bestehend aus drei- und viergeschossigen Gebäuden mit außenliegenden Treppen und Laubengängen und achtzig

Foto: H.-W. Wehling 2020

Abb. 5.4.8 Hülsmann-Siedlung

öffentlich geförderten Wohnungen. An ihrem Rand stellt das alte Sud- und Treberhaus die Verbindung zum Eickeler Markt her.

Weiterhin wurde die seit 1987 laufende denkmalgerechte Sanierung und Modernisierung der historischen Gartenstadtsiedlung Teutoburgia 1989 als Projekt in die IBA Emscher Park aufgenommen und 1997 abgeschlossen. Die Maßnahmen umfassten neben der werk- und detailgetreuen Rekonstruktion der Außenhaut der Gebäude und der Entwicklung moderner Grundrisse auch die Sicherung der Gartennutzung in den Innenhöfen und die Gestaltung des öffentlichen Raumes. Insgesamt wurden 475 Wohnungen modernisiert und mehr als 130 Gebäude denkmalgerecht hergerichtet (vgl. Abbn. 4.1.19–4.1.21). Im Norden der Siedlung entstand auf dem ehemaligen Betriebsgelände der „Kunstwald", und am nordöstlichen Rand der Siedlung wurden neunzehn Sozialwohnungen für eine Mietergemeinschaft gebaut, die infolge des Abrisses der Korte-Düppe-Bergarbeitersiedlung in Baukau ihre Wohnungen verloren hatte.

Foto: H.-W. Wehling 2020

Abb. 5.4.9 Kunstwald Teutoburgia

Auf dem alten Zechenareal wurde eine Verbindung von Bergbaurelikten, Natur und Kunst geschaffen; die Kunstobjekte verweisen in unterschiedlicher Weise auf die Geschichte der Zeche. Mit der Neupflanzung von 6.000 Gehölzen und der Einsaat einer rund 5.000 m^2 großen Blumenwiese konnte die Natur die Industriebrache zurückgewinnen. Der Kunstwald wurde 1995 eröffnet und ist als Teil des Regionalen Grünzugs E in den Emscher-Landschaftspark eingebunden.

Sowohl der Hauptbahnhof Wanne-Eickel als auch der Bahnhof Herne waren in das IBA-Projekt „Attraktivitätsverbesserung der Bahnhöfe entlang der Köln-Mindener-Eisenbahn" eingeschlossen, in dessen Verlauf denkmalgerechte Baumaßnahmen und Korrekturen an historischen Veränderungen vorgenommen wurden.

Wie im gesamten Emscherraum begannen die Vorstellungen der IBA Emscher Park auch in Herne zunehmend die Sichtweisen der Stadtplanung zu verändern. So stand im Bereich Wanne-Nordwest der Wiederaufbau und die Vernetzung von Landschaft im Bereich des Regionalen Grünzuges D, der wiederum Teil des Emscher Landschaftsparks ist, im Vordergrund. Dementsprechend wurden brachgefallene gewerbliche Flächen – insbesondere die des geschlossenen WANIT-Werks und der Zeche Unser Fritz – nicht für eine neue gewerbliche Nutzung verplant, sondern überwiegend für eine Grünnutzung vorgesehen. Das bisher verfolgte Konzept der Dreiteilung des Stadtgebiets mit dem gewerblichen Schwerpunkt im Norden wurde aufgegeben; so wurden zum Beispiel Ausgleichs- und Ersatzmaßnahmen für die Ausweisung gewerblicher Nutzungen im übrigen Stadtgebiet ausdrücklich für den Wanner Norden vorgesehen. Dazu mag beigetragen haben, dass sich hier 1991 Bürger mit einer Petition an den Landtag NRW gewandt hatten, um die weitere Genehmigung umweltbelastender Einrichtungen in Herne und im westlich benachbarten Gelsenkirchen zu verhindern. Allerdings behinderte einerseits die schlechte Erreichbarkeit und Zugänglichkeit die Nutzbarkeit dieser neuen Freiflächen für Freizeitaktivitäten erheblich, andererseits durchschnitten zahlreiche Verkehrs- und Versorgungstrassen diese Freiflächen, riefen deren ausgeprägte Verinselung hervor und schränkten so ihren ökologischen Wert ein.

Weiter südlich im Stadtteil Röhlinghausen bestand seit 1986 die Planungsabsicht, die Fläche der Schlackenhalde Pluto V als Gewerbegebiet neu zu nutzen. Angesichts der IBA-Pläne für den Ausbau des Emscher Landschaftsparks widersprachen die Bezirksplanungsbehörde und der Kommunalverband Ruhrgebiet jedoch dieser Absicht. Vielmehr wurde durch die Einbeziehung dieser Fläche der Regionale Grünzug D deutlich verbreitert, der Landschaftswert des hier verlaufenden und langfristig zu renaturierenden Hüller Bachs deutlich gesteigert und eine störende Gemengelage erst gar nicht realisiert.

Die wohl stärksten Auswirkungen hatten die konzeptionellen Vorstellungen und Planungen der IBA Emscher Park auf den Ortskern Sodingen. Hier bildeten nicht Kirche, Rathaus und Läden die Ortsmitte, sondern wirtschaftlicher Motor und das sozial, infrastrukturell und städtebaulich beherrschende Zentrum war die Zeche Mont-Cenis. Zu den Einrichtungen, die um sie herum entstanden, gehörten auch zwei kleinere Versorgungsbereiche, einer östlich des ehemaligen Amtshauses – heute das Jugendzentrum „Die Wache" –, ein anderer beiderseits des Sodinger Marktes.

Nach der Stilllegung der Zeche (1978) wurden die meisten aufstehenden Gebäude 1980 abgerissen, das Gelände eingeebnet und die Bergwerksschächte verfüllt. Eine Neunutzung der 25 ha umfassenden Brachfläche wurde zunächst durch die vorhandenen Altlasten behindert, die von der ehemaligen Kokerei und der Benzol- und Ammoniakfabrik der Zeche stammten und die in den 1990er Jahren eine Sanierung mit Bodenaustausch und -umlagerung notwendig machten. Ein Plan, auf dem Standort ein

Stadt Herne, Bildarchiv

Abb. 5.4.10 Fortbildungsakademie Mont-Cenis, Sodingen

Die Mikroklimahülle mit einer Länge von 180 m, einer Breite von 72 m und einer Höhe von 16 m wird von Holzfachwerkträgern getragen, die auf 130 Jahre alten Fichtenstämmen aufgelagert wurden. Mit Edelstahlseilen verspannte Träger unterstützen die Glas- und Photovoltaikelemente von Dach und Fassade. Da die Gebäude in der Hülle ohne Regenschutz auskommen, konnten sie in einfacher Holzkonstruktion gebaut werden. Die Mikroklimahülle ermöglicht eine Reduzierung der Energie um 50 % im Verhältnis zu vergleichbaren Neubauten. Das Dach ist mit ca. 14.000 m² glasintegrierten Siliziumzellen bedeckt und war 1999 die größte dachintegrierte Photovoltaikanlage der Welt. Heute erzeugt sie mit bis zu 750.000 kWh im Jahr mehr als das Doppelte des eigenen Strombedarfs. Ein Blockheizkraftwerk nutzt das natürlich aus dem Stollen aufsteigende methanhaltige Grubengas. Es wird verbrannt, um die Akademie und die umliegenden Neubauten sowie das Marienhospital zu beheizen.

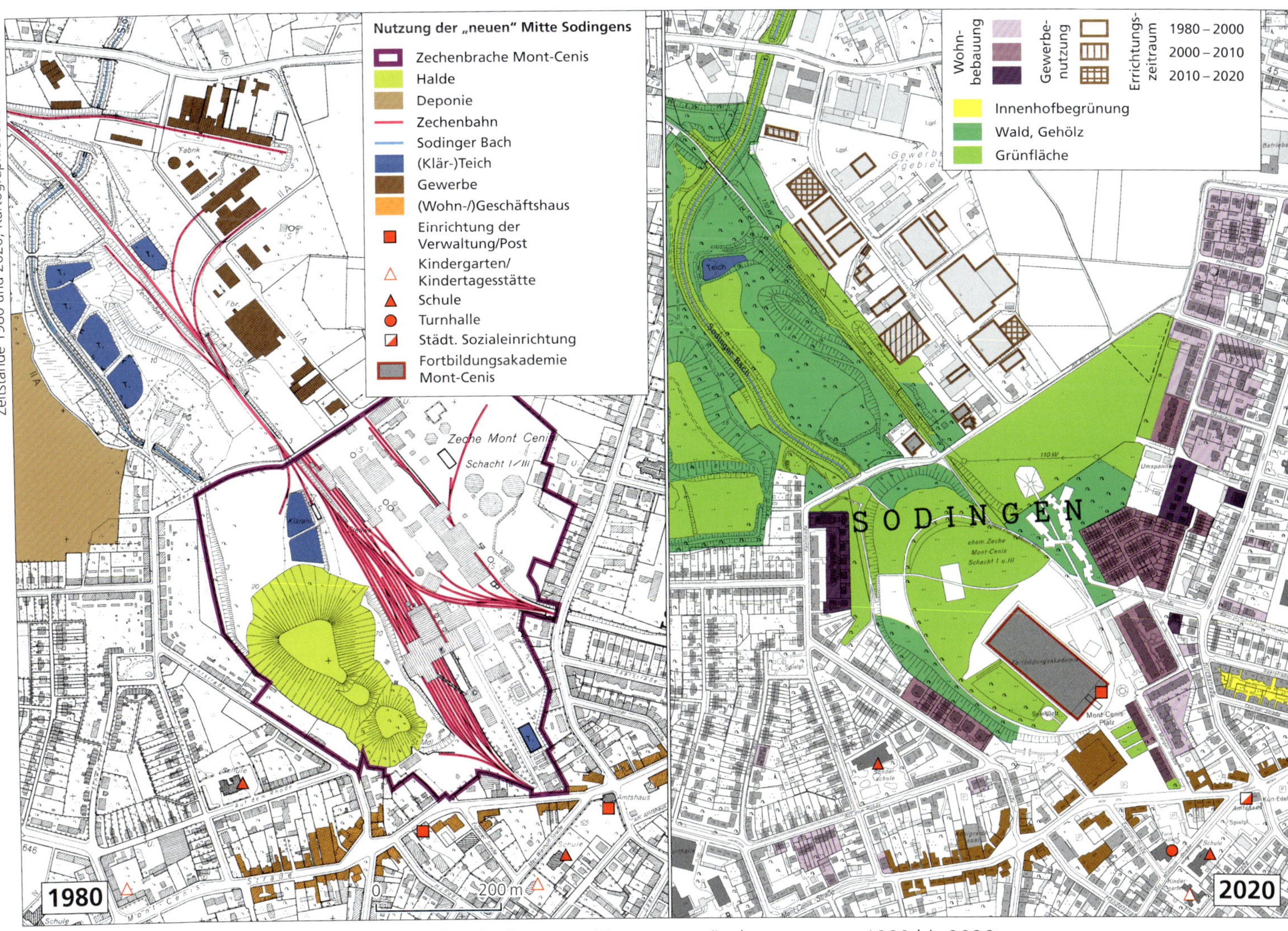

Stadt Herne, Stadtplanungsamt 1996 und eigene Erhebungen; Kartengrundlage: DGK5, Zeitstände 1980 und 2020; Kartographie: Sabrina Henschel

Abb. 5.4.11 Die Entwicklung der „neuen" Mitte Sodingens – Nutzungsveränderungen von 1980 bis 2020

Stadt Herne, Bildarchiv

Abb. 5.4.12 Mont-Cenis-Platz

Einkaufszentrum mit 14.000 m² Verkaufsfläche zu errichten, traf auf den Widerstand der Nachbarstadt Castrop-Rauxel und des lokalen Einzelhandels.

Zum Motor der weiteren Entwicklung wurde dagegen in den Folgejahren die Fortbildungsakademie des Innenministeriums des Landes Nordrhein-Westfalen, deren räumliche Kapazitäten am alten Standort in Attendorn zu klein geworden waren. Unter der Schirmherrschaft der IBA Emscher Park wurde für die Planung der Akademie 1991 ein Ideenwettbewerb ausgeschrieben. Der Entwurf der französischen Architekten Françoise Hélène Jourda und Gilles Perraudin für eine Gebäudegruppe innerhalb einer Gebäudehülle gewann einen ersten Preis. Das gemeinsame Dach fasst verschiedene Einzelgebäuden zusammen, die unterschiedliche Funktionen erfüllen. Zu dem Komplex gehören ein Hotel- und Wohnbereich, die Fortbildungsakademie, Verwaltungs- und Büroräume, eine Bibliothek, ein Casino und ein Bürgersaal. Die Grundsteinlegung erfolgte 1997, 1999 wurde die Akademie Mont-Cenis offiziell eröffnet, und am 1.1.2000 nahm sie mit rund 30 Räumen auf einem Seminarbereich von 1.635 m² den Betrieb auf (vgl. Abb. 5.4.10).

Das unter dem Leitgedanken des ökologischen Bauens errichtete Akademiegebäude war Bestandteil eines integrativen Gesamtkonzepts, das nahezu vollständig nach den Vorstellungen der IBA Emscher Park entwickelt wurde. Unter dem Leitgedanken „Arbeiten im Park" entstand nördlich des Gebäudes bis zur Castroper Straße ein neues Gewerbegebiet. In seiner Nachbarschaft siedelten sich neue Einzelhandels- und Dienstleistungsunternehmen an – vor allem um den neu angelegten Mont-Cenis-Platz, der zugleich Standort von Open-Air-Veranstaltungen (Wochenmarkt, Kirmes, Stadtteilfeste u. a.) geworden ist. Maßnahmen zur Wohnumfeldverbesserung wurden durchgeführt und der Wohnungsbestand unter dem Leitgedanken des ökologischen Bauens um mehr als 300 Wohneinheiten ergänzt. Freizeitinfrastruktur entstand im gesamten Gebiet; ein Grünkonzept überspannte das Mont-Cenis-Gelände und das Gewerbegebiet und band beide nach Westen über die bereits begrünte Halde „Im Uhlenbruch" an den Stadtpark, nach Norden an das Naturschutzgebiet „Voßnacken" und nach Süden an den Gysenberg an.

Yachthafen Herner Meer im Winter 2021

Foto: Hans Blossey 2018

Abb. 6.1 Zentraler Omnibus Bahnhof Wanne

Foto: H.-W. Wehling 2021

6 Bevölkerungsentwicklung und -struktur

Als Folge der Deindustrialisierung setzten negative demographische Trends in Herne früher ein als im übrigen Ruhrgebiet. Seit dem Zusammenschluss mit Wanne-Eickel bestimmten durchgängig negative natürliche Salden und überwiegend negative Wanderungssalden die Bevölkerungsentwicklung. Die Stadt gehörte aber weiterhin zu den Städten mit den höchsten Bevölkerungsdichten in Nordrhein-Westfalen. 36 % der Bevölkerung sind Ausländer oder deutsche Staatsbürger mit Migrationshintergrund.

Tab. 6.1 Bevölkerungsveränderung in Herne, in Vergleichsstädten der Emscherzone, im RVR-Gebiet und in Nordrhein-Westfalen

	Bevölkerungsveränderung in %, nach Entwicklungszeiträumen									
	1939–1946	**1946–1950**	**1950–1961**	**1961–1970**	**1970–1975**	**1975–1987**	**1987–1995**	**1995–2001**	**2001–2011**	**2011–2019**
Herne	2,9	14,6	1,4	–8,1	–5,6	–8,6	3,3	–3,3	–11,0	1,0
Wanne-Eickel	–14,9	17,3	23,9	–7,5						
Gelsenkirchen	–16,3	18,7	21,3	–9,0	–7,1	–11,0	1,2	–5,0	–6,8	0,6
Castrop-Rauxel	3,0	20,0	25,7	–4,3	–6,8	–6,2	2,5	–0,9	–5,3	–1,3
Bottrop	–3,2	15,5	19,6	–4,4	–1,7	–1,3	5,0	0,1	–3,11	0,4
Gladbeck	4,7	16,4	17,6	–1,1	–2,3	–3,2	1,2	–2,7	–4,4	2,1
Recklinghausen	4,0	16,7	24,6	–4,1	–2,3	–2,4	6,4	–2,1	–7,2	–3,6
RVR-Gebiet, kreisfr. Städte	–14,3	16,0	22,4	–4,2	–1,9	–10,0	2,0	–2,9	–5,1	1,9
Nordrhein-Westfalen	**–2,1**	**14,7**	**20,5**	**6,4**	**0,6**	**–2,2**	**0,1**	**0,9**	**–2,8**	**2,3**

Steinberg 1978; Gemeindestatistik NRW 1950, 1961; Stat. Taschenbuch NRW 1967; Landesdatenbank NRW; Städte- und Kreisstatistik Ruhrgebiet; Regionalstatistik RVR

Von 1945 bis 2020 lässt sich die Bevölkerungsentwicklung Hernes bzw. bis 1975 von Alt-Herne und Wanne-Eickel in sechs Phasen unterschiedlicher Länge einteilen. Dabei nahm Herne – und vor 1975 mit Abschwächung auch Wanne-Eickel – eine andersartige Entwicklung als Vergleichsstädte in der Emscherzone.

Ursache der andersartigen Bevölkerungsentwicklung sind zum einen die geringen Bevölkerungsverluste im Krieg und die minimalen Kriegszerstörungen an Wohnungen und Bergwerksanlagen, die das starke Bevölkerungswachstum in den ersten Nachkriegsjahren ermöglichten; zum anderen engten die Zechenstilllegungen die wirtschaftlichen Möglichkeiten seit dem Ende der 1950er Jahre ein und führten anschließend zu einem überdurchschnittlichen Einwohnerverlust.

Die Bevölkerungsentwicklung von 1945 bis 1975

Ausgehend vom Einwohnerstand des Jahres 1939 zeigte Herne in der ersten Phase der Nachkriegszeit – ebenso wie Recklinghausen, Castrop-Rauxel und Gladbeck – bis 1946 eine ausgeprägte Bevölkerungszunahme, während in Wanne-Eickel die Einwohnerzahl abnahm. Das Wachstum verlangsamte sich zwar in den Folgejahren, doch 1950 hatte die Stadt mit 111.591 Einwohnern den Vorkriegsstand schon um 17,9 % übertroffen. Allerdings wuchs die Bevölkerung in diesen Jahren aufgrund erhöhter Abwanderungen bereits langsamer als in den Nachbarstädten. Das schwindende Image der „Goldenen Stadt" zeigte sich auch demographisch. Da die Nachbarstädte stärker zerstört waren, erhielten sie auch in stärkerem Maße finanzielle Hilfe von Bund und Land für den Wiederaufbau; auch wurden die zerstörten oder demontierten Industrien dort schneller und umfassender wiederaufgebaut als in Herne und damit stärkere Anreize für die in diesen Jahren meist männlichen, abwanderungsbereiten Einwohner gesetzt. Anders als in anderen Bergbaustädten der Emscherzone baute daher die bergbaubedingte Zuwanderung von männlichen Arbeitskräften den kriegsbedingten hohen Frauenüberschuss in geringerem Maße ab, so dass für den bevorstehenden wirtschaftlichen Umstrukturierungsprozess vergleichsweise ungünstige Voraussetzungen entstanden.

In der zweiten, von 1950 bis in die frühen 1970er Jahre andauernden Phase nahm die Einwohnerzahl Hernes bis 1961 nur um 1,4 % zu, zunächst getragen von einem hohen natürlichen Wachstum der insgesamt jungen Bevölkerung. Nach dem Bevölkerungshöchststand von 1958 wurde der natürliche Bevölkerungsüberschuss durch steigende Abwanderung aufgebraucht, und die Gesamtentwicklung kehrte sich ins Negative. Damit hatte Herne bereits Ende der 1950er Jahre, als nicht nur die anderen Emscherstädte, sondern das gesamte Ruhrgebiet durch Zuzug aus anderen Teilen der Bundesrepublik erhebliche Wachstumsraten verbuchten, einen deutlichen Umschwung zu verzeichnen. Diesen Umschwung in der Bevölkerungsentwicklung, der allgemein als Vorbote und Indikator des beginnenden Strukturwandels angesehen wird, erlebten die Vergleichsstädte erst im folgenden Jahrzehnt – Gladbeck, Gelsenkirchen, Recklinghausen und Castrop-Rauxel von 1962 auf 1963 und Bottrop von 1965 auf 1966; Alt-Herne ist hier gewissermaßen ein Vorreiter. Im Zeitraum zwischen 1961 und 1970, in dem die demographische Abkoppelung der Kernstädte des Ruhrgebiets von Nordrhein-Westfalen begann, war Alt-Herne nach Gelsenkirchen die Stadt mit dem stärksten Bevölkerungsrückgang; die Einwohnerzahl sank bis 1970 auf 105.423, d. h. auf 93,3 % des Standes von 1950.

Die wirtschaftliche Attraktivität des Bergbaus brachte auch Wanne-Eickel nach dem Zweiten Weltkrieg eine Zuwanderungswelle, die allerdings dort länger andauerte als in Herne; 1950 wurde der Vorkriegsstand der Bevölkerung erreicht und

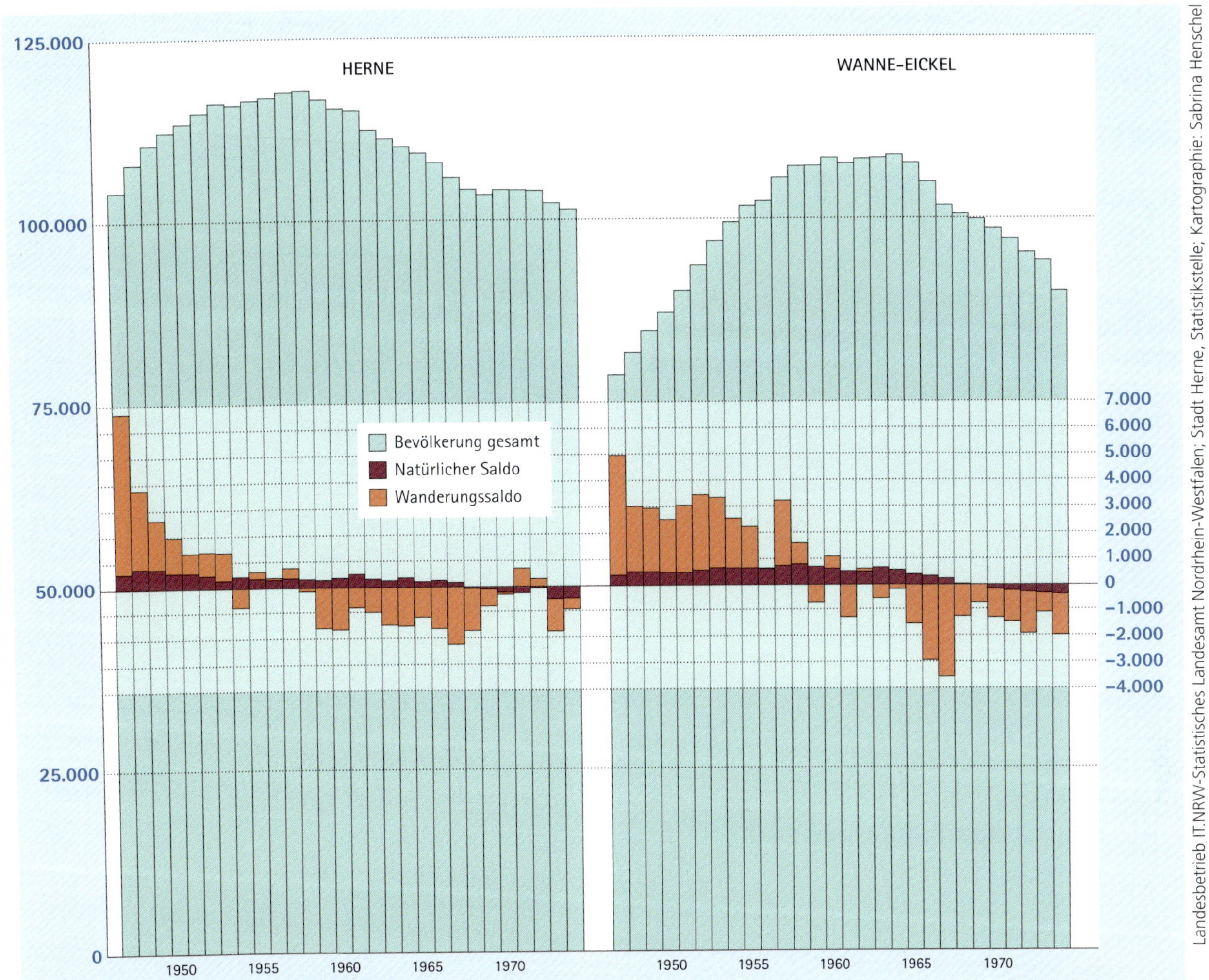

Anm.: In den Jahren 1961/1962 und 1970/1971 wurden die Fortschreibungen jeweils neu auf die Ergebnisse der Volkszählungen 1961 bzw. 1970 ausgerichtet.

Abb. 6.2 Herne und Wanne-Eickel – Bevölkerungsentwicklung und Bevölkerungssalden 1947–1974

1954 erstmals in der Entwicklung der Stadt die 100.000-Einwohnergrenze überschritten. War bis 1957 der Wanderungsgewinn der Motor der Bevölkerungsentwicklung, so ging die Bevölkerungszunahme von 1958 bis 1964 vor allem auf den Geburtenüberschuss zurück. Die Stadt Wanne-Eickel, die 1950 mit 87.315 Einwohnern über eine deutlich geringere Bevölkerung als Herne (112.384) verfügte, übertraf 1963 erstmals die Nachbarstadt mit 111.729 gegenüber 111.192 Einwohnern und erreichte den Umschwung in der Bevölkerungsentwicklung von 1964 auf 1965; seitdem nahm auch hier die natürliche Wachstumsrate rapide ab, 1970 war sie erstmals negativ. Zudem begann nach 1964 mit dem Einsetzen der Zechenstilllegungen ein bis 1974 anhaltender Bevölkerungsrückgang.

Diese Entwicklungsunterschiede zwischen Wanne-Eickel und Alt-Herne spiegeln sich auch in der Entwicklung der ausländischen Bevölkerung wieder. In Wanne-Eickel stieg der Anteil ausländischer Einwohner – mehrheitlich im Bergbau beschäftigte Türken und ihre Familien – von 1,7 % (1960) auf 6,7 % (1970). Demgegenüber setzte angesichts des schwindenden Bergbaus in Herne die Zuwanderung ausländischer Arbeitnehmer relativ spät ein; noch 1969 stellten sie nur 2,1 % der Bevölkerung. Erst mit der Konsolidierung der wirtschaftlichen Situation stieg ihr Anteil bis 1972 auf rund 4.200 Einwohner (4,1 %), von denen 51,8 % türkischer Herkunft waren.

Der Einfluss der konjunkturellen Schwankungen auf dem Energiesektor, der sich über die Wanderungsraten auf die Einwohnerentwicklung auswirkte, erreichte seinen Höhepunkt in den Jahren 1966/67, als die Rezession des Bergbaus mit der allgemeinen wirtschaftlichen Rezession zusammentraf. Der zunächst auf männliche Arbeitskräfte beschränkte Fortzug wurde zu einer Abwanderung von Familien im erwerbsfähigen Alter. Spätestens ab 1970 wurde diese wirtschaftlich verursachte Abwanderung überlagert und verstärkt von einer regionalen Wanderung aus den Kernstädten des Ruhrgebiets in seine Randbereiche auf der Suche nach besseren Lebensbedingungen in weniger belasteten Wohnumfeldern. An dieser regionalen Wanderung waren wiederum vor allem jüngere Bevölkerungsgruppen beteiligt, so dass allmählich die Geburtenraten sanken und die beginnende Überalterung höhere Sterbeziffern erzeugte. Alt-Herne zeigt seit 1968, Wanne-Eickel seit 1970 einen negativen natürlichen Saldo. Als Auswirkung auf die Altersstruktur war in Alt-Herne der Anteil der Altersgruppe der über 60-Jährigen 1970 mit 21,1 % ungünstiger als in Wanne-Eickel (19,0 %), in den Nachbarstädten Recklinghausen (18,8 %) und Castrop-Rauxel (17,4 %) oder im regionalen Durchschnitt (19,9 %).

Insgesamt waren die Bevölkerungsverluste seit der Mitte der 1960er Jahre in Wanne-Eickel größer als in Alt-Herne, sodass die Einwohnerzahl Wanne-Eickels Anfang der 1970er Jahre wieder unter die von Alt-Herne fiel; 1974, im Jahr vor ihrer Zusammenlegung, verfügte Wanne-Eickel über 92.472, Alt-Herne über 103.807 Einwohner.

Bevölkerungsentwicklung seit 1975

Von 1975 bis 2019 sank die Bevölkerung Hernes von 190.561 auf 161.012 Einwohner, d. h. jährlich um durchschnittlich 0,6 %. Dieser Rückgang basiert auf durchgängig negativen natürlichen Salden sowie – außer in den Jahren 1980, 1988–1995, 2002–2003, 2012–2020 – auf negativen Wanderungssalden.

Die insgesamt dritte, von 1975 bis 1987 dauernde Phase war geprägt von Wanderungsverlusten und negativen natürlichen Salden, wobei der Verlust von Arbeitsplätzen sowie unzureichende Wohn-

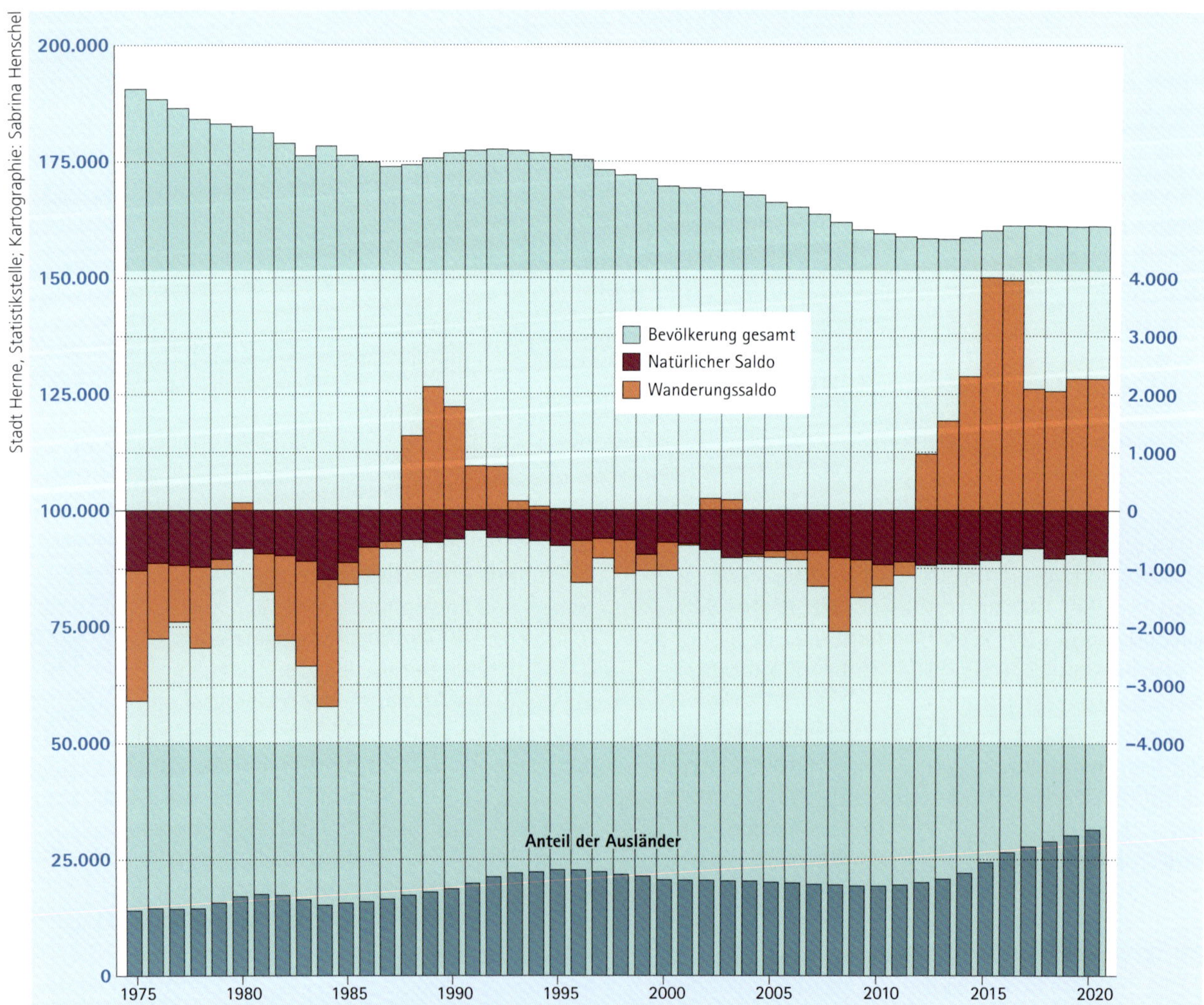

Anm.: Als Gesamtbevölkerung werden die mit Hauptsitz in Herne gemeldeten Personen zugrunde gelegt.

Abb. 6.3 Bevölkerungsentwicklung und Bevölkerungssalden 1975–2020

Tab. 6.2 Bevölkerungsentwicklung 1985–2020, nach Ortsteilen und Stadtbezirken

Ortsteil	1985	1990	1995	2000	2002	2004	2006	2008	2010	2012	2014	2016	2018	2019	2020
Unser Fritz/Crange	8.004	8.094	8.258	7.485	7.355	7.283	7.402	7.234	7.080	6.965	6.987	7.044	6.986	6.970	7.011
Wanne	25.717	25.240	25.326	24.014	23.847	23.604	23.145	22.686	22.419	22.509	22.718	23.196	23.076	23.167	23.280
Baukau-West	5.191	5.207	5.022	4.904	4.777	4.643	4.513	4.409	4.374	4.293	4.148	4.342	4.222	4.192	4.192
Stadtbezirk Wanne	**38.912**	**38.541**	**38.606**	**36.403**	**35.979**	**35.530**	**35.060**	**34.329**	**33.873**	**33.767**	**33.853**	**34.582**	**34.284**	**34.329**	**34.483**
Röhlinghausen	11.264	11.532	11.617	11.833	11.966	11.894	11.542	11.276	11.080	10.994	10.998	11.197	11.020	11.136	11.028
Wanne-Süd	13.492	13.681	13.616	12.644	12.292	12.420	12.010	11.637	11.382	11.523	11.676	11.791	12.116	12.093	11.947
Eickel	10.881	11.257	10.996	11.145	11.057	10.883	10.662	10.473	10.252	10.133	10.093	10.124	10.144	10.193	10.170
Stadtbezirk Eickel	**35.637**	**36.470**	**36.229**	**35.622**	**35.315**	**35.197**	**34.214**	**33.386**	**32.714**	**32.650**	**32.767**	**33.112**	**33.280**	**33.422**	**33.145**
Holsterhausen	11.177	11.483	11.408	10.834	10.873	10.781	10.763	10.539	10.390	10.296	10.387	10.484	10.471	10.384	10.432
Baukau-Ost	13.506	13.578	13.865	13.362	13.054	12.816	12.734	12.409	12.182	11.977	11.907	12.282	12.650	12.776	12.741
Herne-Mitte	24.614	25.004	24.846	23.855	23.724	23.806	23.561	23.326	22.950	22.659	22.884	23.493	23.567	23.511	23.531
Herne-Süd	13.693	13.192	12.862	12.836	12.884	12.732	12.548	12.467	12.398	12.375	12.316	12.459	12.276	12.109	12.040
Stadtbezirk Herne-Mitte	**62.990**	**63.257**	**62.981**	**60.887**	**60.535**	**60.134**	**59.606**	**58.741**	**57.920**	**57.307**	**57.494**	**58.718**	**58.964**	**58.780**	**58.744**
Horsthausen	12.811	12.772	12.555	11.608	11.612	11.546	11.223	10.952	10.861	10.776	10.897	10.970	10.834	10.807	10.969
Sodingen	12.511	12.492	12.617	11.913	12.285	12.192	12.186	11.894	11.710	11.591	11.474	11.675	11.688	11.638	11.682
Börnig/Holthausen	13.425	13.277	13.398	13.136	13.116	13.074	12.798	12.523	12.337	12.279	12.177	12.124	12.034	12.036	12.066
Stadtbezirk Sodingen	**38.747**	**38.541**	**38.570**	**36.657**	**37.013**	**36.812**	**36.207**	**35.369**	**34.908**	**34.646**	**34.548**	**34.769**	**34.556**	**34.481**	**34.717**
Stadt Herne	**176.286**	**176.809**	**176.386**	**169.569**	**168.842**	**167.673**	**165.087**	**161.825**	**159.415**	**158.370**	**158.662**	**161.181**	**161.084**	**161.012**	**161.089**

Stadt Herne, Statistikstelle

verhältnisse die Hauptgründe für die Abwanderung waren; gleichzeitig wiesen dagegen zum Beispiel die Gemeinden des benachbarten Kreises Recklinghausen eine hohe Wohn- und damit Zuzugsattraktivität auf. Die Bevölkerungsverluste betrafen das Stadtgebiet in unterschiedlicher Weise; die stärksten Rückgänge traten in den statistischen Bezirken Crange, Wanne, Wanne-Süd und Holsterhausen auf, während am Scharpwinkelring, im Kern von Baukau, in Pantringshof und in Börnig aufgrund der neuen großen Wohngebiete bis in die frühen 1980er Jahre hinein der allgemeine negative Trend durch den Zuzug mehrheitlich junger Familien umgekehrt wurde. Insgesamt konnten die Sterbeüberschüsse und Wanderungsdefizite der deutschen Bevölkerung durch Geburtenüberschüsse und Wanderungsgewinne von Seiten der ausländischen Bevölkerung nicht ausgeglichen werden.

In der vierten Phase ab 1988 wirkten sich die politischen Ereignisse in Mittel- und Osteuropa auch auf die Bevölkerungsentwicklung Hernes aus. Durch die verstärkte Zuwanderung aus dem Ausland – seit 1989 auch durch den vermehrten Zuzug von Ostdeutschen – kehrte sich die negative Wanderungsbilanz um und führte bis 1995 zu einer Zunahme der Gesamtbevölkerung um rund 2.000 Einwohner.

Seit 1993 zeigte sich wiederum eine zunächst verhaltene, ab 1995 eine deutliche Trendumkehr; Wanderungsverluste und Sterbefallüberschüsse prägten seitdem eine lange fünfte Phase mit rückläufigen Einwohnerzahlen. Die stärksten Verluste von 11,1 % bis 15,6 % erfuhren die Ortsteile des industriell-gewerblichen Nordens (Wanne, Unser Fritz/Crange, Baukau, Horsthausen) und Wanne-Süd (–15,4 %).

2012 begann die sechste Entwicklungsphase mit negativen natürlichen Salden, hohen, zu mehr als 50 % von Ausländern verursachten Zuwanderungsraten und einer insgesamt nur um 1,7 % auf 161.089 Einwohner (2020) steigenden Gesamtbevölkerung.

Wie die Gesamtstadt zeigte auch die Mehrzahl der Ortsteile negative natürliche Salden in den einzelnen demographischen Entwicklungsphasen der letzten beiden Jahrzehnte; besonders ausgeprägt waren sie in Eickel. Positive natürliche Salden wiesen dagegen Baukau-West und zeitweise auch Unser Fritz/Crange auf. Die Gesamtstadt zeigt in den demographischen Phasen seit 1995 stetig zunehmend positive Wanderungssalden; in Horsthausen, Herne-Mitte und Wanne waren die Wanderungszunahmen stärker, in Baukau-West, Eickel und Holsterhausen mit größeren Schwankungen verbunden, und in Herne-Süd waren die Salden seit 2012 negativ.

Eine hohe Fluktuation der Wohnbevölkerung wirkt sich tendenziell negativ auf die soziale Stabilität von Nachbarschaften aus; statistisch umfasst sie die Wanderungen der Bevölkerung innerhalb der Stadtgrenzen als auch über sie hinweg. In der letzten Phase der Bevölkerungsentwicklung wiesen Unser Fritz/Crange und Wanne-Süd und damit Gebiete in Innenstadtrandlage die höchste Fluktuation auf, während sie in den ländlich-suburbanen Gebieten Sodingens sowie im Süden von Röhlinghausen und Eickel, d. h. vor allem in den großen Bergarbeitersiedlungen, unterdurchschnittlich war.

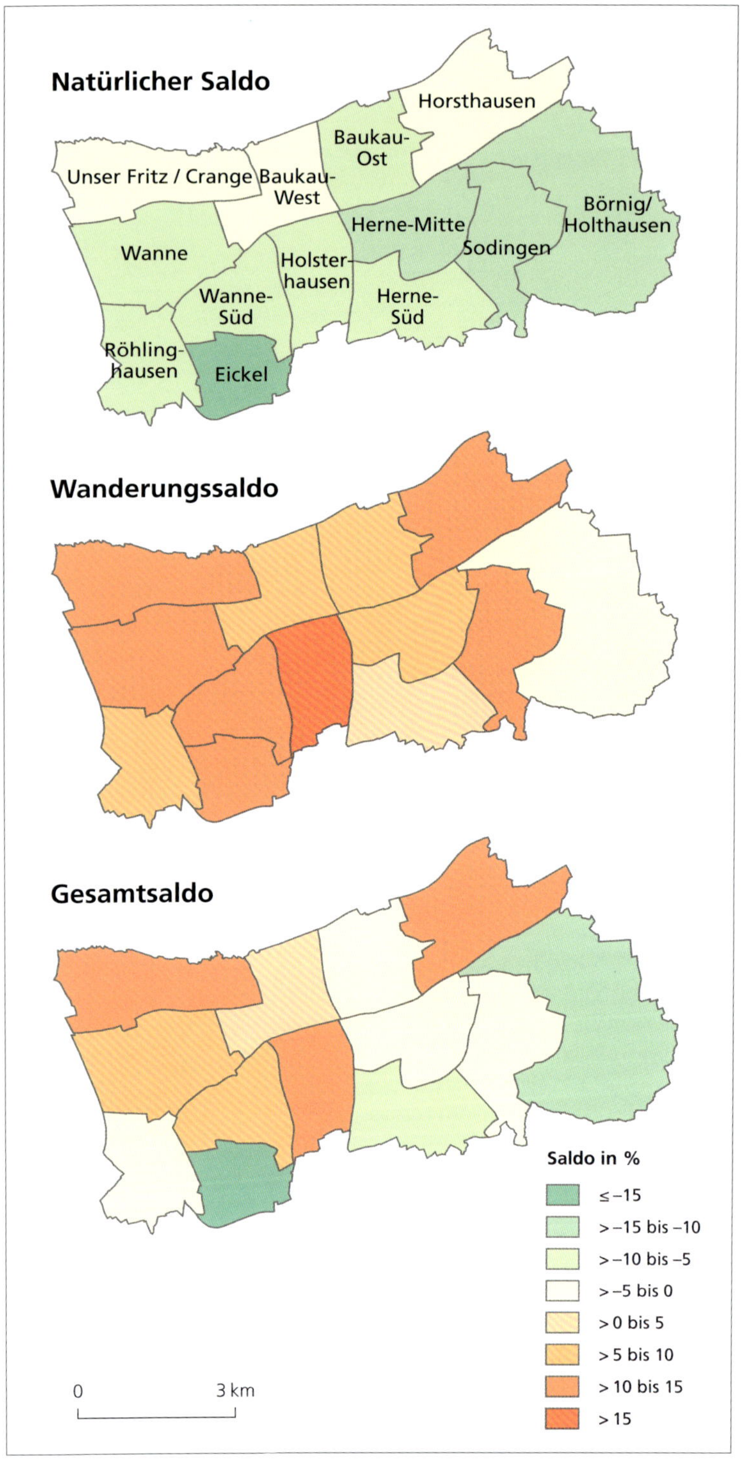

Abb. 6.4 Bevölkerungssalden 2010–2020 nach Ortsteilen

Bevölkerungsdichten

1950 hatten Wanne-Eickel mit 4.061 Einw./km^2 und Herne mit 3.715 Einw./km^2 nach Lüdenscheid (4.130 Einw./km^2) die höchsten Bevölkerungsdichten unter den nordrhein-westfälischen Städten. Nachdem Herne 1958 (3.921 Einw./km^2) und Wanne-Eickel 1964 (5.283 Einw./km^2) die jeweils höchste Bevölkerungsdichte erreicht hatten, führte die wirtschaftliche Rezession der 1960er Jahre zwar zu wanderungsbedingten Bevölkerungsverlusten, doch nahm Wanne-Eickel 1970 mit 4.653 Einw./km^2 noch immer den Spitzenrang im Land Nordrhein-Westfalen ein, gefolgt von Essen (3.586 Einw./km^2) und Herne (3.463 Einw./km^2). Die Zahl der Einwohner ist zwar seitdem um weitere 20,5 % gesunken, Herne ist jedoch mit 3.133 Einw./km^2 (2020) weiterhin die Stadt mit der höchsten Bevölkerungsdichte in Nordrhein-Westfalen. Innerhalb Hernes schwanken die Dichtewerte zwischen 9.879 Einw./km^2 in den verdichteten Wohngebieten zwischen dem Hölkeskampring und der Sodinger Straße einerseits und 887 Einw./km^2 in den von Gewerbegebieten durchsetzten Quartieren des westlichen Baukau andererseits. Diese Unterschiede spiegeln die bestehenden Gegensätze in der Siedlungsstruktur wider und haben sich wegen der nur geringen Dynamik der Bevölkerungsentwicklung in den letzten Jahrzehnten kaum verändert.

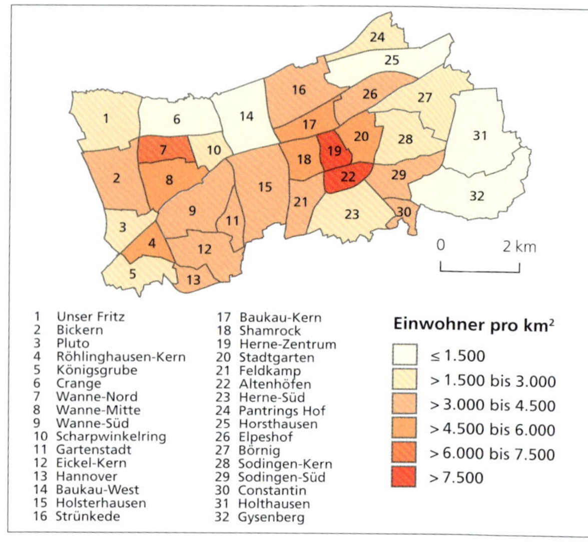

Abb. 6.5 Bevölkerungsdichten 2020 nach statistischen Bezirken

Altersstruktur

Als Folge der jahrzehntelangen negativen natürlichen Bevölkerungssalden unterlag die Herner Bevölkerung einer fortschreitenden Überalterung. Der Anteil der unter 18-Jährigen an der Gesamtbevölkerung stieg zunächst von 17,1 % (1990) auf 17,9 % (1997), sank danach bis 2014 auf 15,6 % und stieg infolge der Zuwanderung der letzten Jahre bis 2020 wieder auf 16,2 %. Demgegenüber stieg der Anteil der über 65-Jährigen kontinuierlich von 23,8 % (1990) auf 28,5 % (2019).

Die Jugend- und Altersquotienten sind in der Lage, Altersstrukturen näher zu beschreiben. Der Jugendquotient, im Folgenden berechnet als der prozentuale Anteil der unter 18-Jährigen und damit der meist wirtschaftlich und sozial abhängigen Kinder und Jugendlichen an den 18- bis 65-Jährigen, wird als Indikator für die Familienprägung eines bestimmten Gebietes verwendet. Ein Jugendquotient unter

38 besagt, dass die nachwachsende Generation dünner besetzt ist als die derzeitige Bevölkerung im Erwerbsalter. Sofern der fehlende Nachwuchs nicht durch Zuwanderung ausgeglichen wird, führt dies zu einem in der Zukunft abnehmenden Arbeitskräftepotential. Der Altersquotient gibt den prozentualen Anteil der über 65-Jährigen an den 18- bis 65-Jährigen an.

Im Jahre 2018 betrug der Jugendquotient des Landes Nordrhein-Westfalen 29,0, die Quotienten der kreisfreien Städte des Ruhrgebiets lagen zwischen 23,3 (Bochum) und 29,2 (Gelsenkirchen); Herne wies einen Jugendquotienten von 26,3 auf. Der landesweite Altersquotient betrug 34,3, die kreisfreien Ruhrgebietsstädte zeigten Werte zwischen 32,6 (Duisburg, Dortmund) und 39,9 (Mülheim); Hernes Quotient betrug 35,4. Insgesamt belegt Herne mit seinem geringeren Anteil an Kindern und Jugendlichen und einem größeren Anteil an Personen über 65 Jahren unter den kreisfreien Städten des Ruhrgebiets zwar einen Mittelplatz, weist aber mit diesen eine ungünstigere Altersstruktur auf als der landesweite Durchschnitt.

Jugend- und Altersquotient werden auch als Last- oder Abhängigkeitsquotienten bezeichnet, da sie ausdrücken, in welchem Umfang die nicht erwerbstätigen Personengruppen von der erwerbsfähigen Bevölkerungsgruppe abhängig sind bzw. diese belasten. Die Summe beider Quotienten ergibt den Gesamtlastquotienten; dieser beträgt für Herne insgesamt 61,7.

Von 2000 bis 2019 betraf die Veränderung der Altersstruktur die einzelnen Ortsteile in unterschiedlicher Weise und hat zu unterschiedlichen demographischen Quotienten geführt. In einer ersten Gruppe weisen die Ortsteile Eickel, Herne-Süd und Börnig/Holthausen Bebauungsstrukturen mit einem hohen Einfamilienhausanteil und einem grünem Wohnumfeld auf, in denen die ursprüngliche Bevölkerung seit mehr als zwanzig Jahren gealtert ist. Haushalte mit bereits erwachsenen Kindern sowie Paar- und Singlehaushalte von Senioren rufen hohe Altenquotienten und deutlich überdurchschnittliche Gesamtlastquotienten auf. Die zweite Gruppe wird gebildet von den Ortsteilen des gewerblichen Nordens (Unser Fritz/Crange, Baukau-West und Horsthausen) und der hoch verdichteten zentralen Lagen (Wanne, Herne-Mitte), in denen in den letzten beiden Jahrzehnten eine junge erwerbsfähige Bevölkerung hohe Jugend- und günstige Gesamtquotienten hervorgebracht hat; der Bezirk Crange gehört sogar zu den mit der jüngsten Bevölkerung in der Emscherzone. Röhlinghausen, Wanne-Süd und Holsterhausen bilden die dritte Gruppe, in der sich seit 2000 weitgehend ausgeglichene Altersstrukturen mit entsprechend günstigen Gesamtlastquotienten ausgebildet haben. Mit leicht überdurchschnittlichen Gesamtlastquotienten bilden Sodingen und Baukau-Ost eine vierte Gruppe, deren junge Bevölkerung erst seit 2010 zu altern begann, so dass sie neben überdurchschnittlichen Jugend- auch hohe Altenquotienten zeigen.

Migranten und Ausländer

Statistisch gliedert sich die Gruppe der Migranten in Ausländer und in Deutsche mit Migrationshintergrund. Die Zahl der Ausländer, d.h. der Einwohner ohne deutsche Staatsbürgerschaft, stieg von 14.139 (1975) auf 31.383 (2020), ihr Anteil an der Gesamtbevölkerung von 7,2 % auf 19,5 %. Der Anteil erreichte bis 1997 einen ersten Höhepunkt von 12,9 %, sank danach durch Abwanderung mit

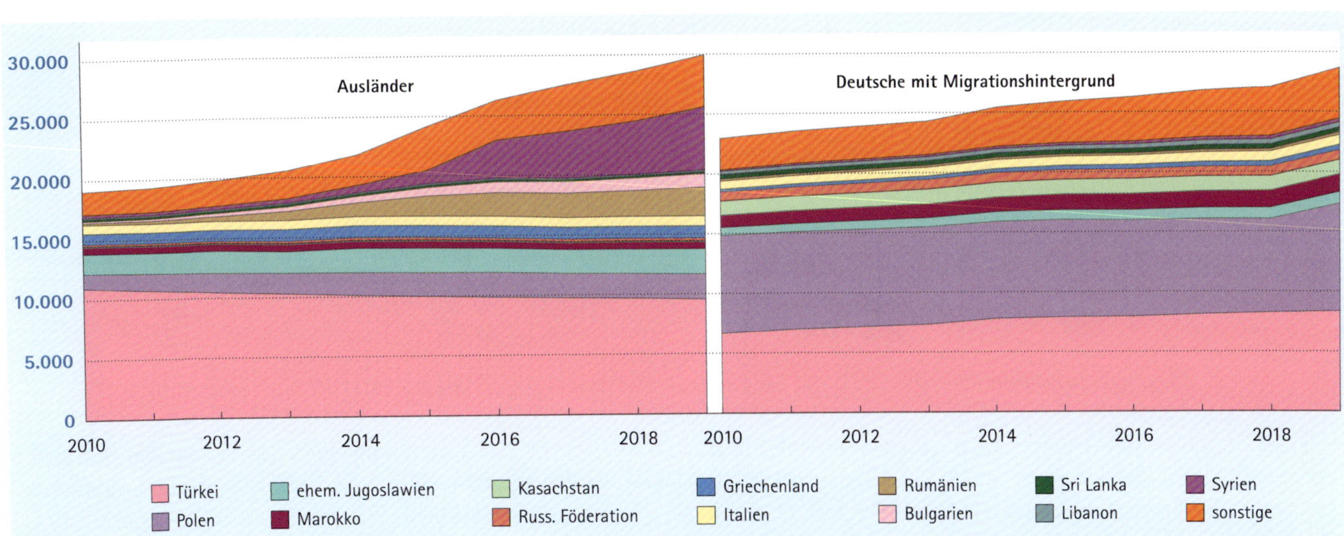

Abb. 6.6 Entwicklung der Zahl der Ausländer und der Deutschen mit Migrationshintergrund 2010–2019 nach Herkunftsland

Stadt Herne, Statistikstelle; Kartographie: Sabrina Henschel

Stadt Herne, Statistikstelle; Kartographie: Sabrina Henschel

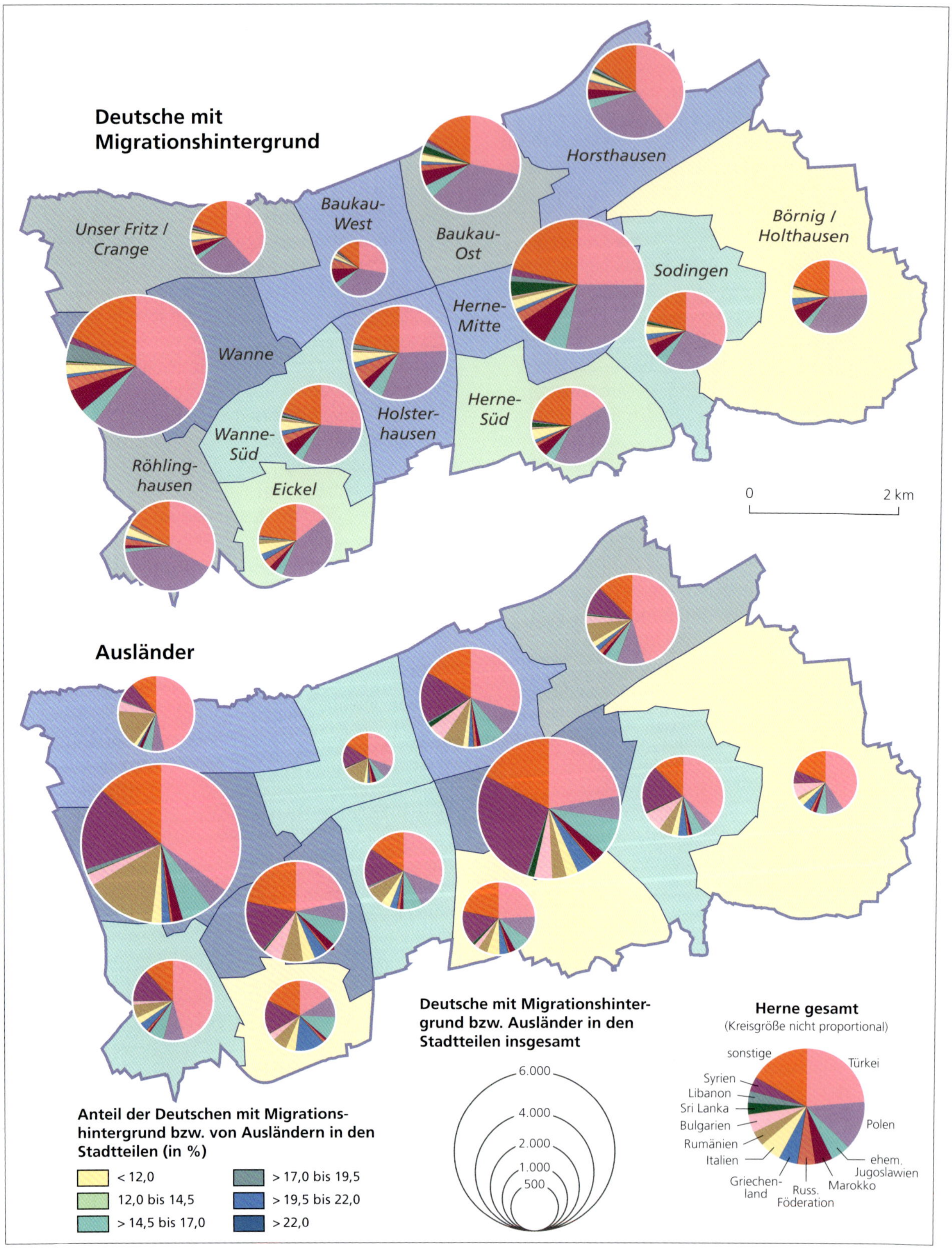

Abb. 6.7 Ausländer und Deutsche mit Migrationshintergrund in den Ortsteilen 2019 nach Herkunftsland

direkten Folgen für die gesamte Bevölkerungsentwicklung auf 12,0 % (2010) ab, um danach zunächst langsam, nach der Flüchtlingszuwanderung seit 2015 deutlich anzusteigen. Schwerpunkte ausländischer Bevölkerung – sowohl bezogen auf deren Gesamtzahl als auch auf die einzelnen Nationalitäten – waren seit 1975 die Ortsteile Wanne und Herne-Mitte; 2019 wohnten hier 20,4 % bzw. 18,2 % der Nichtdeutschen, gefolgt von Wanne-Süd (9,3 %), Baukau-Ost (8,5 %) und Horsthausen (6,8 %), dort insbesondere in der Feldherrensiedlung.

Wenngleich türkische Staatsbürger weiterhin die größte Ausländergruppe stellen, sank ihre Zahl seit 2010 um 12,7 %; die Zahl polnischer Bürger stieg seitdem um 66,4 % auf 2.093 (2019). Vor allem stieg zwischen 2010 und 2019 aber die Zahl der Ausländer aus Bulgarien von 139 auf 1.129, die der Rumänen von 149 auf 2.428 sowie – wiederum als Folge des Flüchtlingsgeschehens – die der syrischen Staatsbürger von 248 auf 5.255, sodass diese seit 2019 die zweitgrößte Ausländergruppe bilden.

Deutsche mit Migrationshintergrund sind im statistischen Sinne eingebürgerte Ausländer, nach 1964 aus den ehemaligen deutschen Ostgebieten zugezogene Spätaussiedler oder deutsche Staatsbürger unter 18 Jahren mit mindestens einem Elternteil mit Migrationshintergrund. Ihre Zahl stieg von 23.869 (2010) auf 29.326 (2020), ihr Anteil von 15,0 % auf 18,2 %, wobei Neubürger mit libanesischem, syrischem oder bulgarischem Hintergrund am stärksten gewachsen sind. Die größten Anteile stellen mit 31,3 % bzw. 29,1 % jedoch Deutsche mit polnischem oder türkischem Hintergrund.

Nimmt man den üblichen zweifachen Durchschnittswert als Grenzwert, gibt es in Herne keine statistischen Bezirke, die in herausgehobener Weise durch Migranten geprägt sind. Legt man analog dazu die Hälfte des Durchschnittswertes zugrunde, so leben 7,9 % der Gesamtbevölkerung in Bezirken mit geringen Migrantenanteilen (Constantin, Börnig, Herne-Süd). Hohe Migrantenanteile weisen dagegen Herne-Zentrum, Wanne-Mitte und Bickern auf. Die größte Teilgruppe der Migranten ist diejenige mit derzeitiger oder ehemaliger türkischer Staatsangehörigkeit bzw. entsprechenden Eltern; sie macht einen Bevölkerungsanteil von 11,4 % aus. Auf der Ebene der statistischen Bezirke schwankt dieser Wert von unter 1 % in Gysenberg und Constantin bis zu 31 % in Pluto.

Arbeitslosigkeit und Grundsicherung

Im Oktober 2020 betrug die landesweite Arbeitslosenquote 7,7 %, und der regionale Durchschnitt lag bei 10,1 %; nach Gelsenkirchen (15,6 %), Duisburg (12,7 %) und Hagen (12,0 %) nahmen Dortmund und Herne mit 11,7 % den viertletzten Platz ein. Diese hohen Quoten sind die Folge des regional und lokal noch andauernden wirtschaftlichen Strukturwandels und der noch vorhandenen Fragilität der neuen Wirtschaftsstruktur.

Der Anteil der Arbeitslosen mit SGBII/III-Bezug an den Erwerbsfähigen betrug – zum Teil coronabedingt – 2020 gesamtstädtisch 9,3 %; insgesamt ergaben sich Konzentrationen von Sozialhilfeempfängern in den Kernbereichen von Herne und Wanne und in den sie umgebenden Wohnvierteln. Diese sind vor allem das Resultat der verstärkten Zuwanderung aus Südosteuropa, der fluchtbedingten Zuwanderung und der noch geringen Integration dieser Zuwanderer in den Arbeitsmarkt.

Der Anteil der Bezieher von SGBII-Grundsicherung an den unter 15-Jährigen betrug 2020 31,6 %; wiederum treten Wanne-Mitte (51,5 %) und Herne-Zentrum (57,7 %) und angrenzende Wohnquartiere als Schwerpunkte dieser sozialen Problemlagen mit Kinderarmut hervor.

Bevölkerungsprognose

Dass die Bevölkerungsentwicklung gerade in den letzten Jahren maßgeblich durch die Zuwanderung von Ausländern beeinflusst wurde, hat die Bevölkerungsprognosen verändert. Prognostizierte das Landesamt NRW 2012 für die Stadt Herne bis 2030 einen Bevölkerungsrückgang von –10,9 % und noch 2015 von –3,6 %, wird seit 2018 nur noch von einem Rückgang von –2,4 % bis 2040 ausgegangen. In der kommunalen Prognose ergibt sich bis 2040 in der Minimalvariante ein Rückgang von –1,7 %, in der Zentral- bzw. Maximalvariante jedoch ein Bevölkerungszuwachs von 1,0 % bzw. 2,5 %. Für diese Gesamtzuwachsraten werden unterschiedliche Entwicklungen der natürlichen und Wanderungssalden angenommen. Wie schon in den vergangenen Jahren wird die Bevölkerungsentwicklung auch weiterhin durch hohe Sterbeüberschüsse und damit negative natürliche Bevölkerungssalden bestimmt sein. Damit einher geht weiterhin eine Überalterung, die zu einer deutlichen Zunahme der 45- bis 65-Jährigen sowie einer Abnahme der Jahrgänge unter sechs und über 85 führen wird. Aus der Abnahme der Hochaltrigen von –17,6 % wird eine geringere Nachfrage nach Pflegeeinrichtungen abgeleitet, die jedoch nur periodisch ist, da die Prognose des Landes zwar in den Grundzügen mit der städtischen Prognose übereinstimmt, jedoch zusätzlich eine deutliche Zunahme der Altersgruppen über 65 Jahre annimmt.

Seit Beginn der 1980er Jahre unterliegen die Wanderungsbewegungen von und nach Herne zyklischen Veränderungen; seit 2015 änderte die vermehrte Zuwanderung aus dem Ausland die seit 2011 bestehenden moderaten Wanderungsverluste. Für den Zeitraum von 2018 bis 2040 geht die Prognose des Landes von einem Bevölkerungszuwachs aus Wanderungsgewinnen, vor allem aus dem Ausland, von 8,2 % aus. Insbesondere aufgrund dieser Zuwanderung ist insgesamt von einer relativ stabilen oder nur leicht rückläufigen Bevölkerungsentwicklung in den nächsten Jahrzehnten auszugehen.

Abb. 7.0.1 Gewerbegebiet Südstraße

Stadt Herne, FB Vermessung und Kataster

7 Aktuelle Wirtschaftsstruktur und Standortentwicklung

Nach mehr als dreißig Jahren allgemeinen Strukturwandels beginnt die Stadt seit der Jahrhundertwende ein eigenes wirtschaftliches Profil zu entwickeln, in der Logistikbranche entstand ein breites Spektrum von Großunternehmen, Mittelständlern und Nischenanbietern. Auf der letzten montanindustriellen Brachfläche ist ein „Dekadenprojekt" geplant.

Seit den 1970er Jahren hatte sich die Stadt- und Wirtschaftsplanung – wie in den meisten Städten des Ruhrgebiets und allen der Emscherzone – unter dem Begriff „Strukturwandel" vor allem auf die Beseitigung raumstruktureller und funktionaler Defizite konzentriert, wobei die wirtschaftlichen Entwicklungsziele häufig aber eher grundsätzlich und beliebig blieben. Etwa seit der Jahrhundertwende gelang es der Stadt zunehmend, aus diesem häufig unspezifischen regionalen Strukturwandel herauszutreten, eigene Stärken zu entwickeln und zumindest in Ansätzen ein eigenes wirtschaftliches Profil zu gewinnen.

Zentral innerhalb des drittgrößten europäischen Ballungsraums gelegen, profitiert Herne dabei in seinem Stadtmarketing allerdings in nicht unerheblichem Maße auch von den im Strukturwandel verbesserten regionalen Infrastrukturen; gute Anschlüsse an das Autobahnnetz, an wichtige Bahnlinien und an überregionale Wasserstraßen sowie die Nähe zu den Flughäfen Dortmund und Düsseldorf ermöglichen schnelle interne und externe Verbindungen von und nach Herne. Damit hat die Stadt auch leichten Zugang zu anderen, im Strukturwandel qualifizierten regionalen Kontexten – der dichtesten Hochschullandschaft in Europa und differenzierten Netzwerken in den Bereichen Kultur, Ausbildung und Einzelhandel.

Beeinflusst von dem IBA-Leitthema „Arbeiten im Park" errichtete die Wirtschaftsförderungsgesellschaft 1996 im 8 ha großen Technologie- und Gewerbepark Herne-Baukau das Innovations- und Gründerzentrum Herne und setzte mit einem Mietermix aus technologieorientierten Unternehmen

Stadt Herne, FB Vermessung und Kataster

Abb. 7.0.2 Innovations- und Gründerzentrum Herne

und wissenschaftlichen Institutionen ein inhaltliches und konzeptionelles Entwicklungszeichen. Seitdem bildete sich – meist weitgehend unabhängig von den überkommenen Unternehmens- und Branchenstrukturen – eine Mischung aus Großkonzernen und kleineren und mittleren Unternehmen heraus, in Wachstumsbranchen bzw. den regionalen Leitmärkten entstanden komplexe Cluster.

7.1 Beschäftigungs- und Wirtschaftsstruktur

Von 2009 bis 2019 stieg die Zahl der sozialversicherungspflichtig Beschäftigten um 5,2 %, wobei der sekundäre Sektor um 18,8 % auf 11.407 Beschäftigte sank, der tertiäre Sektor dagegen um 16,6 % auf 34.583 Beschäftigte wuchs und wesentlich zum Anstieg der Gesamtbeschäftigung beitrug. An diesen Veränderungen, die ebenfalls Symptom des Strukturwandels sind, sind prägend allerdings nur wenige Wirtschaftszweige beteiligt, wie sowohl die Gliederung nach Wirtschaftsabschnitten als auch nach den regionalen Leitmärkten zeigt, die wiederum über 80 % der Gesamtwirtschaft abbilden.

Mit der Stilllegung der Schachtanlage General Blumenthal 11 als Teil der Zeche Blumenthal/Haard (2001) kam der lokale Bergbau endgültig zum Erliegen; nachfolgend wurden mit zeitlicher Verzögerung Zuliefergewerbe und begleitende unternehmerische Dienstleistungen in Mitleidenschaft gezogen. So verloren der industrielle Kern und die unternehmerischen Dienste, die – gemessen am regionalen Durchschnitt – in Herne ohnehin schon unterrepräsentiert waren, mehr als ein Viertel und der Leitmarkt „Ressourceneffizienz" zwei Drittel der Beschäftigten. Daneben ist der Beschäftigungsrückgang im verarbeitenden Gewerbe auch auf die Schließung von Unternehmen zurückzuführen, die in den vergangenen Jahrzehnten als Ersatzindustrien für den montanindustriellen Bereich angesiedelt worden waren; das prominenteste Beispiel ist das 2016 im Trimbuschhof liquidierte Unternehmen „Herner Glas".

Stärker als im gesamten verarbeitenden Gewerbe (–15,4 %) sank die Beschäftigung im Maschinenbau (–27,4 %). Er blieb jedoch mit einem Beschäftigungsanteil von 37,3 % Hernes wichtigster industrieller Wirtschaftszweig. Der Schrumpfungsprozess der letzten zwei Jahrzehnte war allerdings begleitet von einer starken Entwicklungstätigkeit und der Erschließung neuer, gerade auch ausländischer Märkte für Spezialprodukte. So ist die Schwing GmbH weltweit der größte Betonpumpenhersteller, dessen Produkte seit 70 Jahren bei Großprojekten im Einsatz sind, so zum Beispiel beim Bau des Eurotunnels oder des damals höchsten Gebäudes der Welt,

Tab. 7.1 Sozialversicherungspflichtig Beschäftigte 2009–2019, nach Wirtschaftsabschnitten

Wirtschaftsabschnitt, ausgewählte Wirtschaftsabteilungen	**2009**	**2010**	**2011**	**2012**	**2013**	**2014**	**2015**	**2016**	**2017**	**2018**	**2019**
Land- und Forstwirtschaft, Fischerei	20	21	20	22	22	25	23	18	18	17	17
Bergbau und Gewinnung von Steinen und Erden	3.489	4.710	*	*	*	*	*	*	*	*	*
Verarbeitendes Gewerbe	5.620	5.453	5.466	4.905	5.030	4.738	4.429	4.852	4.750	4.859	4.866
Herstellung von Metallerzeugnissen	173	166	129	131	486	375	380	318	309	354	340
Maschinenbau	2.503	2.261	2.243	*	2.063	1.833	1.753	1.859	1.820	1.784	1.817
Energieversorgung	658	661	665	*	594	*	*	*	*	*	*
Wasserversorgung, Abwasser/Abfall	473	474	474	460	460	455	443	445	447	453	536
Baugewerbe	3.802	3.911	3.793	3.595	3.453	3.333	3.273	3.437	3.675	4.152	4.401
Handel; Instandhaltung und Reparatur von Kfz	5.711	5.413	5.581	5.941	5.884	5.719	6.012	5.973	6.037	5.768	5.855
Handel mit Kfz; Instandhaltung und Reparatur von Kfz	746	641	658	686	693	699	675	705	703	690	725
Großhandel (ohne Handel mit Kfz)	1.830	1.837	1.840	1.991	1.963	1.791	1.849	1.842	1.716	1.594	1.542
Einzelhandel (ohne Handel mit Kfz)	3.135	2.935	3.083	3.264	3.228	3.229	3.488	3.426	3.618	3.484	3.588
Verkehr und Lagerei	2.790	2.894	2.993	3.057	3.223	3.208	3.260	3.433	3.356	3.882	3.754
Landverkehr und Transport in Rohrfernleitungen	825	873	875	838	873	841	932	990	783	819	860
Lagerei/Sonstige Dienstleistungen für den Verkehr	857	966	1.033	1.073	1.101	1.077	1.042	1.027	1.063	1.381	1.200
Gastgewerbe	568	558	618	645	654	675	711	769	691	717	751
Information und Kommunikation	859	881	866	918	876	856	885	907	939	949	979
Finanz- und Versicherungsdienstleistungen	723	722	718	729	763	744	707	710	694	667	627
Grundstücks- und Wohnungswesen	732	721	746	739	767	765	780	792	789	449	473
Freiberufliche, wissenschaftliche und technische Dienstleistungen	4.290	4.783	4.324	4.036	3.791	3.690	3.502	2.746	2.651	2.581	2.279
Sonstige wirtschaftliche Dienstleistungen	1.737	1.932	1.999	1.843	1.994	2.100	2.272	2.391	2.535	2.540	2.472
Öffentliche Verwaltung, Verteidigung, Sozialversicherung	2.035	1.975	1.987	2.007	2.004	2.007	2.030	2.067	2.190	2.606	2.567
Erziehung und Unterricht	1.994	1.958	17.45	1.741	1.887	1.863	1.508	1.539	1.578	1.971	2.252
Gesundheits- und Sozialwesen	7.172	7.376	7.670	8.118	9.316	9.544	9.663	10.259	10.769	10.986	11.436
Gesundheitswesen	4.598	4.763	4.883	5.207	5.335	5.451	5.490	5.676	5.924	5.860	5.995
Heime (ohne Erholungs- und Ferienheime)	1.425	1.431	1.539	1.707	1.846	1.907	1.993	2.121	2.142	2.240	2.376
Sozialwesen (ohne Heime)	1.149	1.182	1.248	1.204	2.135	2.186	2.180	2.703	2.703	2.886	3.065
Kunst, Unterhaltung und Erholung	343	351	377	394	414	390	378	394	443	409	431
Sonstige Dienstleistungen	711	708	733	679	648	643	687	670	708	703	707
Gesamt	**43.727**	**45.561**	**44.162**	**43.244**	**44.275**	**43.407**	**42.891**	**43.580**	**44.277**	**45.409**	**46.007**

Stadt Herne, Statistikstelle

Anm.: Die inhaltliche und statistische Systematik der Wirtschaftszweige wurde 2008 geändert, so dass Vergleiche mit Daten aus den Vorjahren oder Langzeitbetrachtungen nur eingeschränkt möglich sind; * keine Daten

des International Finance Centers „101" in Taipei, wo Schwing Betonpumpen 2003 den Weltrekord von 455,2 m Pumphöhe aufstellten. 2012 wurde die Firma in Folge der weltweiten Wirtschafts- und Finanzmarktkrise vom chinesischen Baumaschinenproduzenten XCMG übernommen. Stark exportorientiert sind auch die Adams Armaturen GmbH und die Vulkan-Gruppe mit ihren Kupplungen und Antriebstechniken.

Die Beschäftigung im Baugewerbe stieg seit 2009 um 15,8 %; der entsprechende Leitmarkt „Urbanes Bauen und Wohnen" lag durchgängig über dem regionalen Durchschnitt. In diesen Zeitraum fällt vor allem die Restrukturierung der Heitkamp-Deilmann-Haniel GmbH, die aufgrund massiver Auftragsrückgänge im nicht mehr subventionierten Bergbau und infolge einer sich verschärfenden Wettbewerbssituation in der deutschen Bauindustrie notwendig wurde. 2008/09 wurden die Bergbauspezialsparte und die Heitkamp Rail GmbH verkauft, der Schlüsselfertigbau aufgegeben und das Unternehmen in Heitkamp BauHolding umfirmiert. Für diese wurde 2011 die Insolvenz angemeldet, in deren Verlauf sieben nicht insolvente Tochterfirmen verkauft wurden. 2013 verlegte das verbliebene Unternehmen seinen Firmensitz auf das Gelände der ehemaligen Zeche Pluto. Das konsolidierte Unternehmen umfasst heute die Abteilungen Erd- und Straßenbau, Umwelttechnik und Brückenbau.

Im Zwischenbereich zwischen chemischer Industrie und Baugewerbe ist die Reckli GmbH mit ihren elastischen Matrizen und Schalungen für die Gestaltung von Betonoberflächen zu einer weltweit operierenden Firma geworden. Der größte Teil des Umsatzes stammt aus dem Export; Frankreich und Italien sind die größten Auslandsmärkte, aber auch im Nahen Osten, so z. B. beim Shopping-Center des Burj Khalifa in Dubai, kamen Reckli-Matrizen zum Einsatz. In Kooperation mit dem Photovoltaik-Spezialisten und Technologieführer für organische Solartechnik Heliatek aus Dresden wurde 2014 in China die erste Versuchsanlage für Solar-Beton in

Tab. 7.2 Sozialversicherungspflichtig Beschäftigte 2009–2019 in Herne und in der Metropole Ruhr nach Leitmärkten (absolut und in %)

	Leitmärkte	Industrieller Kern und Unternehmerische Dienste (1)	Gesundheit (2)	Urbanes Bauen & Wohnen (3)	Mobilität (4)	Nachhaltiger Konsum (5)	Ressourceneffizienz (6)	Freizeit & Event (7)	Bildung & Wissen (8)	Digitale Kommunikation (9)	Leitmärkte insgesamt	Gesamtwirtschaft
2019	**Herne**	**4.802**	**11.704**	**6.684**	**5.139**	**2.845**	**1.711**	**2.233**	**2.305**	**749**	**38.173**	**46.007**
		10,4	25,4	14,5	11,2	6,2	3,7	4,9	5,0	1,6	83,0	100,0
	Metropole Ruhr gesamt	18,4	19,6	11,4	10,4	6,8	4,6	4,9	4,8	3,3	84,2	100,0
2018	**Herne**	**5.287**	**11.408**	**6.296**	**5.152**	**2.893**	**1.670**	**2.206**	**2.021**	**700**	**37.631**	**45.409**
		11,6	25,1	13,9	11,3	6,4	3,7	4,9	4,4	1,5	82,9	100,0
	Metropole Ruhr gesamt	18,9	19,5	11,3	10,0	6,9	4,5	4,9	4,7	3,2	84,0	100,0
2017	**Herne**	**5.306**	**11.253**	**6.187**	**4.584**	**2.929**	**1.673**	**2.246**	**1.636**	**711**	**36.525**	**44.277**
		12,0	25,4	14,0	10,4	6,6	3,8	5,1	3,7	1,6	82,5	100,0
	Metropole Ruhr gesamt	18,9	19,4	11,2	9,8	7,0	4,6	5,0	3,7	3,1	83,7	100,0
2013	**Herne**	**6.052**	**9.088**	**5.971**	**4.162**	**2.690**	**4.366**	**2.73**	**2.129**	**615**	**37.245**	**43.136**
		14,0	21,1	13,8	9,6	6,2	10,1	5,0	4,9	1,4	86,3	100,0
	Metropole Ruhr gesamt	18,8	17,1	11,3	10,1	7,3	6,0	5,0	4,8	2,8	83,3	100,0
2011	**Herne**	**7.015**	**8.449**	**6.357**	**4.253**	**2.002**	**5.163**	**2.130**	**1.796**	**590**	**37.755**	**44.162**
		15,9	19,1	11,7	14,4	4,5	11,7	4,8	4,1	1,3	87,5	100,0
	Metropole Ruhr gesamt	18,4	16,7	11,5	11,4	6,7	6,3	5,1	4,5	2,8	82,0	100,0
2009	**Herne**	**6.732**	**8.033**	**6.612**	**4.162**	**2.955**	**5.226**	**2.105**	**2.066**	**524**	**38.415**	**43.727**
		15,4	18,4	15,1	9,5	6,8	12,0	4,8	4,7	1,2	87,8	100,0
	Metropole Ruhr gesamt	17,8	16,3	11,4	10,2	9,0	6,4	5,1	4,8	2,8	83,8	100,0

Um regionale wirtschaftliche Kompetenz besser abzubilden, orientiert sich die europäische, nationale und regionale Strukturpolitik seit den späten 1990er Jahren an Leitmärkten, d. h. der räumlichen Konzentration von Unternehmen einer bzw. verwandter Branchen und unterstützender Einrichtungen, die durch formelle und informelle, wettbewerbliche und kooperative Beziehungen und Interaktionen flexibel miteinander verbunden sind.

Prägende Wirtschaftszweige der Leitmärkte: (1) Maschinen und Prozesse, Werkstoffe und Materialien, Unternehmensnahe Dienstleistungen; (2) Stationäre und ambulante Versorgung, Versicherung/Versorgung, Pharmazie; (3) Baugewerbe, Ausbaugewerbe, Möbel und Wohnungseinrichtungen; (4) Verkehrsmittel, Verkehrsinfrastrukturen, Mobilitätsmanagament, Logistik; (5) Produktion von und Einzelhandel mit kurzlebigen Konsumgütern; (6) Energieerzeugung und -versorgung, Wasserwirtschaft, Umwelt und Recycling; (7) Kulturbereich, audiovisuelle Medien, Event, Freizeit, Sport, Tourismus; (8) Vorschulische Erziehung, Schulen, Hochschulen, Forschung; (9) IT-Hardware, Telekommunikationsdienstleistungen, Datenverarbeitungsdienstleistungen, Software

Betrieb genommen. RECKLI arbeitet gemeinsam mit Heliatek an der Integration organischer Solarmodule in Gebäudefassaden; dabei wird der Beton so vorproduziert, dass einerseits die Solarfolie leicht aufgebracht, andererseits aber auch die nötige Technik hinter dem Betonelement untergebracht werden kann. 2016 wurde auf dem Herner Werksgelände der Versuchsaufbau für Solarmodule in Gebäudefassaden eröffnet.

Das seit Jahrzehnten andauernde Wachstum der Herner Logistik-Branche ist Ausdruck der Lage- und Infrastrukturvorteile der Stadt. Seit 2009 stieg die Zahl der Beschäftigten im Wirtschaftsabschnitt Verkehr und Lagerei um 34,6 % auf 3.754, im Leitmarkt Mobilität um 23,4 % auf 5.139. Insbesondere für zeitkritische Güter bietet Herne gute Voraussetzungen als Standort für Warenverteilzentren, für Kurier-, Express- und Paketdienste, Pharma-, Handels- und Lebensmittellogistik. Heute gibt es in Herne ein breites Spektrum von Großunternehmen, Mittelständlern und Nischenanbietern. Mit den Nachbarstädten Gelsenkirchen und Herten schloss sich die Stadt Herne 2002 zusammen, um mit Mitteln des Europäischen Fonds für Regionale Entwicklung (EFRE) und des Landes Nordrhein-Westfalen die interkommunale Standortentwicklung rund um die Last Mile Logistik voranzutreiben. Im Vordergrund stehen die räumliche Feinverteilung von Warenströmen über kurze und lange Distanzen durch die interkommunale Entwicklung von Logistikflächen und ihre regionale Vermarktung, der Aufbau von Netzwerken mit den lokalen Logistikunternehmen und die Entwicklung innovativer Produkte und Dienstleistungen. Zu den Unternehmen aus den Bereichen Kurier-Express-Paketdienste (KEP), Handels- und Filiallogistik, die sich in den letzten Jahrzehnten in Herne angesiedelt oder erweitert haben, gehören die national und international tätigen Unternehmen bofrost* Dienstleistungs GmbH, Dachser GmbH, Lidl GmbH, Müller|Die lila Logistik GmbH, Phoenix Pharmagroßhandel GmbH, Sanacorp Pharmahandel GmbH und UPS Transport GmbH. Die Stadtparfümerie Pieper, Deutschlands zweitgrößte Parfümerie-Filialkette, ist mit ihrem Zentrallager und ihrer Hauptverwaltung in Herne ansässig.

Ein besonderes Unternehmen des Transportgewerbes ist die Anton Graf GmbH. Das 1928 in Herne gegründete Speditionsunternehmen entwickelte sich in den letzten dreißig Jahren zum größten Reisebusunternehmen Deutschlands, das jährlich etwa 1.300 Busreisen als Kurz-, Rund-, Städte- und Urlaubsreisen innerhalb Deutschlands und in 25 europäische Länder anbietet. Im Speditionsbereich liegt der Schwerpunkt auf dem Neumöbeltransport und auf Umzügen einschließlich der Einlagerung des Umzugsgutes im eigenen Lagerbereich.

Mit der höchsten Wachstumsrate seit 2009 und 11.704 Beschäftigten ist der Leitmarkt „Gesundheit“ der größte Arbeitgeber. In keiner anderen Stadt der Metropolregion Ruhr ist er so ausgeprägt wie in Herne. Dafür sorgen ein außergewöhnlich breites medizinisches Versorgungsspektrum, einschließlich des pharmazeutischen Großhandels, sowie die großen Krankenhäuser der beiden Krankenhausträger, der katholischen St. Elisabeth Gruppe und der evangelischen Krankenhausgemeinschaft.

7.2 Die Gewerbestandorte

Seit Ende des 20. Jh.s wurden die ehemaligen Betriebsflächen des Bergbaus zum wesentlichen Flächenpotential für stadtstrukturelle Veränderungen. Die Betriebsflächen von Friedrich der Große, Pluto, Unser Fritz und Shamrock/General Blumenthal wurden und werden sukzessive als neue Gewerbegebiete genutzt. Somit stieg die gesamte städtische Gewerbefläche auf 794,6 ha in 29 Gewerbegebieten mit unterschiedlicher Struktur. Die größten Flächenanteile entfallen dabei auf die Energie- und Wasserversorgung und die Abwasser- und Abfallbeseitigung (9,2 %), auf die Chemische Industrie (9,0 %) sowie auf die wichtigen Wirtschaftszweige Logistik (8,1 %) und Maschinenbau (7,7 %). Die größte Kleinteilung, d. h. eine Verteilung auf relativ viele und vergleichsweise kleine Standorte, zeigen das Handwerk und das Kfz-Gewerbe mit 71 bzw. 61 Standorten auf 3,6 % bzw. 3,3 % der Fläche in den Gewerbegebieten.

Aufgrund ihrer Parzellierung lassen sich unterschiedliche Phasen in der Entwicklung der Gewerbe-

Tab. 7.3 Gewerbegebiete und gewerbliche Flächenreserven

Gewerbegebiet	Fläche (ha)	davon betriebsgebundene Reserveflächen (in %)	davon Gewerbe- und gemischte Reserven (in %)
Südstraße	96,649	0,7	6,0
STEAG/BAV	74,553	1,9	
Friedrich der Große	61,917	5,8	
Heerstraße	59,379	0,8	
Blumenthal	52,797		44,3
Am Westhafen	46,856		3,8
Baukauer Straße	45,980	8,7	
Herzogstraße / Dorstener Straße	31,826		
Am Trimbuschhof	31,787	3,8	30,6
Großmarkt	30,065		
Forellstraße	24,806		25,9
Schloss Grimberg	23,235		2,2
Innospec/Wilhelmstraße – Pluto Wilhelm	23,218	8,2	
Heitkamp	20,659	17,5	
Roonstraße	18,435		15,9
INEOS	17,011		
Gewerkenstraße	16,814		
Unser Fritz I/IV	15,839		16,3
Wasserstraße	7,371		40,9
Op der Heide	6,792		
Stadtwerke Herne / Grenzweg	6,490		
Shamrockweg	6,374		
Berliner Straße	5,985		
Dorstener Straße	3,265		
Summe	**794,636**	**2,1**	**9,0**

ruhrAGIS-Daten der business metropole ruhr 2021; Stadt Herne, FB Umwelt und Stadtplanung 2021, unveröffentlicht

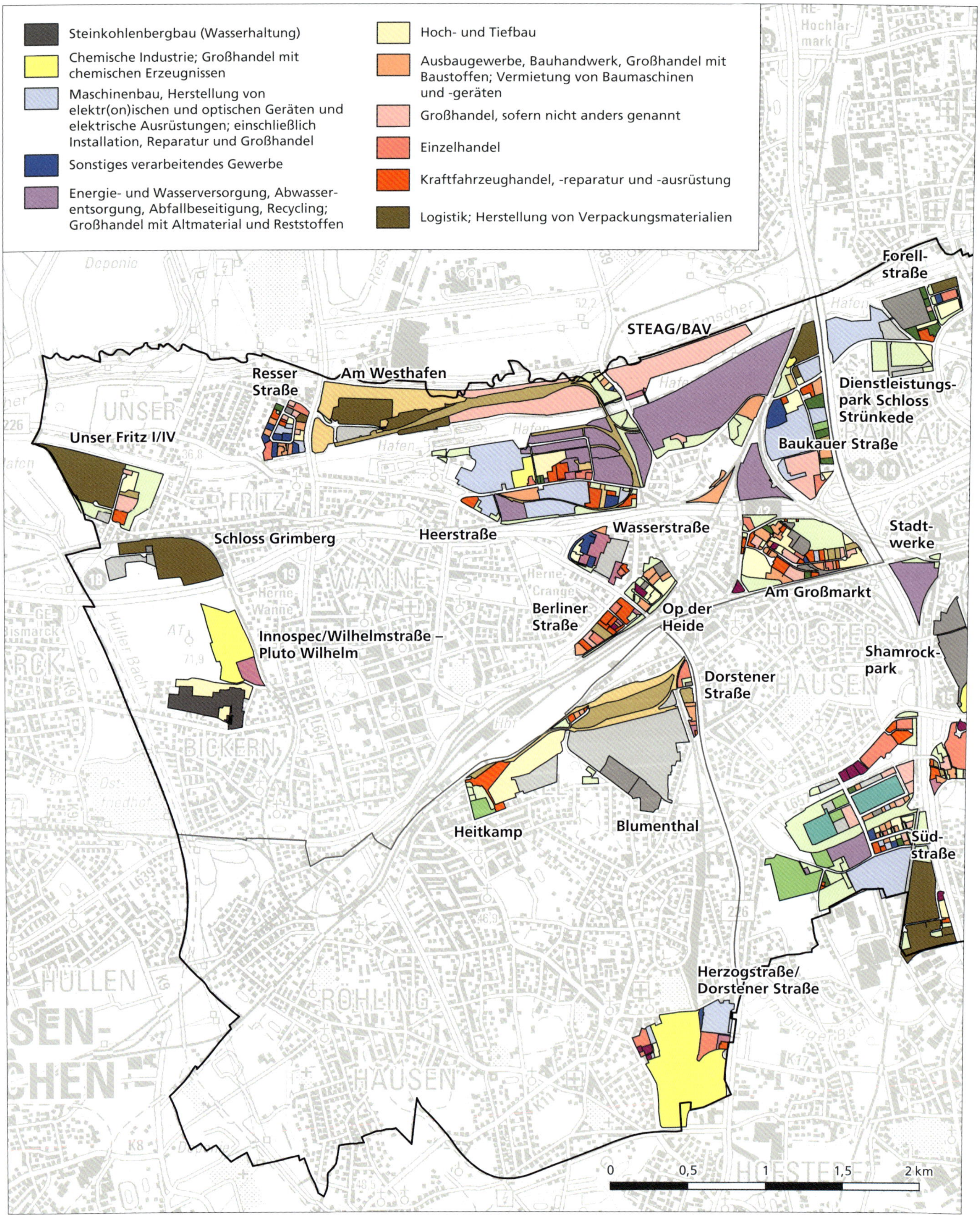

Abb. 7.2.1 Verteilung der gewerblichen Nutzungen in den Gewerbegebieten

ruhrAGIS-Daten der business metropole ruhr 2021; Stadt Herne, FB Umwelt und Stadtplanung 2021, unveröffentlicht; eigene Erhebung; Kartographie: Birgit Sattler, Sabrina Henschel

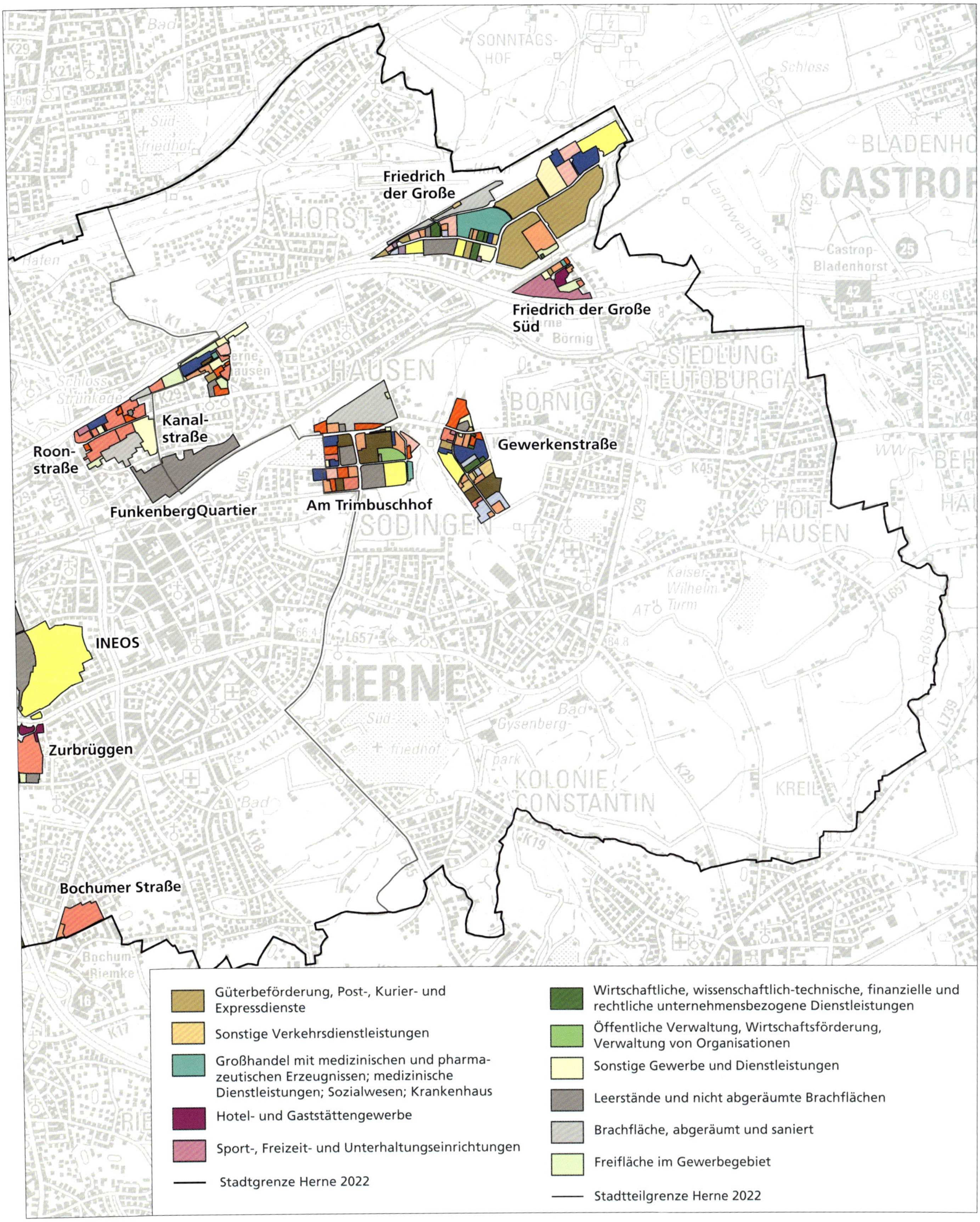
Friedrich der Große
Friedrich der Große Süd
Kanal-straße
Roon-straße
FunkenbergQuartier
Am Trimbuschhof
Gewerkenstraße
INEOS
Zurbrüggen
Bochumer Straße
Güterbeförderung, Post-, Kurier- und Expressdienste
Sonstige Verkehrsdienstleistungen
Großhandel mit medizinischen und pharmazeutischen Erzeugnissen; medizinische Dienstleistungen; Sozialwesen; Krankenhaus
Hotel- und Gaststättengewerbe
Sport-, Freizeit- und Unterhaltungseinrichtungen
Stadtgrenze Herne 2022
Wirtschaftliche, wissenschaftlich-technische, finanzielle und rechtliche unternehmensbezogene Dienstleistungen
Öffentliche Verwaltung, Wirtschaftsförderung, Verwaltung von Organisationen
Sonstige Gewerbe und Dienstleistungen
Leerstände und nicht abgeräumte Brachflächen
Brachfläche, abgeräumt und saniert
Freifläche im Gewerbegebiet
Stadtteilgrenze Herne 2022

gebiete erkennen. Die traditionellen Standorte in der nördlichen Kanalzone wurden seit der montanindustriellen Phase durch flächenextensive Betriebe außerhalb des Bergbaus geprägt. Südlich dieser Zone entstanden – zum Teil orientiert an der neu gebauten A 42 – in den frühen Phasen des Strukturwandels Gewerbegebiete, die auf klein- und mittelständische Betriebe ausgerichtet waren und planerisch von den Prinzipien der Funktionstrennungen und der vorherrschenden Flächenknappheit beeinflusst wurden; so weisen vor allem die Gewerbegebiete Resser Straße, Großmarkt, Trimbuschhof und Gewerkenstraße eine kompakte Kleinteiligkeit ohne nennenswerte planerische Gestaltung auf. Seit den 1990er Jahren beseitigte der Zuwachs vor allem bergbaulicher Brachflächen den Flächenmangel, und die planerischen Konzeptionen der IBA Emscher Park führten zu neuen Formen der Gestaltung von Gewerbegebieten und ihrer Einpassung in die Stadtlandschaft. Unter Einschluss anderer Nutzungen gehen die wichtigsten Gewerbegebiete, die seitdem entwickelt wurden oder sich noch in der Entwicklung befinden, auf ehemalige Bergbaustandorte zurück.

Auf dem Gelände der früheren Zeche Pluto wurden weite Teile des Haldenbereichs begrünt, fanden die LWL-Klinik (vgl. Abb. 8.2) und die Firma Heitkamp neue Standorte und nahm die Ruhrkohle AG (RAG) 2019 das zentrale Kontrollzentrum für die sogenannten Ewigkeitsaufgaben in Betrieb. Die neue Leitwarte steuert und kontrolliert zentral alle wichtigen Entwässerungsprozesse in den früheren Bergbaurevieren Ruhr, Saar und Ibbenbüren. Überwacht wird zum einen das Grubenwasser in den früheren Bergwerken, das nicht mit Trinkwasser in Berührung kommen darf, zum anderen werden die Pumpwerke zur Entwässerung von Bergsenkungsgebieten und die Maßnahmen zur Grundwassersanierung an früheren Kokereistandorten von Herne aus gesteuert.

Stadt Herne, FB Vermessung und Kataster

Abb. 7.2.2 Nordfrost Logistikzentrum

Im Gewerbegebiet Unser Fritz 1/4 begann die Allokation von Gewerbebetrieben 2018/19, als die Firma Nordfrost das größte Kühllogistikzentrum Deutschlands mit einer überbauten Fläche von gut 34.000 m² und einer Lagerkapazität von 90.000 Paletten errichtete.

Nach der Stilllegung des CWH-Werkes für Stickstofferzeugung kaufte der Grundstücksfonds Ruhr das Gelände, und die Landesentwicklungsgesellschaft (LEG) begann mit seiner Entwicklung zum Hibernia-Gewerbepark. Es entstanden Bereiche für haushalts- und produktionsorientierte Dienstleistungen, für Unternehmen der Logistikbranche sowie für Handwerk und Kleingewerbe. Angelehnt an das IBA-Konzept „Arbeiten im Park" wurde dabei innerhalb des Gebietes der Schwerlastverkehr so geführt, dass ruhige „Inseln" entstanden; von der Hauptverkehrsachse, über die auch die direkte Anbindung an die Autobahn möglich ist, zweigen Nebenstraßen ab, ein Grünzug in West-Ost-Richtung mit Fuß- und Radwegen ermöglicht auch außerhalb der Straßenführungen die Erreichbarkeit der Grundstücke. Um eine gewisse Harmonie der Gebäudekomplexe zu gewährleisten, wurde ein gestalterischer Rahmen für Baumaterialien und Konstruktionsweisen vorgegeben. Nachdem 2008 überraschend das Nokia-Werk im benachbarten Bochumer Stadtteil Riemke geschlossen worden war, wurde der Hibernia-Gewerbepark zum nördlichen Teil des verkehrlich optimal angeschlossenen, interkommunalen Gewerbegebietes HER-BO-43, das auf Herner Seite neben dem Gewerbegebiet auch die Standorte des Lidl-Logistikzentrums und des 2012 eröffneten Möbelhauses Zurbrüggen einschließt. Konzeptionelles Ziel war es, aus diesem beidseitig peripheren Standort mit zahlreichen gewachsenen Gemengelagen einen gestalterisch attraktiven Gewerbepark zu entwickeln, die vorhandenen guten Infrastrukturen zielgerichtet zu ergänzen und störende Nutzungen zurückzudrängen.

Die komplexeste und weitreichendste Gewerbeflächenentwicklung stellt gegenwärtig die Neunutzung der Fläche der ehemaligen Schachtanlage General Blumenthal 11 (bis 1967 Shamrock 11) dar; zusammen mit der Fläche des Kraftwerks Shamrock und angrenzenden Bereichen ist sie die größte zusammenhängende Flächenreserve der Stadt, der zudem aufgrund der Lage eine herausragende

Bedeutung für die Stadtentwicklung zukommt. Um eine langfristige, wirtschaftlich tragfähige Nutzung auf diesem Gelände zu entwickeln, den Strukturwandel zu beschleunigen und für Beschäftigung zu sorgen, plant die Stadt Herne, als „Dekadenprojekt“ die International Technology World (ITW) zu entwickeln, die ein Anziehungspunkt für Unternehmen und Hochschulen werden und in ihrer funktionalen und städtebaulichen Radikalität regionale Strahlkraft entwickeln soll. Unter dem Begriff Industrie 4.0 will die Entwicklungsgesellschaft Archwerk regionale Potenziale bündeln und internationale Potenziale anziehen, die industrielle Produktion mit moderner Informations- und Kommunikationstechnik vernetzen und dadurch nicht nur einen Produktionsschritt, sondern eine ganze Wertschöpfungskette optimieren. Das ITW Herne soll als wegweisendes Hightech-Quartier Raum und Möglichkeiten für die Entwicklung und Produktion von Umwelttechnologien, Hochtechnologien und Zukunftstechnologien bieten, um den Standort Herne effektiv in der global vernetzten Industrie 4.0 zu verankern und damit langfristige und qualitativ hochwertige Arbeitsplätze zu schaffen. Die Neubauten zur Ansiedlung von Forschungsinstituten und Handwerksbetrieben sollen eine dem zukunftstechnologischen Anspruch des Projektes entsprechende Architektur erhalten. In der Tech Hall in Form eines Zeltes sind um ein gemeinsames Forum Studiengebäude, Gebäude für Unternehmen und Start-Ups, Workshops, Institute, zentrale Mensen, Verwaltungen und ein Auditorium, Labore sowie Fertigungsstätten für Prototypen arrangiert. Der als Landmarke konzipierte 120 m hohe Multi-Turm bietet auf 35 bis 40 Geschossen Kongress- und Co-Working-Flächen, ein Shared-Service-Center, ein Boardinghouse, ein Hotel sowie einen Skyclub mit Lounge. Die sechsgeschossige, 600 m lange Passerelle ist eine multifunktionale Produktionsstätte für High-Tech-Technologien; die Anlage ist so konzipiert, dass sie erweitert werden kann. Der Gebäudebestand des alten Kraftwerks soll bis auf den Schornstein und einige angrenzende Gebäude abgerissen werden; kleinteilige Gebäude treten hinzu, um den neuen Handwerkercampus aufzunehmen. Wiederum dem Konzept des „Arbeiten im Park“ folgend, liegen die baulichen Elemente in einer von Wasserflächen durchzogenen parkähnlichen Landschaft. Eine Seilbahn verbindet das Areal mit dem ICE/IC-Hauptbahnhof Wanne-Eickel und dem ÖPNV. Zur weiteren Realisierung des Projekts wurde mittlerweile das stillgelegte Kohlekraftwerk abgerissen; zudem muss das Bergrecht aufgehoben werden, das noch auf dem der RAG Montan Immobilien gehörenden Gelände liegt. Schließlich müssen Investoren gefunden und Mittel aus dem Strukturstärkungsgesetz Kohleregionen beantragt und bewilligt werden.

Stadt Herne, FB Vermessung und Kataster

Abb. 7.2.3 Gelände General Blumenthal 11 2020

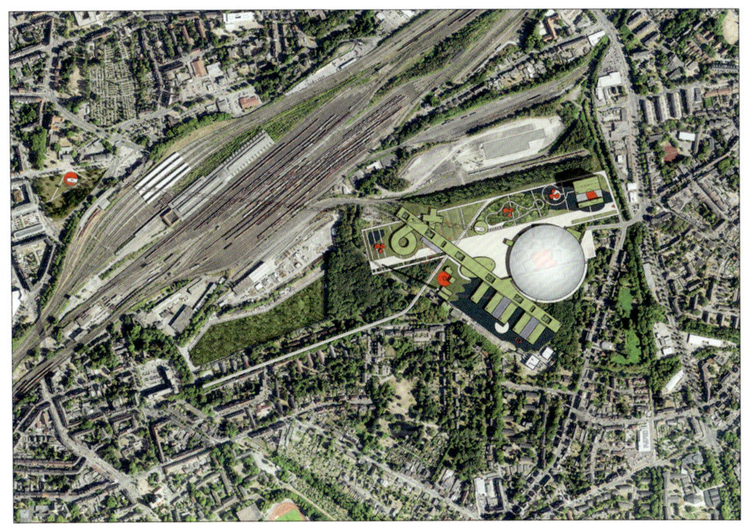

Archwerk Generalplaner http://www.archwerk.org/de/project/120,itw-%E2%80%A2-herne

Abb. 7.2.4 International Technology World – ITW Herne, Lageplan des Projekts mit Dach

Archwerk Generalplaner http://www.archwerk.org/de/project/120,itw-%E2%80%A2-herne

Abb. 7.2.5 International Technology World – ITW Herne, Gebäudekonzept

Der Shamrockpark entsteht auf dem Gelände des ehemaligen Firmensitzes der Ruhrkohle AG; diese ergänzte nach und nach den Gebäudebestand, sodass der heutige Shamrockpark mit Campus-Flair entstand. Die FAKT AG Unternehmensgruppe erwarb das Gelände 2018. Auf den ca. 100.000 m² werden die unterschiedlichen Büro- und Verwaltungsflächen umfänglich renoviert und einer neuen Nutzung zugeführt. Moderne Kommunikationstechnik und eine den heutigen Anforderungen entsprechende IT-Infrastruktur ermöglichen effizientes Arbeiten. Dies nutzend beschloss 2021 der regional führende Telekommunikationsdienstleister DOKOM21 aus Dortmund, im Shamrockpark ein Rechenzentrum einzurichten. Der Event- und Konferenzbereich verfügt über zehn Veranstaltungsräume mit Platz für bis zu 200 Gäste und ist ausgestattet mit modernster Veranstaltungstechnik. Das Businesscenter bietet komplett möblierte Büroräume, Firmenparkplätze, Empfangsservice und Zugangskontrollen. Die renovierte Mulvany-Villa ist buchbar für Konferenzen und Veranstaltungen. Der Gebäudebestand wird durch eine Seniorenresidenz, Wohnnutzung in Mehrfamilienhäusern verschiedener Standardstufen und zwei Hochhäuser erweitert; zum einen soll das World Center auf siebzehn Geschossen internationale Firmen als Mieter gewinnen, zum anderen das Future Center als sein Pendant Platz für Start-Ups, innovative Forschungs- und Bildungseinheiten sowie Sport- und Gesundheitseinrichtungen bieten. Infrastrukturell wird das Areal, das über Jahre hinweg der Öffentlichkeit nicht zugänglich war, geöffnet; sein grüner Charakter soll erhalten bleiben, indem die grünen Ränder von der Bebauung freigehalten werden.

Das Prestige des Standorts nutzend, soll nördlich von Schloss Strünkede der „Dienstleistungspark Schloss Strünkede" entstehen. Von den insgesamt 76.000 m² sind brutto/netto 46.000/31.000 m² Gewerbefläche vorhanden, von denen netto noch 24.000 m² verfügbar sind. Das Entwicklungskonzept „Wohnen und Einkaufen im Park" sieht einen großflächigen Einzelhandel vor, ergänzt durch kleinteilige Dienstleistungs- und Gastronomieflächen; das bereits vorhandene Bürogebäude Forellstraße/Westring bildet das Entree. Im Südteil sind 88 Wohneinheiten in drei Blöcken vorgesehen. Alle Wohn-, Handels- und Dienstleistungsflächen werden in den bestehenden Baumbestand sowie in eine neu anzulegende Parklandschaft integriert.

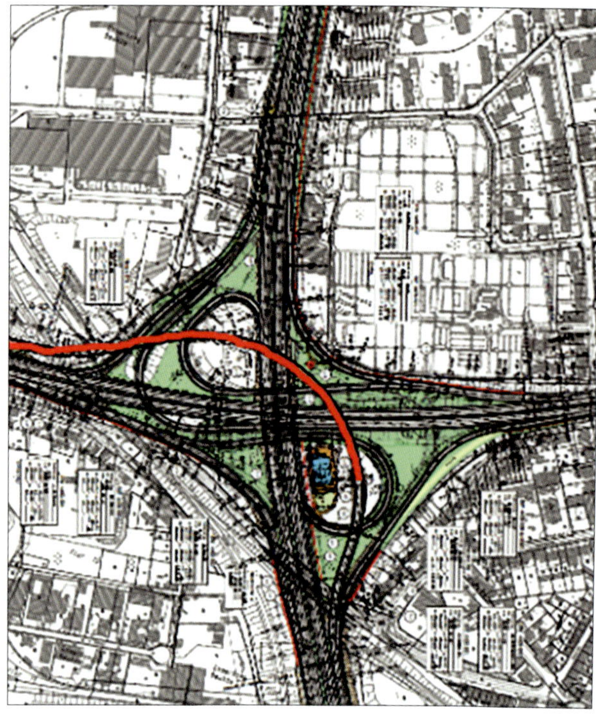

Straßen.NRW https://docplayer.org/115820525-A-43-baufortschritt-und-planungen-im-ausbauabschnitt-2-rhein-herne-kanal-bochum-riemke-region-2-regionalniederlassung-ruhr.html (aufgerufen am 24.03.2021)

Abb. 7.2.6 Der Umbau des Autobahnkreuzes Herne

Die gute verkehrliche Erschließung der Stadt und ihre Lage in der Mitte des regional-überregionalen Autobahnnetzes wird auch in der Zukunft ein wesentlicher Standortfaktor für die Ansiedlung von neuen Unternehmen, nicht zuletzt für solche aus der Logistikbranche, bleiben. Der geplante sechsspurige Ausbau der A 43 von Marl bis Witten ist das wichtigste Verkehrsprojekt auf Herner Stadtgebiet im laufenden Jahrzehnt. Der Ausbau ist räumlich in sieben Abschnitte gegliedert, der Herner Abschnitt ist 4,2 Kilometer lang und verläuft vom Rhein-Herne-Kanal bis kurz vor die Anschlussstelle Bochum-Riemke. Neben der Verbreiterung der Autobahn müssen zwischen 2017 und 2030 im Herner Abschnitt insgesamt 21 Brückenbauwerke entlang von A 43 und A 42 ersetzt werden.

Das wichtigste Teilprojekt dieses Abschnitts ist der Neubau des Herner Kreuzes, das gegenwärtig ein tägliches Verkehrsaufkommen von 90.000 Fahrzeugen auf der A 43 und 100.000 Fahrzeugen auf der A 42 zu bewältigen hat. Das neue Autobahnkreuz erhält einen 550 m langen Tunnel, durch den zukünftig der Verkehr von der A 43 (Fahrtrichtung Münster) auf die A 42 (Fahrtrichtung Oberhausen) abgeleitet wird.

STEAG Heizkraftwerk

Foto: Hans Blossey 2018

Abb. 8.0.1 Nördliche Bahnhofstraße und Wohnprojekt K111

Foto: H.-W. Wehling 2021

8 Die Stadtentwicklung im 21. Jahrhundert

Vor dem Hintergrund einer guten infrastrukturellen Grundversorgung und geringer sozialräumlicher Unterschiede richtet sich die gegenwärtige Stadtplanung auf die qualitative Entwicklung des Wohnungsbaus und der Wohnumfelder, auf die städtebauliche Qualifizierung der Stadtzentren und insgesamt auf eine resiliente Stadtentwicklung in Zeiten des Klimawandels.

8.1 Regionale Einbindung und Ziele der Stadtentwicklungsplanung

Die Stadtentwicklungsplanungen des 21. Jh.s sind zum einen integriert in überörtliche und regionale Konzepte, Maßnahmen und Programme.

So haben die Städte Bochum, Dortmund, Duisburg, Essen, Gelsenkirchen, Herne, Mülheim an der Ruhr und Oberhausen 2003 die „Städteregion Ruhr 2030 – Kooperation und Eigensinn" gegründet, um das „Kirchturmdenken" der Städte in der Region zu überwinden, gemeinsame Aufgaben und Problemlösungen zu entdecken, daraus konkrete Kooperationsprojekte zu entwickeln und damit letztlich die Attraktivität und das Selbstbewusstsein der Region zu stärken und die Konkurrenzfähigkeit gegenüber anderen Metropolregionen zu verbessern; 2007 traten auch Bottrop, Hamm und Hagen dieser Kooperation bei.

Zudem haben die Städte Bochum, Essen, Gelsenkirchen, Mülheim an der Ruhr, Oberhausen und Herne einen gemeinsamen Flächennutzungsplan aufgestellt, der zugleich die Funktion eines Regionalplans übernimmt; auf dieser Grundlage sind wesentliche Änderungen von Flächennutzungen nur im Konsens möglich.

Die „Städteregion Ruhr" erarbeitete 2008 den Masterplan Ruhr mit den Handlungsfeldern „Wohnen", „Städtebau und Stadtentwicklung" sowie „Region am Wasser"; dabei wurden einerseits Entwicklungspotenziale für weitere gemeinsame räumliche Planungen festgelegt, andererseits die Eigenarten der Städte herausgestellt. Erwartungsgemäß ist Herne dabei die Stadt mit dem größten Siedlungsflächenanteil und der höchsten Siedlungsdichte, sodass der Spielraum für eine expansive Stadtentwicklung knapp bemessen und die Pflege und Qualifizierung des Bestandes daher im Vordergrund steht – durch Nachverdichtung und Arrondierung der Siedlungsstruktur, durch Ausbau und die Vernetzung von Grün- und Freiräumen sowie die Stärkung von Funktionen in den zentralen Ortslagen; für größere städtebauliche Entwicklungen stehen fast ausschließlich (Gewerbe-)Brachen zur Verfügung.

Für die Aufwertung benachteiligter Stadtteile sollen weiterhin Stadterneuerungsprojekte in Anspruch genommen werden; hinzu treten Programme zur Förderung des qualitativen Stadtumbaus. Die wasserbezogene Orientierung auf den Rhein-Herne-Kanal, die Emscher und die Herner Bäche wurde in die regionalen Masterpläne „Emscher-Zukunft" und „Emscher Landschaftspark" eingepasst.

Wiederum als Gemeinschaftsinitiative der Ruhrgebietskommunen wurde 2007 das „Konzept Ruhr// Wandel als Chance" begonnen und in dreijährigen Phasen als fortlaufendes interkommunales Planungs- und Handlungskonzept fortgeschrieben. Die für den Masterplan Ruhr erarbeiteten Zielsetzungen für die Stadt Herne hinsichtlich Stadtentwicklung und Bestandspflege wurden auch hier eingebracht. Hinzu traten unter dem Leitthema „Stadt" der umfassende Umbau des Emschersystems mit seinen neuen Möglichkeiten für die Stadtentwicklung und eine regional abgestimmte Bereitstellung von Gewerbe- und Industrieflächen; dem Leitthema „Klima" sind die Ziele zur Anpassung von Siedlungsräumen und Infrastrukturen an die Folgen des Klimawandels, zur energieeffizienten Umgestaltung von Stadtquartieren, zur Entwicklung klimaneutraler Mobilitätssysteme sowie die zur Weiterentwicklung des Gesamtsystems der grünen Infrastruktur zuzuordnen. Das Leitthema „Bildung" führt schließlich Maßnahmen der Stadtentwicklung mit Vorhaben zur Verbesserung der Bildungsangebote in den Stadtquartieren zusammen.

Seit 2000 besteht der Arbeitskreis „Regionales Einzelhandelskonzept Östliches Ruhrgebiet", dem 24 Kommunen, fünf Industrie- und Handelskammern, drei Landkreise, zwei Regierungsbezirke sowie die Einzelhandelsverbände Westfalen-Münsterland und Westfalen-West angehören. Ziel dieses Konzeptes ist die Stärkung der innerstädtischen Zentren und der Stadtteilzentren mit ihrer Grundversorgung; dabei soll durch eine abgestimmte Ansiedlungsplanung ein übergroßes Konkurrenzangebot von großflächigen Einzelhandelsbetrieben vermieden werden.

Zum anderen folgt die Stadtentwicklungsplanung Hernes seit der Jahrtausendwende ihrem 1990 begonnenen und 2007 aufgestellten Leitrahmen und den 2009 und 2011 darin eingepassten Leitlinien der Stadtentwicklung, die im Wesentlichen die Planungen der 1990er Jahre weiterführen:

- Entwicklung eines attraktiven Stadtmittelpunktes und lebenswerter Wohnquartiere,
- Bewahrung identitätsstiftender und imagefördernder Einrichtungen/Kulturgüter,
- Qualifizierung des Wohnungsbestandes,
- Anpassung der Infrastruktur.

Dabei waren und sind Stadtentwicklung und Stadtplanung von spezifischen lokalen Rahmenbedingungen abhängig. So ist der städtische Haushalt seit Jahren unausgeglichen, da die städtischen Steuereinnahmen – infolge schwächelnder Konjunktur und/oder fragiler Wirtschaftsstruktur – stark zurückgingen, gleichzeitig aber gerade die Sozialausgaben infolge der Arbeitslosigkeit ständig stiegen. Die Haushaltssicherungsbeschränkungen begrenzen den Handlungsrahmen und die Neuinvestitionen jenseits der Pflichtaufgaben und machen die Stadtentwicklung nahezu vollständig von externer Förderung abhängig.

Trotz Bevölkerungsstagnation und latenter Überalterung wird weiterhin Wohnungsbau notwendig sein, um dem Wunsch nach Wohneigentum und den sich wandelnden Wohn- und Qualitätsansprüchen zu genügen. Da es aber gerade wegen der Bevölkerungsstagnation keinen ausgeprägten quantitativen Druck auf dem Wohnungsmarkt gibt, können Wohnungsbestände verbessert und heruntergewirtschaftete Gebäude abgerissen werden. Bei allen Neubauten bietet sich darüber hinaus die Möglichkeit, auf stadtgestalterische Qualitäten Wert zu legen.

Vor dem Hintergrund von Bevölkerungsstagnation und angespannter Haushaltslage ist außerdem zu entscheiden, ob und in welchem Umfang die in den vergangenen Boomphasen aufgebaute Infrastruktur, z. B. in den Bereichen der Schulen und der Spiel- und Sportplätze, noch weiter aufrechterhalten werden muss und ob die dabei gegebenenfalls aufgegebenen Immobilien verkauft und/oder angesichts knapper Flächenressourcen neuen Nutzungen zugeführt werden können.

Zu den sozialen Potentialen Hernes gehört es, dass die sozio-ökonomische Ungleichheit innerhalb der Stadt die geringste unter den kreisfreien Städten Nordrhein-Westfalens ist, nicht zuletzt, weil die geringe Größe der Stadtfläche einer sozialen Entmischung und Segregation Grenzen setzt.

Vor diesem Hintergrund trat in den letzten Jahrzehnten an die Stelle der in den 1970er Jahren geförderten funktionalen Konkurrenz gegenüber Nachbarstädten die Entwicklung endogener Potenziale; die Verbesserung der Lebensqualität – gesamtstädtisch wie quartierbezogen – wurde eine wesentliche Leitlinie der Stadtentwicklung. Eine aktive Stadtteilarbeit zielt darauf ab, durch den Erhalt und die Förderung sozialer und generativer Vielfalt und die Vermeidung sozialräumlicher Polarisierungen eine positive Identifikation mit den Stadtteilen zu erreichen. Die ausgewiesenen Zentren sind die primären Standorte des Einzelhandels zur Versorgung der eigenen Bevölkerung, und das Image Hernes wird wesentlich durch die Attraktivität des Stadtzentrums bestimmt.

8.2 Die funktionale Ausstattung

Grundversorgung

Die Lebensqualität in einem Wohnquartier wird nicht nur durch die Größe und Ausstattung der Wohnung und die bauliche Qualität des Wohnumfeldes bestimmt, sondern auch durch den Zugang zu grundlegenden Infrastruktureinrichtungen und die Erreichbarkeit des öffentlichen Nahverkehrs. Eine gute Erreichbarkeit relevanter Infrastrukturen muss jedoch aus finanziellen und gesundheitlichen, zunehmend ferner aus Klimaschutzgründen, auch ohne Pkw möglich sein.

Durch die weitgehend kompakte Siedlungsstruktur weist Herne quantitativ und distanziell im regionalen Vergleich eine relativ gute räumliche Abdeckung mit relevanten Infrastruktureinrichtungen und ÖPNV-Haltestellen, Lebensmittelmärkten und Schulen auf, wenngleich durchaus zentral-periphere Unterschiede auftreten.

Im Vorschulbereich verfügte Herne 2019 über 5.265 Plätze in 70 Kindertagesstätten (2019/20), von denen sich 19 in städtischer, 37 in kirchlicher und 14 in freier Trägerschaft befinden; in der Kindertagespflege umfasst das Angebot 325 Plätze. Bei den unter 3-Jährigen wird eine Versorgungsquote von 32,8 %, bei den 3- bis 6-Jährigen von 98,0 % erreicht.

Analog zum leichten Bevölkerungsanstieg stieg auch die Zahl der Schüler an Hernes Schulen im letzten Jahrzehnt leicht auf 20.386 an, von denen 3.400 Nichtdeutsche sind. 5.467 Schüler besuchen die 21 Grundschulen, 643 die vier Förderschulen und 374 die Hans-Tilkowski-Hauptschule.

Eine wohnortnahe Erreichbarkeit von Kindertagesstätten und Grundschulen ist für einschlägige Haushalte eine wesentliche Quartiersqualität. Die durchschnittliche Distanz zur nächsten der derzeit 21 Grundschulen beträgt 530 m; besonders kurze Wege treten in den städtischen Kernen auf, besonders lange Wege haben dagegen Kinder in Baukau-West sowie an der westlichen und südlichen Peripherie zurückzulegen. Die Grundschulen auf Bochumer Seite liegen für die Bevölkerung von Constantin und Gysenberg zu weit entfernt, für Baukau-West besteht auf Recklinghäuser Seite überhaupt kein Angebot. Im Vergleich zu den Grundschulen ist das Netz der Kitas wesentlich engmaschiger; die durchschnittliche Distanz zur nächsten der derzeit 69 Kitas liegt mit 275 m tendenziell im fußläufigen Bereich. Überdurchschnittliche Entfernungen zu Kita-Standorten sind in den Stadtrandlagen zurückzulegen; deutlich jenseits einer fußläufigen Erreichbarkeit liegt mit rund 1.300 m die durchschnittliche Distanz wieder im Bereich Gysenberg.

Auf die vier Realschulen entfielen 2019/20 3.163 Schüler, auf die drei Gesamtschulen (GSS Wanne-Eickel, Erich-Fried-Gesamtschule, Mont-Cenis-Gesamtschule) 2.403 Schüler und auf die fünf Gymnasien (Otto-Hahn-Gymnasium, Haranni-Gymnasium, Pestalozzi-Gymnasium, Städtisches Gymnasium Eickel, Gymnasium Wanne) 3.614 Schüler; hinzu kamen 1.082 Schüler an der Freien Waldorfschule (Hiberniaschule) und 3.614 Schüler an den beiden Berufskollegs (Emschertal Berufskolleg, Mulvany Berufskolleg). An den beiden Volkshochschulstandorten in Herne-Mitte und Wanne fanden die 1.261 Kurse (2018) 16.203 Belegungen. Neben Kursen für Erwachsene und instrumentalem Einzelunterricht legt die Städtische Musikschule

Regionalverband Ruhr, Flächennutzungskartierung; Kartographie: Birgit Sattler

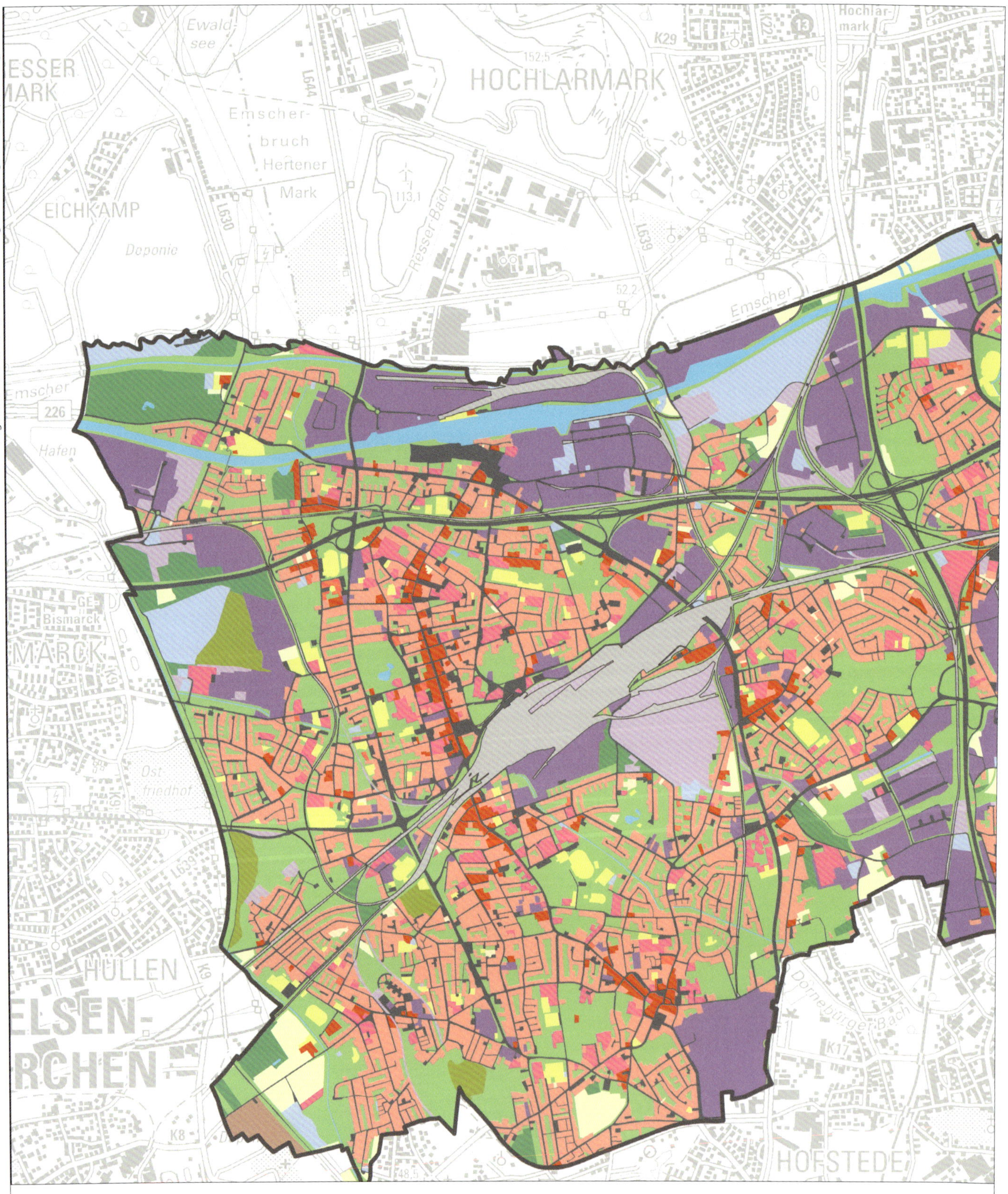

- Wohnbauflächen, bis zu fünf Geschosse
- Wohnbauflächen, fünf und mehr Geschosse
- Mischbauflächen (Wohn- und Geschäftshäuser)
- Flächen für Infrastruktureinrichtungen (Gemeinsbedarfsflächen
- Gewerbe- und Industrieflächen
- Energie- und Wasserversorgung, Abwasser- und Abfallbeseitigung
- Straßenverkersflächen
- Schienenverkehrsflächen

Abb. 8.1.1 Flächennutzungen 2021

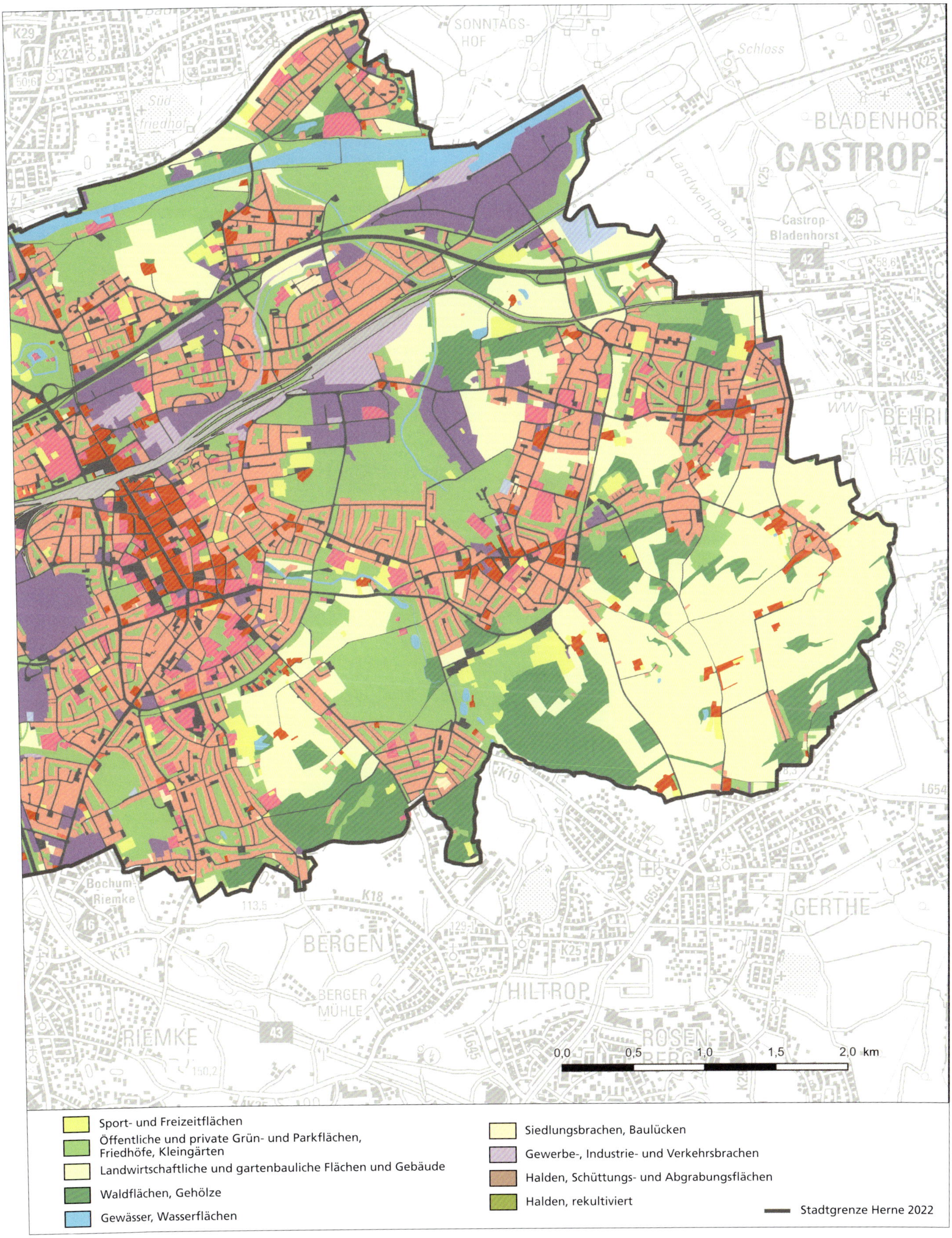
SONNTAGS-
HOF
Schloss
Süd
friedhof
BLADENHORS
CASTROP-
Landwehrbach
Castrop-
Bladenhorst
BEHRI
HAUS
Bochum-
Riemke
BERGEN
BERGER
MÜHLE
HILTROP
GERTHE
RIEMKE
ROSEN
0,0
0,5
1,0
1,5
2,0 km
Sport- und Freizeitflächen
Öffentliche und private Grün- und Parkflächen, Friedhöfe, Kleingärten
Landwirtschaftliche und gartenbauliche Flächen und Gebäude
Waldflächen, Gehölze
Gewässer, Wasserflächen
Siedlungsbrachen, Baulücken
Gewerbe-, Industrie- und Verkehrsbrachen
Halden, Schüttungs- und Abgrabungsflächen
Halden, rekultiviert
Stadtgrenze Herne 2022

Eigener Entwurf; Kartographie: Sabrina Henschel

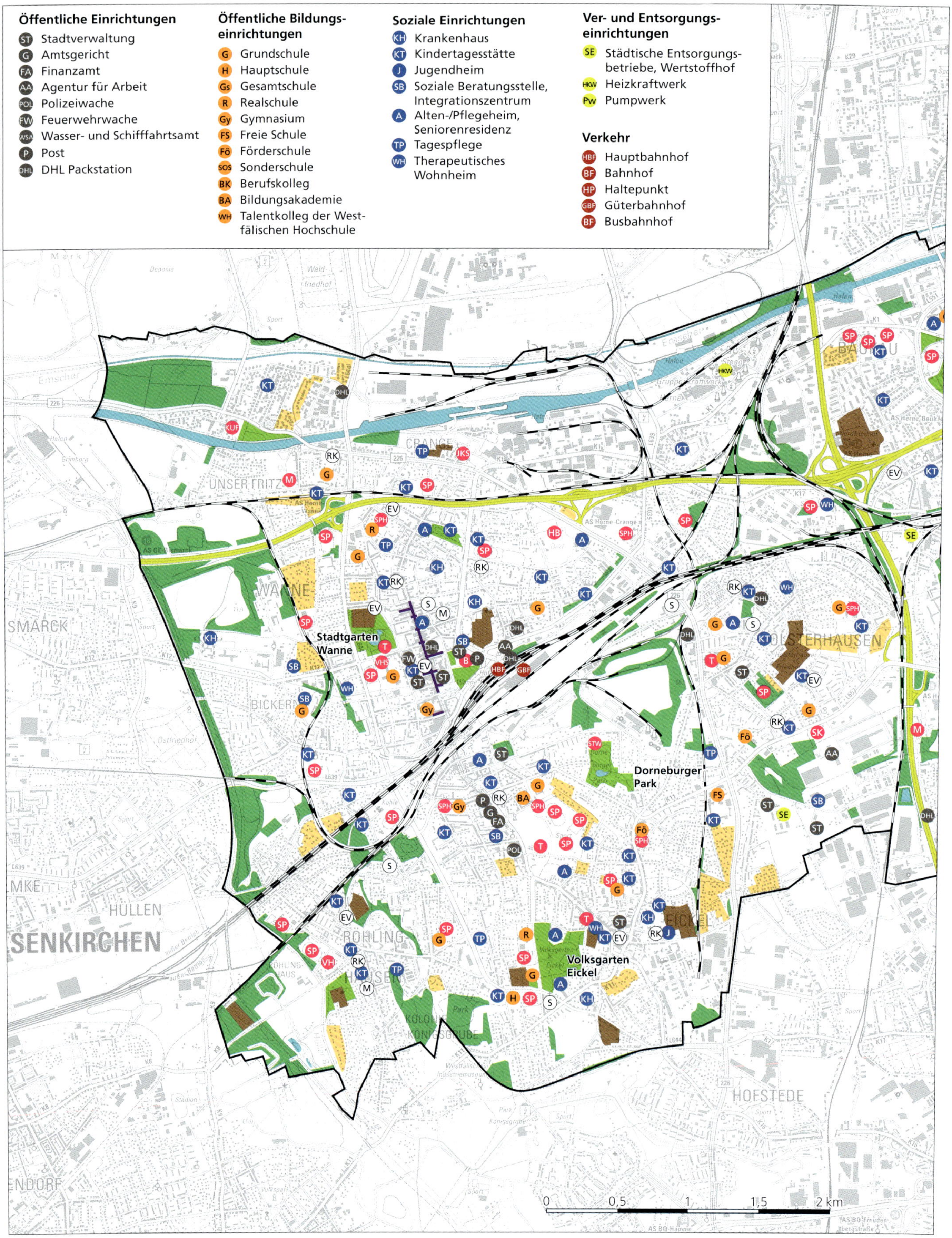

Abb. 8.2.1 Öffentliche Versorgungs- und Infrastruktureinrichtungen 2020

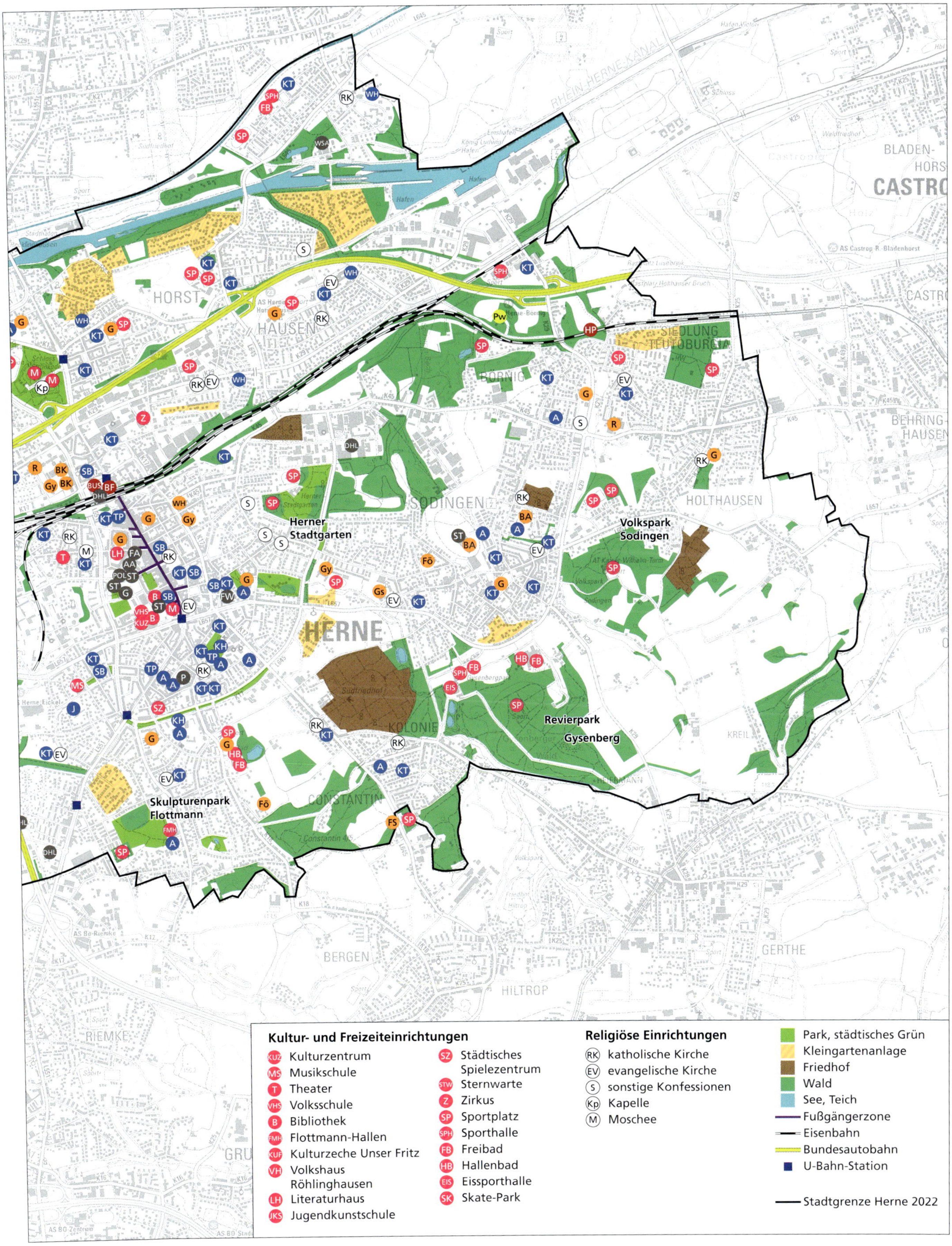
HERNE
HORST
HAUSEN
SODINGEN
HOLTHAUSEN
SIEDLUNG TEUTOBURGIA
BÖRNIG
KOLONIE
CONSTANTIN
BEHRING-HAUSEN
CASTROP
BLADEN-HORST
BERGEN
HILTROP
GERTHE
RIEMKE
RHEIN-HERNE-KANAL
Herner Stadtgarten
Volkspark Sodingen
Revierpark Gysenberg
Skulpturenpark Flottmann
Kultur- und Freizeiteinrichtungen
KUZ Kulturzentrum
MS Musikschule
T Theater
VHS Volksschule
B Bibliothek
FMH Flottmann-Hallen
KUF Kulturzeche Unser Fritz
VH Volkshaus Röhlinghausen
LH Literaturhaus
JKS Jugendkunstschule
SZ Städtisches Spielezentrum
STW Sternwarte
Z Zirkus
SP Sportplatz
SPH Sporthalle
FB Freibad
HB Hallenbad
EIS Eissporthalle
SK Skate-Park
Religiöse Einrichtungen
RK katholische Kirche
EV evangelische Kirche
S sonstige Konfessionen
Kp Kapelle
M Moschee
Park, städtisches Grün
Kleingartenanlage
Friedhof
Wald
See, Teich
Fußgängerzone
Eisenbahn
Bundesautobahn
U-Bahn-Station
Stadtgrenze Herne 2022

einen Schwerpunkt auf die musikalische Früherziehung. Aus der Musikschule heraus sind 1996 die Herner Symphoniker als Laienorchester gegründet worden, die mehrmals jährlich Konzerte veranstalten.

Zu den weiteren Bildungseinrichtungen gehören die Stadtbibliothek mit Standorten in Herne-Mitte und Wanne sowie die Martin-Opitz-Bücherei in Herne-Mitte mit dem Schwerpunkt auf der deutschen Kultur und Geschichte im östlichen Europa; diese Bücherei ist 1989 aus der seit 1948 in Herne ansässigen Bücherei des Deutschen Ostens hervorgegangen.

Die Ärztedichte liegt mit zwei niedergelassenen Ärzten je 1.000 Einwohnern unter dem bundesdeutschen Durchschnitt; 51,9 % der Praxen konzentrieren sich in den Zentren Herne-Mitte, Wanne und Eickel. Die durchschnittliche Entfernung zur nächstgelegenen hausärztlichen Praxis beträgt rund 424 m und liegt damit unter dem Durchschnittswert von 440 m in westdeutschen Großstädten. Da sich die Praxen relativ stark auf die zentralen Lagen konzentrieren, ist dort ihre Erreichbarkeit am besten, während in allen Randbereichen die durchschnittliche Entfernung über 1.000 m beträgt und sich die Versorgungslage durch die Praxisschließungen der letzten Jahre in Horsthausen, Elpeshof und Unser Fritz noch verschlechtert hat. In der Verteilung der Apotheken zeigt sich eine noch stärkere Konzentration auf die Zentren in Wanne, Herne und Eickel sowie zum Teil auf Krankenhaus-/Ärztehausstandorte und letztlich ein Rückzug aus den Wohngebieten und kleineren Nahversorgungsstandorten.

Die klinische Versorgung, die in manchen Fachabteilungen weit über die Stadtgrenzen hinausgeht, wird von sechs Krankenhäusern an acht Standorten sichergestellt. Zur St.-Elisabeth-Gruppe gehören

- das Marienhospital Herne (Universitätsklinikum der Ruhr-Universität Bochum), dessen Urologische Klinik mit rund 4.200 operativen Eingriffen eine der größten urologischen Kliniken Deutschlands ist und dessen Medizinische Klinik II für Kardiologie und Angiologie eines der führenden Zentren für Schrittmacher- und Defibrillatortherapie in Deutschland ist,
- das St. Anna Hospital Herne, dessen Zentrum für Orthopädie und Unfallchirurgie das größte in Deutschland ist,
- das Rheumazentrum Ruhrgebiet in Wanne, der bundesweit größten rheumatologisch-internistischen Fachklinik und
- das St.-Marien-Hospital Eickel.

Zur evangelischen Krankenhausgemeinschaft gehören das Evangelische Krankenhaus Herne-Mitte und das Evangelische Krankenhaus Herne-Eickel, beides akademische Lehrkrankenhäuser der Universität Duisburg-Essen.

Innerhalb der Metropole Ruhr, in der der Leitmarkt Gesundheit die höchste Beschäftigung aufweist, ist Herne einer der wichtigen Standorte. Knapp 50 % aller in Herner Krankenhäusern behandelten Patienten, d. h. jährlich mehr als 20.000, kommen von außerhalb.

Jenseits der allgemeinen Gesundheitsversorgung eröffnete der Landschaftsverband Westfalen-Lippe 2011 auf dem ehemaligen Betriebsgelände der Zeche Pluto eine Maßregelvollzugsklinik für Forensische Psychiatrie als fünfte seiner sechs forensischen Kliniken in Nordrhein-Westfalen. Diese Fachklinik mit 90 gesicherten Behandlungsplätzen für psychisch kranke Straftäter ist speziell auf die Therapie und Sicherung von männlichen Patienten mit Psychosen und Persönlichkeitsstörungen ausgerichtet. Innerhalb des Regionalisierungskonzeptes des NRW-Gesundheitsministeriums deckt sie den Bedarf an Maßregelvollzugsplätzen für den Landgerichtsbezirk Bochum ab.

Für die Versorgung der Seniorinnen und Senioren verfügt Herne über 26 teil- und vollstationäre Pflegeeinrichtungen mit rund 1.800 voll-stationären Pflegeplätzen, 180 Kurzzeitpflegeplätzen und rund 150 Tagespflegeplätzen.

Das Spiel- und Sportangebot umfasst 118 Spielplätze mit 29,3 ha Spielflächen, über zehn Sportplätze, sieben Gymnastikhallen, über zehn Lauf- und Walkingstrecken sowie die Schwimmbäder Lago im Gysenberg-Park, das 2001 eröffnete Frei- und Hallenbad Südpool sowie das 2011 abgebrannte und ab 2015 wieder aufgebaute Sport- und Erlebnisbad Wananas.

Lebensmittelläden bilden das Rückgrat der Nahversorgung. Die durchschnittliche Entfernung zu einem der rund 50 Lebensmittelmärkte mit mehr als 400 m² Verkaufsfläche beträgt knapp 430 m; rund 82 % der Bevölkerung leben innerhalb von 10 Gehminuten von ihnen entfernt. Es bestehen innerhalb der Stadt zentral-periphere Unterschiede; so liegen die Entfernungen für die Bewohner innerstädtischer, zentraler Bereiche wie Herne-Zentrum, Wanne-Mitte, Eickel oder Altenhöfen zwischen 150 bis 350 m, während die Bevölkerung in dünner besiedelten Bereichen – wie in den Bereichen Gysenberg und Constantin – nicht mehr als fußläufig zu bezeichnende Entfernungen von durchschnittlich über 1.000 m zurücklegen muss.

Die Versorgungsinfrastruktur bedarf zu ihrer Inwertsetzung hinreichender Anbindung, vor allem durch den öffentlichen Nahverkehr. Knotenpunkte der ÖPNV-Linien sind die ZOBs in Wanne und Herne-Zentrum sowie der Herner Bahnhof in Baukau. Die durchschnittliche Entfernung zur nächsten ÖPNV-Haltestelle ist mit knapp 160 m geringer als bei anderen Infrastruktureinrichtungen; 89 % der Bevölkerung leben innerhalb eines

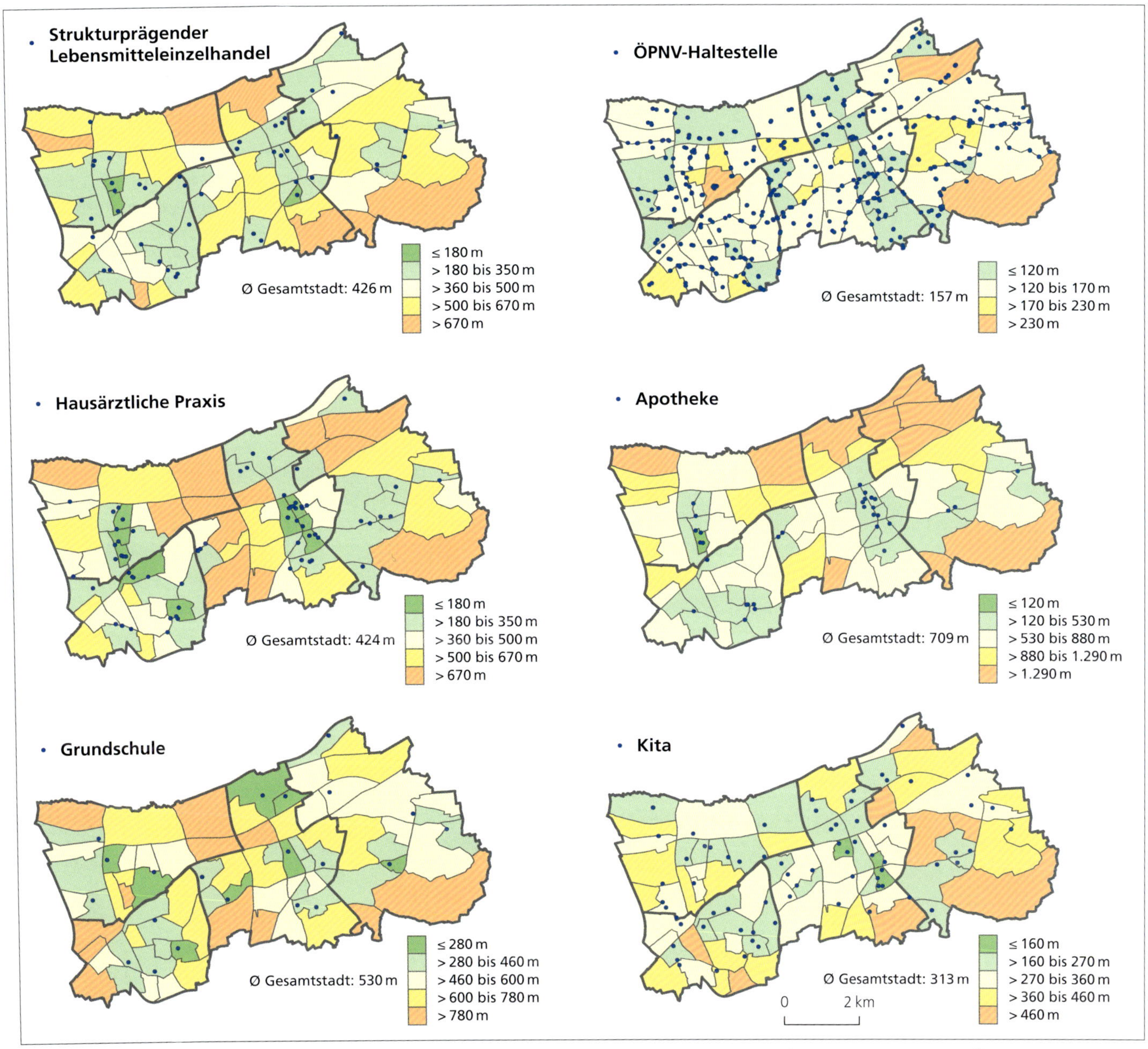

Stadt Herne, FB Umwelt und Stadtplanung, unveröffentlichte Daten; Kartographie: Birgit Sattler

Abb. 8.2.2 Durchschnittliche Entfernung zum nächsten strukturprägenden Lebensmittelmarkt, zur nächsten ÖPNV-Haltestelle, zur nächsten hausärztlichen Praxis, zur nächsten Apotheke, zur nächsten Grundschule und zur nächsten Kita, 2019, Luftlinie in m

Radius von 250 m zur nächsten ÖPNV-Haltestelle. Geringere Entfernungen treten erwartungsgemäß in den innenstädtischen Lagen, aber auch in den Großsiedlungsbereichen von Pantringshof und Holsterhausen auf; größere Entfernungen bestehen dagegen mit rund 340 m in Horsthausen und über 840 m im Bereich Gysenberg, der mit seinen Streulagen und der geringen Bevölkerungsdichte vom ÖPNV kaum erschlossen ist. Davon abgesehen zeigt sich insgesamt eine so gute räumliche ÖPNV-Abdeckung, dass auch in Gebieten mit einer schlechten fußläufigen Erreichbarkeit der relevanten Infrastrukturen, wie z. B. in Baukau-West, die Nahversorgung gewährleistet ist.

Kultureinrichtungen

Das Emschertal-Museum ist das älteste Museum der Stadt und umfasst vier Standorte – Schloss Strünkede, die Städtische Galerie im Schlosspark, das Heimatmuseum Unser Fritz und den Alten Wartesaal im Herner Bahnhof.

Das Museum zeigt im Schloss Objekte der Wohnkultur vom Mittelalter bis ins 19. Jh., Rüstungen, Gewehre und Uhren; hinzu treten naturgeschichtliche Funde und Exponate zu Schloss und Familie von Strünkede. Als Schloss Strünkede wegen Bergschäden nicht mehr zu bewohnen war, ließ die Familie Forell 1896 im Schlosspark eine aufwändig gestaltete Jugendstil-Villa errichten, die sie jedoch

Foto: H.-W. Wehling 2018

Abb. 8.2.3 Schloss Strünkede, verhüllt 2018

Im Rahmen der Gemeinschaftsausstellung „Kunst & Kohle", zu der sich siebzehn regionale Museen zusammenschlossen, verhüllte der ghanaische Künstler Ibrahim Mahama – als Installation „Coal Market" – Schloss Strünkede mit 2.000 m² Stoff aus alten Jutesäcken.

nur bis zu ihrem Wegzug aus Herne im Jahre 1900 bewohnte. Danach wurde die Villa von den Direktoren der Harpener Bergwerks-AG genutzt, die Haus und Schloss in ihren Besitz übernommen hatte. 1960 erwarb die Stadt Herne die Villa, um Sonderausstellungen zu zeigen, und gliederte sie dem Emschertal-Museum an. Als „Städtische Galerie Herne" präsentiert das Haus seit 1978 Ausstellungen von Gemälden, Zeichnungen, Druckgraphiken und Skulpturen der Kunst des 20. Jh.s aus den Beständen des Emschertal-Museums sowie von lokalen und regionalen Künstlern. Im Besitz des Hauses befinden sich Exponate der Klassischen Moderne, Werke des Naturalismus, Expressionismus und gegenwartsbezogene Arbeiten. Hinzu tritt eine umfangreiche druckgraphische Sammlung, u. a. mit Werken von Salvador Dali, Max Ernst, Georges Braque, Joseph Beuys, Pablo Picasso und Marc Chagall. Besonders vertreten sind auch die Werke der regionalen Künstlergruppen „Herner Künstler", „junger westen" und „B1".

Das Heimatmuseum der neuen Stadt Wanne-Eickel wurde 1926 von der Gesellschaft für Heimatkunde gegründet und ging 1940 in den Besitz der Stadt über. Über Jahrzehnte befand es sich an verschiedenen Standorten, bevor es 1968 bis 1971 in die ehemalige Unser-Fritz-Schule einzog und 1978 zum „Heimat- und Naturkunde-Museum Wanne-Eickel" wurde. Nach umfangreichen Umbauarbeiten wurde daraus 2017 das „Heimatmuseum Unser Fritz", dessen Ausstellungsstücke eine inhaltlich weitgespannte Ruhrgebiets-Dauerausstellung bilden – darunter eine begehbare Nachbildung einer Abbau-Strecke, die Jugendstil-Einrichtung einer Drogerie von 1905, ein Wohnzimmer im Stil des Gelsenkirchener Barocks und ein historisches Klassenzimmer aus der Zeit um 1900. Der Hof des Museums ist der Standort für größere Objekte, so für die „Fortuna-Bude", Straßenbahnwagen der BOGESTRA und eine Dampflokomotive von 1930.

Herne verfügt über zwei Kulturzentren unterschiedlicher Entstehungsgeschichte und mit andersartiger programmatischer Ausrichtung.

Das Kulturzentrum Herne (KUZ) wurde im Rahmen der funktional-städtebaulichen Aufwertung der Innenstadt 1976 am Willi-Pohlmann-Platz errichtet und 2010 technisch modernisiert. Es vereint eine Reihe städtischer Kultureinrichtungen unter einem Dach – die Volkshochschule, das Kulturbüro, die Stadtbibliothek, das Stadtarchiv und einen Veranstaltungssaal. Dieser bietet die räumlichen und technischen Voraussetzungen für Tagungen, Konferenzen, Messen, Ausstellungen, Gala-Veranstaltungen, Konzerte, Kabarett und Shows. Hinzu kommen regelmäßige Partys, wie Ü-30-Partys, Silvesterpartys und die WDR2-Hausparty. Firmen, Verbände und Parteien können das Kulturzentrum auch als Tagungsort oder Eventlocation nutzen; so ist es seit 1991 Standort der jährlichen Messe „Spiele-Wahnsinn". Das Kulturzentrum ist auch der größte Spielort der „Tage alter Musik". Dieses seit 1976 jährlich stattfindende Musikfestival gehört zu den weltweit bedeutendsten für Alte Musik, dessen Zielgruppe Instrumentenbauer, Wissenschaftler und Liebhaber der Alten Musik sind. Seit 1980 beteiligt sich der Westdeutsche Rundfunk Köln als Veranstal-

Foto: H.-W. Wehling 2020

Abb. 8.2.4 Trinkhalle am Heimatmuseum Unser Fritz

Die „Fortuna-Bude" hinter dem Heimatmuseum ist eine der ältesten der im Ruhrgebiet typischen Verkaufsstellen. Sie wurde um 1905 vom Gelsenkirchener Mineralwasser-Fabrikanten Franz Erlemeier gebaut und stand bis zum Ersten Weltkrieg am Eingang des dortigen Stadtgartens. 1923 versetzte der Süßwarenfabrikant Wilhelm Michels die Bude an die Gelsenkircher Straße in Wanne, 1971 wurde sie von der Stadt Wanne-Eickel aufgekauft und an ihren heutigen Standort gebracht. In der Gestaltung weist die Bude Chinoiserien und Elemente des Jugendstils auf; sie wird gekrönt von der Figur der Fortuna mit ihrem Füllhorn.

Foto: H.-W. Wehling 2020

Abb. 8.2.5 Kulturzentrum am Willi-Pohlmann-Platz

ter der Konzerte; fester Bestandteil ist zudem eine Musikinstrumenten-Messe.

Das Kulturzentrum Flottmann-Hallen wurde 1986 eröffnet und entwickelte sich zu einem Standort mit einem breiten Spektrum an künstlerischen Aktivitäten. Regionale, nationale und internationale Künstler und Künstlergruppen präsentieren sich in den Bereichen Schauspiel, Tanz, Kabarett, Comedy und Jazz. Neben Gastspielen stehen auch Eigen- und Koproduktionen auf dem Programm; das hier ansässige Theater Kohlenpott hat zwei Ensembles für Jugendliche und junge Erwachsene ins Leben gerufen und inszeniert professionelle Schultheater-Aufführungen. Die Clubbing- und Performance-Veranstaltung „RoomService" als Plattform für die Jugendkultur bietet regelmäßig unter anderem Poetry-Slams, Kurzfilmfestivals und Konzerte an. Der Ausstellungsbetrieb präsentiert – in Kooperationen mit Akademien und Kunsthochschulen – in Einzel- und Gruppenausstellungen aktuelle künstlerische Tendenzen. Daneben findet jährlich die Kunstmesse Kuboshow statt, auf der junge Künstler ihre aktuellen Arbeiten zum Verkauf anbieten.

In den Flottmann-Hallen findet auch alle zwei Jahre die Schlussveranstaltung des Wettbewerbs „Tegtmeiers Erben" statt. Jürgen von Manger zählte seit den 1960er Jahren zu den bekanntesten deutschsprachigen Humoristen, dessen Popularität sich auf die von ihm entwickelte Kunstfigur „Adolf Tegtmeier" gründete, durch den er im Ruhrgebietsdialekt die Menschen, den Alltag und die Geschehnisse seiner Zeit persiflierte. Allerdings stammte er weder aus dem Arbeitermilieu, noch aus dem Ruhrgebiet, sondern wurde 1929 in Koblenz als Sohn eines Staatsanwalts geboren. Nach dessen Versetzung an das Landgericht Hagen legte er am dortigen Gymnasium das Abitur ab. Nach dem Krieg erhielt er 1945 einen Vertrag am Hagener Stadttheater, wechselte 1947 an das Schauspielhaus in Bochum und 1950 an die Städtischen Bühnen Gelsenkirchen, wo er vor allem komödiantische Rollen spielte. Die Weichenstellung für seine weitere Laufbahn erfolgte durch einen Soloauftritt in der NDR-Silvestersendung 1961, in der er sein selbst geschriebenes Stück „Der Schwiegermuttermörder" präsentierte. Dessen Erfolg führte zu weiteren Rundfunkauftritten, 1962 zu einer ersten Fernsehsendung und ab 1963 zu Schallplattenaufnahmen und Tourneen. Sprachliche Grundlage und Teil der Authentizität der Figur des Adolf Tegtmeier war der Dialekt des Ruhrgebiets mit seinen grammatikalischen Regelbrüchen, sprachlichen Finten und Doppeldeutigkeiten. Seit

Foto: Richard Kopitzko, in Piorr/Schmidt 2017

Abb. 8.2.6 Jürgen von Manger als Adolf Tegtmeier, um 1969

Die Cranger Kirmes

Trotz spärlicher schriftlicher Quellen legte 2018 eine lokale historische Expertenrunde 1484 als das Jahr der ersten Cranger Kirmes fest; sie war seit jeher fest verbunden mit einem Pferde- und Viehmarkt, der aufgrund des Wildpferdbestandes im Emscherbruch jährlich am 10. August, dem Tag des Patronatsfestes des Hl. Laurentius, in der „Freiheit Crange" abgehalten wurde. Die Pferde, auch Emscherbrücher Dickköppe genannt, waren wegen ihrer Ausdauer gefragt und erzielten hohe Preise.

Der Markt war für Dorfbewohner, Händler und Käufer Anlass für eine Festivität mit Essen und Trinken, Tanz und Spiel; hinzu kam ein Krammarkt, auf dem die Bevölkerung ihren Bedarf an Textilien und an Gerätschaften für Haus und Hof deckte. Dieses Volksfest war bis zum Ende des 19. Jh.s fest in die Strukturen der agraren Gesellschaft integriert; in den Gaststätten, die zu Zeiten des Volksfestes Konzerte und Bälle anboten, traf sich eine weitgehend homogene westfälische Gesellschaft.

Erst als mit der Industrialisierung die Bevölkerung rapide wuchs und sich mit der Zuwanderung diese Homogenität auflöste, entstand eine Nachfrage nach Vergnügungs- und Unterhaltungsangeboten, aus der sich das Schaustellergewerbe entwickelte. 1898 fuhr das erste dampfgetriebene Karussell auf der Kirmes; hinzu kamen Schießbuden und -hallen, vier Schiffschaukeln und eine russische Schaukel, eine Art Vorläufer des Riesenrads.

Foto: H.-W. Wehling 2018

Abb. 8.2.7 Cranger Kirmes 2018

Das ehemalige Cranger Dorffest entwickelte sich vom letzten Drittel des 19. Jh.s bis zum Ersten Weltkrieg zu einer Massenveranstaltung. Der gewandelten Wirtschaftsstruktur entsprach die geänderte Zusammensetzung des Markt- und Kirmespublikums. Die Landwirte der Umgebung stellten weiterhin eine wichtige Gruppe des Viehmarkts, zumal mit der Intensivierung der Landwirtschaft die Nachfrage nach Pferden größer geworden war. Hinzu traten die umliegenden Zechengesellschaften, die hier ihre Grubenpferde kauften. Da Kleintierhaltung in allen Bergbausiedlungen üblich war, waren deren Bewohner Käufer vor allem auf dem Schweinemarkt. Aber auch wenn auf den Pferdemärkten zwischen 1900 und dem Ersten Weltkrieg jährlich rund 2.000 Pferde und auf den Viehmärkten jeweils 900 bis 1.300 Schweine aufgetrieben wurden, traten diese Märkte zunehmend zurück gegenüber einem sich ausweitenden Kram- und Schaubudenmarkt, der immer mehr Händler und Besucher anlockte. 1902 musste die Taktfolge der elektrischen Straßenbahn erhöht werden, um auswärtige Besucher zum Festplatz zu transportieren, ab 1912 wurde

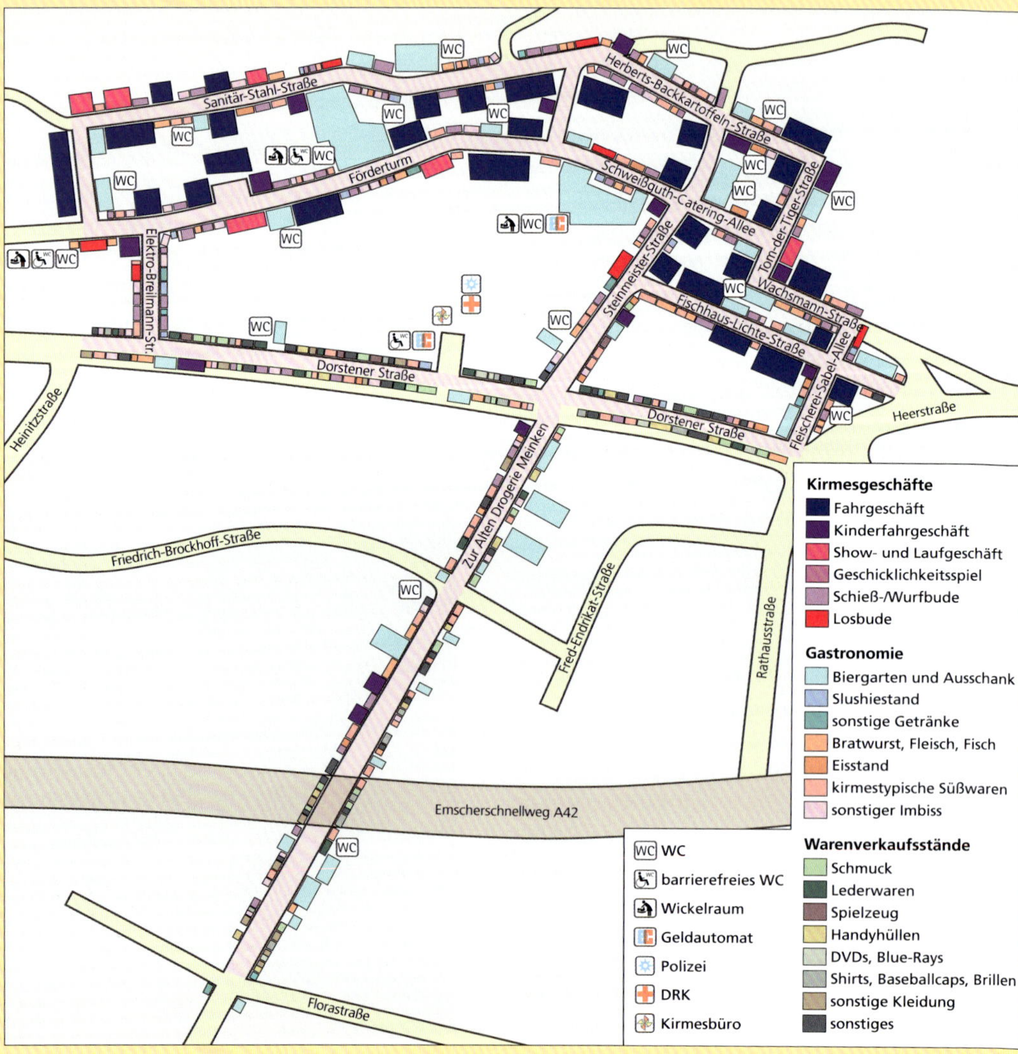

Stadtmarketing Herne GmbH 2018, Kartographie: Sabrina Henschel

Abb. 8.2.8 Stellplan der Cranger Kirmes 2018

das Volksfest auf zwei Tage ausgedehnt; für 1913 wurde die Zahl der auswärtigen Besucher auf über 50.000 geschätzt.

Für die deutsche und die vor allem polnische lokale Bevölkerung gehörten Schaubuden und Wanderzirkusse mit Angehörigen außereuropäischer Volksgruppen, Kraftmesser („Hau den Lukas") und Schießbuden zu den vorherrschenden Attraktionen; die Zurschaustellung von „Eingeborenen" in nachgebauten Hütten, von Menschen mit körperlichen Abnormitäten sowie von Übergewichtigen und Kleinwüchsigen gehörten seit der Kirmes von 1889 zum festen Bestandteil. Zu dem mit Faszination und Ablehnung betrachteten „fahrenden Volk" gehörten auch Sinti und Roma, die zu einem wichtigen Charakteristikum der Cranger Kirmes wurden; regelmäßig trat ein Zigeunerkönig in operettenhaftem Ambiente auf. In den 1920er Jahren distanzierte sich zwar das allmählich etablierte deutsche Schaustellergewerbe zunehmend von ihren ehemaligen Berufskollegen, insgesamt war die Kirmes jedoch ein schichten- und altersübergreifendes großstädtisches Vergnügen mit regionalem Einzugsbereich.

Mit der Gründung der Stadt Wanne-Eickel ging die Organisation der Kirmes auf die Stadtverwaltung über, die für einen geordneten Ablauf der „Großkirmes" sorgte, eine Erste-Hilfe- und eine Feuerwehrstation einrichtete und den Polizeieinsatz plante. Zudem erkannte die Stadt den Werbewert, waren die Besucherzahlen der seit 1919 auf drei Tage ausgedehnten Kirmes doch zu Beginn der 1930er Jahre auf 200.000 gestiegen und war der größte Kirmesrummel des Westens für die Schausteller ein attraktiver und einträglicher Standort; ihre Zahl stieg von 360 (1933) auf rund 500 (1936).

In der konsumorientierten Gesellschaft der Wirtschaftswunderjahre standen die Expansion und Konkurrenzfähigkeit mit anderen Großkirmessen, vor allem dem Münchner Oktoberfest, im Vordergrund der Bemühungen der Organisatoren. Das Kirmesgelände wurde beträchtlich erweitert, die Werbung wurde verbessert, Automessen und Großfeuerwerke traten als Begleitveranstaltungen hinzu. 1954 kamen rund 1,2 Millionen Besucher. Es gab 26 Fahrgeschäfte, vier Belustigungsgeschäfte, zwölf Schaugeschäfte (Marionettentheater, Liliputschau, Box-Geschäfte, Varieté-Schau, Buffalo-Bill-Schau), 26 Spielgeschäfte mit und ohne Losverkauf, 30 Schießbuden, 164 Verkaufsgeschäfte, 20 Gaststätten und 25 sonstige Geschäfte. Das Kirmesgelände wurde auf 13.000 m^2 ausgeweitet, das Bayernzelt wuchs auf 1.200 m^2 an. Die Schausteller kamen überwiegend aus Nordrhein-Westfalen, einige jedoch auch aus Hamburg, Bremen, Hannover und München. Auf die Zeit des Wirtschaftswunders folgte in den 1960er Jahren – beeinflusst von Kohlenkrise und Zechensterben – eine Periode der Stagnation, in der man sich wieder stärker auf die historischen Ursprünge der Kirmes besann und im Rahmenprogramm Reitturniere und historische Festumzüge veranstaltete.

Mit dem Strukturwandel setzte in den 1970er Jahren ein neuer Innovationsschub ein, der sich in technisch ausgefeilten Fahrgeschäften äußerte. Die Kirmes wurde 1972 zeitlich auf zehn Tage und räumlich auf einen auf 70.000 m^2 vergrößerten Festplatz ausgedehnt. Das Programm war seitdem eine Mischung aus traditionellen Elementen und neuen Attraktionen; man war bemüht, die technisch neuesten Fahrgeschäfte zu gewinnen. Dazu gehörten die Achterbahn „Thriller" mit Vierfach-Looping (1986), die erste Achterbahn im Dunkeln (1987), der Jurassic Park (1994), die 3D-Lasershow „Sensorium" (1998) oder das vertikale Fahrgeschäft „Tower" (2009); zudem gibt es mittlerweile eine Eröffnungsveranstaltung und an einigen Tagen Themenschwerpunkte. Mit mehr als 50 Fahr-, Show- und Laufgeschäften hat die Cranger Kirmes mehr Beschikker als das Münchner Oktoberfest, dem mit 6,3 Millionen Besuchern (2019) größten deutschen Volksfest. Seit 2000 verzeichnet die Crange Kirmes jedes Jahr eine Besucherzahl von rund 4,5 Millionen.

Seit 2018 wird zudem als „Cranger Weihnachtszauber" über fünf Wochen in der Weihnachtszeit eine Kirmes mit einem kreativen Kunsthandwerkermarkt und einem täglich wechselnden Veranstaltungsprogramm durchgeführt.

1965 wohnte von Manger in seinem „Häusken" in der Nähe des Herner Stadtgartens. Es gelang ihm, Tegtmeiers Popularität zu vermarkten; als „typischer" Repräsentant des Ruhrgebiets wurde dieser zu einem bevorzugten Werbeträger für Banken, Sparkassen und Brauereien. Allerdings sah sich Manger auch der Kritik ausgesetzt, er würde die Ruhrgebietsbevölkerung als geistig minderbemittelt darstellen und sie der Lächerlichkeit preisgeben. Zweifellos hat Jürgen von Manger aber dazu beigetragen, dass die Ruhrgebietssprache in den folgenden Jahrzehnten eine intensivere, auch wissenschaftliche Betrachtung erfuhr. In den 1970er und 1980er Jahren hatte er neben seinen Bühnenprogrammen auch mit verschiedenen Fernsehformaten Erfolg. Ein Schlaganfall beendete 1985 seine Karriere; seine letzten Lebensjahre bis 1994 verbrachte er in Herne.

Jürgen von Manger war der erste deutschlandweit populäre Ruhrgebietskabarettist; Herbert Knebel, Ludger Stratmann († 2021), Atze Schröder oder Hennes Bender sind zwar nicht seine Epigonen, stehen aber in seiner Nachfolge. Der seit 1997 alle zwei Jahre stattfindende Wettbewerb „Tegtmeiers Erben" richtete sich ursprünglich an Solo-Künstler aus dem Ruhrgebiet und Nordrhein-Westfalen, seit 2005 können auch Künstlerinnen und Künstler aus dem gesamten deutschsprachigen Raum teilnehmen, auch die inhaltlichen Vorgaben sind weiter gefasst, ausdrücklich sind keine Tegtmeier-Parodien gesucht. Vergeben werden ein Jury-Preis und ein Publikumspreis sowie an herausragende Künstler der ideelle „Tegtmeier", eine Tegtmeier-Kappe aus Bronze.

Der Mondpalast von Wanne-Eickel wurde 2004 von Christian Stratmann, dem Bruder des Kabarettisten Ludger Stratmann, als Volkstheater eröffnet, um mit einem festen Ensemble regionale Stücke aufzuführen und dabei mit dem typischen Personal – Bergmann, Taubenzüchter, Kneipenwirtin und Fußballfan – Klischees zu bedienen. Diese Stücke – überwiegend vom Ruhrgebiets-Autor Sigi Domke verfasst – werden ausschließlich im Mondpalast aufgeführt.

Das Theater befindet sich im Städtischen Saalbau und hat mit 500 Sitzplätzen eine größere Kapazität als andere Volkstheater in Deutschland. Vorläufer des Gebäudes ist der Kaisersaal von 1911. Das im Krieg beschädigte Gebäude wurde ab 1951 zwar äußerlich in der alten Form wiederaufgebaut, im Innern blieb jedoch nur ein großer Theatersaal, der bis in die frühen 1960er Jahre ein regionaler Konzert- und Theaterstandort war. Ein bühnentechnischer und akustischer Umbau (1967) und eine

Erweiterung (1974) waren Bemühungen, das Haus mit der angeschlossenen Gastronomie nicht nur für Kulturveranstaltungen, sondern auch für Kongresse, Betriebsversammlungen und Vereinsfeiern zu nutzen. Eine Wiederbelebung gelang aber erst, als sich Stratmann für sein Experiment „Volkstheater für das Ruhrgebiet" nicht für Gelsenkirchen und ein Gelsenkirchener Barocktheater, sondern für Wanne-Eickel und den Saalbau entschied, der dann zum Mondpalast wurde.

8.3 Wohnbauentwicklung und Struktur des Wohnungsbestandes

Die Grundstückspreise für freistehende Ein- und Zweifamilienhäuser lagen in allen kreisfreien Städten und Landkreisen des Ruhrgebiets seit 2010 unter den Durchschnittswerten des Landes Nordrhein-Westfalen. Herne gehörte seit 2013 zwar landesweit zu den Kommunen mit stark steigenden Baulandpreisen, diese liegen aber ebenso wie die Preise für freistehende Einfamilienhäuser regional immer noch auf einem mittleren Niveau. Die höchsten Bodenrichtwerte finden sich östlich der Innenstadt, in Herne-Süd und in Holthausen, stark unterdurchschnittlich sind sie in Unser Fritz, in Baukau-West und in Horsthausen. Insgesamt ist der Herner Grundstücks- und Immobilienmarkt durch ein kleinteiliges Nebeneinander von mehr oder weniger guten Wohnlagen geprägt. Das Gefälle zwischen den Quartieren und Stadtteilen ist nicht übermäßig stark ausgeprägt, auch wenn die südlichen Ein- und Zweifamilienhausgebiete gesuchte Wohnstandorte sind.

Vor dem Hintergrund einer stagnierenden Bevölkerung ist die Bautätigkeit in den letzten Jahren zwar gering gewesen, doch hat der Bau von Mehrfamilienhäusern gegenüber Ein- und Zweifamilienhäusern deutlich zugenommen; bei Erstbezug werden diese vor allem durch Familien belegt, Wohnungen in Mehrfamilienhäusern vor allem von kleineren und älteren Haushalten. Der Anteil der Ein- und Zweifamilienhäuser (EZFH) ist zum einen ein Indikator für die Gebäudestruktur eines Quartiers, zum anderen für dessen Einkommensniveau und Wohneigentumsquote. Der Anteil der EZFH liegt in Herne mit 56,5 % deutlich unter dem Landesdurchschnitt (79,0 %) und variiert innerhalb des Stadtgebiets beträchtlich zwischen den innenstadtnahen Geschosswohnungsquartieren (6,4 %

Stadt Herne 2015b, 2017a; Luftbilder: Stadt Herne, FB Vermessung und Kataster

Abb. 8.3.1 Auf WEP-Flächen entwickelte Neubaugebiete: Am Bollwerk (o. l.), Anger (o. r.), Jürgens Hof/ Fischergraben (u. l.), Albert-Schweitzer-Carré (u. r.)

in Altenhöfen) und den peripheren Bereichen im östlichen Stadtgebiet (89,3 % in Holthausen).

Mit rund 33 % aller Wohnungen weist Herne den höchsten Anteil an Wohnungen aus der Vorkriegszeit unter den kreisfreien Städten und Landkreisen des Ruhrgebiets und mit rund 55 %, nach Gelsenkirchen, den größten Wohnungsbestand aus der Zeit vor 1959 auf. Dagegen liegt der Anteil der Wohnungen, die nach 2000 entstanden sind, bei unter 10 %. Aus dieser Überalterung ergibt sich zum einen für eine Vielzahl der Wohnungen ein hoher Anpassungsbedarf hinsichtlich des Zuschnitts und des energetischen Standards, zum anderen zeigt sich im Wohnungsbestand typischerweise auch ein Überhang an Wohnungen mit drei bis vier Räumen, während der Anteil an Ein- und Zweiraum-Wohnungen nur knapp über 10 % liegt.

Die Eigentumsstruktur ist – auch im Geschosswohnungsbau – von Einzeleigentümern geprägt; seit der Zeit vor dem Ersten Weltkrieg besteht jedoch auch eine lokal engagierte und teilweise genossenschaftlich organisierte Wohnungswirtschaft, in deren Besitz sich etwa ein Viertel des Wohnungsbestandes befindet.

Wohnungsleerstände sind ein wichtiger Indikator für eine Anspannung oder Entspannung auf dem Wohnungsmarkt, wobei ein Leerstand von 3 % als Voraussetzung für notwendige Fluktuationen angesehen wird. Im Geschosswohnungsbau treten Leerstände häufig in Beständen auf, die Defizite hinsichtlich Zustand, Zuschnitt, Größe oder Ausstattung der Wohnungen oder quartiersbezogene Probleme (z. B. Lärmimmissionen an Hauptverkehrsstraßen) aufweisen. Die verstärkte Zuwanderung aus dem Ausland hat in den letzten Jahren die Leerstandsquote auf 5,3 % (2018) sinken lassen; stark überdurchschnittlich waren die Quoten neben den innerstädtischen Bereichen von Wanne-Mitte und Herne-Zentrum auch in Teilen von Wanne-Süd, Bickern und Unser Fritz. Wegen der hohen Nachfrage stark unterdurchschnittlich waren sie dagegen in den südwestlichen und südöstlichen Quartieren. Insgesamt besteht ein kleinräumiger Wechsel von über- und unterdurchschnittlichen Leerständen, ausgedehnte Quartiere wohnungswirtschaftlicher Abwertung bestehen nicht.

Unter Berücksichtigung der Qualitäten Hernes als Wohnstandort, d. h. der zentralen Lage im Ruhrgebiet mit der guten Erreichbarkeit verschiedener Oberzentren, der guten lokalen Infrastrukturausstattung in den Bereichen Bildung, Kultur, Gesundheit, ÖPNV und Nahversorgung sowie des relativ geringen Miet- und Preisniveaus, wurde 2016 das Handlungskonzept Wohnen als Planungskonzept für die Entwicklung des Wohnungsbestandes erarbeitet. Damit verbunden war das „Bündnis für Wohnen", das alle Akteure der

Foto: H.-W. Wehling 2021

Abb. 8.3.2 „Strünkeder Höfe"

An der Jobststraße errichtete 2015 die Wohnungsgenossenschaft Herne-Süd vier Mehrgenerationenhäuser mit sechzig barrierefreien Wohneinheiten, die alle mit einer Terrasse und Garten, Loggien oder Balkonen ausgestattet sind. Das öffentliche Café dient als Treffpunkt für alle Generationen.

lokalen Wohnungswirtschaft in den Planungs- und Entwicklungsprozess mit einbezieht.

Da der Wohnungsneubau jährlich nur 0,2 % des Wohnungsbestandes betrifft, sind fortlaufende Investitionen in den relativ alten Gebäudebestand von großer Bedeutung. Dennoch muss durch eine vorausschauende Baulandversorgung auch die räumliche und planerische Grundlage für eine quantitativ und qualitativ ausreichende Neubautätigkeit gelegt werden. Der Bedarf ergibt sich aus dem Ersatzbedarf für bestehende Gebäude und einem Neubaubedarf, der auf den Bevölkerungsprognosen basiert. Da regionalplanerisch davon ausgegangen wird, dass etwa die Hälfte der Neubauten auf Bestandsflächen realisiert werden kann, bleibt für den Zeitraum von 2021 bis 2035 ein Bedarf von knapp 2.625 Wohneinheiten bzw. ein Netto-Wohnbauflächenbedarf von 52,5 ha, der die verfügbaren und teilweise mit Restriktionen belegten Flächenpotenziale von 37,6 ha (2020) erheblich übersteigt.

Seit 2011 entwickelte die Stadt Herne ein Gesamtportfolio von Potenzialflächen, die aufgrund ihrer Lagegunst attraktive Entwicklungsmöglichkeiten bieten oder aufgrund ihrer städtebaulich integrierten Lagen bestehende Siedlungsbereiche ergänzen und damit einen sparsamen Umgang mit Grund und Boden gewährleisten. Das Programm zur Entwicklung von Wohnbauflächen (WEP) wählt in dreijährigen Phasen überschaubare Flächen mit programmatischer Schwerpunktsetzung aus. In sinnvoller Verteilung über alle Stadtbezirke sollen die WEP-Flächen eine hohe städtebauliche Qualität im Neubau ermöglichen, umwelt- und stadtverträglich sein, kurz- bis mittelfristig realisierbar sein sowie vor dem Hintergrund unterschiedlicher Bautypen ausreichende Möglichkeiten für den Geschosswohnungsbau eröffnen. Die Einbeziehung einer Fläche in das WEP wird von der Stadt als eine Art Gütesiegel angesehen, stellt sie doch eine Selbstverpflichtung

Foto: H.-W. Wehling 2020

Abb. 8.3.3 Verlassenes Betriebsgelände der Firma Knipping-Dorn

zur aktiven Entwicklung dieser Flächen dar. In den vergangenen Jahren konnte die Stadt das Portfolio an Potenzialflächen zu einem nicht geringen Teil durch die Mobilisierung städtischer Flächen bedienen, die – wie etwa ehemalige Sportplätze oder Schulstandorte – aufgrund der Bevölkerungsprognose nicht mehr oder nicht mehr in diesem Umfang benötigt werden.

In der Phase zwischen 2013 und 2017 wurden in Eickel und Sodingen 12,02 ha in Baublockinnen- und Randlagen und auf dem Sportplatz Jürgens Hof bereitgestellt, von denen mittlerweile 29,3 % mit Einzel-, Doppel- und Mehrfamilienhäusern neu bebaut sind. In der Phase von 2017 bis 2020 standen in allen Stadtbezirken 16,4 ha zur Verfügung, von denen 21,6 % überwiegend mit Mehrfamilienhäusern bebaut wurden (Albert-Schweitzer Carré, Fischergraben).

Über die WEP-Flächen hinaus soll die traditionell stark ausgeprägte Wohnfunktion der Innenstädte gestärkt werden, indem Baulücken und Brachflächen bebaut und Bestandsimmobilien umgenutzt werden. Verbunden mit einem neuen Mobilitätskonzept erwartet man dadurch auch eine Stärkung von Einzelhandel und Gastronomie in diesen Bereichen. Sowohl auf den WEP-Flächen als auch in den zentralen Lagen sollen besondere Wohnformen wie z. B. Altenwohnungen ermöglicht werden.

Für den Wohnungsbau soll auch die innenstadtnahe, von alten Fertigungshallen bestandene Fläche der Schraubenfabrik Knipping-Dorn entwickelt werden. Die Deutsche Reihenhaus AG legte 2020 Pläne für den Bau von 98 Reihenhäusern für junge Familien vor. Auf rund 29.000 m^2 sind drei Häusertypen mit 85, 120 und 145 m^2 vorgesehen, die von einem Blockheizkraftwerk beheizt werden; hinzu kommen 6.500 m^2 Grün- und Freiflächen, Baumbestände, Pkw-Stellplätze und ein großer Gemeinschaftsplatz mit Spielgeräten. Dieses Projekt fügt sich in die stadtplanerischen Bemühungen ein, die untere Bahnhofstraße strukturell und formal aufzuwerten.

8.4 Einzelhandelsentwicklung und Zentrenstruktur

Seit den 1990er Jahren erfuhren der lokale Einzelhandel und die räumliche Verteilung seiner Standorte besondere planerische Aufmerksamkeit, da er konstituierender Bestandteil der funktionalen Ausstattung der städtischen Zentren ist, die zu stärken und weiterzuentwickeln seit Jahrzehnten Ziel der Stadtentwicklungsplanung war; dabei kam und kommt der Nah- bzw. der Grundversorgung besondere Bedeutung zu.

Von 1985 bis 1995 war die Bindungsquote der gesamten lokalen Einzelhandelskaufkraft von 87 % auf 79,5 % gesunken. Ein Kaufkraftabfluss von mehr als 20 %, dem ein Kaufkraftzufluss von lediglich 5 % gegenüberstand, belegte die Schwierigkeit des Herner Einzelhandels, sich im wachsenden regionalen Wettbewerb zu behaupten. Allerdings beschränkte sich diese Leistungsschwäche vor allem auf das Angebot an Gütern des mittel- und langfristigen Bedarfs, während bei Gütern des kurzfristigen Bedarfs die Kaufkraftbindung mit 93 % bzw. bei Nahrungs- und Genussmitteln mit 96 % deutlich darüber lag. Auf Waren des kurzfristigen Bedarfs entfielen 1995 mit 96.000 m^2 etwa 45 % der Verkaufsflächen im Stadtgebiet und 57 % der Umsätze.

Bis zum Jahr 2000 hatten die Bemühungen, Hernes mittelzentrale Funktion als Einkaufsstandort nach innen und außen zu verbessern, die Kaufkraftbindung wieder auf 83 % erhöht. Allerdings traten in den Kernbereichen der Stadtbezirke Umsatzrückgänge von 3 % (Wanne-Mitte) bis 23 % (Eickel) auf. Diese sind vor allem auf den Rückgang nahversorgungsrelevanter Verkaufsflächen von rund 25 % zurückzuführen, dessen Ursache die Ansiedlung von SB-Warenhäusern und Filialen der Lebensmitteldiscounter in nichtintegrierten Lagen war. Seitdem ist es das Planungsziel, die Nahversorgungsfunktion in den Versorgungszentren zu festigen, indem dort Supermärkte und Lebensmitteldiscounter in entsprechender Größe als unentbehrliche Frequenzbringer angesiedelt werden. Einzelhandelsbetriebe in den Wohngebieten sollen auf eine Ergänzung der Nahversorgung beschränkt bleiben und dürfen die Zentren nicht durch Kaufkraftabflüsse gefährden.

Bei der letzten Einzelhandelserhebung im Jahre 2017 verfügte Herne über 711 Einzelhandelsbetriebe und eine Gesamtverkaufsfläche von rund 221.570 m^2; seit 2011 war die Zahl der Betriebe um 14,2 % gesunken, die Gesamtverkaufsfläche stieg dagegen um 15,5 %, vor allem durch die Ansiedlung des Möbelhauses Zurbrüggen (2012). Dementsprechend stieg die Verkaufsfläche je Einwohner von 1,14 m² auf 1,31 m², während sie im Bundesdurchschnitt von 1,52 m² auf 1,50 m² sank. Insgesamt liegen 57 % der Verkaufsfläche in städtebaulich integrierten Bereichen.

Aufgrund mehrerer großflächiger Angebotsformen in SB-Warenhäusern, Lebensmittelmärkten, den Möbelhäusern Zurbrüggen und Möbelpiraten, den Textilhäusern C&A und Adler sowie den Baumärkten Hornbach und Bauen + Leben ist das Einzelhandelsangebot – bezogen auf die Verkaufsflächen – überwiegend durch die Warengruppen Nahrungs- und Genussmittel, Möbel, Bekleidung und Baumarktsortimente geprägt. Die Warengruppen Baumarktsortiment und Möbel treten fast ausschließlich, Pflanzen-/Gartenbedarf sowie Sport- und Freizeitartikel mehrheitlich in städtebaulich nicht integrierten Lagen auf; hinzukommen – wenngleich durchaus in räumlich-funktionalen Zusammenhängen zu Wohngebieten – einige Lebensmitteldiscounter. Die klassischen innerstädtischen Leitsortimente, insbesondere Bekleidung, Schuhe, Lederwaren, Hausrat und Einrichtungsgegenstände, machen hohe Anteile der Verkaufsflächen in den zentralen Versorgungsbereichen aus.

Das Hauptzentrum Herne-Mitte wies im letzten Jahrzehnt eine insgesamt stabile Struktur und eine Balance von Kaufkraftzuflüssen und -abflüssen auf. 27 % der Verkaufsfläche entfallen auf Nahrungs- und Genussmittel und den sonstigen kurzfristigen Bedarf, 60 % bzw. 13 % bedienen den mittel- und langfristigen Bedarf. Hernes zentralörtliche Ausweisung als Mittelzentrum findet hier ihre Entsprechung im Einzelhandel; die regionale Konkurrenzsituation macht Herne jedoch zu einem Mittelzentrum ohne Umland. Aufgrund der zentralen Lage im Ruhrgebiet ist die Stadt mit den Oberzentren Bochum, Essen und Dortmund sowie den Mittelzentren Gelsenkirchen, Castrop-Rauxel und Recklinghausen von einem starken Konkurrenzfeld umgeben; hinzu treten in unmittelbarer Nähe in Bochum das Einkaufszentrum Hannibal sowie – leicht über die Autobahnen A 40, A 42 und A 43 zu erreichen – die Einkaufszentren Palais Vest (Recklinghausen, 14 km), Ruhrpark (Bochum, 10 km), Limbecker Platz (Essen, 25 km), Rhein-Ruhr-Zentrum (Mülheim, 34 km) und CentrO (Oberhausen, 30 km). Letztendlich verfügt Herne dadurch über keinen Versorgungsbereich, der nennenswert über die Stadtgrenze hinausgeht, und ist im Wesentlichen auf die Nahversorgung ausgerichtet. Die Ansiedlung von Fachmärkten in den Bereichen Bekleidung, Schuhe und Einrichtungsgegenständen hat die Struktur der Herner Innenstadt in den letzten Jahren zwar positiv verändert, doch gehören die Schließung einiger Betriebe, die revitalisierungsbedürftigen Standorte City-Center und ehemaliges Hertie-Kaufhaus, daran anschließende Mindernutzungen auf der nördlichen Bahnhofstraße und eine Leerstandsquote von rund 20 % zu den Defiziten dieses zentralen Versorgungsbereichs.

Ermittelt man aus dem Verhältnis von lokalem Umsatz und lokaler Kaufkraft die Zentralitätsziffer (in %), so erreicht Herne bei beträchtlichen Kaufkraftabflüssen nur 85 % (2011: 81 %) und bestätigt die Einstufung als Mittelzentrum ohne nennenswerten Einzugsbereich. Im kurzfristen Bedarfsbereich mit einer Zentralitätsziffer von 93 % bestehen erhebliche Defizite im Angebot von Blumen und zoologischem Bedarf (62 %) sowie im Bereich Zeitungen, Zeitschriften und Bücher (76 %). Im mittelfristigen Bedarfsbereich werden die insgesamt 75 % nur durch Kaufkraftzuflüsse in den Warengruppen Glas/Porzellan, Hausrat und Einrichtungszubehör (105 %) und Sportartikel/Fahrräder (181 %) erreicht. Ähnliches gilt für die 76 % im langfristigen Bedarfsbereich, wo Kaufkraftzuflüsse nur in den Warengruppen der medizinischen, orthopädischen und optischen Artikel (103 %), der Möbel (108 %) und der heterogenen kleinteiligen sonstigen Warengruppen (u. a. Kfz-Zubehör, Motorrad-Zubehör, Waffen- und Jagdbedarf/Angeln; 182 %) generiert werden; die deutlichsten Kaufkraftabflüsse treten mit einer Kaufkraftbindung von nur 38 % in der Warengruppe der neuen Medien und der Unterhaltungselektronik auf.

Im Masterplan Einzelhandel von 2018 werden – in Fortschreibung seit den 1990er Jahren – im hierarchischen Zentrensystem die einzelnen Versorgungsbereiche parzellenscharf abgegrenzt; sie bleiben die primären Standorte zukünftiger Ansiedlungen von Einzelhandelsunternehmen.

In seiner Nutzungsstruktur ist das Hauptzentrum Herne-Mitte auf die Bahnhofstraße und einige, von dieser abgehenden Seitenstraßen konzentriert. Nach Westen weitet es sich lediglich zwischen Von-der-Heydt-Straße und Behrensstraße aus und wird im Übrigen durch das Verwaltungsviertel, Grünflächen und eine zum Teil kompakte Wohnbebauung auf die Grundstückstiefe an der Bahnhofstraße begrenzt. Nach Osten dehnen sich dagegen Versorgungsnutzungen weiter in die Nebenstraßen aus. Dabei werden Geschäftsnutzungen zunehmend durch private Dienstleistungen abgelöst. Um den Neumarkt herum hat sich solch ein Cluster von Angeboten aus dem Bereich Gesundheit und Pflege entwickelt. Abseits der Bahnhofstraße überwiegen eigentümergeführte Geschäfte gegenüber Filialen, die weite Abschnitte der Bahnhofstraße prägen. Nicht zuletzt aufgrund des historischen Baubestandes zeigt diese Haupteinkaufsstraße eine kleinteilige Struktur. Die historischen Gebäude bieten in der Regel, mittig geteilt, Raum für zwei Ladenlokale; die traditionel-

Abb. 8.4.1 Herne, Innenstadt mit Hauptversorgungszentrum – Erdgeschossnutzungen 2021

len Bauwiche sind fast alle entweder in diese Läden eingeschlossen oder sind selbst zum Standort von extrem kleinen Verkaufsflächen geworden. Insgesamt hat sich so eine weitgehend geschlossene Geschäftsfront herausgebildet. Größere Einzelhandelsflächen bestehen lediglich im City-Center und im zum Zeitpunkt der Erhebung leerstehenden ehemaligen Karstadt/Hertie-Kaufhauses, seit 2021 Neue Höfe Herne. Beide Standorte und ihre Umfelder werden als zu entwickelnde Stabilisierungslagen angesehen, die bisherige Randlagen südlich des Bahnhofs und um die Kreuzkirche in den zentralen Versorgungsbereich einbeziehen sollen.

Das Nebenzentrum Wanne-Mitte übernimmt die Versorgungsfunktion für den Stadtbezirk Herne-Wanne im kurz- und mittelfristigen und in geringem Maße im langfristigen Bereich. 37 % der Verkaufsfläche entfallen auf den Bereich Nahrungs- und Genussmittel, weitere 13 % auf den sonstigen kurzfristigen Bedarf. Neuansiedlungen in diesem Bereich haben in den letzten Jahren zu einer positiven quantitativen Entwicklung des Nebenzentrums geführt, damit verbunden war jedoch auch eine deutliche Anpassung der Einzelhandelsstrukturen an die geringere Kaufkraft der Wohnbevölkerung. Nördlich des Kreuzungsbereichs Wilhelmstraße/Haydnstraße ist eine qualitative Abnahme des Einzelhandels festzustellen; die Leerstandsquote liegt bei etwa 18 %. Die Ausrichtung der Angebotsstruktur auf die migrantisch geprägte Wohnbevölkerung veränderte zwar

Eigene Erhebung März 2021; Kartographie: Sabrina Henschel

Abb. 8.4.2 Wanne, Hauptstraße – Erdgeschossnutzungen 2021

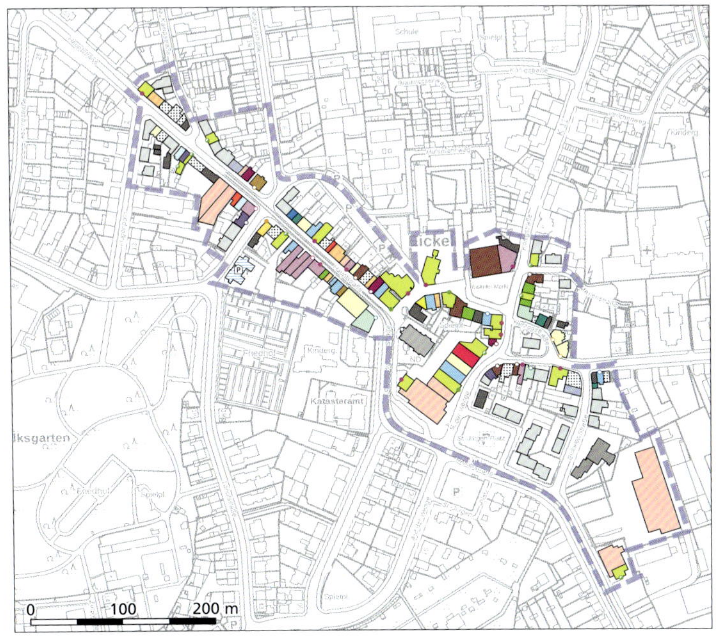

Eigene Erhebung März 2021; Kartographie: Sabrina Henschel

Abb. 8.4.3 Eickel, zentraler Einkaufsbereich – Erdgeschossnutzungen 2021

die Ausrichtung des Nebenzentrums, stärkte jedoch gleichzeitig seine Versorgungsfunktion im Stadtteil.

Die Nahversorgungszentren Eickel, Sodingen und Röhlinghausen dienen vorwiegend der Deckung des kurzfristigen Bedarfs in ihren Stadtteilen; um diese Funktion zu stärken, sollen neben dem Einzelhandelsangebot auch zentrenergänzende Funktionen gestärkt und ausgebaut werden.

Mit einer Leerstandsquote von 6 % ist der zentrale Bereich von Sodingen seit Jahren ein quantitativ stabiles Nahversorgungszentrum, in dem 88 % der Verkaufsfläche von Warengruppen des kurzfristigen Bedarfs eingenommen werden. Das Nahversorgungszentrum Röhlinghausen ist ebenfalls zu 88 % seiner Verkaufsfläche auf den kurzfristigen Bedarf ausgerichtet.

Doch hat die Ausdünnung des Angebots in den letzten Jahren zu einer räumlichen Einschränkung des Versorgungsbereichs geführt und den Leerstand auf 27 % der Verkaufsfläche erhöht.

Das Nahversorgungszentrum Holsterhausen hat durch die Schließung eines Lebensmittelmarkts mit etwa 1.000 m² Verkaufsfläche sogar einen deutlichen Funktionsverlust erfahren; zudem ist die städtebauliche Schwerpunktbildung in diesem Bereich gering. Die planerische Abgrenzung eines Versorgungszentrums ist gegenwärtig nur durch Einbeziehung des geplanten, weiter entfernt gelegenen Lebensmittelstandorts an der Dorstener Straße sowie der Nebenlagen an der Bielefelder Straße möglich. Darüber hinaus ist die Ansiedlung und Stärkung von Unternehmen des kurzfristigen Bedarfs sowie von ergänzenden Einrichtungen in keinem Nahversorgungszentrum so dringlich wie in Holsterhausen.

Im Nahversorgungszentrum Eickel hat die Verkaufsfläche in den letzten Jahren um mehr als 1.500 m² zu- und die Leerstandsquote auf 8 % abgenommen. Darüber hinaus weist Eickel zwar mit 34 % und 8 % die höchsten Anteile an Angeboten im mittelfristigen und langfristigen Bereich auf, doch fließt auch ein beträchtlicher Teil der Kaufkraft in andere Stadtbezirke sowie nach Gelsenkirchen und vor allem in das benachbarte Bochumer Einkaufszentrum Hannibal ab, dessen Attraktivität auch langfristig nichts entgegenzusetzen sein wird.

Neben den stadtplanerisch abgegrenzten Versorgungsbereichen bestehen dezentrale, zum Teil konkurrierende Standorte mit großflächigen Lebensmitteldiscountern und angelagertem großflächigem Einzelhandel (Baumärkte, Tierhandlungen u. ä.) an der Berliner Straße in der Nähe des Hauptbahnhofs und an der Roonstraße südlich von Schloss Strünkede. Hinzu treten dezentrale Standorte einzelner großflächiger Einzelhandelsunternehmen an der Bochumer Straße (Hornbach), der Holsterhauser Straße

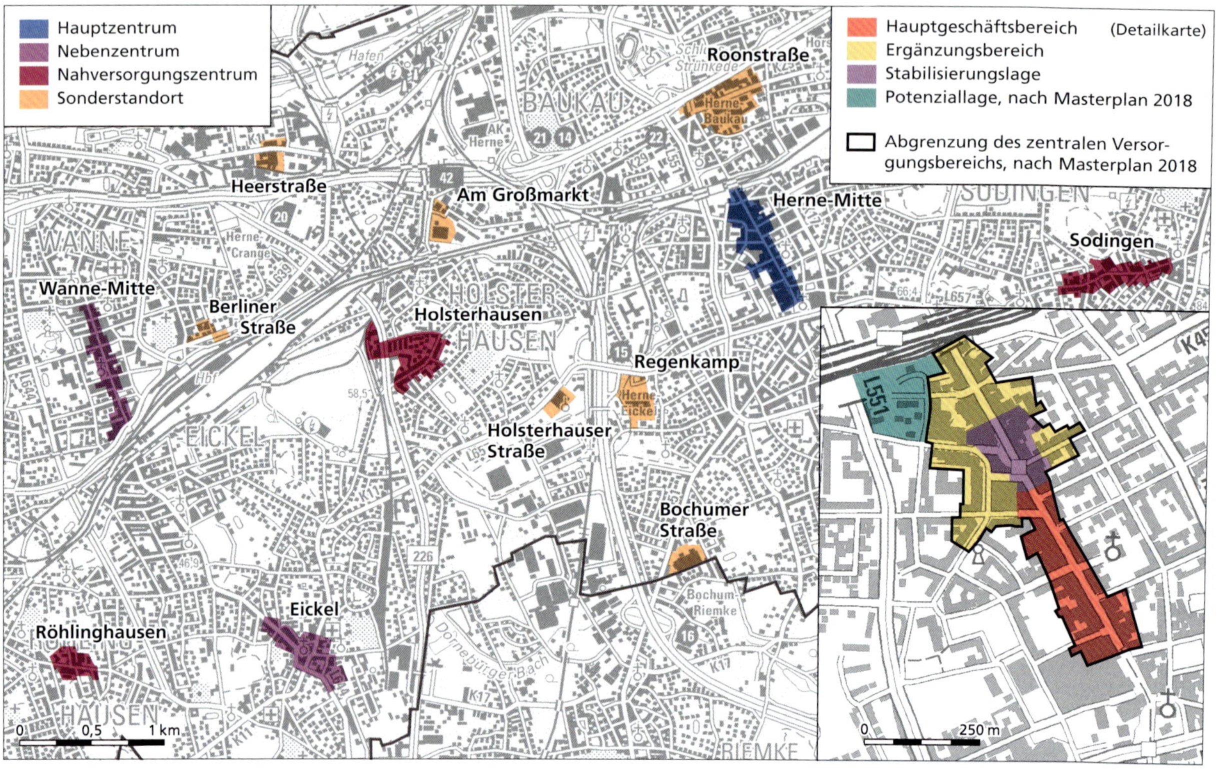

nach Stadt + Handel 2012, 2019; Kartographie: Sabrina Henschel

Abb. 8.4.4 Zentrenstruktur und die Gliederung des Hauptzentrums Herne-Mitte

(Decathlon), an der Heerstraße (Dänisches Bettenlager u. a.) und am Regenkamp (Zurbrüggen).

8.5 Stadterneuerungsprogramme

Während und nach der Internationalen Bauausstellung Emscher Park wurde kritisiert, dass die Bevölkerung bis auf wenige Ausnahmen nicht in die Projekte einbezogen worden war, dass – dem Erfolgsdruck nachgebend – nur solche Leitprojekte und Problemfelder aufgenommen wurden, die erfolgversprechend und lösbar erschienen, oder dass viele Projekte isoliert geblieben und die erhoffte nachhaltige und strukturelle Ausstrahlung ausgeblieben waren. Es ist unstrittig, dass mit den Ansätzen der IBA die zunehmenden Probleme der sozialen Segregation nicht bewältigt werden konnten. Weiterhin bestanden und bestehen Stadtquartiere, in denen sich wachsende Zahlen von Arbeitslosen, Armen, Alten, Ausländern und Alleinerziehenden konzentrieren und die nicht selten deshalb baulich, infrastrukturell und sozial benachteiligt sind, weil ihnen im Zuge der montanindustriellen Krisen die ökonomische Basis dauerhaft entzogen wurde.

Um diesen auch andernorts auftretenden komplexen Problemlagen zu begegnen, wurde 1999 von Bund, Land und Kommunen das Städtebauförderungsprogramm „Soziale Stadt" aufgelegt. Im Vordergrund standen und stehen städtebauliche Investitionen in die Wohnumfelder sowie in die Infrastruktur und die Qualität des Wohnens, um auf diese Weise den sozialen Zusammenhalt und die Integration aller Bevölkerungsgruppen zu verbessern. Diese Investitionen sind eine wesentliche Voraussetzung für viele ergänzende sozial-integrative Maßnahmen, um das Zusammenleben im Stadtteil und die Nachbarschaften zu stärken.

Die Stadt Herne hat in der Vergangenheit zahlreiche Gebiete als Sanierungsgebiete festgesetzt. Von 1971 bis heute sind ca. 170 Millionen Euro Fördermittel in rund zwanzig Gebiete geflossen. Die letzten abgeschlossenen Programme sind das „Soziale Stadt"-Gebiet „Bickern/Unser Fritz" (2002 bis 2012) und das Stadtumbaugebiet „Wanne-Mitte" (2006/07 bis 2014); seit 2012/13 befindet sich das Gebiet „Stadtumbau Herne-Mitte" in der Förderphase und seit dem Jahr 2016 das Gebiet „Soziale Stadt Wanne-Süd" in der Umsetzung.

Im Gebiet „Bickern/Unser Fritz" zielten die Maßnahmen darauf ab, in den von Bergbaustandorten und ihren Siedlungen geprägten nordwestlichen Quartieren den spürbaren Einfluss der Gartenstadtidee weiter zu entwickeln und sie stärker mit den Grün- und Freiflächen der Halde Pluto und des regionalen Grünzugs D an der westlichen Stadtgrenze zu verbinden. Baulücken wurden durch Neubauten geschlossen und auf der von der Firma WANIT verlassenen Gewerbefläche sowie auf der Bergbaubrache der Schachtanlage Unser Fritz 1/2 die Entwicklung neuer Gewerbegebiete begonnen. Die Einrichtung eines Bürgerzentrums zielte auf die Integration türkischstämmiger Bewohner und die Verbesserung ihrer sozialen Teilhabe in den Wohnquartieren ab; zu einem besonderen Schwerpunkt wurde dabei die Betreuung von Kindern und Jugendlichen.

Im Rahmen des von 2006/07 bis 2014 in Wanne-Mitte durchgeführten Programms „jetzt Wanne!" wurde der Buschmannshof zum zentralen Platz in Wanne. Er erhielt über der Bus- und Straßenbahnhaltestelle eine auffällige Dachkonstruktion aus Glas und Stahl, und neben ihr wurden eine Veranstaltungsfläche und eine baumbestandene Verweilfläche angelegt.

Der Attraktivitätssteigerung der Hauptstraße im Fußgängerbereich zwischen Buschmannshof und Claudius-/Parkstraße dienten punktuelle Umgestaltungen – das Straßenmobiliar wurde vereinheitlicht, Sichtachsen entstanden, zur Entwicklung einer „Stadtallee" wurden neue Straßenbäume gepflanzt, in Teilbereichen wurde das Pflaster erneuert und der Christuskirchplatz erfuhr eine Neugestaltung.

Die Hauptwege im Stadtgarten erhielten ein Beleuchtungssystem, und im Post- und Rathauspark wurde durch neue Sichtbeziehungen die optische Verbindung zwischen dem Hauptbahnhof und der Hauptstraße verbessert. Die Erneuerung der Skateranlage am Stöckmannshof und der neue Spiel- und Bewegungsparcours auf dem Schulhof der Gesamtschule Wanne-Eickel verbesserten die Spiel- und Freizeitmöglichkeiten im Wohnumfeld.

Die Attraktivitätssteigerung der Hauptstraße wurde unterstützt durch die Umgestaltung der Nebenstraßen, insbesondere der Gerichts- und der Wanner Straße, bei denen der Querschnitt zugunsten des fußläufigen Verkehrs verkleinert wurde. Gestaltungsmaßnahmen regelten dort auch den ruhenden Verkehr und schufen attraktive Wohnumfelder im zentralen Bereich von Wanne.

Der Baublock am Buschmannshof erhielt eine Fassaden- und Dacherneuerung, ein großer Teil der Wohnungen wurde renoviert und die geschlossene Blockinnenfläche für die Erholung umgestaltet. Mit dem Haus- und Hofflächenprogramm erhielten schließlich zahlreiche private Eigentümer in ihrem Investment finanzielle Unterstützung, so dass in Wanne insgesamt fast 60 Fassaden und zehn Innenhöfe neugestaltet werden konnten. Gerade in diesem Bereich erwiesen sich Beratungsforen für die Haus- und Grundbesitzer als hilfreich, erhöhten sie doch die Mitwirkungsbereitschaft der ortsansässigen Bevölkerung.

Zur umfassenden Belebung von Wanne wurde 2018 das prozesshaft angelegte und noch laufende Programm „wanne2020plus" begonnen. Im Mittelpunkt stehen die Handlungsfelder „urbane Lebens- und Aufenthaltsqualität", „Mobilität", „Wirtschaft" und „Digitalisierung", die durch Impulse aus verschiedenen Gruppen lokaler Akteure von der Wirtschaftsförderung inhaltlich und räumlich konkretisiert werden. Zu den bisher eingeleiteten Projekten gehören das Großprojekt „International Technology World", die Entwicklung des Wohnstandortes Wanne-Süd, ein aktives Leerstandsmanagement mit Förderung von Start-Ups und der Kreativwirtschaft, das Kreativ.Quartier Wanne und die Entwicklung einer urbanen Produktion, z. B. im Bereich der Nahrungsmittelherstellung.

Luftbild: Stadt Herne, FB Vermessung und Kataster

Abb. 8.5.1 Buschmannshof, ZOB und umgestalteter Blockinnenbereich, Ansicht von Westen

„Herne-Mitte baut um"

Für das „Stadtumbaugebiet Herne-Mitte" wurde zunächst 2011 ein städtebauliches Entwicklungskonzept erarbeitet. Im Rahmen des bis 2022 laufenden Programms „Herne-Mitte baut um" wurden seit 2014 mit Hilfe des Städtebauförderprogramms „Aktive Stadt- und Ortsteilzentren" sowie mit Eigenmitteln der Stadt Herne verschiedene Maßnahmen durchgeführt. Die rund 990 m lange Fußgängerzone der Bahnhofstraße war bereits Ende der 1990er Jahre mit Städtebaufördermitteln zum „Boulevard" umgebaut worden; da dabei nur der mittlere Bereich des ehemaligen Straßenquerschnitts aufgewertet worden war, wurden 2014 zur weiteren Attraktivitätssteigerung auch die seitlichen Bereiche

Stadt Herne/Planungsgruppe Stadtbüro 2019

Abb. 8.5.2 „Herne-Mitte baut um", Logo

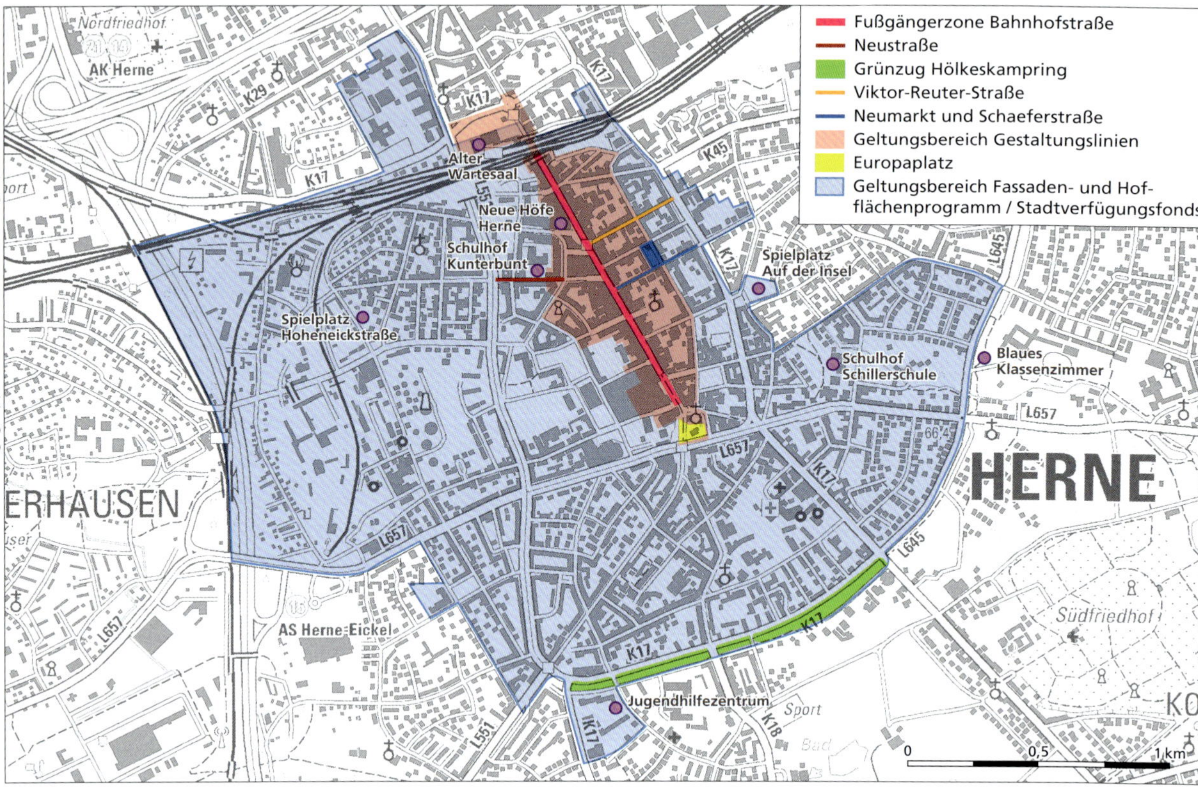

Stadt Herne/Planungsgruppe Stadtbüro 2019; Kartographie: Sabrina Henschel

Abb. 8.5.3 „Herne baut um" – Projekte und Maßnahmen

neu gepflastert und bei zwanzig Ladenlokalen auch ein barrierefreier Zugang geschaffen.

Zugleich wurden wichtige Zu- und Eingangsbereiche zum Boulevard Bahnhofstraße funktional und städtebaulich neugestaltet. Die Neustraße als eine wichtige westliche Zufahrtstraße wies eine unbefriedigende Verteilung der verschiedenen Verkehrsarten auf. Mit der Umgestaltung sollten die Verkehrssicherheit erhöht und der öffentliche Raum städtebaulich aufgewertet werden. Daher wurden die Gehwege vergrößert, an die Stelle unregelmäßiger Parkmöglichkeiten trat auf der Südseite auf ganzer Länge ein barrierefreier Parkstreifen und zur Reduzierung der Fahrgeschwindigkeiten wurde die Fahrbahnbreite verringert. Baumanpflanzungen, die Neugestaltung von Grünbeeten sowie eine regelmäßige und einheitliche Beleuchtung sorgen für eine Aufwertung des Straßenbildes.

Eine ähnliche Situation lag in der von Osten zuführenden Viktor-Reuter-Straße vor, deren Bebauung von Wohn- und qualitativ hochwertiger Geschäftsnutzung geprägt ist. Neben der Reduzierung von Fahrgeschwindigkeiten war insbesondere die städtebauliche Aufwertung Ziel der Neugestaltung. Der teilweise Verzicht auf Stellplätze ermöglichte vor den Geschäften die Anlage von Aufenthaltsbereichen; zudem wurden barrierefreie Querungen und Kreuzungsbereiche geschaffen.

Der Neumarkt ist einer der wichtigen innerstädtischen Plätze und die Schaeferstraße eine wichtige Zufahrtsstraße zur Herner Innenstadt. Platzbereich und Straßenraum wurden vor der Umgestaltung nahezu ausschließlich durch den Fahr- und Parkverkehr genutzt; das Kopfsteinpflaster führte zudem zu einer erheblichen Lärmbelästigung. Nachdem mit den Eigentümern und Anliegern Workshops abgehalten worden waren, um ihre Wünsche und Vorstellungen zu erfahren, wurden die Stellplätze auf dem Neumarkt neu geordnet, entstanden im Bereich zur Schaefer- und zur Heinrichstraße Aufenthaltsbereiche mit Sitzmöglichkeiten und wurden die Verkehrsführungen angepasst und neue Bäume gepflanzt. An der Schaeferstraße wurden die Gehwege verbreitert, die Parkbereiche neu geordnet und die Querungen barrierefrei ausgebaut. Große Teile des historischen Kopfsteinpflasters konnten gestalterisch wiederverwendet werden.

Der Europaplatz ist der südliche Eingangsbereich der Innenstadt und ein wichtiger ÖPNV-Zugangspunkt. Dem durch kulturelle Nutzungen – Kreuzkirche, LWL-Museum für Archäologie, Kulturzentrum mit Bibliothek – geprägten Platz fehlte bisher eine gestalterische Fassung. Auf der Grundlage von Entwürfen aus einer mehrtägigen Planungswerkstatt des Jahres 2015 wird der Platz eine neue einheitliche und helle Pflasterung erhalten, die zusammen mit Sitzmöglichkeiten ein barrierefreies Entree in die Innenstadt darstellt.

Das seit 2009 geschlossene und seit 1995 unter Denkmalschutz stehende Karstadt-Kaufhaus ist ein dominantes Bauwerk am nördlichen Eingang der Fußgängerzone; es wurde zunächst 2014 von der Stadtentwicklungsgesellschaft gekauft und nach einem Investorenwettbewerb an die Landmarken AG verkauft, die 2018 mit dem Bau der Anlage „Neue Höfe Herne“ begann.

Denkmalgeschützte Bestandteile des Gebäudes sind die Fassaden zur Bahnhofstraße, zum Robert-Brauner-Platz und zur Von-der-Heydt-Straße sowie das Dach und das konstruktive Gerüst. Daher wurden bei der Revitalisierung des Gebäudes die Kubatur, Struktur, Wirkung und Gestaltung der Fassade weitestgehend erhalten, wobei die Eigentümerin für den denkmalbedingten Mehraufwand finanzielle Unterstützung aus dem Stadtumbauprogramm erhielt. Danach wurden zwei namensgebende Lichthöfe in das Bestandsgebäude geschnitten, die Licht in das Gebäude lassen. Auf dem Grundstück von 4.995 m² entstanden rund 13.500 m² Mietfläche

Foto: H.-W. Wehling 2021

Abb. 8.5.4 Neumarkt

auf acht Geschossen. An die Stelle der ehemaligen monofunktionalen Einzelhandelsstruktur wird ein Nutzungsmix aus Büros, Einzelhandel und Dienst-

Stadt Herne, Bildarchiv; Foto: H.-W. Wehling 2021

Abb. 8.5.5 Neue Höfe Herne 2021

Foto: H.-W. Wehling 2021

Abb. 8.5.6 Schulhof der Grundschule Kunterbunt

leistungen treten; ein Fitness-Studio und ein bayrisches Wirtshaus sind bereits eingezogen.

In den umliegenden Wohnvierteln richteten sich die Maßnahmen der qualitativen Neugestaltung vor allem auf vernachlässigte Frei-, Spiel- und Freizeiträume. Unter Beteiligung benachbarter Kindergärten und Sozialeinrichtungen wurde 2015 der Spielplatz an der Hoheneickstraße umgestaltet, bepflanzt und mit Spielgeräten ausgestattet. Ebenfalls unter Beteiligung von Kindern und Jugendlichen und den Anwohnern wurde die Neuplanung des Spielplatzes Auf der Insel durchgeführt. Mit der Zusammenführung von zwei Grundschulen zur neuen Grundschule Kunterbunt ist zum Schuljahr 2018/19 das Gebäude der ehemaligen Hans-Tilkowski-Hauptschule an der Neustraße umgebaut worden und auf dem Schulhof eine Mischung attraktiver Spielbereiche entstanden.

An der Grundschule Schillerschule wurde einer der beiden Schulhöfe mit Spielgeräten und -flächen neu ausgestattet und zum Schuljahr 2019/20 auch der Öffentlichkeit zugänglich gemacht, um das entsprechende Angebot im Wohnquartier zu erhöhen.

Zwischen 2013 und 2017 wurde der Alte Wartesaal im Herner Bahnhof renoviert, zu einer Halle von 170 m² umgebaut und mit einer modernen Ausstellungstechnik ausgestattet. Außer für Ausstellungen moderner Kunst dient er seitdem als Raum für Lesungen, innovative Theaterproduktionen oder kleine Konzerte. Regelmäßig wird der Alte Wartesaal vom Herner Künstlerbund und vom Verein Pottporus genutzt. Dieser wurde 2007 gegründet, um Hip-Hop- und Streetart-Kultur im Ruhrgebiet zu fördern und zu professionalisieren. Pottporus rief die erste urbane Tanzkompagnie Renegade ins Leben und bietet in einer Tanzakademie Hip-Hop-Kurse an; 2009 kam das Junge Pottporus hinzu, aus dessen Arbeit das Hip-Hop-Ensemble und Jugendfestival HipYo! hervorgingen, bei dem Hip-Hop und Street Art im Mittelpunkt stehen. Sie sind auch Ausdruck des Vereinsziels, der Idee der Interkulturalität das Exotische zu nehmen und sie als Teil einer urbanen Stadtgesellschaft zu präsentieren. Pottporus arbeitet mit internationalen und nationalen Tänzern, Choreografen und Regisseuren zusammen, mit Graffiti- und Streetart-Künstlern, mit Rappern und Beatboxern, mit Visual-Artists und Poetry-Slammern.

Im südlichen Teil des Stadtumbaugebiets fand von 2013 bis 2015 die Umgestaltung des Grünzugs am Hölkeskampring zwischen Wiescherstraße und Bochumer Straße statt, um für die angrenzenden Quartiere fußläufig und barrierefrei erreichbare Spielflächen und Bewegungsangebote für alle Altersgruppen zu schaffen. Ein 1,6 km langer Parcours mit dreizehn Fitnessstationen wurde zum verbindenden Element durch den Grünzug. Im westlichen Eingangsbereich dieses umgestalteten Grüngürtels entstand 2018 bis 2020 im Gebäude der ehemaligen Hauptschule das Stadtteilzentrum H2Ö, das die Funktion einer generationsübergreifenden Begegnungsstätte für die Quartiersbewohner übernehmen soll. Neben der Dienstleistungsstelle der Jugendhilfe sind offene Angebote für Kinder und Jugendliche, mobile Angebote und ein Spielezentrum im Aufbau.

Der Emscher-Umbau und die interkommunale Kooperation „Gemeinsam für das Neue Emschertal" sind ein andauerndes Großprojekt der Emschergenossenschaft. Durch den Bau eines unterirdischen Abwasserkanals und die ökologische Umgestaltung der dadurch vom Abwasser befreiten Emscher und ihrer Nebenläufe können viele Gewässer wieder offengelegt werden und damit ihren natürlichen Charakter zurückerhalten. Am östlichen Rand des Stadtumbaugebiets verläuft der Oberlauf des Ostbachs. Durch die laufende Verlegung des ökologisch aufgewerteten Bachs entlang des Hölkeskamprings und von dort in den Sodinger Bach führt er direkt am Otto-Hahn-Gymnasium vorbei; hier wird, wie an anderen Standorten im Emschersystem, ein Blaues Klassenzimmer eingerichtet, das die Möglichkeit bietet, anschaulichen Unterricht und Beobachtungen im Freien durchzuführen und sich aktiv mit dem Bach und seiner Aue zu beschäftigen.

Neben den objektbezogenen Projekten und Maßnahmen bestehen flächenhafte Projekte, die sich auf das gesamte Umbaugebiet beziehen. Im Rahmen des Fassaden- und Hofflächenprogramms haben private Hauseigentümer auch hier die Möglichkeit, Zuschüsse für eine Gestaltung ihrer Gebäudefassaden und/oder die Entsiegelung und Begrünung von Hofflächen zu erhalten. Mit dem Cityverfügungsfonds werden Aktionen und Maßnahmen privater Akteure unterstützt, die zur Attraktivitätssteigerung der Innenstadt beitragen. Einen Schwerpunkt stellte der Herner Weihnachtsmarkt dar, der dadurch in den vergangenen Jahren deutlich an Attraktivität gewonnen hat. Darüber hinaus sind auch die Förderung des bürgerschaftlichen Engagements sowie die Aktivierung der Bewohner von besonderer

Bedeutung für eine positive Entwicklung des Stadtumbaugebietes. Hierfür wurde der Stadtteilverfügungsfonds aufgelegt, mit dem Projekte unterstützt werden, die darauf angelegt sind, nachhaltige Strukturen zu schaffen, so dass der Stadtteil auch nach dem Ende der Projektförderung davon profitiert.

Zu den allgemeinen Projekten gehört auch die planerische Unterstützung privater Investoren. Mit dem Umbau des Zentralen Busbahnhofs am Konrad-Adenauer-Platz wurde 2004 der Boulevard Bahnhofstraße abgeschlossen. Gleichzeitig wurde damit die Möglichkeit und Notwendigkeit geschaffen, die umliegenden Viertel qualitativ zu entwickeln. So ist im Gewerbegebiet an der Fabrikstraße auf dem freigeräumten Areal der 2006 liquidierten Müller GmbH mit Verbindung zur nördlichen Bahnhofstraße das FunkenbergQuartier in Planung, benannt nach den früher hier ansässigen Funkenbergschen Papiermühlen; hier soll eine Nutzungsmischung aus Dienstleistungsbetrieben, urbaner Produktion und Wohnnutzung entstehen, die architektonisch den nördlichen Innenstadtbereich aufwertet. Mit diesem Standort bewirbt sich die Stadt Herne auch darum, weiterer Standort der dezentralen Hochschule für Polizei und öffentlicher Verwaltung NRW zu werden. Eine lose Verbindung zwischen dem Funkenbergquartier und dem Bahnhofsvorplatz wurde 2020 mit der Fertigstellung des dominanten Eckgebäudes K111 hergestellt, in dem 36 Eigentumswohnungen entstanden sind.

Um die Attraktivität der Bahnhofstraße und ihres Umfeldes weiter auszubauen und die Innenstadt als Identifikationspunkt für Bewohner und Gäste zu stärken, wurden in einem mehrstufigen Prozess Gestaltungsleitlinien entwickelt, die darauf abzielen, die Gestaltqualität der Wohn- und Geschäftshäuser in der Innenstadt sowie die Gestalt- und Aufenthaltsqualität des öffentlichen Raums zu erhalten und weiter zu entwickeln.

Soziale Stadt Wanne-Süd

Das Gebiet umfasst unterschiedlich strukturierte Wohngebiete, außerdem die überwiegend brachliegenden Bereiche des ehemaligen Bergwerks Blumenthal 11 und des ehemaligen Kraftwerks Shamrock, das ehemalige Heitkamp-Betriebsgelände sowie die großen öffentlichen Freiflächen des Sportparks Eickel und des Dorneburger Parks.

Für dieses Programm wurden Ende 2015 die Maßnahmen in einem integrierten Handlungskonzept festgesetzt, die mit Hilfe der Städtebauförderung zwischen 2017 bis 2028 umgesetzt werden.

Die städtebauliche Qualität ist insbesondere in den nördlichen Teilbereichen durch Enge, Lärm, wohnungsnahe Freiflächendefizite und ungeordnete Hofsituationen gemindert. Zentrale Einrichtungen haben sich überwiegend entlang der Hauptstraße angesiedelt und diese punktuell mit repräsentativer Architektur geprägt; weitere Bereiche höherer städtebaulicher und architektonischer Qualität finden sich im Umfeld der Grünflächen bzw. im südlichen Gebietsteil. Allerdings ist die Zentrumsfunktion im Bereich der Hauptstraße durch eine erhebliche Ausdünnung der Einzelhandelsangebote und der ergänzenden Dienstleistungen geschwächt. Auch die großen gewerblich-industriellen Brachen spiegeln wesentliche Funktionsverluste der Vergangenheit wider, sind aber gleichzeitig städtebauliche Entwicklungspotenziale; ein bleibendes Entwicklungshindernis ist dagegen die seit Jahrzehnten nach Norden trennende Barriere des Bahnkörpers.

Stadt Herne 2015a

Abb. 8.5.7 Wanne-Süd Logo

Trotz negativer Tendenzen besteht noch eine gute Infrastrukturausstattung mit Freizeit-, Bildungs- und Gesundheitsangeboten, eine fußläufige Nahversorgung ist in weiten Teilen gewährleistet, die Anbindung an den ÖPNV der Stadt und der Region ist weit überdurchschnittlich, die großflächige Grünflächenausstattung ist gut. Die Gebäudestruktur ist durch Geschosswohnungsbau geprägt. Am Beginn der Maßnahme bestanden etliche sanierungsbedürftige und verwahrloste Immobilien, vor allem im Bereich der Dürer- und Kurhausstraße; der Wohnungsleerstand war der zeithöchste unter den städtischen Bezirken. Defizite im Gebäudebestand (Sanierungsstau, teilweise sehr kleine Wohnungen) korrelieren mit sozialen Benachteiligungen und Armutsrisiken.

Während des gesamten Zeitraums (2017–2028) steht Einzeleigentümern eine architektonische und wohnungswirtschaftliche Beratung bei der Attraktivitätssteigerung des Wohnungsbestandes zur Verfügung. Auch hier besteht ein Förderprogramm für die Gestaltung von Fassaden, Höfen und Gärten. Mit Hilfe von Kindern wurde 2019/20 der Naturspielplatz Am alten Amt erstellt, 2021 soll der Spielplatz an der Martinistraße folgen.

Zu den größeren Straßenbaumaßnahmen gehören die Umgestaltung des Kreuzungsbereiches Bielefelder Straße/Holsterhauser Straße/Königstraße und Dorneburger Straße zu einem Kreisverkehr (2019/20) sowie der vollständige Umbau der Kur-

Stadt Herne 2015a; Kartographie: Sabrina Henschel

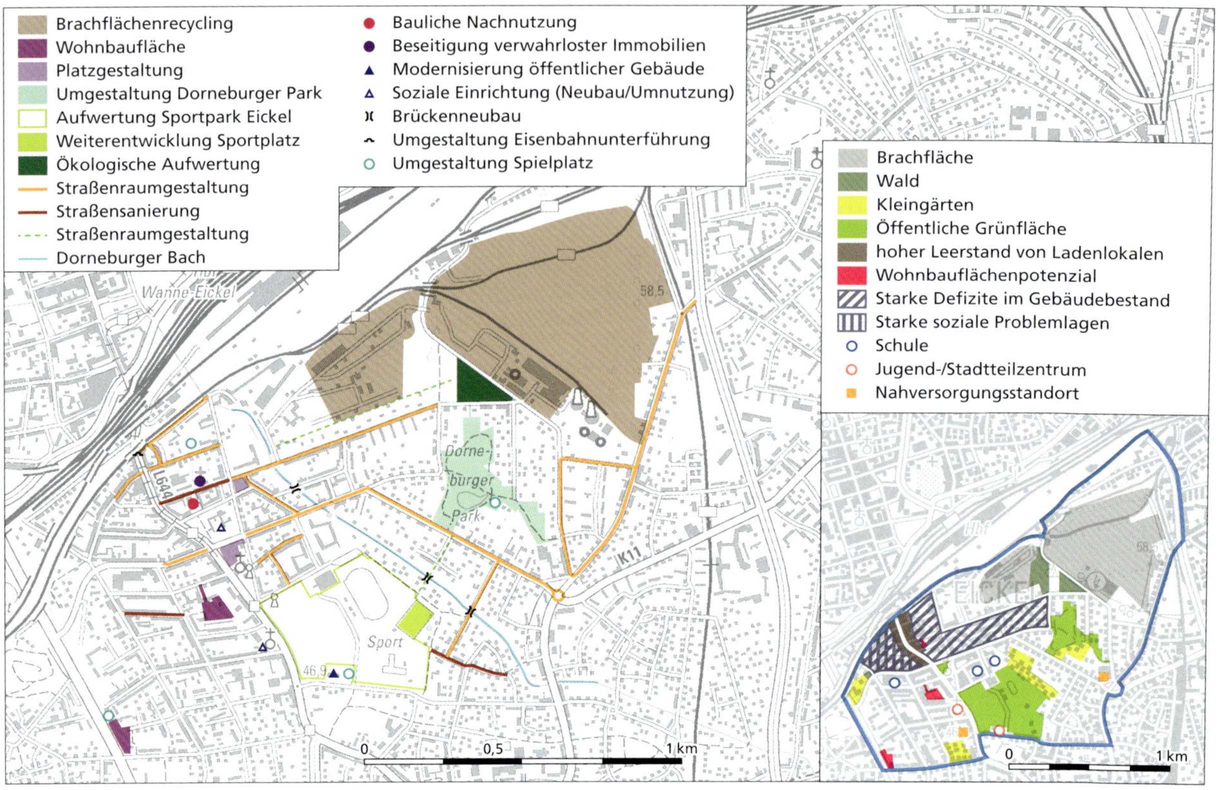

Abb. 8.5.8 Soziale Stadt Wanne-Süd – Bestandsanalyse und räumliche Maßnahmen

hausstraße (2019) mit verschmälerter Fahrbahn, mit Baumpflanzungen an den Seitenbereichen und einer die Verkehrssicherheit fördernden Aufwertung der Fuß- und Radwegeverbindungen. In ähnlicher Weise wird seit 2019 die Dorneburger Straße, die für den motorisierten Individualverkehr eine Sammelfunktion übernimmt und Trasse des ÖPNV ist, umgestaltet.

Der Dorneburger Mühlenbach, der das Stadterneuerungsgebiet Wanne-Süd durchfließt, ist Teil des regionalen Emschersystems und daher in dessen Umgestaltung miteinbezogen. Die den Bach überquerenden Brücken – Balzstraße, Hardenbergstraße, Kurhausstraße – erhalten ab 2019 eine einheitliche Gestaltung.

Der 6 ha große Dorneburger Park ist die wichtigste öffentliche Grünfläche in Wanne-Süd. Seine freizeitrelevante und stadtklimatische Wirkung wird bis 2023 durch eine ökologische Neugestaltung und eine bessere Anbindung an die umliegenden Quartiere aufgewertet.

Die städtische Einrichtung „Der Heisterkamp" diente bisher als Kinder- und Jugendfreizeitstätte sowie als Spielstätte für das Figuren- und Kindertheater „Pappmobil". Durch Umbaumaßnahmen und die Aufbereitung des Außengeländes soll das Gebäude bis 2024 zu einem Zentrum mit multifunktionalen und flexiblen Nutzungen umgebaut werden, um die sozialen und bildungspolitischen Zielsetzungen des Programms „Soziale Stadt" zu realisieren.

8.6 Grünflächen und Stadtklima

Ohne Berücksichtigung von Straßenbegleitgrün und landwirtschaftlich genutzten Außenbereichen verfügt die Stadt Herne über 4.782.190 m² an Grünflächen, von denen jeweils rund ein Drittel auf Waldflächen – mit Schwerpunkt im Stadtbezirk Sodingen – und auf öffentliche Grünanlagen entfallen. Die ungleichgewichtige Verteilung der verschiedenen Grünflächen spiegelt deutlich die gesamtstädtischen Ungleichgewichte in der Bebauung wider.

Da der Südosten die Funktion eines gesamtstädtischen Ausgleichsraums übernimmt und in allen übrigen Stadtbezirken die knappen Grünflächen als notwendige Bestandteile der ökologischen und städtebaulichen Qualität anzusehen sind, ist ihre Sicherung und nachhaltige Weiterentwicklung eine Daueraufgabe. In den inneren Bereichen sind die Grünflächen zwar häufig zu klein, um von deutlicher ökologisch-klimatischer Relevanz zu sein, sie garantieren jedoch eine gute Naherholung im Wohnumfeld; so liegt die durchschnittliche Distanz zu den entsprechenden Flächen bei knapp 160 m und selbst unter ungünstigen Umständen zwischen 300 und 420 m.

Tab. 8.6 Gliederung der Grünflächen in den Stadtbezirken

Grünfläche	Wanne		Eickel		Herne-Mitte		Sodingen		Gesamt	
	m^2	%	m^2	%	m^2	%	m^2	%	m^2	%
Wald	117.591	16,4	148.845	19,6	143.311	12,0	1.273.218	60,4	1.682.965	35,2
Extensivflächen	17.839	2,5	23.630	3,1	137.829	11,5	166.598	7,9	345.896	7,2
öffentl. Gebäude u. ä.	188.582	26,3	147.802	19,4	316.040	26,4	222.191	10,5	874.615	18,3
Grünanlagen	236.131	32,9	350.184	46,1	505.369	42,2	395.887	18,8	1.487.571	31,1
Plätze	133.837	18,7	27.145	3,6	24.726	2,1	15.235	0,7	200.943	4,2
Wegeverbindungen	23.172	3,2	62.623	8,2	71.031	5,8	33.344	1,7	190.170	4,0
gesamt	**717.152**	**100,0**	**760.259**	**100,0**	**1.198.306**	**100,0**	**2.106.473**	**100,0**	**4.782.190**	**100,0**
in % der Stadtbezirksfläche		**5,9**		**8,9**		**9,0**		**12,1**		**9,3**

Stadt Herne, Fachbereich Stadtgrün

Abb. 8.6.1 Die Naturschutzgebiete (NSG) gemäß §20 Landschaftsgesetz: Bergehalde Pluto-Wilhelm, Langeloh-In der Hemke, Resser Wäldchen und Voßnacken (v.l.n.r.)

Die Unterschutzstellung (2005) des 12,3 ha großen NSG Pluto-Wilhelm in Wanne dient der Erhaltung eines Sekundärbiotops im urban-industriellen Umfeld. Das 40,2 ha große NSG Langeloh-In der Hemke aus den 1990er Jahren ist ein Teil des in Nord-Süd-Richtung verlaufenden regionalen Grünzugs E an der Grenze zu Castrop-Rauxel. Landschaftsprägendes Element ist der Roßbach, der in den 1980er Jahren renaturiert wurde und seitdem wieder ein Lebensraum für viele Wasserorganismen geworden ist. Das die Grenze nach Gelsenkirchen überschreitende NSG Resser Wäldchen erstreckt sich über 28,5 ha auf Herner Gebiet und ist nahezu vollständig mit Laubwald bestanden; es steht seit 2000 unter Schutz. Das etwa 20 ha große NSG Voßnacken steht seit 1969 unter Schutz, um die feuchten bis nassen Waldgebiete zu erhalten, die teilweise sehr alte Buchen und die Lebensstätten gefährdeter Amphibien-, Insekten- und Vogelarten beherbergen. Im tiefsten Bereich dieses Feuchtbiotops befindet sich ein etwa 3.500 m^2 großer See.

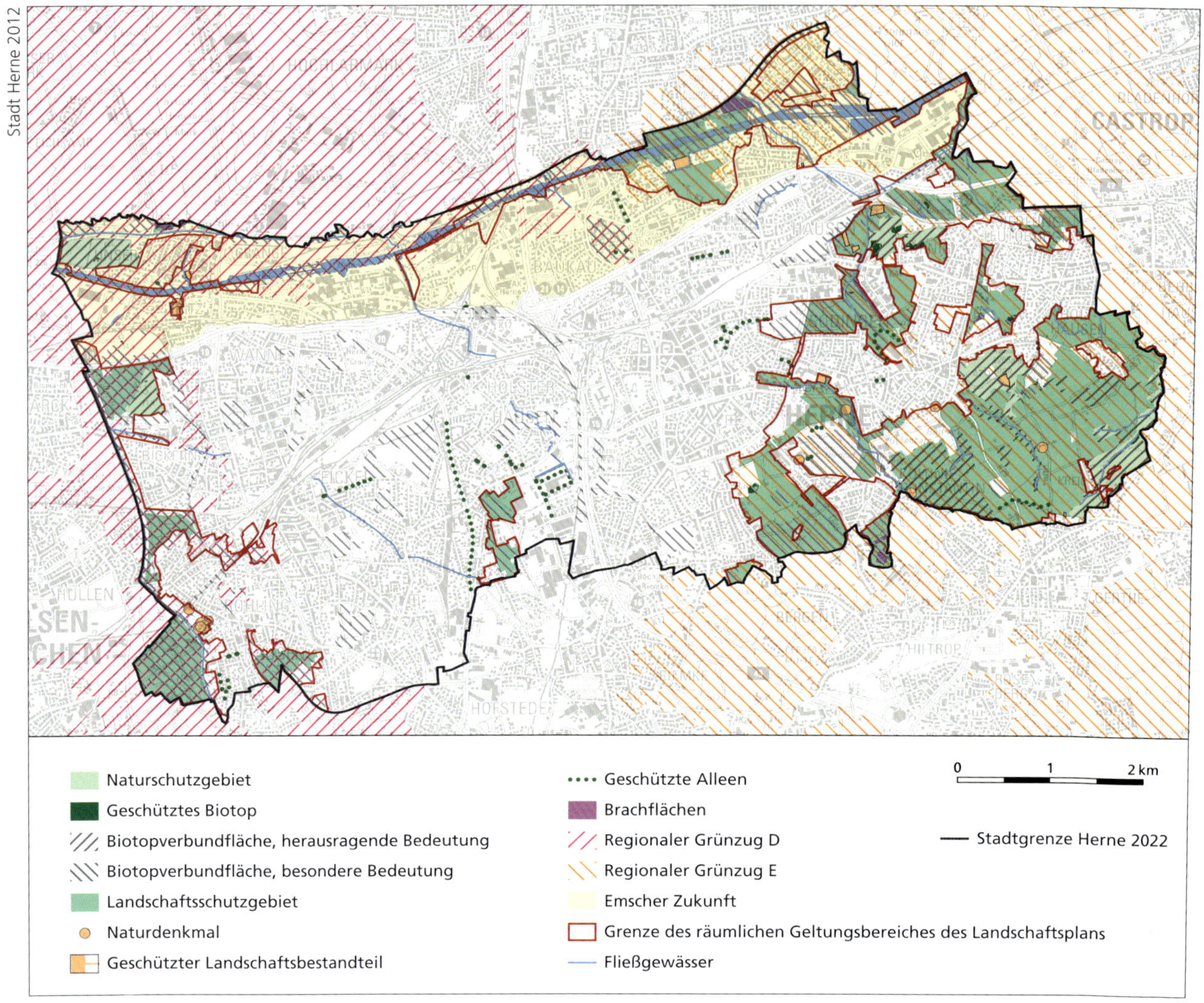

Abb. 8.6.2 Landschaftsplan – Festsetzungskarte

Befördert wird die Grünflächenentwicklung insbesondere auch durch die 2027 im gesamten Ruhrgebiet bevorstehende Internationale Gartenausstellung IGA und durch den Umbau des Emschersystems. Auf der Basis des Masterplans Emscher Zukunft (2006) und des Masterplans Emscher Landschaftspark (2010) werden die Emscher und ihre Nebenbäche in einen naturnahen Zustand überführt, wodurch neue Uferbereiche gewonnen und die klimatischen und ökologischen Bedingungen verbessert werden und wodurch eine neue Verzahnung von Wasser, Grünbereichen und bebauten Flächen entsteht. Die Oberläufe des Dorneburger Mühlenbaches und des Ostbaches sind bereits umgestaltet.

Im baulichen Außenbereich der Stadt legt ein Landschaftsplan die Entwicklungsziele und die sich daraus ergebenden Maßnahmen zum Schutz und zur Pflege von Natur und Landschaft fest. 1.503,40 ha (29,3 %) der Stadtfläche sind durch den Landschaftsplan abgedeckt; davon entfallen 124,93 ha (2,43 %) auf Naturschutzgebiete, 652,76 ha (16,59 %) auf Landschaftsschutzgebiete, 1.874 ha (0,36 %) auf geschützte Landschaftsbestandteile oder Naturdenkmale und 506,97 ha (9,86 %) auf sonstige Flächen. Die Festlegungen sind eingebunden in die Festlegungen des Regionalplans; dies gilt insbesondere für die regionalen Grünzüge – an Hernes Westgrenze verläuft der Grünzug D, an der Ostgrenze der Grünzug E –, den Emscherlandschaftpark (ELP) und die Überlegungen zum neuen Emschertal.

Ausdehnung, Verteilung und Erreichbarkeit der Grün- und Freiflächen haben nicht nur eine hohe Bedeutung für die Erholungsmöglichkeiten der Bevölkerung, sondern auch für den ökologisch-klimatischen Ausgleich innerhalb einer Stadtstruktur sowie für die Maßnahmen, die getroffen werden müssen, um die Stadt an den Klimawandel anzupassen. Ein kleinräumiges Monitoring der Stadt hat ergeben, dass etwa 30 % der Bevölkerung in günstigen oder sehr günstigen bioklimatischen Verhältnissen leben. Da diese umgekehrt zu der Bebauungsdichte stehen, weisen vor allem die Außenbereiche im Süden und Südosten sehr günstige

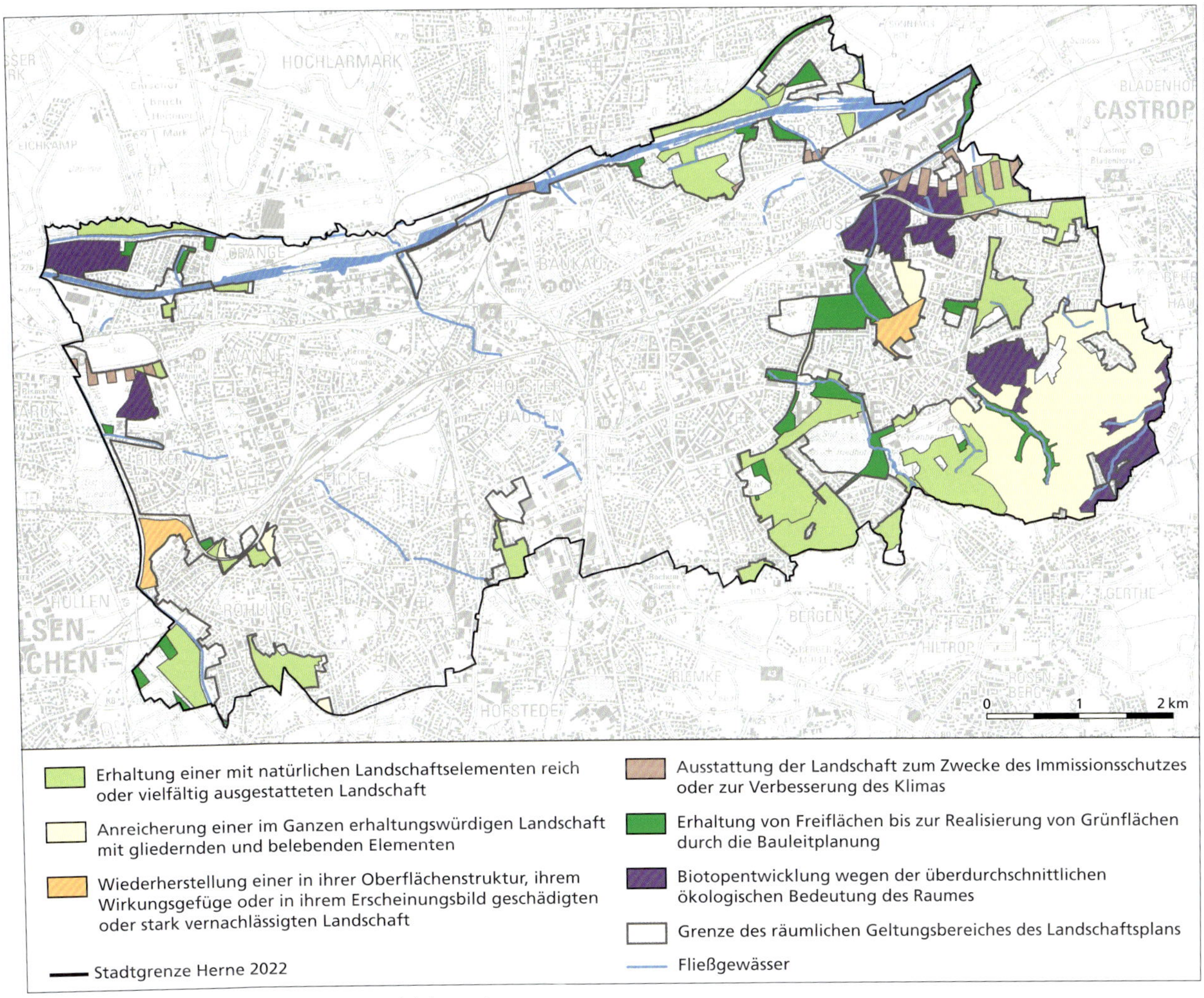

Stadt Herne 2012, RVR 2015b, 2018

Abb. 8.6.3 Landschaftsplan – Entwicklungskarte

Verhältnisse auf, während die bioklimatische Gunst in den innerstädtischen Gebieten von Wanne-Mitte und Herne-Zentrum stark unterdurchschnittlich ist. Bioklimatische Belastungsräume wie diese erfahren durch einen hohen Versiegelungsgrad eine starke Erwärmung am Tag und sind infolge eingeschränkter Auskühlung ausgeprägte nächtliche Wärmeinseln. In den Sommermonaten kann dies zu Hitze- und Schwülebelastungen und damit zu bioklimatischen Belastungen für den Menschen führen. Windschwache Wetterlagen können zusätzlich eine Verschlechterung durch lokal emittierte Schadstoffe hervorrufen.

Die Stadt Herne gehört bislang zu den wenigen Kommunen, die – wissenschaftlich basiert – der Anpassung der städtischen Strukturen an die Folgen des Klimawandels eine konzeptionelle Basis gegeben haben und daraus erste grundsätzliche Maßnahmen ableiten. Dabei sind die Überhitzung in verdichteten Stadtteilen und die Überflutungsgefahr durch Starkregenereignisse die dringlichen Problembereiche. Die räumliche Variation der Temperaturverhältnisse im Stadtgebiet wird bedingt durch das Relief und die Landnutzung. Die dicht besiedelten Innenstadtbereiche, dicht und hoch bebaute Wohnviertel sowie einige Gewerbegebiete sind ausgewiesene Hitzeareale. Wenn sich diese Hitzeareale in der Zukunft ausdehnen, werden auch die sie umgebenden Stadtteile, die bisher eine leicht erhöhte Bebauungsdichte aufweisen, von der Hitzebelastung betroffen sein. Gebiete mit lockerer Bebauung bleiben im Zukunftsszenario von diesen Veränderungen weitgehend unberührt; hier kann die kühle Umgebung der Freilandbereiche den zunehmenden Hitzeeintrag noch kompensieren. Die Freilandflächen des Südostens sind die Kaltluftproduzenten, die wenigen Waldgebiete gute Frischluftlieferanten, wobei die Kaltluft aus den höheren Lagen im Süden in Richtung der dichten Siedlungskerne in der Emscherniederung abfließen kann.

Diese topographischen Unterschiede führen allerdings auch zur Überflutungsgefährdung der zentralen Siedlungsbereiche von Herne; daneben können auch tieferliegende Unterführungen im gesamten Stadtgebiet von Fließwegen und Überschwemmungen betroffen sein.

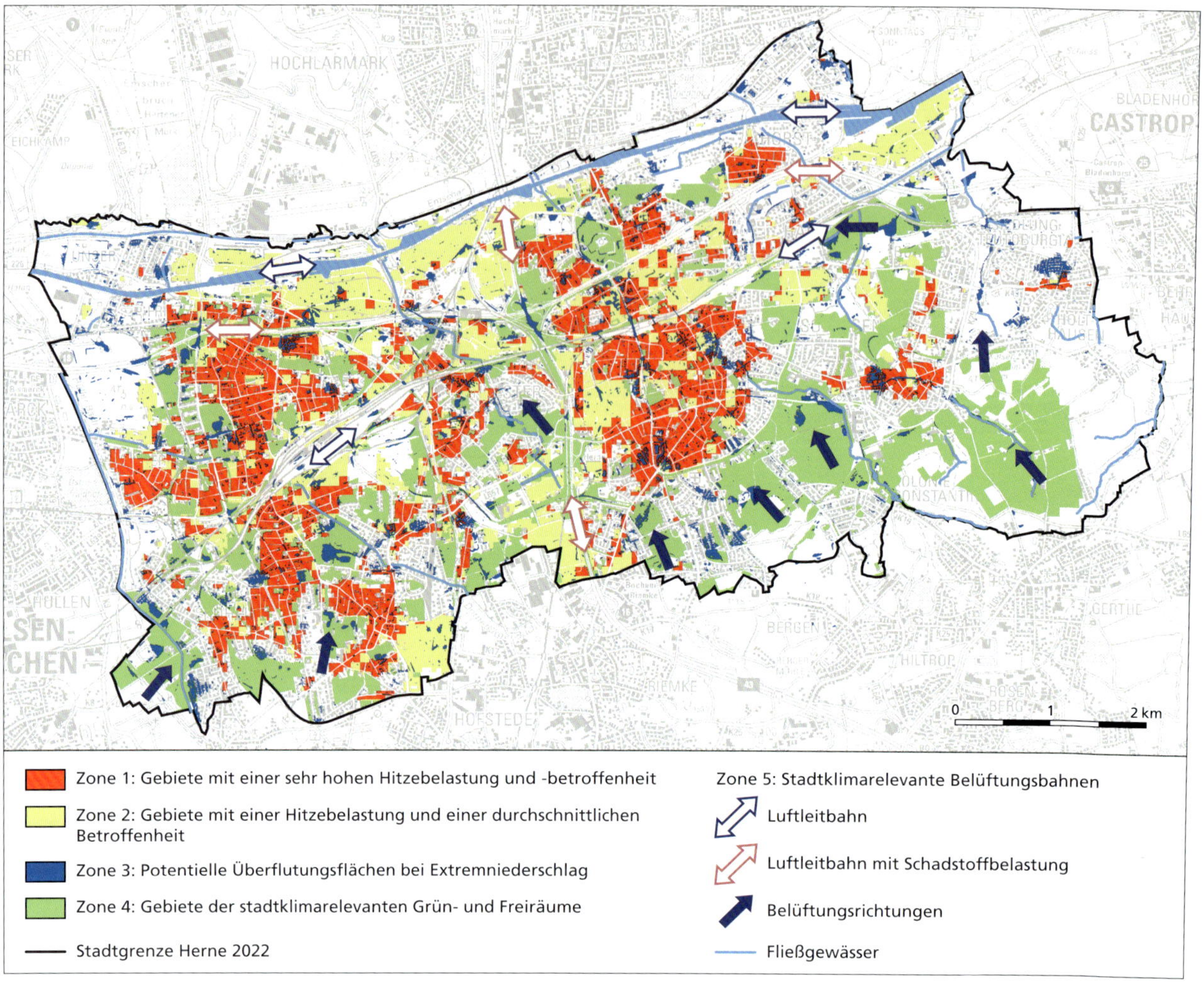

K.PLAN Klima. Umwelt & Planung GmbH/Stadt Herne 2019

Abb. 8.6.4 Handlungskarte Klimaanpassung

Unter Berücksichtigung der unterschiedlichen Landnutzung und der Variationen der Bevölkerungsdichte und -struktur wurde die in fünf Zonen gegliederte „Handlungskarte Klimaanpassung" entwickelt.

Die Zone 1 umfasst Gebiete mit einer sehr hohen Hitzebelastung und -betroffenheit, die sich aus einer hohen bis sehr hohen Bevölkerungsdichte und/oder einem überdurchschnittlich hohen Anteil an Personen über 65 Jahren und/oder an Kleinkindern unter 3 Jahren ergibt. Dabei handelt es sich vor allem um Gebiete mit hoher Flächenkonkurrenz und Platzmangel, wodurch den Maßnahmen zur klimatischen Optimierung so enge Grenzen gesetzt werden, dass bioklimatische Extreme nur abgemildert werden können. In Herne-Mitte, in Wanne und in Eickel machen innenstadtnahe Wohngebiete den Hauptanteil dieser Belastungszone aus. Da für neue Begrünungen meist zu wenig Platz vorhanden ist, sollen bebaute Räume beschattet und entsiegelt, Ausgleichsräume geschaffen bzw. erhalten (Parks im Nahbereich, Begrünung von Innenhöfen), Freiflächen möglichst nicht zur Innenverdichtung herangezogen sowie Gebäude und Gebäudeumfelder begrünt werden.

In der Zone 2 sind Hitzebelastungsgebiete mit einer durchschnittlichen Betroffenheit zusammengefasst, die sich aus der Kombination von hoch versiegelter Bebauungsstruktur und einer geringen oder mittleren Bevölkerungsdichte ergibt. Häufig fallen in diese Zone Innenstadtbereiche sowie Gewerbe- und Industrieflächen. Eine Flächenversiegelung von bis zu 90 % ruft eine starke Aufheizung tagsüber und eine deutliche nächtliche Überwärmung hervor. Auch aus lufthygienischer Sicht sind die dicht bebauten Gewerbe- und Industriegebiete ausgeprägte Lasträume. Zur Herabsetzung der Hitzebelastung sind in den Innenstadtbereichen eine Beschattung durch Vegetation und Bauelemente, kühlende Verdunstungseffekte über offenen und bewegten Wasserflächen und eine Flächenbegrünung vorgesehen. Entlastungsmaßnahmen in den Gewerbe- und Industriegebieten umfassen vor allem die Flächenentsiegelung sowie den Erhalt und die Erweiterung von Grün- und Brachflächen. Allerdings bestimmen die Erfordernisse gewerblich-industrieller Nutzungen

Fußballvereine

Fußball entwickelte sich seit 1900 zum wesentlichen Sport der von Männerüberschuss geprägten Ruhrgebietsbevölkerung. Da er bis in die Zwischenkriegszeit von den Organisatoren als eine „bürgerliche" Sportart angesehen wurde, blieb den Arbeitermannschaften meist nur übrig, durch zum Teil überragende Leistungen ihre Aufnahme in die Ligen zu erzwingen. Die Stadt Herne weist rund dreißig Fußballvereine bzw. Fußballabteilungen in Sportvereinen auf; unter ihnen sind ehemalige Arbeitervereine, solche, die der katholischen DJK-Bewegung (Deutsche Jugendkraft) entstammen, sowie Vereine, die von türkischen oder marokkanischen Migranten gegründet wurden. Die meisten Vereine spielen in der Kreisklasse Herne. Die über viele Jahrzehnte wichtigsten Vereine sind der SC Westfalia 04 Herne, der SC Germania 09 Herne, der DSC Wanne-Eickel und der SV Sodingen.

Anders als viele der regionalen Fußballvereine wurde der **SC Westfalia Herne (SCW)** nicht als Arbeitersportverein gegründet. Auf Betreiben des Essener Willy Stens, der Mitglied im Fußballverein BV Steele von 1903 war und in der Maschinenfabrik Baum sein kaufmännisches Volontariat absolvierte, trafen sich 1904 fußballbegeisterte Bürgersöhne und gründeten im Rittersaal von Schloss Strünkede den Sportclub „Westfalia Herne". Dieser pachtete eine Wiese in der Nähe des Schlosses, und ab September 1905 begann der Ligabetrieb in der 2. Bezirksklasse.

Nach einer wechselhaften Entwicklung in den Ligen der Weimarer Zeit begann 1934 – mit dem Aufstieg in die Gauliga Westfalen – die erste erfolgreiche Phase in der SCW-Vereinsgeschichte; 1936/37 wurde der Verein westfälischer Vizemeister hinter dem als unschlagbar geltenden FC Schalke 04. Mit dem Aufstieg wurde die Kritik an den lokalen Platzverhältnissen immer lauter; die Rasenfläche des 1919/20 angelegten Spielplatzes war mittlerweile als „Herner Sandwüste" berüchtigt. Die Harpener Bergbau-AG überließ dem Verein ein Gelände an der Forellstraße, wo aus eigenen Mitteln und in Eigenleistung ein neuer Platz mit Laufbahn, Zuschauerwällen und einer umgebenden Mauer errichtet und 1934 eingeweiht wurde. Während der gesamten Gauligazeit war Westfalia Herne ein starker Verein und nie in Abstiegsgefahr.

Nach dem Zweiten Weltkrieg stieg der SCW Herne, mittlerweile finanziell vom Elektrounternehmen Funke & Huster unterstützt, sukzessive auf und erreichte 1954 die Oberliga West; es kamen neue Talente in die Mannschaft, von denen mehrere später in der Nationalmannschaft spielten, darunter der Torwart Hans Tilkowski; in der Saison 1958/59 wurde der Verein westdeutscher Meister. Anfang der 1960er Jahre begann jedoch der Abstieg, weil die Erfolge ausblieben, weil die Vereinsführung, die das finanzielle Risiko für eine Teilnahme an der neu zu gründenden Bundesliga scheute, den entsprechenden Antrag nur halbherzig verfolgte und weil in der Folge die besseren Spieler zu anderen Vereinen abwanderten. Westfalia Herne blieb in der Regionalliga West, stieg jedoch 1968 und 1974 in die drittklassige Verbandsliga Westfalen ab. Als mit dem Mineralölkaufmann Erhard Goldbach ein finanzkräftiger Sponsor gefunden worden war, konnte durch Spielerzukauf eine neue Mannschaft entwickelt werden. Ab der Saison 1975/76 spielte der Verein in der 2. Bundesliga; 1977 wurde das Profispielertum eingeführt und die Lizenzspielerabteilung als SC Westfalia 04 Goldin Herne e. V. neu gegründet. 1979 ging diese Phase mit der Verhaftung Goldbachs zu Ende; der Verein konnte zwar seine Ausrüstung vor der Pfändung retten, musste jedoch die Lizenz zurückgeben und wurde in die Oberliga Westfalen zurückgestuft. Dort spielte der SCW mit wechselndem Erfolg ein Jahrzehnt lang, bis er in der Saison 1989/90 viertklassig wurde und in die Verbandsliga Westfalen 2 abstieg, in der auch der DSC Wanne-Eickel und der SV Sodingen spielten. 1999 stieg der Verein wieder in die Oberliga Westfalen auf, die Leistungen wurden aber immer schwächer, die Zuschauerzahlen sanken und Ende 2019 musste der SC Westfalia Herne den Antrag auf Einleitung eines Insolvenzverfahren stellen, dem der automatische Abzug von neun Punkten folgte.

Abb. 8.6.5 Wappen der Fußballvereine SC Westfalia Herne 04, SC Germania 09 Herne (Zigarettenbildchen), SV Sodingen und DSC Wanne-Eickel

https://de.wikipedia.org/wiki/Westfalia_Herne#/media/Datei:Westfalia_Herne.svg, https://de.wikipedia.org/wiki/SV_Sodingen#/media/Datei:SV_Sodingen.gif, https://de.wikipedia.org/wiki/DSC_Wanne-Eickel#/media/Datei:DSC-WANNE-FUSSBALL.svg, (aufgerufen am 20.09.20); Bildsammlung H.-W. Wehling

Der **SC Germania 09 Herne** war bereits 1908 als „wilder" Verein tätig, wurde aber erst 1909 offiziell gegründet und in den Fußballverband aufgenommen; der erste Sportplatz wurde auf der Kampmeierwiese an der Shamrockstraße angelegt. Als „Rothosen" bezeichnet, wurde dieser Verein der Arbeiter und kleinen Leute zu einem großen Konkurrenten von SC Westfalia innerhalb der A-Klasse. Während des Ersten Weltkrieges konnte der Spielbetrieb nur in beschränktem Maße durchgeführt werden; der Sportplatz wurde in die Nähe der Bismarckstraße verlegt. In der Zwischenkriegszeit spielte der Verein zunächst in der Kreisliga Mark, stieg in der Saison 1929/30 in die Ruhrbezirksliga und in der Saison 1932/33 in die 1. Bezirksklasse auf. Ein Aufstieg in die Gauliga Westfalen wurde aber bis 1940 immer wieder verpasst. Um während des Zweiten Weltkriegs einen Spielbetrieb aufrecht zu erhalten, waren Kriegsspielgemeinschaften mit Nachbarvereinen, darunter dem SV Sodingen, notwendig. Mit Genehmigung der Militärregierung konnte 1945 der Spielbetrieb aufgenommen werden und der Verein wurde dem Westdeutschen Fußballverbund zugeordnet. 1950 fusionierte man – zusammen mit den Vereinen DJK Sportfreunde 19, SuS Reichsbahn 1948 und SW Herne Stamm – zum ESV Herne. Der angestammte Sportplatz am Herner Bahnhof wurde 1952 aufgegeben und mit der Berufsschule bebaut.

Der **Sport-Verein von 1912 Sodingen** geht zurück auf die Initiative von jungen Arbeitern und Angestellten; 1913 wurde er in den Westdeutschen Spielverband (WSV) und damit in den DFB aufgenommen und spielte bis zum Ersten Weltkrieg im Bezirk Bochum-Gelsenkirchen. Wenngleich der Verein 1919 um eine Leichtathletik- und eine Hockey-Abteilung angewachsen war, blieb Fußball doch die wesentlich betriebene Sportart. In den nächsten fünfzig Jahren war die Geschichte des Vereins eng mit der Zeche Mont Cenis verbunden, aus deren Belegschaft er sich wesentlich rekrutierte. Von 1920 bis 1922 spielte der SVS sehr erfolgreich und wurde Meister in der B-Klasse. Der Aufstieg blieb ihm jedoch verwehrt, weil der WSV eine grundlegende Spielklassenreform durchführte, nach der ein Aufstieg nur alle zwei Jahre möglich war, um gerade den „Proletenvereinen", denen unterstellt wurde, gegen Zuwendungen zu spielen oder Spieler von gegnerischen Vereinen abzuwerben, einen Aufstieg im bürgerlichen Fußball zumindest zu erschweren. Der SV Sodingen teilt damit das Schicksal des FC Schalke 04.

Ein neuer Sportplatz entstand mit Hilfe der Zeche südlich der Mont-Cenis-Straße und wurde 1925 eröffnet; er wurde 1950 renoviert, zur „Glück auf"-Kampfbahn erweitert und blieb bis 1975 die Spielstätte des Vereins. Gerade nach der Eingemeindung des Amtes Sodingens repräsentierte der SVS das Sodinger Bewusstsein für Eigenständigkeit. Durch die Eingemeindung übervorteilt worden zu sein, war ein Eindruck, der blieb. Noch in den 1950er Jahren, als der SVS wie der SCW in der 2. Liga West spielten, spielten bei lokalen Derbys die Vorstadt gegen das Zentrum, der Kumpelverein gegen den bürgerlichen Lackschuhclub, die Namenlosen gegen den Prominentenverein.

Vor dem Zweiten Weltkrieg spielte der SVS mit wenig Erfolg noch in der Kreisklasse, Westfalia Herne schon in der Gauliga. In der unmittelbaren Nachkriegszeit standen sich Vereine, die Unterstützung vom wirtschaftlich wichtigen Bergbau erhielten, besser als andere Vereine; dies betraf finanzielle Zuwendungen an den SVS wie auch die Zuweisung leichterer Arbeiten für die Spieler. Der Verein stieg mehrmals in Folge auf und spielte 1950 in der 2. Liga West und ab 1952 in der Oberliga West; getragen von der Zuschauergunst wurde er „Der Komet des Westens" und galt als die einzige Mannschaft, die schnellen „englischen" Fußball spielte. Am Ende der Saison 1954/55 qualifizierte er sich damit für die Endrunde der Deutschen Meisterschaft, erreichte jedoch nur den dritten Platz. Der Abstieg begann, als sich danach die Erfolgsmannschaft langsam zerstreute und der Verein in dubiose Finanzgeschäfte verwickelt wurde. Zwar spielte der SV Sodingen von 1960 bis 1962 noch einmal in der Oberliga West, wandelte sich dann aber von einem Spitzenverein zu einem der Mittelklasse und landete von 1968 bis 1981 sogar in der Bezirksklasse. In der Saison 2020/21 spielte der einstige „Komet des Westens" in der Westfalenliga 2.

Die Gründung des **Deutschen Sport-Clubs Wanne-Eickel** e. V. (DSC) im Jahre 1969 geht auf den Bauunternehmer Robert Heitkamp zurück, der zur Förderung der Jugend in Wanne-Eickel einen sportlichen Großverein gründen wollte. Innerhalb weniger Monate bestand der Verein aus über 17 Abteilungen, die meist durch den Beitritt anderer Vereine entstanden; die Fußballabteilung erwuchs aus dem Beitritt des TB 54 Eickel.

Dieser geht zurück auf den TB Eickel, der 1912 auf Initiative der Eickeler Bürgerschaft gegründet, in den 1930er Jahren in der zweitklassigen Bezirksklasse Vizemeister wurde und 1949 in der neu geschaffenen II. Division West spielte. 1950 fusionierte der TB Eickel von 1912 mit dem 1906 gegründeten SV Preußen Wanne zu den Sportfreunden Wanne-Eickel. Nach internen Querelen zwischen den aus den Stadtteilen Wanne und Eickel stammenden Mitgliedern spaltete sich 1953 der TB 54 Eickel, der sich auf die Tradition des TB Eickel von 1912 berief, von den Sportfreunden Wanne-Eickel ab. Er erreichte 1961 die damals drittklassige Verbandsliga Westfalen. Der DSC übernahm den Startplatz der Eickeler in der Verbandsliga Westfalen, in die 1974 der Lokalrivale Westfalia Herne abstieg, so dass nach der Eingemeindung der Kampf beider Mannschaften um die Meisterschaft besondere Brisanz erhielt.

1978 stieg der DSC in die 2. Bundesliga auf, die Spieler blieben jedoch Amateure, da die Vereinsführung auf Profis oder Halbprofis verzichtete; viele Spieler waren bei Heitkamp bzw. dessen Tochterfirmen beschäftigt. Der Verein geriet nie in Abstiegsgefahr, gab jedoch 1980 freiwillig die Lizenz zurück, weil die Kosten für die 1981 als Profiliga eingeführte 2. Bundesliga die finanziellen Möglichkeiten des Vereins bzw. seines Mäzens überstiegen. Bis Ende der 1980er Jahre spielte der Verein in der Oberliga, stieg danach in die Verbandsliga ab, geriet um 2000 in einen Steuer- und Betrugsskandal und stand 2001 kurz vor der Auflösung, weil sich kein neuer Vorstand finden ließ. 2003 wurde der sportliche Tiefpunkt mit dem Abstieg in die Landesliga erreicht. Unter Führung des Unternehmers Gerd Pieper wurde ein Förderverein gegründet, und 2005 kehrte der Verein in die Verbandsliga zurück, in der er auch in der Saison 2020/21 in der Westfalenliga 2 spielte.

maßgeblich die Gestaltung der Gebiete und schränken den Rahmen für klimaverbessernde Maßnahmen ein.

In der Zone 3 treten potentielle Überflutungsflächen bei Extremniederschlag dort auf, wo ein großes Oberflächenabflussvolumen auf Siedlungen, Gebäudekomplexe oder städtische Infrastruktur trifft, während bei unversiegelten Gebieten mit hohem Oberflächenabfluss und im Bereich von abflusslosen Senken momentan noch keine Gefährdung der Infrastruktur besteht. Die Entwässerungsrichtung wird durch das natürliche Relief bestimmt, kleine natürliche und anthropogene Geländeelemente lenken die Fließwege jedoch zusätzlich ab. Die wesentlichen Gegenmaßnahmen sind eine Entsiegelung und Begrünung versiegelter Bereiche; hinzu treten Überlaufbecken oder Überflutungsflächen als Retentionsmaßnahmen.

Bei den stadtklimatisch relevanten Grün- und Freiräumen der Zone 4 haben neben innerstädtischen Parks vor allem Grünflächen im städtischen Randbereich, die die Hitzeinseln begrenzen können, sowie Freiflächen mit stadtklimatisch relevantem Kaltluftbildungspotential eine hohe Bedeutung. Freiflächen mit einer hohen Klimaaktivität sind vor allem Gebiete mit direktem Bezug zu den Hitzebelastungsgebieten, wie z. B. innerstädtische und siedlungsnahe Grünflächen, oder solche, die in Hanglage zu Siedlungsbereichen orientiert sind bzw. im Einzugsgebiet eines Kaltluftsystems liegen. Da alle diese Flächen eine hohe Empfindlichkeit gegenüber nutzungsändernden Eingriffen zeigen, sollten diese nicht nur unterbleiben, sondern die Flächen sollten auch untereinander stärker vernetzt werden. In Kaltluftentstehungsgebieten sollen auch keine großflächigen und damit die Bereitstellung und den Transport von Kaltluft behindernden Aufforstungen stattfinden.

Die für den Luftaustausch notwendigen Belüftungsbahnen der Zone 5 umfassen einerseits die Frischluftbahnen, die in Ost-West-Richtung entlang der Bahnlinien und des Rhein-Herne-Kanals verlaufen, andererseits die Luftleitbahnen – allerdings mit möglicher Schadstoffbelastung – entlang der Trassen der Autobahnen A 42 und A 43. Hinzu treten lokale Ausgleichsbewegungen zwischen Grünflächen und benachbarten Bebauungen.

Für den Herner Abschnitt des regionalen „Masterplans Emscher Zukunft", der urbanen Weiterentwicklung des Emscherumbaus, wurde seitens der Stadt im Jahre 2020 der „Masterplan Wasserlagen" beschlossen. In dem rund 1.200 ha großen Bereich zwischen der Emscher bzw. der nördlichen Stadtgrenze und der A 42 sollen qualitative Standorte für das Wohnen und Arbeiten am Wasser entwickelt und die Freizeit- und Erholungsfunktion für die Gesamtstadt erhöht werden. Räumliche Potentiale werden in den bereits vorhandenen un- und untergenutzten Flächen und in den Flächen gesehen, die mit dem Rückgang der Kohleverstromung im Bereich des Kraftwerks anfallen. Durch ein begleitendes oder benachbartes Waterfront development werden zugleich Gewerbegebiete aufgewertet, die sich, wie z. B. das Gewerbegebiet an der Forellstraße, im Aufbau befinden. Die Aufbereitung und Neugestaltung der Uferzone geht einher mit einer Flächenentsiegelung, sodass nicht nur städtebauliche und allgemeine ökologische Ziele verfolgt werden, sondern die Maßnahmen auch zur Anpassung der Stadt an den Klimawandel beitragen.

8.7 Bauliches Erbe – Stadtbaukunst – Kunst im öffentlichen Raum

Die Denkmalliste der Stadt Herne umfasste 2020 insgesamt 721 Baudenkmäler, zwei Bodendenkmäler (Grabhügelgruppe im Gysenberger Wald, Fundamente eines Hauses und eines Bollwerks im Straßenzug Altcrange) sowie die Siedlung Teutoburgia als Denkmalbereich. Der industriellen Stadtgeschichte entsprechend, entstammen mehr als 90 % der Denkmäler der Zeit zwischen 1870 und dem Ersten Weltkrieg, rund drei Viertel von ihnen sind Arbeiterwohnhäuser in den vier großen Siedlungen in Eickel (Siedlung Königsgrube, Kolonie Hannover) und Sodingen (Siedlung Teutoburgia, Siedlung Constantin).

Die vorindustrielle Zeit decken Schloss Strünkede (vgl. Abb. 2.2.10), die begehbare Denkmalruine von Haus Crange (vgl. Abb. 2.2.6), die Fachwerkgebäude von Altcrange (vgl. Abb. 2.2.7 u. 2.2.8) sowie die meisten noch vorhandenen Bauernhöfe ab, vor allem in der offenen Feldflur des Stadtbezirks Sodingen. Den öffentlichen Bereich repräsentieren 18 orts- und/oder baugeschichtlich bedeutsame Kirchen – von der Kapelle bei Schloss Strünkede (erbaut 1272) bis zur evangelischen Auferstehungskirche in Wanne (1961–1963; vgl. auch Abbn. 4.2.1–4.2.8) –, 14 Verwaltungsgebäude – von der ehemaligen Verwaltung der Zeche Shamrock (erbaut um 1850) bis zum städtischen Verwaltungsgebäude am Friedrich-Ebert-Platz, der „Alten" Sparkasse (erbaut 1928–1930; vgl. auch Abbn. 4.2.15 und 4.3.2) – und sieben Schulen, von denen das Gymnasium Eickel (erbaut 1904, vgl. Abb. 4.2.14) die älteste und die ehemalige evangelische Volksschule im Grimberger Feld (erbaut 1956/57) die jüngste ist.

Neben den Großsiedlungen der Schachtanlagen treten als Konzentrationen von Denkmälern zum einen das Verwaltungsviertel und seine angrenzende Bebauung mit mehrgeschossigen Wohn- und Geschäftshäusern aus der Zwischenkriegszeit hervor, zum anderen der Bereich um den Neumarkt, die Schaefer-, Viktor-Reuter- und Hermann-Löns-Straße mit seiner hochwertigen Bebauung aus Villen und mehrgeschossigen Wohn- und Geschäftshäusern des Spätklassizismus und des Jugendstils.

Die Siedlung Teutoburgia ist eines der herausragenden Beispiele für den Werkswohnungsbau im Ruhrgebiet und in ihrem Bestand eine der städtebaulich und gestalterisch eindrucksvollsten Siedlungen. Um die Substanz und das Erscheinungsbild der Siedlung rechtlich zu sichern, wurde 1991 eine Denkmalbereichssatzung erlassen, 2002 ein Bebauungsplan aufgestellt und seit 2004 regelt eine Satzung die Gestaltung der Nebenanlagen und Freiräume; 2016/17 wurden alle drei Satzungen überarbeitet und aufeinander abgestimmt.

Unter Schutz stehen das Straßenraster, die Straßenraumkonturen mit jeweils spezifischen Baumbeständen, die begrünten Vorgärten ohne parzellierte Nutzung, die straßenbegleitende Wohnbebauung in überwiegend ein- bis zweigeschossiger Bauweise mit vor- und zurückspringender Bebauungslinie. Besonders schützenswert sind die Dächer in ihren verschiedenen Ausführungen und unterschiedlichen Dachaufbauten, die variantenreich gestalteten Fassaden sowie die Eingangssituationen mit ihren Porches, Loggien und Treppenanlagen. Den baulichen Bestand zu sichern, ist das Ziel des Bebauungsplans, seine Gestaltung zu bewahren bzw. adäquat weiter zu entwickeln, ist Aufgabe der Gestaltungssatzung, auf deren Basis ein Handbuch mit entsprechenden Vorgaben entwickelt wurde.

Um die Denkmäler der Stadt Einheimischen und Besuchern bekannt zu machen, entwickelte die Untere Denkmalbehörde mit Streckenkarten und Kurzbeschreibungen seit 2011 acht Denkmal-Radtouren, die die Denkmäler der einzelnen Stadtbezirke miteinander verbinden oder unter ein bestimmtes Thema stellen; sie folgen dabei den Intentionen der regionalen „Route der Industriekultur".

Die Tour durch den Bezirk Eickel (2011) führt vom Ortskern Eickel durch den Volksgarten, die Kolonie

Stadt Herne, Untere Denkmalbehörde; Kartographie: Sabrina Henschel

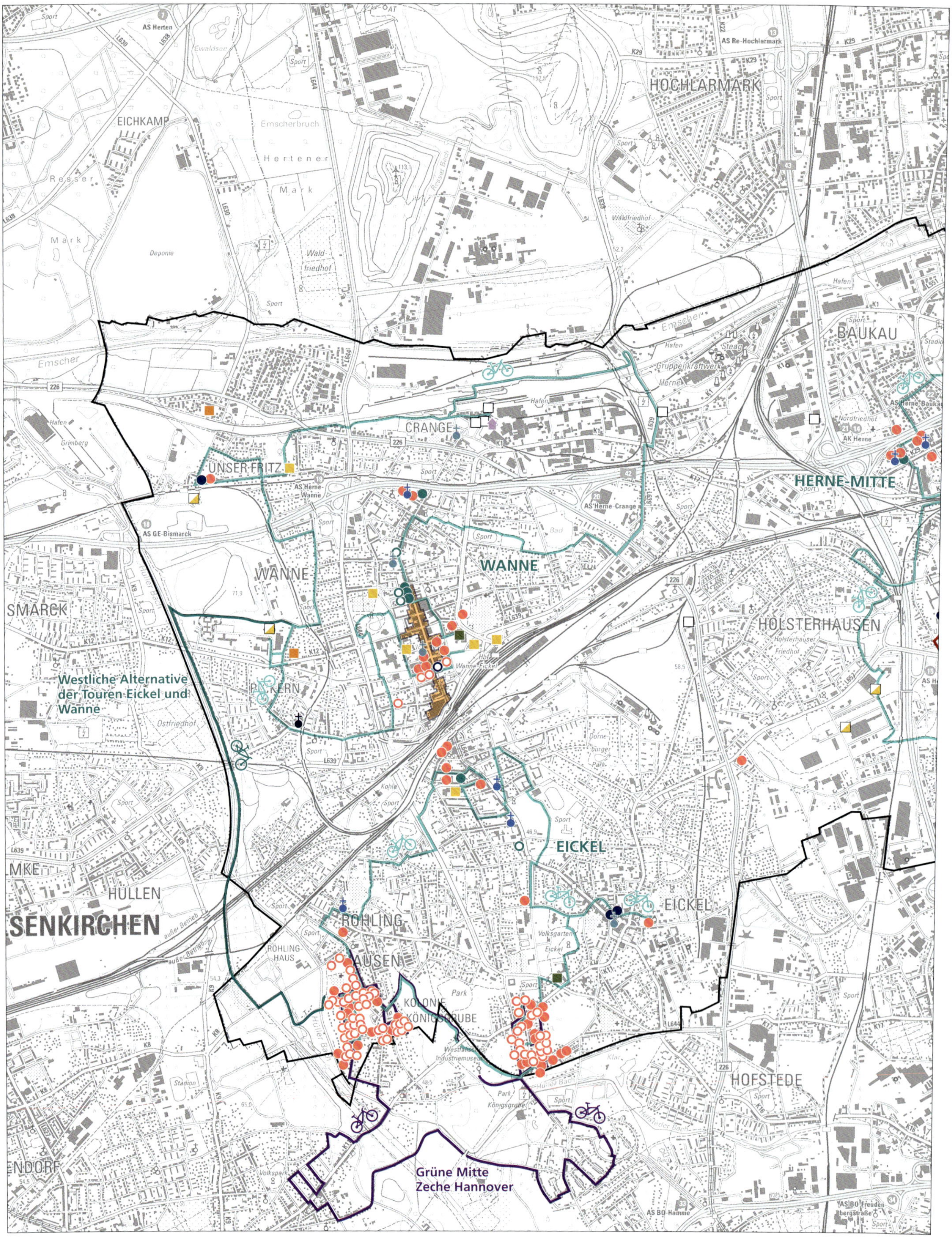

Abb. 8.7.1 Baudenkmäler in Herne 2020

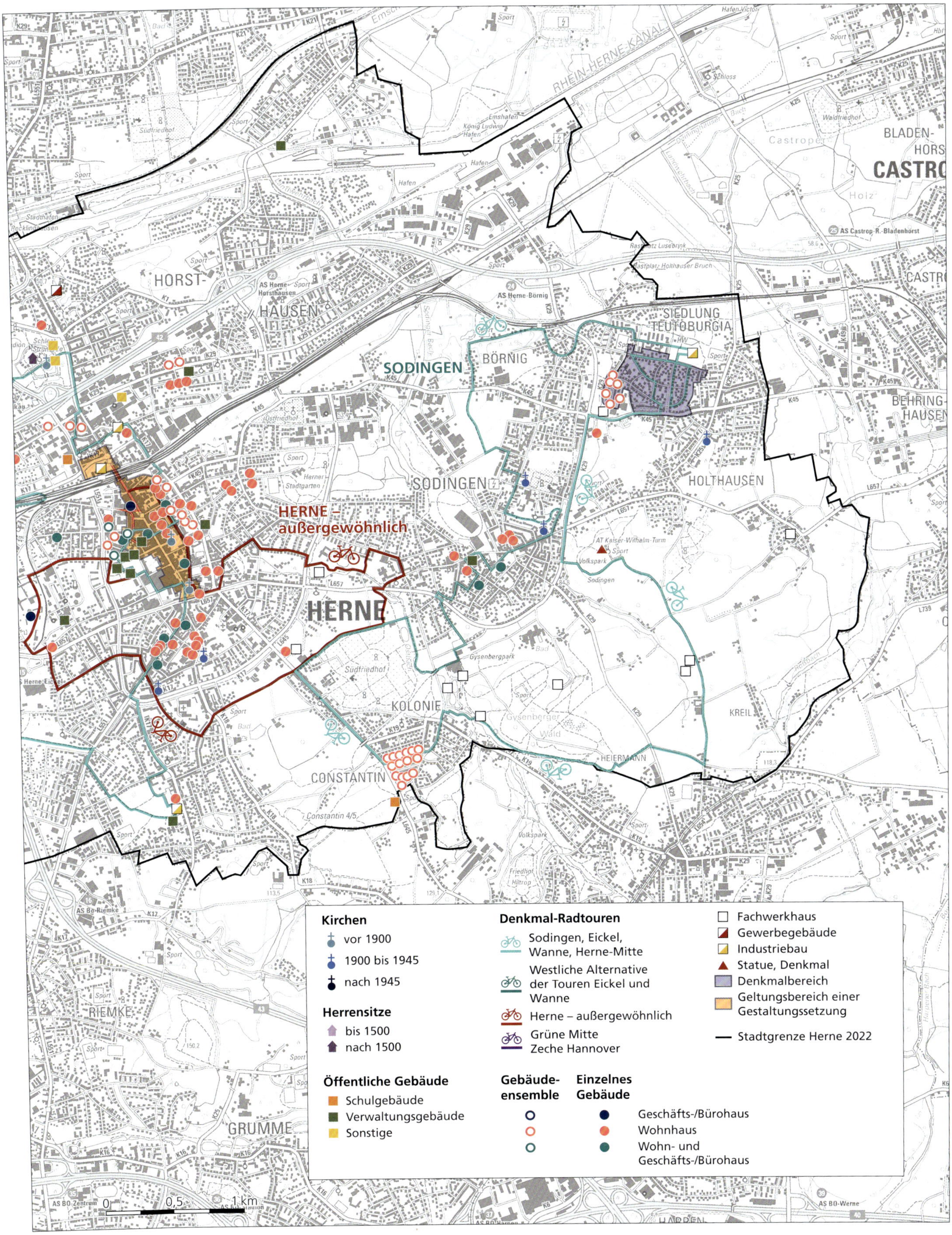
HORST-HAUSEN
SODINGEN
BÖRNIG
SIEDLUNG TEUTOBURGIA
SODINGEN
HOLTHAUSEN
HERNE – außergewöhnlich
HERNE
KOLONIE
CONSTANTIN
KREIL
HEIERMANN
BLADEN-HORST
CASTROP
BEHRING-HAUSEN
RIEMKE
GRUMME
HARPEN
RHEIN-HERNE-KANAL
Kirchen
vor 1900
1900 bis 1945
nach 1945
Herrensitze
bis 1500
nach 1500
Öffentliche Gebäude
Schulgebäude
Verwaltungsgebäude
Sonstige
Denkmal-Radtouren
Sodingen, Eickel, Wanne, Herne-Mitte
Westliche Alternative der Touren Eickel und Wanne
Herne – außergewöhnlich
Grüne Mitte Zeche Hannover
Gebäude-ensemble
Einzelnes Gebäude
Geschäfts-/Bürohaus
Wohnhaus
Wohn- und Geschäfts-/Bürohaus
Fachwerkhaus
Gewerbegebäude
Industriebau
Statue, Denkmal
Denkmalbereich
Geltungsbereich einer Gestaltungssetzung
Stadtgrenze Herne 2022
0
0,5
1 km

Foto: H.-W. Wehling 2020

Abb. 8.7.2 Auferstehungskirche in Wanne (erbaut 1961–1963, seit 2010 unter Denkmalschutz)

Foto: H.-W. Wehling 2020

Abb. 8.7.4 Wohn- und Geschäftshaus, Viktor-Reuter-Straße 18

Dieses seit 1988 unter Denkmalschutz stehende Gebäude entstand 1906, mit den Stilformen des Jugendstils, nach einem Entwurf des Recklinghäuser Architekten W. Breuer.

Hannover und die Siedlung Königsgrube und dann nach Röhlinghausen. Danach werden verschiedene Denkmäler im Bereich südlich des Hauptbahnhofs angefahren; die Tour endet auf dem Eickeler Markt mit dem Gebäudeensemble der Hülsmann-Brauerei.

Die Tour durch den Bezirk Sodingen (2011) beginnt und endet an der Max-Wiethoff-Schule (vgl. Abb. 4.2.11); sie führt zunächst an der Johanniskirche und der Kirche St. Peter und Paul vorbei und über den nördlichen Teil des ehemaligen Betriebsgeländes der Zeche Mont Cenis. Es folgen der ländliche Ortskern von Börnig sowie die Siedlung und das Schachtgerüst Teutoburgia. Über den Volkspark mit dem Kaiser-Wilhelm-Turm (vgl. Abb. 4.2.17) führt die Route zu verschiedenen Höfen in der Sodinger Feldflur (vgl. Abb. 2.0.1) und im Gysenberger Wald und schließlich über die Siedlung Constantin (vgl. Abb. 4.1.14) und den Südfriedhof zurück.

Auch die Tour durch Wanne (2013) ist ein Rundkurs. Von der Hauptpost (vgl. Abb. 4.3.2) geht es vorbei an verschiedenen städtischen Wohnformen (Abbn. 4.1.25 und 4.3.12) und dem Stadtgarten. Weiter liegen die Auferstehungskirche (vgl. Abb. 8.7.2), die Königin-Luise-Schule (vgl. Abb. 4.2.14), die Zeche Pluto (vgl. Abb. 5.1.7), das Heimatmuseum Unser Fritz und Altcrange mit Haus Crange (vgl. Abb. 2.2.6 und 2.2.8) auf der Route. Sie führt danach vom Rhein-Herne-Kanal in einem weiten Bogen nach Osten über die Mozart- und Hauptstraße zum Ausgangspunkt zurück.

Die Tour durch Herne-Mitte (2014) schließt das Behördenviertel, das Wohngebiet um den Neumarkt, die Villen an der Bochumer Straße, Schloss Strünkede und die Flottmannhallen ein.

Ausgangs- und Zielpunkt der Denkmal-Tour Wanne und Eickel (2015) ist Altcrange. Die Route führt entlang des Rhein-Herne-Kanals, berührt einige Hofstellen in Baukau sowie die Gaststätte am Gahlenschen Kohlenweg (vgl. Abb. 2.2.17), führt im Süden durch die Kolonie Hannover und die Siedlung Königsgrube und folgt dann im Westen der

Arnoldius (https://commons.wikimedia.org/wiki/File:Herne_Friedrich-Ebert-Platz_5.jpg), „Herne Friedrich-Ebert-Platz 5", https://creativecommons.org/licenses/by-sa/3.0/legalcode (aufgerufen am 20.02.2021)

Abb. 8.7.3 Städtische Verwaltung, ehemalige Hauptstelle der Herner Sparkasse (erbaut 1928–1930, seit 1988 unter Denkmalschutz)

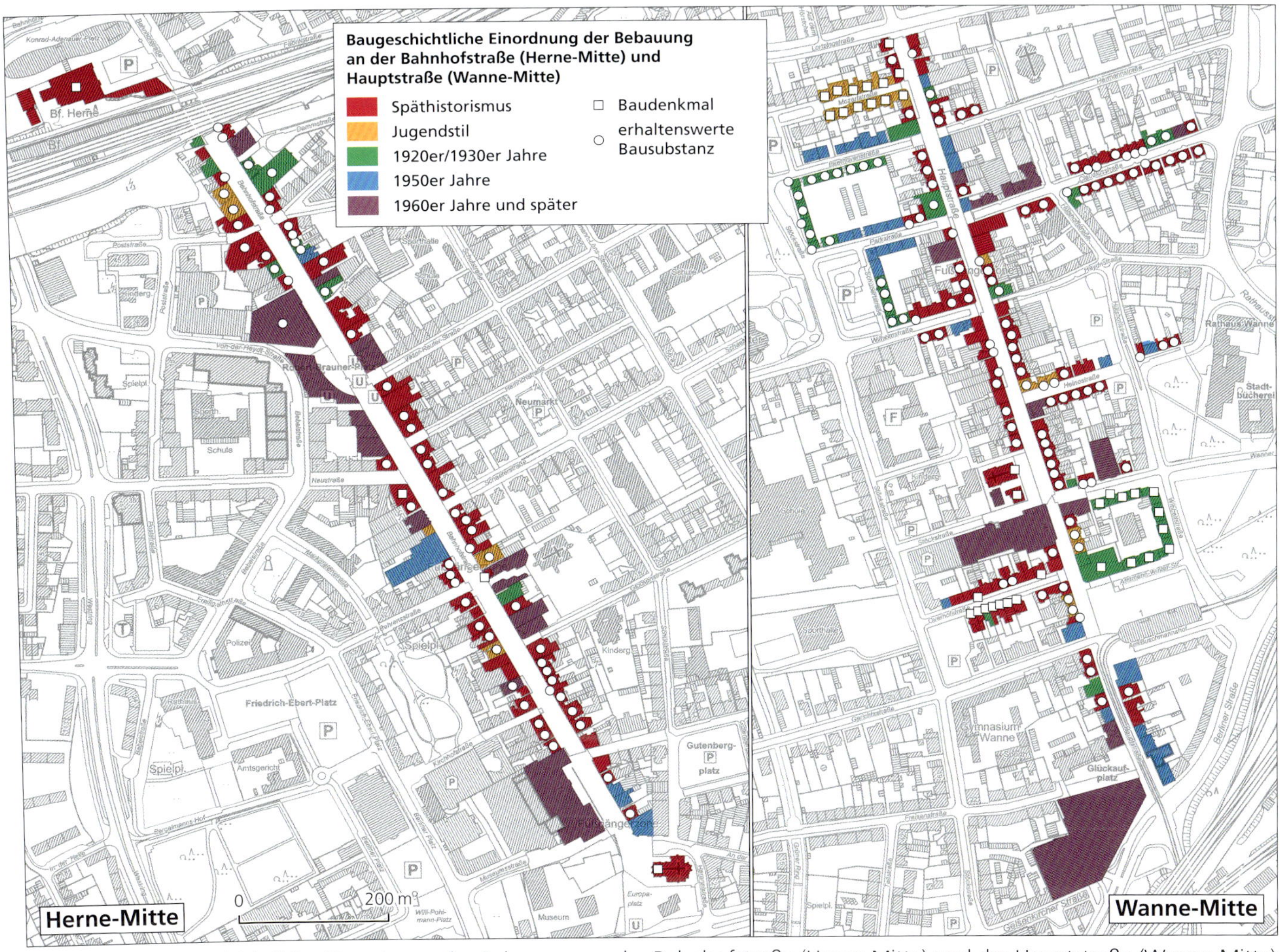

Stadt Herne/Krause 1995 und 1999; Stadt Herne, Untere Denkmalbehörde Herne Kartographie: Sabrina Henschel

Abb. 8.7.5 Baugeschichtliche Einordnung der Bebauung an der Bahnhofstraße (Herne-Mitte) und der Hauptstraße (Wanne-Mitte)

Erzbahntrasse bis zur Zeche Pluto. Den Abschluss bilden der Malakow-Turm der Zeche Unser Fritz (vgl. Abb. 5.1.7) und die Künstlerzeche.

Die Tour „Vom Fachwerk zur Kohle" (2015) umfasst im Wesentlichen die Objekte der vorhandenen Touren durch Wanne und Eickel, nutzt jedoch den neuen Radweg über die Erzbahntrasse als alternative Route.

Auch die „Fachwerk und Kohle"-Tour durch Sodingen (2016) entspricht von wenigen Objekten abgesehen der von 2011.

Dem Titel „außergewöhnlich, unerkannt, versteckt" entsprechend, reiht die 2019 entwickelte Tour durch den Stadtbezirk Herne hochkarätige und versteckte Denkmäler aneinander, und dabei insbesondere solche, bei denen auch die erhaltene innere Ausstattung und Struktur attraktiv ist, wie beim Bahnhof Herne, der „Alten" Sparkasse (vgl. Abb. 8.7.3), dem Zellentrakt des Amtsgerichts, der Mulvany-Villa (vgl. Abb. 3.1.9) und dem masurischen Betsaal (vgl. Abb. 4.2.4).

Die jüngste Tour – „Grüne Mitte Zeche Hannover" (2020) – geht im Süden über die Stadtgrenze hinaus und verbindet rund um die Zeche Hannover, die ein Standort des dezentralen LWL-Industriemuseums ist, die Siedlung Königsgrube und die Kolonie Hannover 1/2 auf Herner Gebiet mit der Kolonie Hannover 3/4 und der nach den Prinzipien der Gartenstadt gestalteten Siedlung Dahlhauser Heide im Bochumer Stadtgebiet.

Eine besondere Route durch die industrielle Kulturlandschaft bietet der Radweg auf der Erzbahntrasse von Bochum nach Gelsenkirchen entlang der westlichen Stadtgrenze durch den regionalen Grünzug D.

Die neun Kilometer lange Erzbahn zur Versorgung der Hochöfen des Bochumer und des Schalker Vereins mit Eisenerz war aufgrund zahlreicher, bereits vorhandener Verkehrslinien in West-Ost-Richtung auf einem rund 15 m hohen Damm mit 15 Brücken verlegt worden. Nachdem der Hochofenbetrieb in den 1960er Jahren beendet war, verfiel die Erzbahn allmählich; von 2002 bis 2008 wurde die Trasse zu einem Radweg zurückgebaut. Dadurch konnte der Westpark in Bochum kreuzungsfrei mit dem Emscher-Radweg verbunden werden. Der Verlauf der

Stadt Herne/Krause und Partner 1995; Foto: H.-W. Wehling 2021

Abb. 8.7.6 Hauptstraße 235/Overhofstraße – Ansichtszeichnung von 1905 und heutiger Zustand

Das viergeschossige Wohn- und Geschäftshaus wurde 1904 durch den Bauunternehmer Ernst Erwe im Stil des Historismus errichtet. Die Schaufensteranlage des Erdgeschosses ist seit 1920 mehrfach umgestaltet worden, 1969 wurden die baufälligen Erker an der Eckrundung abgerissen.

Strecke auf einem Damm ermöglicht einen guten Blick auf die umliegende Industrie- und Siedlungslandschaft – im Bereich von Herne gehören dazu zahlreiche, technisch interessante Brückenbauwerke, der Schacht Pluto-Wilhelm, die Halde Pluto mit ihrem Aussichtsturm und der Malakowturm der Zeche Unser Fritz.

Waren die zentralen Bereiche von Wanne und Herne in den 1960er und 1970er Jahren starken baulichen Veränderungen im Rahmen von Sanierungsmaßnahmen und der Orientierung auf die autogerechte Stadt unterworfen, fand in den 1980er und 1990er Jahren eine gewisse Rückorientierung durch verkehrsberuhigende Maßnahmen statt, einschließlich der Ausweisung von Fußgängerzonen. Getragen von der Wertschätzung für die industrielle Baugeschichte des Ruhrgebiets und insbesondere des Raumes beiderseits der Emscher, die sich durch die Aktivitäten der Internationalen Bauausstellung Emscher Park entwickelte, trat auch in Herne an die Stelle durchgreifender städtebaulicher Veränderungen der Erhalt sowie eine kleinteilige und an den Bestand angepasste Weiterentwicklung der baulichen Substanz. Die Stadtverwaltung machte ausgiebigen Gebrauch von dem am 1.7.1980 in Kraft getretenen Gesetz zum Schutz und zur Pflege der Denkmäler im Lande Nordrhein-Westfalen (DSchG NRW); rund 90 % aller Denkmäler wurden zwischen 1983 und 1999 unter Schutz gestellt.

Von wenigen Objekten abgesehen, blieben die durch Einzelhandel stark genutzten zentralen Bereiche entlang von Hauptstraße und Bahnhofstraße jedoch frei von Unterschutzstellungen. Für diese Bereiche wurden auf der Basis eingehender Analysen 2016 und 2018 Gestaltungssatzungen erlassen, für die Herner Innenstadt unterstützt durch ein Gestaltungshandbuch. Die Gestaltungssatzungen bieten die Möglichkeit, bei geplanten baulichen Veränderungen (Neubauten, Fassaden, Dächer und Dachaufbauten, Vordächer, Markisen, Werbeanlagen) auch rückwirkend auf die Gestaltung der Gebäude einzuwirken, um die städtebauliche Attraktivität weiter auszubauen.

Der Straßenraum der Hauptstraße in Wanne wird zu etwa der Hälfte von Bauten im Stil des Späthistorismus geprägt, Bauten des Jugendstils sowie aus den 1920er und frühen 1930er Jahren ergänzen den Eindruck eines überkommenen Ortsbildes. Bauten ohne stilistische Eigenarten und/oder aus

Foto: H.-W. Wehling 2021

Abb. 8.7.7 Hauptstraße 250/Heinestraße

Das dreigeschossige Wohn- und Geschäftshaus in Ecklage wurde 1890 durch den Architekten Heinrich Nolde errichtet. Als es 1904 für das Bankhaus B. Rose umgestaltet wurde, erhielt es wahrscheinlich die Jugendstilfassade. Nach dem Zweiten Weltkrieg ist das Erdgeschoss für verschiedene Handels- und Dienstleistungsnutzungen mehrfach umgebaut worden. Dennoch ist es denkmalschutzwürdig, steht es stilistisch doch an der Wende vom Späthistorismus zum Jugendstil, die in Wanne in den Jahren 1904 und 1905 vollzogen wurde.

Foto: H.-W. Wehling 2021

Abb. 8.7.9 Bahnhofstraße 45

Das an der Einmündung der Neustraße liegende viergeschossige Eckgebäude wurde 1889 vom Architekten H. Kadach im Stil der Neorenaissance errichtet; die Fensterachsen sind über zwei Geschosse hinweg besonders aufwändig gestaltet. Das Gebäude wurde 1903/11 zu einem Wohn-Geschäftshaus mit großen Schaufenstern umgebaut und 1988 zum Baudenkmal erklärt.

Foto: H.-W. Wehling 2021

Abb. 8.7.8 Bahnhofstraße 10a

Das als Konzerthaus „Hans Köster" und ehemalige Gaststätte „Zum alten Fritz" bekannte Gebäude wurde vor 1899 im sonst auf der Bahnhofstraße seltenen Stil der Neogotik errichtet. Die Fassade des Erdgeschosses wurde seitdem im Zuge von Umnutzungen mehrfach verändert. Die Fassade ist symmetrisch aufgebaut, die Mittelachse wird durch einen mächtigen konkav-konvex geschweiften Zwerchgiebel betont; auffällig ist zudem die reiche Verzierung der Fenster im 1. Obergeschoss.

Foto: H.-W. Wehling 2021

Abb. 8.7.10 Bahnhofstraße 58

Das Wohn-Geschäftshaus wurde 1911 im sogenannten Reformstil errichtet. Ab 1949 wurden mehrfach Änderungen an der Front des Erdgeschosses durchführt. Die Fassade weist ab dem 1. Obergeschoss eine spiegelsymmetrische vertikale Gliederung durch sechs Fensterachsen auf. Dem ausladenden Hauptgesims sitzt ein vierachsiges Zwerchhaus auf. Trotz aller Umbauten ist im Erdgeschoss der auf der Mittelachse liegende Haupteingang noch erhalten.

Foto: H.-W. Wehling 2021

Abb. 8.7.11 Bahnhofstraße 74

Der Vorgängerbau dieses viergeschossigen Wohn-Geschäftshauses wurde vor 1892 errichtet und danach mehrfach umgebaut. 1927 erfolgte ein Umbau (ggfl. ein Neubau), in dessen Verlauf die Fassade im Stil des Expressionismus gestaltet wurde. Zwischen den fünf Fensterachsen stehen dreieckige Lisenen, die über dem Traufgesims in einen flachgezogenen Sternengiebel münden.

Foto: H.-W. Wehling 2021

Abb. 8.7.12 Bahnhofstraße 81

Das viergeschossige Wohn-Geschäftshaus, das bis 1959 auch im 1. Obergeschoss über Schaufensterflächen verfügte, wurde 1912 von dem Architekten H. Dickhoff im Jugendstil errichtet. Sechs Fensterachsen mit zwei- und dreibahnigen Fenstern prägen die Fassade, aus der in asymmetrischer Anordnung zwei zweigeschossige Polygonalerker hervortreten. Über drei Achsen sitzt ein dreiachsiges Zwerchhaus mit Ovalfenster auf; weiterhin sind drei zweiachsige Dachgauben in die breite Mansarddachfläche eingelassen. Jugendstilmedaillons von hoher Qualität zieren die Brüstungsfelder des dritten Obergeschosses.

Frank Vincentz (https://commons.wikimedia.org/wiki/File:Herne_-_Straße_des_Bohrhammers_-_Flottmannpark_(13)_02_ies.jpg), „Herne - Straße des Bohrhammers - Flottmannpark (13) 02 ies“, https://creativecommons.org/licenses/by-sa/3.0/legalcode, Arnoldius (https://commons.wikimedia.org/wiki/File:Herne_Möckel_Kontur_2.jpg), https://creativecommons.org/licenses/by-sa/4.0/legalcode, Arnoldius (https://commons.wikimedia.org/wiki/File:Herne_Scholz_Fabrikhaus.jpg), https://creativecommons.org/licenses/by-sa/4.0/legalcode (aufgerufen

Abb. 8.7.13 Objekte im SkulpturenPark Flottmann – „Drawing #1“ von Herbert Hofer (errichtet 2010), „Kontur“ von Ulrich Möckel (2010), „Fabrikhaus“ von Max Scholz (2017)

Foto: H.-W. Wehling 2021

Abb. 8.7.14 Skulptur „Fußgänger“ von Monika Günther im Kunstwald Teutoburgia

Der 12 m hohe Stahlkörper ist mit einem Drahtgitter als Rankhilfe umkleidet, damit er sich im Laufe der Zeit in eine quasi-organische Figur aus Efeu und wildem Wein verwandelt.

Foto: H.-W. Wehling 2020

Abb. 8.7.15 Skulptur „Obelisk" von Karin Kahlhofer im Kunstwald Teutoburgia

Der „Obelisk" ist eigentlich ein Entgasungsschacht der alten Zechenanlage. Noch heute entströmt diesem Bergbau-Relikt gelegentlich Methan. Das obere Ende der skurrilen Säulenform besteht aus Düsen, die einer Art Schirmskelett ohne Bespannung gleichen. Die mit zweifarbigem Naturstein gepflasterte Kreisform der Anlage nimmt die strahlenförmige Anordnung der Düsen auf. Eine Achse verbindet das Rondell mit dem Schachtgerüst der Zeche Teutoburgia.

Foto: H.-W. Wehling 2020

Abb. 8.7.16 Brunnenplastik Lindenbaum von Günter Tollmann, 1973, Bahnhofstraße

Zur Eröffnung des City-Centers wurde diese von der Firma Heitkamp gestiftete und von dem Gelsenkirchener Künstler Günter Tollmann in typischer Weise gestaltete kinetische Plastik aufgestellt, deren obere Teile sich bei entsprechender Windrichtung bewegen.

jüngeren Jahren haben nur im südlichen Teil prägenden Einfluss. Besonders schützenswert sind neben den Baudenkmälern die Kopfbauten an der Mozart- (vgl. Abb. 4.3.6), Heine- und Overhofstraße; erhaltenswerte Bausubstanz tritt zudem konzentriert beidseitig zwischen der Stöck- und der Parkstraße auf, auch wenn in vielen Fällen die Stuckaturen im Zuge von Renovierungen abgeschlagen wurden.

Während der Bereich von Herne-Mitte westlich und östlich der Bahnhofstraße Cluster von Baudenkmälern aufweist, sind die Kreuzkirche, der Turm der ehemaligen Bonifatiuskirche, die Fassade des ehemaligen Karstadt-Kaufhauses und das Bahnhofempfangsgebäude die einzigen Baudenkmäler entlang dieser zentralen Achse. Insgesamt sind nach 1945 20 % der überkommenen Bausubstanz durch Abbruch verschwunden. Die städtebaulichen Veränderungen zwischen 1960 und 1980 haben zudem im südlichen Eingangsbereich und um den Robert-Brauner-Platz durch Flächensanierung größere Areale moderner Stadtarchitektur entstehen lassen. Dazwischen liegen jedoch zahlreiche Wohn- und Geschäftshäuser, die in hoher stilistischer Qualität als die noch vorhandenen Repräsentanten der „Goldenen Stadt" angesehen werden können. Wie entlang der Hauptstraße wird auch das städtebauliche Erscheinungsbild entlang der Bahnhofstraße durch Gebäude aus der Zeit zwischen 1885 und 1914 geprägt; stilistisch überwiegen Bauten des Historismus; Bauten aus der Zeit des Jugend- und Reformstils finden sich zwar seltener, spielen aber aufgrund ihrer besonderen Gestaltung eine ebenso bedeutende Rolle. Zudem entstanden zwischen 1926 und 1928, vornehmlich zwischen Robert-Brauner-Platz und dem Bahnhof, Gebäude im Stil des Expressionismus.

Wie schon entlang der Hauptstraße haben auch an der Bahnhofstraße das Abschlagen alter Stuckelemente, das Anbringen neuer Fassadenmaterialien oder die Neuanordnung der Schaufenster das ursprüngliche Erscheinungsbild verändert.

Drei Kunstparks präsentieren Kunst im öffentlichen Raum – der Flottmann Kunstpark, der Kunstwald Teutoburgia und das Kreativ.Quartier Am Kanal.

Außerhalb der Flottmann-Hallen wurde 2004 eine erste Ausstellung durchgeführt und die Idee eines Skulpturenparks entwickelt. Nachdem zunächst nur wenige Werke hinzugekommen waren, ermöglichte die Hilfe lokaler Sponsoren, insbesondere zum Kulturhauptstadtjahr RUHR.2010, eine Gestaltung des Geländes sowie die Aufstellung weiterer Objekte. Heute umfasst der SkulpturenPark Flottmann 21 Skulpturen meist regionaler Künstler.

Ab 1984 wurden die Betriebsgebäude der Zeche Teutoburgia weitgehend abgetragen. Zurück blieben nur die Fördermaschinenhalle und das Fördergerüst

Foto: H.-W. Wehling 2020

Abb. 8.7.17 Cubecrack von HD Schrader, 1995, Schlosspark Strünkede

In einem Kunstprojekt, das der Künstler HD Schrader 1995 in Herne, Ingolstadt und Lübeck ausstellte, zerschnitt er einen Stahlquader, der sich aus drei aufeinander gestapelten 2,5-m-Kuben ergibt, in zwölf Teile; sechs dieser rot lackierten cubecracks verteilte er über die Stadt, die übrigen wurden im Museum und in den Flottmann-Hallen ausgestellt. Heute stehen sechs dieser cubecracks dauerhaft in Herne an sechs Standorten entlang der U-Bahn-Strecke.

Foto: H.-W. Wehling 2020

Abb. 8.7.18 Herner Ronden von Hans Günter Prager, 2004, Friedrich-Ebert-Platz

Der in Herne geborene Bildhauer gilt als Wegbereiter und Verfechter der Bodenskulptur, die sich im Gegensatz zur vertikalen Skulptur nicht als optisches Sinnbild vom Menschen entfernt, sondern sich unmittelbar auf dessen Körpermaße bezieht. Zwischen dem Rathausvorplatz und der Fläche des Wochenmarkts liegen oder stehen in leichter Neigung sieben aus Corten-Stahl geschmiedete Scheiben mit einem Durchmesser von 60 bis 160 cm.

Foto: H.-W. Wehling 2021

Abb. 8.7.19 Reemrenreh (Kaum Gesang) von Bogomir Ecker, 2010, Schleuse Herne-Ost (Herner Meer)

Die Mole am Herner Meer liegt wie eine Halbinsel zwischen dem Rhein-Herne-Kanal und dem Jachthafen und ist im Sommer ein viel besuchter Badeort und beliebter Picknick-Treffpunkt. Am Ende der Mole steht diese dreiteilige Skulptur im Wasser – die gelbe Säule („Käsestange") ist 23 m, die graue 7,60 m hoch. Eine 16 m hohe Straßenlaterne beleuchtet das Gesamtobjekt mit Einbruch der Dunkelheit wie eine Nachttischlampe. „Reemrenreh" (rückwärts von Hernermeer) des Objekt- und Installationskünstlers Ecker wurde im Rahmen der „Emscherkunst 2010" installiert.

von 1907/08. Aus einer privaten Initiative heraus gründete sich 1987 der Förderverein Teutoburgia, der sich um eine Bewahrung und künstlerische Ausrichtung des Gebäudebestands bemühte. Der Kommunalverband Ruhrgebiet erwarb das Gelände 1992 und integrierte es in den Landschaftspark Bladenhorst, der wiederum Teil des regionalen Grünzugs E ist. 1993 wurden erstmals Künstler eingeladen, um sich mit dem Ort künstlerisch auseinander zu setzen; aus 30 Vorschlägen wurden schließlich acht zur Realisierung ausgewählt und 1995 der Kunstwald Teutoburgia offiziell eröffnet. In die Natur eingebettet und zum Teil mit ihr verwoben sind elf Skulpturen und Rauminstallationen, darunter Werke von Monika Günther (Fußgänger, Zitatensteine), Hermann Kassel (Ariadnefaden), Klaus Gärtner

Frank Vincentz, commons.wikimedia.org/wiki/User:les/L_Herne_2 (aufgerufen am 15.1.2022)

Abb. 8.7.20 Graffiti im Kulturpark Unser Fritz, am Eickeler Markt und an der Thiesstraße (v.l.n.r.)

(Eingesenkter Platz), Elke Bauer (Wendepunkt), Karin Kahlhofer (Obelisk), Frank Niehusmann und Gudrun Banf (Klangpodeste), Margret Cramer (Aufgeklappte Fassade), Christof Schläger (Gespiegelte Seilscheiben).

Mit dem Projekt „KreativQuartier Am Kanal" versucht die kommunale Wirtschaftsförderung, über 10 km Länge entlang des Rhein-Herne-Kanals Unternehmen der Kreativwirtschaft anzusiedeln. Kernstück ist seit 1970 die Künstlerzeche Unser Fritz 2/3. Diese nutzt die Weiß- und Schwarzkaue sowie die Maschinenhalle der ehemaligen Zeche als Künstlerateliers und für Ausstellungen. Die Künstlerzeche fördert schulische Kunstprojekte, verleiht den Kunstförderpreis „Junge Positionen NRW", veranstaltet Konzerte und Jazz Sessions und beteiligt sich an regionalen Ereignissen wie dem „Tag des offenen Ateliers" und der ExtraSchicht, d.h. der Nacht der Industriekultur, in der im gesamten Ruhrgebiet Industriedenkmäler „bespielt" werden. Um die Künstlerzeche entwickelte sich mit rund zwanzig Skulpturen der Kulturpark Unser Fritz.

Zentrum des Kreativ.Quartiers Wanne ist das Ladenlokal „Hallenbad" in der Heinestraße, das als Galerie, Projektbüro, Treffpunkt und Basis für ein Kreativnetzwerk dient. Neue Kooperationen und Workshop-Angebote sollen hier erprobt und gemeinschaftlich neue Produkte für den Markt entwickelt werden. Darüber hinaus soll der Aufbau des Kreativ.Quartiers dazu beitragen, den Stadtteil zu beleben und Impulse zur Leerstandsbeseitigung zu geben.

Außerhalb der drei Kunstparks finden sich über siebzig Kunstwerke im öffentlichen Raum. Schwerpunkte sind die Parks, insbesondere der Schlosspark Strünkede, sowie die zentralen Bereiche von Wanne, Eickel und Herne. Aufgrund guter Vernetzungen von Stadt und Museum mit der Kunstszene sind dabei eine Reihe renommierter regionaler Künstler vertreten. 1959 wurde die Bronzestatue „Genius des Guten" von Zoltan Székessy an der Bebelstraße aufgestellt, Hubert Nietsch aus Gelsenkirchen schuf 1960 seine Bronze „Bergmannskuh", die am Hölkeskampring steht. Der mit Bruchsteinen gemauerte „Steinstuhl" von Will Brands entstand 1984 im Revierpark Gysenberg. Heinrich Brockmeier schuf zwei Bronzebüsten – 1992 die von Robert Brauner für den Robert-Brauner-Platz und 2000 die von Willi Pohlmann, die vor dem KUZ aufgestellt wurde. Der Lichtkinetiker Günter Dohr installierte 1999/2000 unter der Eisenbahnbrücke an der Bahnhofstraße das „Licht unter der Brücke" und 2001 an der Einmündung der Neustraße das sieben Meter hohe „Licht-Tor". An der Einmündung der Vinckestraße in die Bahnhofstraße schufen der Op-Art-Künstler Jürgen LIT Fischer und der Architekt Peter Brdenk 2001 den „Lichtpunkt", und Christel Lechner stellte 2013 ihre Alltagsmenschen aus Beton an der Bochumer Straße auf.

Der Kulturpark Unser Fritz sowie die Initiativen, die sich mit Pottporus und wanne2020plus entwickelten, sind schließlich Ausgangspunkte für eine ausgeprägte offizielle und/oder geduldete Street-Art-Szene.

8.8 Perspektiven und Image

„Friedel Hensch und die Cyprys" waren eine in den 1950er Jahren sehr erfolgreiche Musikgruppe des deutschen Schlagers; sie wurde 1945 gegründet und

Fotosammlung H.-W. Wehling

Abb. 8.8.1 „Der Mond von Wanne-Eickel" – Schallplattencover

bestand bis 1970 aus der Sängerin Friedel Hensch, dem Gitarristen Werner Cyprys und mit den Jahren wechselnden Partnern. Deutsche Adaptionen ausländischer Erfolge waren im deutschen Schlagergeschäft bis in die 1970er Jahre nicht selten. 1962 übernahmen „Friedel Hensch und die Cyprys" den französischen Tango „Un clair de lune à Maubeuge" des Sängers und Komponisten Pierre Perrin, der acht Wochen lang in den französischen Hitparaden platziert war, anschließend im Mittelpunkt einer hochkarätig besetzten Filmkomödie stand und im Laufe der Zeit von verschiedenen französischen Sängern und Sängerinnen interpretiert wurde. Bei „Friedel Hensch und die Cyprys" wurde daraus als Persiflage auf die Reiselust der Deutschen in den Wirtschaftswunderjahren der Schlager „Der Mond von Wanne-Eickel". Anders als die Stadt Maubeuge, die Pierre Perrin zur Erstaufführung des Films als Ehrengast einlud und ihn – wie später auch Nachbarstädte im nordfranzösischen Industriedepartement Nord – zum Ehrenbürger machte, sah die Stadtverwaltung von Wanne-Eickel das Image der Stadt beschädigt. Ende der 1960er Jahre erkannte man aber das selbstironische Werbepotenzial, und das Presseamt gab als Präsent für wichtige Gäste der Stadt eine Sonderedition heraus, auf dessen B-Seite der in Wanne geborene Schauspieler Ernst Schröder Texte des Dichters Fred Endrikat liest, der seine Kindheit und Jugend in Wanne-Eickel verbracht hatte.

Warum bei der deutschen Adaption des französischen Liedes Wanne-Eickel gewählt wurde, ist nicht eindeutig zu belegen. Zum einen wird angeführt, dass Friedel Hensch und die Cyprys gerade in Wanne-Eickel auf Tournee waren, zum anderen, dass die Ortswahl aus phonetischer Originalität heraus getroffen wurde. Insgesamt ist es aber plausibel, dass ein ebenso denkbar unpassender Urlaubsort gesucht wurde wie die Industriestadt Maubeuge. Während Herne noch vom Image der „Goldenen Stadt" der unmittelbaren Nachkriegsjahre zehrte, schien Wanne-Eickel prototypisch in die verbreitete Vorstellung von einer hässlichen Industriestadt im Ruhrgebiet zu passen.

Trotz aller kommunalen Proteste lagen 1962 nationales Image und lokale Realität dicht beieinander. Mehr als die meisten Städte im Ruhrgebiet sind Wanne-Eickel und Herne aufgrund ihrer grundlegenden und rasanten Entwicklung um 1900 als Industriestädte anzusehen. Ohne nennenswerte vorindustrielle Siedlungsstrukturen breiteten sich montanindustrielle Standorte und industrielle Verkehrslinien wirtschaftlich effizient über die Landschaft aus; es entstanden Industriedörfer mit starkem inneren, arbeitsbezogenen Zusammenhalt, aber nahezu ohne Beziehungen untereinander. Fokussierende Funktionen übernahmen lediglich die Bahnhöfe, auch wenn sie über viele Jahre überwiegend dem Güterverkehr dienten. Städtebaulich wurden sie zu Ausgangspunkten der auch in anderen Ruhrgebietsstädten entstehenden Bahnhofstraßen, in deren Umfeld sich grundlegende städtische Infrastruktureinrichtungen und Geschäfte ansiedelten. Daraus entwickelte sich der zentrale Geschäftsbereich der lediglich aufgrund ihrer Bevölkerungszahl zu Städten erklärten administrativen Gebilde. Räumlich vom industriellen System geprägt, dem sonstige städtische Funktionen und Notwendigkeiten untergeordnet wurden, entwickelten sich die Industriestädte mit ihrer lockeren, unzusammenhängenden Bebauung, punktuell eingestreuten Infrastruktureinrichtungen und kleinen, nur ökonomisch definierten Stadtzentren. Der wirtschaftliche Aufschwung, ein hohes Arbeitsplatzangebot und eine attestierte nationale Bedeutung gaben den Industriestädten ein Selbstbewusstsein, hinter dem mangelnde Urbanität und hohe Umweltbelastungen nachrangig blieben. Mit dem Zerfall der (montan-)industriellen Grundlagen und mit steigenden Arbeitslosenzahlen schwand dieses Selbstbewusst-

Stadt Herne, Stadtarchiv

Abb. 8.8.2 Titelseite und innere Doppelseite der Imagebroschüre von 1970

sein, die funktionalen, strukturellen und städtebaulichen Defizite traten zu Tage.

In einem 2005 erschienenen soziologischen Lehrbuch zur Lebenswirklichkeit der Städte werden Referenzrahmen zwischen Stadt und Land sowie zwischen verschiedenen Formen des Städtischen entwickelt. Der programmatische Einführungsbeitrag ist überschrieben „Wenn New York nicht Wanne-Eickel ist …“, ohne dass auf beide Städte im Artikel selbst näher eingegangen wird. Wenn aber New York für die höchste Entfaltung urbanen Lebens stehen soll, dann ist Wanne-Eickel offensichtlich das genaue Gegenteil. Auf persönliche Nachfrage fanden die Autoren diesen Referenzrahmen als passend und verwiesen zudem auf den Song „Balu“ der Hamburger Indierockband Kettcar aus dem Jahre 2005, dem Jahr ihrer Buchveröffentlichung, in dem es heißt: „… Du bist New York City, und ich bin Wanne-Eickel“. „Wanne-Eickel“ hatte sich mittlerweile vollständig von der Realität des Ortes entfernt und war zum Stereotyp für das Unfertige, Ungeordnete, Kaputte, Langweilige geworden.

In einem SPIEGEL-Artikel vom 5.8.2020 über die corona-bedingte Entwicklung des Homeoffice wird zu den negativen Auswirkungen auf die Struktur von Innenstädten festgestellt, dass Metropolen wie München, Frankfurt, Berlin oder Hamburg auch im Homeoffice-Zeitalter dank Theater, Gastronomie und Architektur noch genügend Besucher in ihre Innenstädte locken dürften, dass Kommunen wie Bremerhaven, Dortmund oder Offenbach dies schon schwerer fallen würde, dass aber selbst Milliardenprogramme des Bundes oder neue City-Manager Städten wie Peine und Fulda, Lingen und Wanne-Eickel nicht mehr würden helfen können. Wieder findet sich am Ende eines Städte-Rankings Wanne-Eickel – eine Stadt, die es administrativ seit fast 50 Jahren nicht mehr gibt, die aber in der Außenwahrnehmung offensichtlich der Prototyp der unfertigen Stadt bleibt. „Wanne-Eickel“ driftete zunehmend ins Irreale ab, ist seit Jahren ohne faktischen Bezug, ist aber damit offen für neue Aneignungen und Interpretationen. In Wanne ist der „Mondpalast“ eine ebenso ironisierende Replik wie die 1975 von Elke Heidenreich geschaffene kleinbürgerliche Metzgersgattin Else Stratmann, und die seit 1889 ansässige kleine Traditionsbrennerei Eicker & Callen vertreibt seit Anfang der 1970er Jahre mit Erfolg den Likör „Der Mond von Wanne-Eickel“.

Die Stadt Herne hatte ein grundsätzlich anderes Imageproblem. Von der „Goldenen Stadt“ in wenigen Nachkriegsjahren abgesehen, wurde sie schlichtweg nicht wahrgenommen, sondern zwischen den großen Zentren Duisburg, Essen, Bochum und Dortmund verschwand sie – wie Bottrop, Gladbeck, Castrop-Rauxel, Lünen und andere – im

Stadt Herne

Abb. 8.8.3 Markenlogo seit 2017

räumlich unstrukturierten und überlappenden Gemenge der Industriestädte und war wie diese Mittel- und kleinen Großstädte lediglich Repräsentant des schlechten Images der Region.

Mit der Hinwendung zu den neuen städtebaulichen Ideen der 1960er/1970er Jahre, aus denen sich die Umgestaltung der Innenstadt, ein innerstädtisches Zentrensystem, die Errichtung neuer, verdichteter Wohnbaugebiete und eine geplante grüne Infrastruktur ableiteten, sah sich Herne städtebaulich als Avantgarde und infrastrukturell für neue Industrieansiedlungen gerüstet.

Auf dem Höhepunkt einer nationalen Rezession und vor allem der regionalen schwerindustriellen Strukturkrise gab man sich fortschrittsorientiert und präsentierte sich 1970 in der Imagebroschüre „Herne macht Schluß mit einem alten Vorurteil …“ als günstiger Industriestandort und sah die neuen Autobahnen, die die Stadt brutal zerschneiden, als wichtigen Standortfaktor. In der nächsten Imagebroschüre des Jahres 1976 wurde diese Stadtentwicklung als „richtungsweisend“ angepriesen.

Mit dem Zusammenschluss beider Städte verschwand der belastete Stadtname „Wanne-Eickel“; allerdings erzeugte das als „kolonialistisch“ empfundene Verhalten von Herne 1 gegenüber Herne 2

(Wanne-Eickel) dort eine Rückbesinnung auf die historische Eigenart. Getragen von der regionalen Wertschätzung für die industrielle Vergangenheit, die von der IBA EmscherPark angestoßen worden war und sich in der Bewahrung des baulichen Erbes niederschlug, sowie durch das jährliche und regional wirksame Ereignis der Cranger Kirmes entwickelte sich lokal eine identitätsstiftende Marke „Wanne-Eickel". Diese ist – führt man sie mit der Außenwahrnehmung zusammen – durchaus ambivalent und nicht konsistent, aber dennoch von hoher Wirkung. In der Außenwahrnehmung drang und dringt „Wanne-Eickel" in Assoziationsbereiche vor, die „Herne" auch deshalb nie erreicht hat, weil „Wanne-Eickel" vielfach nicht mit der Stadt Herne in Verbindung gebracht wurde.

„Herne" war in der öffentlichen Wahrnehmung entweder nicht vorhanden oder schlecht beleumundet. In einer geographischen Untersuchung des Jahres 1989 zur Krise des Ruhrgebiets und zur räumlichen Identifikation seiner Bewohner ergaben sich auf die Frage, wo denn das typische Ruhrgebiet sei, drei Reaktionsmuster. Wo die Ballungsrandzone nicht fern war, wand man sich heraus: „Wir sind ja hier gar nicht mehr im Ruhrgebiet". Im Innern der Region versagte dieser Absetzmechanismus und wurde ersetzt durch: „Schauen Sie mal nach draußen. Alles grün hier! Da müssen Sie erst mal ins tiefste Ruhrgebiet nach … kommen." In den meisten Städten verdichtete sich diese Empfehlung auf Herne. In seiner Not verlegte sich der Herner auf eine dritte Strategie: „Es ist doch schön hier. Das hätten Sie früher mal sehen müssen!"

In Artikeln nationaler Zeitungen über die Region wurde Herne zur „Quersumme des Ruhrgebiets", seit den 1980er Jahren belegt die Stadt regelmäßig hintere Rangplätze in nationalen Großstadtrankings unterschiedlichster Auftraggeber, was genauso regelmäßig zu lokaler Empörung und Zweifeln an der Methodik dieser Rankings führt; für Fans von Borussia Dortmund gibt es nur „Herne-West" als herablassende/herabsetzende Bezeichnung für Gelsenkirchen als Standort des FC Schalke 04.

Da ein dauerhaft negatives, indifferentes oder bestenfalls fehlendes Image lokal aber Motivation und Engagement, Fantasie und Kreativität einschränkt, setzte das Stadtmagazin „inherne" 2011 eine neue Phase der Imagebildung in Gang, indem es sich anschickte, die insgesamt defizitäre und mit der jeweils anderen Stadthälfte negative Identifikation durch gemeinsame und spezifische Identifikationspunkte zu überwinden und eine Liste von Superlativen über die Stadt Herne zusammenstellte – Größte Kirmes, erfolgreichstes Volkstheater, bedeutender Medizinstandort, international anerkannte Architektur, Streetdancer-Hochburg, bedeutendes Musikfestival, Weltmarktführung einiger Firmen in ihren Segmenten, Ruhrgebietsführer wie die Parfümeriekette Pieper oder der Reiseveranstalter Graf, die wenigsten Verkehrsunfälle – und stellte fest: „Herne kann was"; es fehle nur der richtige Slogan.

Mit dem Amtswechsel an der Stadtspitze wurde der Entwicklung eines Stadtimages Priorität eingeräumt. Um herauszufinden, wofür die Stadt steht bzw. welche Faktoren attraktiv sind, forderte die städtische Marketingabteilung 2016 die Bevölkerung auf, sich aktiv zu beteiligen, um einen imagefördernden, breit abgestimmten und vor allem authentischen Slogan zu finden, mit dem sich die Einwohner identifizieren können und mit dem die Stadt nach außen hin offensiv auftreten kann.

Nach dem Start der Internetseite „herne-kann-was.de" konnten die Bürger zum Thema „An Herne gefällt mir …" Fotos hochladen und mit kurzen Kommentaren versehen bzw. Karten ausfüllen und an das Stadtmarketing schicken. Nach drei Monaten wurde die Sammlung geschlossen, die insgesamt 5.294 Vorschläge aus der Bürgerschaft wurden thematisch sortiert und als Rangliste der Herner Stärken dem sogenannten Markenrat zugeleitet, einem Gremium aus Vertretern der Verwaltung und der lokalen Wirtschaft und drei Bürgern. Die größten thematischen Gruppierungen waren „Cranger Kirmes", „Das viele Grün in der Stadt", „Die zentrale Lage", „Die lebendige Kulturszene" und „Schloss Strünkede", aus denen der Markenrat für die Kreativphase die Markenthesen ableitete: Herne überrascht im Zentrum des Ruhrgebiets durch Lebensqualität mit viel Grün und Wasser.

2017 erhielt die Stadt Herne das neue Markenlogo und den neuen Slogan „Mit Grün. Mit Wasser. Mittendrin.". Dieser deckt alle drei Markenbausteine ab, das Logo mit dem Emscherbrücher Dickkopf im Zentrum greift die Markenbausteine farblich auf. Nach Meinung von Verwaltung und Stadtmarketing verbindet sich damit nicht nur eine lebendige Tradition, sondern auch die Chance auf eine Zukunft.

Auch wenn der wirtschaftliche Strukturwandel noch nicht als beendet angesehen werden kann, konnte Herne in den letzten Jahrzehnten neue wirtschaftliche Kompetenzfelder – zum Teil mit Alleinstellungsmerkmalen – erschließen, deren weiterer Ausbau lohnenswert erscheint. Die Stadt wird aufgrund ihrer Lage in der Mitte des Ruhrgebiets weiterhin in vielfacher Weise in regionale Entwicklungstendenzen eingebunden sein. Seit Beginn des 21. Jh.s hat sie sich durch fortlaufende Quartiersentwicklung und die Entwicklung endogener Potentiale zu einer Stadt mit weitgehend ausgeglichener Sozialstruktur, einem breiten Kulturangebot und guter funktionaler Grundausstattung entwickelt, was von den Einwohnern mit einer hohen Wohnzufriedenheit honoriert wird.

9 Literatur

AG Wohnungsmarkt Ruhr (Hg.) (2018): Wohnungsmarkt Ruhr. Vierter Regionaler Wohnungsmarktbericht. Dortmund 2018.

Akademie für Raumordnung und Landesplanung, ARL (Hg,) (1971): Deutscher Planungsatlas, Band 1: Nordrhein-Westfalen. Hannover.

Arbeitsgemeinschaft für Strukturforschung Bonn/ Müller, Georg (1965): Die Stadt Herne im Westfalen. Strukturelle und wirtschaftliche Gegebenheiten. Gutachten erstattet im Auftrage der Stadt Herne. Bonn.

Aring, Jürgen; Butzin, Bernhard; Danielzyk, Rainer; Helbrecht, Ilse (1989): Krisenregion Ruhrgebiet? Alltag, Strukturwandel und Planung. Oldenburg.

Balthasar, Jörg (1970): Eingemeindungspolitik und Verwaltungsorganisation. Eine Studie über die kommunale Neugliederung des mittleren Ruhrgebiets, Köln, Berlin.

Bangert, Wolfgang (1972): Die Mittelstadt. 3. Teil: Grundlagen und Entwicklungstendenzen der städtebaulichen Struktur ausgewählter Mittelstädte. Veröffentlichungen der Akademie für Raumforschung und Landesplanung, Forschungs- und Sitzungsberichte, Band 70, Hannover.

Beierlorzer, Henry; Boll, Joachim; Ganser, Karl (Hg.) (1999): Siedlungskultur. Neue und alte Gartenstädte im Ruhrgebiet. Braunschweig/Wiesbaden.

Bender, Silke (2006): Landschaft und Kultur – Industrie und Innovation. – In: inherne 2, S. 8-9.

Bender, Silke (2007): Die Mozartstraße in Wanne – Städtebauliches Juwel im Dornröschenschlaf. – In: inherne 2, S.14-15.

Bender, Silke (2010): Pluto beherrscht den westlichen Abschnitt. – In: inherne, 2, S. 28-29.

Bender, Silke (2011): Ganz oben, ganz unten. – In: inherne 1, S. 24-25.

Bender, Silke/Horst Martens (2011): Wir sind da, wo wir sind. – In: inherne 1, S. 8-10.

Berke, Wolfgang (2002): Das Buch zur Stadt Wanne-Eickel. Mythen, Kult, Rekorde: Eine Zeitreise durchs Herz des Ruhrgebiets. Essen.

Berke, Wolfgang (2005): Das zweite Buch zur Stadt Wanne-Eickel. Noch mehr Mythen, Kult und Rekorde: Die Zeitreise geht weiter. Essen.

Berking, Helmuth/Martina Löw (2005): Wenn New York nicht Wanne-Eickel ist … Über Städte als Wissensobjekt der Soziologie. – In: Helmut Berking/Martina Löw (Hg.), Die Wirklichkeit der Städte. Soziale Welt, Sonderband 16, Baden-Baden.

Bollerey, Franziska/Kristiana Hartmann (1978): Siedlungen aus den Regierungsbezirken Arnsberg und Münster. Dortmunder Architekturhefte Nr. 8.

Bollerey, Franziska/Kristiana Hartmann (1980): Gutachten Arbeitersiedlung. Herne.

Bollmann-Bildkarten-Verlag (1995): Herne, ein Bollmannplan. Braunschweig.

Book, Simon; Jauernig, Henning; Jung, Alexander; Keller, Maren; Schulz, Thomas; Wille, Roger (2020): Trautes Heim, Job allein. DER SPIEGEL, Nr. 37, 5.9.2020, S. 11-19.

Brandt, Karl (1952): Frühgeschichtliche Bodenforschungen im mittleren Ruhrgebiet. Paderborn.

Brandt, Karl (1960): Bilderbuch zur ruhrländischen Urgeschichte, Teil II. Herne.

Brandt, Karl (1962): Das Wasserschloß Strünkede und seine Ritter. – In: Kultur und Heimat. Heimatblätter für Castrop-Rauxel und Umgebung, Nr. 2, S.1-48.

Brandt, Karl (1966): Ur- und frühgeschichtliche Fundstellen in Herne und nächster Umgebung. – In: Herne – Unsere Stadt 1/2, S. 14-22.

Braßel, Frank; Clarke, Michael; Objartel-Balliet, Cornelia (Hg.) (1991): „Nichts ist so schön wie …“. Geschichte und Geschichten aus Herne und Wanne-Eickel. Essen.

Brinkmann, Karl (1955): Die Geschichte der Flottmannwerke. Bochum.

Bubenzer, Max (1950): Flottmann-Werke GmbH Herne. – In: Rheinisch-westfälischer Wirtschaftsverlag/ Bruno Kuske, Monographien rheinisch-westfälischer Unternehmungen, S. 53-54.

Bundesanstalt für Landeskunde (Hg.) (1977): Naturräumliche Gliederung Deutschlands. Bonn-Bad Godesberg.

Busch, Paul (1965): Zur Siedlungsstruktur der Stadt Wanne-Eickel. – In: Busch, Paul; Croon, Helmuth; Hahne, Carl (Hg.), Bochum und das mittlere Ruhrgebiet. Festschrift zum 35. Deutschen Geographentag. Paderborn, S. 177-186.

Business Metropole Ruhr, BMR (Hg.) (2018): Gewerbliches Flächenmanagement Ruhr Phase IV, Zwischenbericht Juli 2018. Essen.

Business Metropole Ruhr, BMR (Hg.) (2019): Wirtschaftsbericht Ruhr 2019. Essen.

Buttler, Rolf (1992): Heitkamp 1892–1992. Herne.

Butzin, Bernhard (1993): Was macht alte Industrieregionen alt? – Das Beispiel Ruhrgebiet. – In: Berichte zur deutschen Landeskunde, Bd. 67, H.2, S. 243-254.

Croon, Helmuth (1965): Die verwaltungsmäßige Gliederung des mittleren Ruhrgebietes im 19. und 20. Jahrhundert. – In: Gesellschaft für Geographie und Geologie Bochum (Hg.), Bochum und das mittlere Ruhrgebiet. Paderborn, S. 59-64.

Croon, Helmuth (1966): Zur Geschichte des Ruhrgebietes und seiner Bevölkerung. – In: Genealogie 15, S. 338-349.

Dahlmann, Dittmar; Kotowski, Albert S.; Karpus, Zbigniew (Hg.) (2005): Schimanski, Kuzorra und andere. Polnische Einwanderer im Ruhrgebiet zwischen der Reichsgründung und dem Zweiten Weltkrieg. Essen.

Darpe, Franz (1899): Neu aufgefundene Wallburgen Westfalen. – Zeitschrift für vaterländische Geschichte und Altertumskunde, 57, S. 125-133.

Dettmar, Jörg/Karl Ganser (Hg.) (1999): Industrie-Natur – Ökologie und Gartenkunst im Emscher Park. Stuttgart.

Dreger, Robert (1967): „Zeche Julia“, ihre Geschichte und ihr Schicksal als Beispiel für Aufstieg und Niedergang des Steinkohlenbergbaus im nördlichen Ruhrgebiet. – In: Herne – Unsere Stadt, H. 1/2, S. 3-12; H. 3/4, S. 10-19; H. 5, S. 20-26.

Eistermann, Rudolf; Komoss, Helmut; Lange, Ulrike; Meise, Johann; Metzlaff, Gerhard; Schmidt, Erich; Schröder, Helmut (Hg.) (1999): Unser Horsthausen. Geschichte und Geschichten erlebt und aufgeschrieben von Horsthauser Rentnern. Herne.

Elbers, Wilhelm (1954): 25 Jahre Wanne-Eickel. Wanne-Eickel.

Emmerich, Sven (2004): Vom Hafen zum Logistik-Konzern. WHE – Eine Stadt-Tochter in stetigem Wandel. – In: inherne 8, S.38.

Evangelische Kirchengemeinde Röhlinghausen (Hg.) (1995): 100 Jahre Evangelische Kirchengemeinde Röhlinghauen, 1895–1995. Herne.

Evangelische Kirchengemeinde Sodingen/Winter, Andreas/Jochen Schönfisch (1999): Chronik 1909–1999. Eine Reise durch die Geschichte. Herne.

Ev. Krankenhausgemeinschaft Herne-Castrop-Rauxel gGmbH (Hg.) (2011): 125 Jahre Evangelisches Krankenhaus Herne. Herne.

Evangelisches Krankenhaus Wanne-Eickel (Hg.) (1993): 100 Jahre Evangelisches Krankenhaus Wanne-Eickel 1893–1993. Herne.

FAKT Shamrockpark GmbH (o.J.): Shamrockpark. https://www.shamrockpark.de/das-projekt/shamrockpark (aufgerufen am 11.12.2020).

Fischersworring, Heinz-Edgar (2007): Textil- und Bekleidungsindustrie im Ruhrgebiet unter besonderer Berücksichtigung der Veränderung der Standortfaktoren. Essen, Diss. https://bibliographie.ub.uni-due.de/servlets/DozBibEntryServlet?id=ubo_mods_00020296 (aufgerufen am 05.04.2020).

Föhl, Axel (2010): Architekturführer Ruhrgebiet. Berlin

Förderverein des Haranni-Gymnasiums Herne e.V. (Hg.) (1983): Haranni-Gymnasium 1893–1983, Festschrift. Herne.

Förderverein Haus Crange e.V. (Hg.) (2001): Haus Crange. Herne.

Förderverein Unser Fritz 2/3 e.V. (Hg.) (2014): Von der Kohle zur Kunst. 50 Jahre Künstlerzeche Unser Fritz 2/3 in Herne. Eine Chronik der Jahre 2003 bis 2014. Herne

Franke, Eberhard (1934): Das Ruhrgebiet und Ostpreußen. Geschichte, Umfang und Bedeutung der Ostpreußen-Einwanderung in das Ruhrgebiet, unter besonderer Berücksichtigung der Stadt Gelsenkirchen. Gelsenkirchen, Diss.

Geschichtsgruppe „Die Vier!": Herne von damals bis heute. Digitales Geschichtsbuch für Herne und Wanne-Eickel https://herne-damals-heute.de/ (zuletzt aufgerufen am 09.08.2021).

Gesellschaft für Heimatkunde Wanne-Eickel e.V./ Frank Sichau (Hg.) (1999): Sakralgebäude und religiöse Kunst in Wanne-Eickel und Herne. – Der Emscherbrücher 2000, Herne.

Gesellschaft für Markt- und Absatzforschung, GMA (1996): Gesamtstädtisches Entwicklungs- und Strukturgutachten des Einzelhandels in Herne, Teil A: Strukturgutachten Gesamtstadt Herne. Ludwigsburg.

Giewald, Mechthild (1987-1989): Möglichkeiten und Perspektiven zum Erhalt der Siedlung Teutoburgia in Herne. – In: Kultur und Heimat 38, 1987, H. 3/4, S. 146-166; 39, 1988, H. 1/2, S. 74-78; 40, 1989, H. 1/2, S. 62-66.

Goch, Stefan (2019): Von Preußens Wildem Westen zum Schmelztiegel. Zuwanderung im Ruhrgebiet bis 1945. – In: Farrenkopf, Michael; Goch, Stefan; Rasch, Manfred; Wehling, Hans-Werner (Hg.), Die Stadt der Städte. Das Ruhrgebiet und seine Umbrüche. Essen, S. 86-91.

Grabski, Robert (1977): Herne in alten Ansichten. Band 1, Zaltbommel.

Gutzmer, Manfred (1978): Herne. München

Gutzmer, Manfred (2004): Wo der „Mond" nie untergeht. Ein Besuch im musealen Ambiente der Kornbrennerei „Eicker und Callen". – In: inherne 8, S. 21.

Gymnasium Eickel (Hg.) (2004): 100 Jahre Gymnasium Eickel, 1904-2004. Herne.

Hagen, Jürgen (2016): Die Liebe aber kommt im Bett ... Die Geschichte der Städteehe von Herne und Wanne-Eickel. – In: Gesellschaft für Heimatkunde Wanne-Eickel (Hg.), Menschen, Pläne und Verbrechen, Der Emscherbrücher, Streifzüge durch die Geschichte und Gegenwart von Wanne-Eickel und Herne, Bd. 17, Herne, S. 33-53.

Halwer, Andreas/Verkehrshistorische Arbeitsgemeinschaft BOGESTRA e.V. (Hg.) (2021): Zeitreise durch BOGESTRA-Land, Band 3: 125 Jahre „flott und freundlich durchs Revier" (1896–2021). Hövelhof.

Harnischmacher, Stefan (2012): Bergsenkungen im Ruhrgebiet: Ausmaß und Bilanzierung anthropogeomorphologischer Reliefveränderungen, Forschungen zur deutschen Landeskunde, Bd. 261, Leipzig.

Hartmann, Hellmut (1975): Straßenbahnen im Ruhrgebiet. Düsseldorf.

Heese, Maria (1941): Der Landschaftswandel im mittleren Ruhrgebiet seit 1820. Münster.

Hegler, Gustav 1903): Eickel-Wanne einst und jetzt. Siegen.

Henderson, William Otto (1970): William Thomas Mulvany – ein irischer Unternehmer im Ruhrgebiet 1806–1885. – Kölner Vorträge zur Sozial- und Wirtschaftsgeschichte, Heft 12, Köln.

Hetzel, Ingo (2013): Physische Geographie von Bochum und Herne. Naturräume, Geologie, Böden, Klima und Vegetation im mittleren Ruhrgebiet. – Veröffentlichungen des Bochumer Botanischen Vereins, 5. Jg., H. 2, S. 7-32.

Hildebrandt, Manfred (1998): Herne. Eine historische Zeitreise. Gudensberg-Gleichen.

Hildebrandt, Manfred/Olaf Rose (2002): Wanne-Eickel. Reihe Archivbilder. Erfurt.

Historischer Verein Herne/Wanne-Eickel e.V.: verschiedene digitale Dokumente – https://hv-her-wan.de (zuletzt aufgerufen am 9.1.2022).

Hoebink, Hein (1984): Kommunale Neugliederung im rheinisch-westfälischen Industriegebiet 1919–1020. Ziele und Aufgaben aus der Sicht der Staatsregierung. – In: Düwell, Kurt/Wolfgang Köllmann (Hg.): Rheinland-Westfalen im Industriezeitalter. Wuppertal, S. 51-61.

Hoebink, Hein (1990): Mehr Raum – mehr Macht. Preußische Kommunalpolitik und Raumplanung im rheinisch-westfälischen Industriegebiet 1900–1933, Essen.

Hoff, Hans-Viktor von (1974): Die Entwicklung der Wirtschafts- und Bevölkerungsstruktur in der kreisfreien Stadt Herne von 1850 bis 1970. Darstellung der strukturellen Entwicklung Hernes als einer typischen Stadt der Emscherzone des Ruhrgebiets. 2 Bde., Bern/ Frankfurt.

Hommel, Manfred (2009): Stadtkernsanierung der 1960er Jahre: Das Herner Modell. – In: Prossek, Achim; Schneider, Helmut; Wessel, Horst A.; Wetterau, Burkhard; Wiktorin, Dorothea (Hg.), Atlas der Metropole Ruhr. Vielfalt und Wandel des Ruhrgebiets im Kartenbild. Köln, S. 136/137.

Hüsken, Christoph (2010): Den Wandel bedienen. Die Herner Gesellschaft für Wohnungsbau erfüllt mit Sanierungen und Neubauten die Wünsche ihrer Kunden. – In: inherne 4, S. 13.

Hüsken, Christoph (2015): Im Fokus – Herne baut. – In: inherne 1, S. 8-15.

Hüsken, Christoph (2017): Das Gebetshaus der Masuren. Ein Stück früher Migrationsgeschichte. – In: inherne.net https://inherne.net/das-masurische-gebetshaus/ (aufgerufen 03.07.2020).

Hüßler, Stephan (2019): Entwurf eines Stadtstrukturmodells für Industriestädte dargestellt an den Raumbeispielen Herne und Wanne-Eickel. Essen, Diss. https://duepublico2.uni-due.de/receive/duepublico_mods_00070521 (zuletzt aufgerufen 09.08.2021).

Hundt, Robert (1901): Arbeiterwohnungen auf den Zechen des Ruhrreviers. – In: Verein für die bergbaulichen Interessen im Oberbergamtsbezirk Dortmund zu Essen/Ruhr (Hg.), Mittheilungen über den Niederrheinisch-Westfälischen Steinkohlen-Bergbau, Berlin, S. 202-275.

Huske, Joachim (2006): Die Steinkohlenzechen im Ruhrrevier. Daten und Fakten von den Anfängen bis 2005. Bochum.

Industrie- und Handelskammern Bochum, Dortmund, Duisburg, Essen, Hagen und Münster (Hg.) (2010): Handelsreport Ruhr 2010. Duisburg.

Industrie- und Handelskammern im Ruhrgebiet (Hg.) (2018): Handelsreport Ruhr 2018. Dortmund.

Industrie- und Verkehrskarten-Institut (Hg.) (1962): Industrie- und Verkehrskarte des Rheinisch-Westfälischen Industriegebietes, Entwurf- und Zeichnung Karl Brass. Düsseldorf.

Institut für Gewerbebetriebe im Städtebau, Ingesta (1970): Gutachten zur Gewerbeplanung für die Stadt Herne. Köln.

Institut für Landes- und Stadtentwicklungsforschung des Landes Nordrhein-Westfalen, ILS (Hg.) (1992): Stadtbildprägende Arbeitersiedlungen. Erhaltung und Erneuerung denkmalwerter Arbeitersiedlungen im Rhein-Ruhr-Gebiet, Ils-Schriften 66, Dortmund.

Institut für Meinungsforschung und Sozialforschung der EMNID GmbH & Co. (Hg.) (1964): Die City-Planung Herne in der Sicht von Geschäftsleuten der Bahnhofstraße. Bielefeld.

Institut für Meinungsforschung und Sozialforschung der EMNID GmbH & Co. (Hg.) (1964): Einstellungen zur City-Planung Herne, Spezial-Erhebung. Bielefeld.

Institut für Raumplanung, IRPUD (Hg.) (1989): Handlungsmöglichkeiten für bergbauliche Altstandorte am Beispiel der ehemaligen Zeche und Kokerei Mont-Cenis I/III in Herne-Sodingen. Dortmunder Beiträge zur Raumplanung, Projekte, Band 12, Dortmund.

Jäkel, Reinhard (1995): Herne, Bergbaustadt im Wandel. Zur kommunalen Entwicklung Hernes von 1950 bis in die Phase der Neugliederung, mit einem Beitrag von Gabriele Wand-Seyer zu archäologischen Fundstellen. Veröffentlichungen der Stadtarchivs Herne, Band 2, Herne.

Juckel, Lothar (1992): Stadtbildprägende Arbeitersiedlungen. Erhaltung und Erneuerung denkmalwerter Arbeitersiedlungen im Rhein-Ruhr-Gebiet. – Institut für Stadt- und Landesentwicklungsforschung des Landes Nordrhein-Westfalen, ILS, Schriften 66, Dortmund.

Junke+Kruse Stadtforschung Planung (2013): Regionales Einzelhandelskonzept für das Östliche Ruhrgebiet und angrenzende Bereiche (REHK), im Auftrag der Mitgliedskommunen des REHK. Dortmund.

K.PLAN Klima. Umwelt & Planung GmbH/Stadt Herne (Hg.) (2019): Klimafolgenanpassungskonzept für die Stadt Herne. Herne.

Kasielke, Till (2015): Geologie und Reliefentwicklung im Raum Bochum. – In: Veröffentlichungen des Bochumer Botanischen Vereins 7, S. 15-36.

Katholische Kirchengemeinde St. Joseph (Hg.) (1994): 100 Jahre Sol- und Thermalbad im Rheumazentrum Ruhrgebiet St. Josefs-Krankenhaus 1894–1994. Herne.

Keinhorst, Hermann (1965): Eickel vom Jahre 774 bis zur Neuzeit. Wanne-Eickel.

Kirk, Christian (2009): Wirtschaftsstandort Herne. Herne.

Kleßmann, Christoph (1978): Polnische Bergarbeiter im Ruhrgebiet 1870–1945. Soziale Integration und nationale Subkultur einer Minderheit in der deutschen Industriegesellschaft. In: Helmut Berding (Hg), Kritische Studien zur Geschichtswissenschaft 30, Göttingen.

Kleßmann, Christoph (1984): Integration und Subkultur nationaler Minderheiten: das Beispiel der „Ruhrpolen" 1870–1939. – In: Klaus J. Bade (Hg.), Auswanderer – Wanderarbeiter – Gastarbeiter. Bevölkerung, Arbeitsmarkt und Wanderung in Deutschland seit der Mitte des 19. Jahrhunderts, Band 2, Ostfildern, S. 486-505.

Knöll, Heinrich (1928): Deutschlands Städtebau: Herne i. W. Berlin-Halensee.

Knorre, Alexander von (1986): Herne – vom Gericht Strünkede zur Industriegroßstadt. Landschaftsverband Westfalen-Lippe, Westfalen im Bild, eine Bildmediensammlung, Münster.

Knorre, Alexander von (1992): Von der Burganlage zum Schloß-Museum. Zur Baugeschichte des Hauses Strünkede und seiner Umgebung vom 16. bis zum 20. Jahrhundert. – In: Gabriele Wand-Seyer, Ein uhralt, adelich und ritterlich Geschlechte – Zur Geschichte der Herner Adelsfamilie von Strünkede. Herne, S. 71-80.

Knorre, Alexander von (1994): Jugendstil und das Flottmann-Tor in Herne. Anmerkungen zum Werk von Carl Weinhold. – Veröffentlichungen der „Freunde des Emschertal-Museums Herne e. V.", Band 2, Herne.

Knorre, Alexander von/Jens Blome (1987): Architekturführer Herne. Herne.

Knorre, Alexander von; Volkwein, Peter; Gerkens, Gerhard (1995): Cubecracks, HD Schrader. Herne, Ingolstadt, Lübeck. Herne 1995.

Kommunalverband Ruhrgebiet, KVR/Neumann, Peter (1995): Historisch-räumliche Analyse und Dokumentation der Eisenbahnstrecken – Emscherlandschaftspark. Essen.

Kossert, Andreas (2005): Kuzorra, Szepan und Kalwitzki: Polnischsprachige Masuren im Ruhrgebiet. – In: Dahlmann, Dittmar; Kotowski, Albert S.; Karpus, Zbigniew (Hg.), Schimanski, Kuzorra und andere. Polnische Einwanderer im Ruhrgebiet zwischen der Reichsgründung und dem Zweiten Weltkrieg. Essen, S. 169-182.

Kozicki, Norbert (1992): Herne in alten Ansichten. Band 2, Zaltbommel.

Krome, Erich (1971): Vergangenheit, Gegenwart und Zukunft der Wanne-Herner Eisenbahn und Hafen G.m.b.H. – Der Emscherbrücher 1, S. 9-15.

Krus-Bonazza, Annette (1992): „Auf Cranger Kirmes". Vom Pferdemarkt zum Oktoberfest des Westens. Beiträge zur Volkskultur in Nordwestdeutschland herausgegeben von der Volkskundlichen Kommission für Westfalen Landschaftsverband Westfalen-Lippe, H. 80, Münster.

Krus-Bonazza, Annette (1998): „... der buntgewürfelten Bevölkerung eine wirkliche Heimat zu geben." – Die Cranger Kirmes aus migrationshistorischer Perspektive. – In: Ralf Piorr (Hg.), Eine Reise ins Unbekannte. Ein Lesebuch zur Migrationsgeschichte in Herne und Wanne-Eickel. Essen.

Kürten, Wilhelm von (1964a): Die landschaftliche Struktur und Entwicklung des Stadtgebiets von Herne. – In: Natur und Landschaft im Ruhrgebiet, H. 1, Schwelm, S. 21-47.

Kürten, Wilhelm von (1964b): Die naturräumlichen Einheiten auf Blatt 95/96 Kleve/Wesel. Geographische Landesaufnahme 1:200000.

Kürten, Wilhelm von (1970): Die naturräumlichen Einheiten des Ruhrgebiets und seiner Randzonen. – In: Natur und Landschaft im Ruhrgebiet, H. 6, Schwelm, S. 5-81.

Kukuk, Paul (1938): Geologie des niederrheinisch-westfälischen Steinkohlengebietes. Berlin.

Kukuk, Paul/Carl Hahne (1962): Die Geologie des Niederrheinisch-Westfälischen Steinkohlengebietes (Ruhrreviers) in kurzgefaßter und verständlicher Form. Herne.

Kuladig: Bedeutsamer Kulturlandschaftsbereich Innenstadt Herne und Gysenberg (KLB 14.23) https://www.kuladig.de/Objektansicht/A-EK-20080730-0086 (aufgerufen am 12.10.2020).

Kunz, Andreas (Hg.) (1999): Statistik der Binnenschifffahrt in Deutschland 1835–1989. Quellen und Forschungen zur Historischen Statistik von Deutschland, St. Katharinen.

Kusch, Regine (2019): Vor 25 Jahren gestorben: Jürgen von Manger – Vater des Ruhrpott-Kabaretts. Deutschlandfunk, 15.3.2019 (www.deutschlandfunk.de/vor-25-jahren-gestorben-juergen-von-manger-vater-des.871.de.html?dram:article_id=443606 (aufgerufen am 03.09.2020).

Landesamt für Datenverarbeitung und Statistik Nordrhein-Westfalen (Hg.) (1999): Bevölkerung und Erwerbstätigkeit 1850–1970. Eine historische Statistik für die kreisfreien Städte und Kreise und deren Vorgänger im Gebiet von Nordrhein-Westfalen. Düsseldorf.

Landesentwicklungsgesellschaft Nordrhein-Westfalen für Städtebau, Wohnungswesen und Agrarordnung GmbH, LEG (Hg.) (1980): Ergebnisbericht über Vorbereitende Untersuchungen gemäß §4 StBauFG in Herne, Dammstraße/Vinckestraße. Dortmund.

Landesregierung Nordrhein-Westfalen (1979): Landesentwicklungsplan I/II. Düsseldorf.

Landschaftsverband Westfalen-Lippe/Yasmine Freigang, Westfälisches Museum für Archäologie (Hg.) (2002): Westfälisches Museum für Archäologie, Neubau in Herne. Münster.

Landschaftsverband Westfalen-Lippe/Yasmine Freigang, Westfälisches Museum für Archäologie (Hg.) (2004): wma – westfälisches museum für archäologie, landesmuseum. Münster.

last mile logistik netzwerk, Stärken gemeinsam stärken. https://www.last-mile-logistik.de (aufgerufen am 12.10.2020).

Leenen, Stefan (2014): Wie die Perlen auf einer Schnur – Burgen im Emscherraum. – In. Dickau, Otto/Christoph Eger (Hg.), Emscher. Beiträge zur Archäologie einer Flusslandschaft im Ruhrgebiet. Münster, S. 153-166.

Leyh, Manfred (1969): Herne – Planungsaufgaben einer Großstadt am Nordrand des Ruhrgebietes. Herne – unsere Stadt, Nr. 2, S. 7-15.

Leyh, Manfred; Rothenberg, Leonhard; Smits, Karl-Heinz (1969): Das Herner Modell. Stadtkernerneuerung als Maßnahme zur Strukturverbesserung einer Gemeinde. Herne.

Lührig, Heinrich (1984): Wanne-Eickel. „Ausflug" in die Vergangenheit. Herne.

Lührig, Heinrich/Gerhard Schmitz (1997): Röhlinghausen, Wanne-Eickel III. Herne.

LWL-Museum für Archäologie/Josef Mühlenbrock, Brunhilde Leenen (Hg.) (2011): Tatort Forscherlabor. Herne.

LWL-Industriemuseum/Georg Eggenstein, Herbert Niewerth, Arnulf Siebeneicker (Hg.) (2014): 100 Jahre Rhein-Herne-Kanal. Die Wasserstraße mitten durchs Revier. Essen.

Martens, Horst/Joost Reinke (2005): Mit Jesus unterwegs. 100 Jahre Baptisten in Herne.

Martens, Horst (2016): Most wanted – ein Image. – In: inherne.net. Das Stadtmagazin online, 6. Mai (abgerufen 28.11.2020).

Matwiejczyk, Witold (2005): Zwischen kirchlicher Integration und gesellschaftlicher Integration: Polnische Katholiken im Ruhrgebiet von 1871 bis 1914. – In: Dahlmann, Dittmar; Kotowski, Albert S.; Karpus, Zbigniew (Hg.), Schimanski, Kuzorra und andere. Polnische Einwanderer im Ruhrgebiet zwischen der Reichsgründung und dem Zweiten Weltkrieg. Essen, S. 11-36.

Mecking, Sabine (2012): Bürgerwille und Gebietsreform. Demokratieentwicklung und Neuordnung von Staat und Gesellschaft in Nordrhein-Westfalen 1965–2000. München.

Medien Gruppe Kirk/Stadt Herne (Hg.) (2010): Wirtschaftsstandort Herne/Business Location Herne. Darmstadt/Herne.

Meier, Norbert (2014): Zeche Constantin der Große. Schwarzes Gold unter Bochum und Herne. Dortmund.

Meinke, Ulf (1997): Herne 1897–1997. Ein geschichtliches Journal. Herne.

Meyerhoff, Hermann (1963): Herne 1933–1945, Die Zeit des Nationalsozialismus. Ein kommunalhistorischer Rückblick. Herne.

Meyhöfer, Dirk (1984): Der Gysenberg. Vom Rittersitz zum Revierpark: Die Geschichte einer Herner Gemarkung. Herne.

Meyhöfer, Gerd (1980): 10 Jahre Revierpark Gysenberg in Herne 1970–1980. Herne.

Ministerpräsident des Landes Nordrhein-Westfalen (Hg.) (1979): Landesentwicklungsplan I/II „Raum und Siedlungsstruktur". Düsseldorf.

Mittag, Jürgen (2005): Vom Dorf zur Großstadt: Industrialisierung, Bevölkerungswachstum und Eingemeindungen in Bochum und dem Ruhrgebiet, in: Mittag, Jürgen und Ingrid Wölk (Hrsg.): Bochum und das Ruhrgebiet. Großstadtbildung im 20. Jahrhundert, Essen, S. 25-77.

Munko, Bernd (1969): Der Güterbahnhof Wanne-Eickel – Knotenpunkt des Güterverkehrs im nördlichen Revier. Hausarbeit zur Ersten Staatsprüfung für das Lehramt an der Volksschule (Grund- und Hauptschule), Essen.

Museum Folkwang Essen (Hg.) (2010): Urbanität gestalten. Stadtbaukultur in Essen und im Ruhrgebiet 1900 bis 2010. Essen.

Neumann, Eberhard G.: Wasserburgen im Emschertal. – In: Natur und Landschaft im Ruhrgebiet, H. 4, Rheinhausen, S. 5-51.

Neumann, Peter/Kommunalverband Ruhrgebiet (1995): Historisch-räumliche Analyse und Dokumentation der Eisenbahnstrecken, Emscher Landschaftspark. Essen.

Niemann, Lars; Schnauz, Thorsten; Uttke, Angela (Hg.) (2010): Route der Wohnkultur. Wohnen in der Metropole Ruhr. Essen.

Nörtemann, Gevert (2002): Mitten im Pott. Röhlinghausen und die Zeche Königsgrube. Herne.

NRW.BANK (Hg.) (2017): Wohnungsmarktbeobachtung Nordrhein-Westfalen, Herner Wohnungsmarktprofil 2017, Ausgewählte Wohnungsmarktindikatoren. Düsseldorf.

o.V. (1902): Wohlfahrtseinrichtungen der Gussstahlfabrik von Fried. Krupp zu Essen a. d. Ruhr, Band II, Zeichnungen. Essen.

o.V. (1921): Fünfzig Jahre „Unser Fritz" 1871–1921, – MW-Rundschau (Mannesmannröhren-Werke), 2. Jg., S. 109-126.

o.V. (1925): 50 Jahre Amt Wanne. Herne.

o.V. (1954): 50 Jahre Realgymnasium Wanne-Eickel 1904–1954. Wanne-Eickel.

o.V. (1957): Mädchengymnasium Wanne-Eickel, Festschrift zum 50jährigen Bestehen des städtischen neusprachlichen Mädchengymnasiums und der naturw.-hausw. Frauenoberschule Wanne-Eickel 1907–1957. Wanne-Eickel.

o.V. (1977): Friedrich der Große – Mont Cenis, 1870–1978. Herne.

o.V. (2007a): Helfer in allen Lebenslagen. Sasol Solvents ist einer der führenden Lösemittel-Produzenten in Europa. – In: inherne 4, S. 16.

o.V. (2007b): Weltweiter Absatz dank ausgefeilter Technik. – In: inherne 4, S. 8-11.

Parent, Thomas (2000): Das Ruhrgebiet. Vom „goldenen" Mittelalter zur Industriekultur. Köln 2000.

Pestalozzi-Gymnasium Herne (Hg.) (1977): 75 Jahre Gymnasium der Stadt Herne – Pestalozzi-Gymnasium – 1902–1977. Herne.

Peters-Schildgen, Susanne (1997): „Schmelztiegel" Ruhrgebiet. Die Geschichte der Zuwanderung am Beispiel Herne bis 1945. Essen.

Piorr, Ralf (Hg.) (1998): Eine Reise ins Unbekannte. Ein Lesebuch zur Migrationsgeschichte in Herne und Wanne-Eickel. Essen.

Piorr, Ralf (Hg.) (2002): „Nahtstellen, fühlbar, hier ...". Zur Geschichte der Juden in Herne und Wanne-Eickel. Essen.

Piorr, Ralf (Hg.) (2004): Viel mehr als nur ein Spiel. 100 Jahre SC Westfalia 04 Herne. Herne.

Piorr, Ralf (Hg.) (2010): Vor Ort. Geschichte und Bedeutung des Bergbaus in Herne und Wanne-Eickel. Herne.

Piorr, Ralf (Hg.) (2012): Der Komet des Westens. Die Geschichte des SV Sodingen. Herne.

Piorr, Ralf (Hg.) (2015a): Flottmann. Eine Geschichte des Reviers. Essen.

Piorr, Ralf (Hg.) (2015b): Heimspiel. Zur Geschichte des Fußballs in Herne und Wanne-Eickel, Katalog. Herne.

Piorr, Ralf (2016a): Die Marke Flottmann. – In: Industriekultur 1.16, S. 32b.

Piorr, Ralf (2016b): Die Flottmann-Werke in Herne. – In: Industriekultur 1.16, S. 36-37.

Piorr, Ralf/Thomas Schmidt (Hg.) (2017): Herne 50–80 Fotografie. Herne.

Pirke, Klaus (2008): Zechenlandschaft Hannover-Hannibal-Königsgrube. Industriekulturelle Potentiale der kruppschen Bergbaulandschaft in Bochum und Herne. Essen.

Presbyterium der Ev. Kirchengemeinde Wanne-Mitte (Hg.) (1984): Erbauet Euch auf Eurem Allerheiligsten Glauben. 1884–1984, 100 Jahre, Evangelische Kirchengemeinde in Wanne. Herne.

Reding, Josef; Kirchhoff, Karl-Heinz; Husmann, Heinrich (1969): Links der Lippe, rechts der Ruhr. Geschichte und Gegenwart im Emscherland. (Redaktion Clemens Herbermann) Gelsenkirchen 1969.

Reekers, Stephanie/Johanna Schulz (1952): Die Bevölkerung in den Gemeinden Westfalens 1818–1950. Dortmund.

Reekers, Stephanie (1977): Die Gebietsentwicklung der Kreise und Gemeinden Westfalens 1817–1967, Münster.

Regionalverband Ruhr, RVR (2012): Konzept Ruhr// Wandel als Chance. Statusbericht 2011/12. Essen.

Regionalverband Ruhr, RVR (2014): Konzept Ruhr// Wandel als Chance. Perspektive 2020. Essen.

Regionalverband Ruhr, RVR (2015a): Konzept Ruhr// Wandel als Chance. Metropole Ruhr 2020 – intelligent, nachhaltig, integrativ. Statusbericht 2014/15. Essen.

Regionalverband Ruhr, RVR (2015b): Fachliche Grundlage „Regionale Grünzüge" zum Regionalplan Ruhr. Essen.

Regionalverband Ruhr, RVR (2016): Konzept Ruhr// Wandel als Chance. Stadt – KLIMA – Bildung. Statusbericht 2016. Essen.

Regionalverband Ruhr, RVR (2018): Regionalplan Ruhr, Entwurf. Essen.

Regionalverband Ruhr, RVR/Hans-Werner Wehling (2010): Kleiner Atlas Metropole Ruhr, Das Ruhrgebiet im Wandel. Essen.

Reiners, Helga (1953): Auf dem Wege zur Gross-Stadt. Herne 1928–1933. Ein kommunalhistorischer Rückblick. Herne.

Reiners, Leo (1950): Herne 1945–1950. Fünf Jahre Wiederaufbau. Herne.

Rothert, Liebetraut (1976): Umwelt und Arbeitsverhältnisse von Ruhrbergleuten in der 2. Hälfte des 19. Jahrhunderts, dargestellt an den Zechen Hannover und Hannibal in Bochum. Münster.

Schaefer, Hermann (1912): Die Geschichte von Herne. Herne.

Schmidt, Adolf (1965): Herne. Beiträge zur Stadtgeschichte. Herne.

Schöller, Peter (1960): Städte als Mobilitätszentren westdeutscher Landschaften. In: Verhandlungen des Deutschen Geographentages, Bd. 31, Wiesbaden, S. 158-167.

Schönefeld, Ludwig (1985): Die „Kommunale". Geschichte einer Straßenbahn zwischen Herne, Wanne-Eickel und Wattenscheid. Wuppertal.

Schönefeld, Ludwig (1987): Von der Elektrischen zum Obus. Von der Straßenbahn der Stadt Herne zum Obus der Bochum-Gelsenkirchener Straßenbahnen AG. Wuppertal.

Schrader, H(ans-)D(ieter) 1995): Cubecracks. Herne/Ingolstadt/Lübeck.

Schräpler, Jörg-Peter; Lehmkuhl, David; Farwick, Andreas; Petermann, Sören; Schmitt, Jasmin (2020): Leben an der „Neuen Emscher". Analyse des sozialen Wandels der Bezirke entlang der Emscher. ZEFIR-Materialien Band 10, Bochum.

Schulte, Eduard (1977): Geschichtsbilder der Rittersitze Crange im Emscherbruch und Weitmar bei Bochum. Wattenscheid.

Schulze, Franz (1909): Die polnische Zuwanderung im Ruhr-Revier und ihre Wirkungen. Diss., München.

Sichau, Frank (Hg.) (1999): Sakralgebäude und religiöse Kunst in Wanne-Eickel und Herne – Der Emscherbrücher 2000.

Siepmann, Albert (1976): 10 Jahre Otto-Hahn-Gymnasium Herne. Herne.

Stache, Heinz (1964): Die Entwicklungsgeschichte der Herner Volksschulen. Erster Teil: Von der Pfarrschule zur Elementarschule. Herne.

Stadt + Handel (Hg.) (2012): Masterplan Einzelhandel für die Stadt Herne – Endbericht. Dortmund/Karlsruhe.

Stadt + Handel (Hg.) (2019): Erste Fortschreibung des Masterplans Einzelhandel für die Stadt Herne – Endbericht. Konzept, Dortmund.

Stadt Bochum/Stadt Herne (Hg.) (2010): Entwicklungskonzept Interkommunales Gewerbegebiet HER-BO-43. Bochum/Herne.

Stadt Hamm/Muhle, Heinz-Martin; Chudasch, Christine; Conrad, Barbara (2017): Siedlungskultur in Quartieren des Ruhrgebietes. Dortmund.

Stadt Herne (1969): Die Stadt Herne – Strukturelle und wirtschaftliche Gegebenheiten. Herne.

Stadt Herne (1970): Herne macht Schluß mit einem alten Vorurteil. Herne.

Stadt Herne (1972): Die Bevölkerungs-, Sozial- und Wirtschaftsstruktur Hernes. Herne.

Stadt Herne, Stadtplanungsamt (1972): Planung, Bau, Verkehr 1950–1972. Herne.

Stadt Herne, Stadtplanungsamt (1975a): Standortprogramm. Herne.

Stadt Herne, Amt für Stadtentwicklung, Stadtforschung und Statistik (1975b): Untersuchung zur Zentrenstruktur in Neu-Herne. Herne.

Stadt Herne (1976): Richtungsweisend. Herne Stadtkernentwicklung. Herne.

Stadt Herne, Amt für Stadtentwicklung, Stadtforschung und Statistik (1980): Grundlagen der Stadtentwicklungsplanung. Herne.

Stadt Herne, Stadtplanungsamt (1981): Stadterneuerung und Wohnumfeldverbesserung. Herne.

Stadt Herne, Amt für Stadtentwicklung, Stadtforschung und Statistik (1983): Stadtteilplanung Sodingen. Herne.

Stadt Herne, Amt für Stadtentwicklung, Stadtforschung und Statistik (1984): Stadtteilplanung Röhlinghausen. Herne.

Stadt Herne, Amt für Stadtentwicklung, Stadtforschung und Statistik (1985): Stadtteilplanung Eickel und Wanne-Süd. Herne.

Stadt Herne, Planungsamt (1985): Vorbereitende Untersuchungen Herne-Sodingen. Herne.

Stadt Herne, Planungsamt (1986): Wohnumfeldverbesserungsprogramm Herne-Sodingen. Herne.

Stadt Herne, Planungsamt (1986/88): Wohnumfeldverbesserungsprogramm Herne-Röhlinghausen/Wanne-Süd, Sach- und Erfahrungsberichte 1986 und 1987/88. Herne.

Stadt Herne (1987): Sie werden nicht vergessen sein. Geschichte der Juden in Herne und Wanne-Eickel. Herne.

Stadt Herne, Amt für Stadtentwicklung, Stadtforschung und Statistik (1990): Leitlinien zur Stadtentwicklung. Ein Entwurf für Kommunale Entwicklungsplanung bis zum Jahr 2000. Herne.

Stadt Herne (1990): Leitlinien zur Stadtentwicklung. Ein Entwurf für Kommunale Entwicklungsplanung bis zum Jahr 2000. Herne.

Stadt Herne, Stadtplanungsamt (1990): Wohnumfeldverbesserung. Sachstandsbericht WUF, Mai 1990. Herne.

Stadt Herne, Stadtplanungsamt (1994): Städtebauliche Rahmenplanung Wanne-Nordwest, Entwurf. Herne.

Stadt Herne (1994): Unsere Partnerstädte in Frankreich, Großbritannien, Nicaragua, Russische Föderation, Deutschland, Polen. Herne.

Stadt Herne, Stadtplanungsamt (1996): Integriertes Gesamtkonzept Herne-Sodingen. Herne.

Stadt Herne, Stadtplanungsamt (1998): Städtebauliche Rahmenplanung Röhlinghausen-Nord. Wohnen, Arbeiten, Erholen zwischen Siedlungsraum und Landschaft. Herne.

Stadt Herne, Stadtplanungsamt (2002): Fortgeschriebenes integriertes Handlungskonzept „Bickern/Unser Fritz". Stadtteil mit besonderem Erneuerungsbedarf. Herne.

Stadt Herne, Statistikstelle (2006–2018): Stadtstrukturatlas, verschiedene Jahrgänge. Herne.

Stadt Herne (2007): Einzelhandel in Herne. Nahversorgungskonzept 2006. Herne.

Stadt Herne, FB Stadtentwicklung, Stadtforschung und Wahlen (2007): Herne 2015: Leitrahmen der Stadtentwicklung. Ausgangssituation, Einflussmöglichkeiten, Handlungsansätze. Herne.

Stadt Herne, FB Stadtentwicklung (2009): Herne 2015+ Leitlinien zur Stadtentwicklung. Städtische Infrastruktur und Leistungen – Herausforderungen, Konzepte und Maßnahmen. Herne.

Stadt Herne, FB Stadtentwicklung (2011): Herne 2020 – Leitlinien zur Stadtentwicklung. Städtische Infrastruktur und Leistungen – Herausforderungen, Konzepte und Maßnahmen. Herne.

Stadt Herne, Untere Denkmalbehörde (2011–2020): Denkmal-Radtouren-Herne – Bezirk Sodingen, Bezirk Eickel, Bezirk Wanne, Bezirk Herne-Mitte – Bezirke Wanne und Eickel „Vom Fachwerk zur Kohle" – Bezirk Herne-Sodingen "Fachwerk und Kohle" – „außergewöhnlich, unerkannt, versteckt" – „Grüne Mitte Zeche Hannover" https://www.herne.de/Wirtschaft-und-Infrastruktur/Stadtplanung/Denkmalschutz-und-Denkmalpflege/Denkmal-Radtouren/Denkmal-Radtouren/ (aufgerufen am 22.11.2020).

Stadt Herne, FB Stadtplanung und Bauordnung (2011): Städtebauliches Entwicklungskonzept Herne-Mitte. Herne.

Stadt Herne (2012): Landschaftsplan der Stadt Herne. Herne.

Stadt Herne (2013): Wannes „Neue Mitte". Die Zukunft ist gestaltet. Herne.

Stadt Herne, Fachbereich Umwelt und Stadtplanung (2015a): Integriertes Handlungskonzept Wanne-Süd. Herne.

Stadt Herne (2015b): Programm zur Entwicklung von Wohnbauflächen (WEP) 2013–2017. Herne.

Stadt Herne (2016a): Neufassung der Satzung über die Unterschutzstellung der Zechensiedlung Teutoburgia in Herne –Stadtbezirk Sodingen. Herne.

Stadt Herne (2016b): Gestaltungssatzung für die Innenstadt Wanne. Herne.

Stadt Herne, Fachbereich Umwelt und Stadtplanung (2016c): Integriertes, kleinräumiges Monitoring für die Stadt Herne, Erster Herner Monitoringbericht. Herne.

Stadt Herne (2016d): Masterplan klimafreundliche Mobilität im Auftrag der Stadt Herne. Herne.

Stadt Herne (2017a): Programm zur Entwicklung von Wohnbauflächen (WEP) 2017-2020 https://www.herne.de/Wirtschaft-und-Infrastruktur/Bauen-und-Wohnen/Wohnbaufl%C3%A4chen/ (aufgerufen am 10.10.2020).

Stadt Herne (2017b): Gestaltungssatzung Siedlung Teutoburgia in Herne. Herne.

Stadt Herne (2017c): Siedlung Teutoburgia in Herne, Gestaltungshandbuch. Herne.

Stadt Herne, FB Umwelt und Stadtplanung/Untere Denkmalbehörde (2018a): Herne-Mitte Gestaltungshandbuch und -satzung. Herne.

Stadt Herne (2018b): Gestaltungssatzung für die Innenstadt Herne-Mitte. Herne.

Stadt Herne, Fachbereich Umwelt und Stadtplanung (2019): Integriertes, kleinräumiges Monitoring für die Stadt Herne, 2. Herner Monitoringbericht. Herne.

Stadt Herne, Fachbereich Umwelt und Stadtplanung (2020): Nachhaltige Investitionen, Qualität und sozialer Zusammenhalt. Fortschreibung Kommunales Handlungskonzept Wohnen der Stadt Herne, Entwurf. Herne.

Stadt Herne/Ibis-institut (2012): Migrantinnen & Migranten in Herne. Herne.

Stadt Herne/Leyh, Manfred, Monika Schlüter (1987): Erhalt und Erneuerung der Siedlung Teutoburgia in Herne. Herne.

Stadt Herne/Planungsbüro Prof. Dr.-Ing. Krause und Partner (Hg.) (1995): Gestaltleitplanung Innenstadt Wanne, Band 1 Stadtbaugeschichte und Gebäudebewertungsmonitoring. Herne/Dortmund.

Stadt Herne/Planungsbüro Prof. Dr.-Ing. Krause und Partner (Hg.) (1999): Gestaltleitplanung Bahnhofstraße Herne, Band 1 Stadtbaugeschichte und Gebäudebewertung. Herne/Dortmund.

Stadt Herne/Planungsgruppe Stadtbüro (Hg.) (2019): 5 Jahre Stadtumbau Herne-Mitte. Herne.

Stadt Herne: Bergbauära in Herne: Kohleförderung auf elf Zechen https://www.herne.de/Stadt-und-Leben/Stadtgeschichte/Bergbau/ (aufgerufen am 15.04.2020).

Stadt Herne: Geschichte in Etappen https://www.herne.de/Stadt-und-Leben/Stadtgeschichte/ (zuletzt aufgerufen am 22.10.2020).

Stadt Herne: Stadtwappen im Wandel der Zeit https://www.herne.de/Stadt-und-Leben/Stadtgeschichte/Stadtwappen/ (zuletzt aufgerufen am 08.07.2021).

Stadt Wanne-Eickel, Statistisches Amt (1955): Wanne-Eickel im Zahlenspiegel – Auf dem Wege zur Großstadt 1926–1955. Wanne-Eickel.

Stadt Wanne-Eickel (1970): Grundlagenbericht für die Arbeitsgruppe des Landes Nordrhein-Westfalen „Kommunale Neugliederung im Ruhrgebiet. Wanne-Eickel.

Stadt Wanne-Eickel (1971): Grundlagenbericht der Stadt Wanne-Eickel. Wanne-Eickel.

Stadtmarketing Herne GmbH (2018): Der Crange-Plan. Herne.

Städteregion Ruhr 2030 (Hg.) (2008): Regionaler Flächennutzungsplan Städteregion Ruhr. Mülheim.

Städteregion Ruhr (Hg.) (2009): Masterplan Ruhr 2008. Dortmund.

Stark, Philipp (2016): Gesucht: Hernes neues Image. Bürgerbeteiligung ausdrücklich erwünscht. – In: inherne 2, S. 8-13.

Statistisches Landesamt NRW (1956): Die Entwicklung der kreisfreien Städte, Landkreise und Gemeinden des Landes NRW von 1871 bis 1950. Düsseldorf.

Steinberg, Heinz-Günter (1972): Monographie der Stadt Wanne-Eickel. – In Akademie für Raumforschung und Landesplanung (Hg.), Die Mittelstadt, 2. Teil. Hannover, S. 213-235.

Steinberg, Heinz Günter (1978): Bevölkerungsentwicklung des Ruhrgebietes im 19. und 20. Jahrhundert. Düsseldorfer Geographische Schriften 11, Düsseldorf.

Steinberg, Heinz Günter (1982): Bevölkerungsentwicklung im Ruhrgebiet 1843–1961. Deutscher Planungsatlas, Band 1: Nordrhein-Westfalen, Lieferung 32. Hannover.

Stengel, Wolfgang O. (o.J.): 75 Jahre Straßenbahn Herne – Castrop-Rauxel GmbH, 150 Jahre Nahverkehr in Herne. Herne.

Störmer, W. (1953): Industrie-Wirtschafts- und Verkehrskarte für das Ruhrgebiet und Umgebung. Dortmund.

Straßenbahn Herne–Castrop-Rauxel GmbH (Hg.) (1956): Fünfzig Jahre Straßenbahn Herne–Castrop-Rauxel, 120 Jahre Herner Nahverkehr. Herne.

Straßen.NRW: https://docplayer.org/115820525-A-43-baufortschritt-und-planungen-im-ausbauabschnitt-2-rhein-herne-kanal-bochum-riemke-region-2-regionalniederlassung-ruhr.html (aufgerufen am 24.03.2021).

Terstriep, Judith (2019): Bedeutung von Clustern für die Innovativität von Unternehmen – Wissen, Innovation, Relationen. Wiesbaden.

Thomann, Björn: Jürgen von Manger. – In: Internetportal Rheinische Geschichte, abgerufen unter: http://www.rheinische-geschichte.lvr.de/Persoenlichkeiten/juergen-von-manger/DE-2086/lido/57c946e03687f6.50477172 (abgerufen am 06.10.2020).

Tischert, Hans (o.J.): Metallpapierfabrik H. Benkert GmbH, Bilder aus der Arbeit eines Unternehmens der Papierveredlung. Stätten der Arbeit, Dilsberg ü. d. Neckar.

Turkowski, Waltraud (1969): Die Cranger Kirmes. Ursprung, Entwicklung und heutige Bedeutung. Herne.

Verein der Freunde, der Förderer und der ehemaligen Schülerinnen und Schüler des Gymnasiums Wanne e. V. (Hg.) (1982): Festschrift zum 75jährigen Bestehen des Städt. Gymnasiums Wanne in Herne 2, 1907–1982. Herne.

Vereinigung der ehemaligen Schüler des Realgymnasiums Wanne-Eickel (Hg.) (1954): 50 Jahre Realgymnasium Wanne-Eickel 1904–1954. Wanne-Eickel.

Viehweger, Wolfgang (2000): Spur der Kohle … Europa in Herne und Wanne-Eickel. Herne.

Viehweger, Wolfgang (2001): Spaziergang im Eichenwald … Herrenhäuser im Emscherland, Herne.

Viehweger, Wolfgang (2013): Wäre nicht der Bauer – hätten wir kein Brot. Vom bäuerlichen Leben in Wanne-Eickel und Herne. Ein Beitrag zur Heimatgeschichte. Herne.

Viehweger, Wolfgang/Bernd Koldewey (2007): Eine Stadt mit vielen Gesichtern. Kulturführungen in Herne und Wanne-Eickel. Herne.

Volkshochschule Herne/Joachim Wittkowski (Hg.) (2013): Röhlinghausen im Wandel der Zeit. Eine Dokumentation von Karten und Plänen. Herne.

Vonde, Detlev (1981): Revier der großen Dörfer. Industrialisierung und Stadtentwicklung im Ruhrgebiet. Essen 1989.

Wand-Seyer, Gabriele (1986): Scherben und Spuren. Urgeschichte in Herne und im mittleren Ruhrgebiet. Herne.

Wand-Seyer, Gabriele (1989): Geschichte machen auch die kleinen Leut' ... Bilder aus 1000 Jahren Herner Dorfgeschichte. Herne.

Wand-Seyer, Gabriele (1992): Ein Turmhügel in Herne. Zu einem frühen Wohnsitz der Herren von Strünkede. – In: Krause, Elmar-Björn/Birgit Mecke: Ur-Geschichte im Ruhrgebiet. Festschrift Arno Heinrich. Gelsenkirchen, S. 147-152.

Wand-Seyer, Gabriele (1997): Fundchronik Stadt Herne. – LWL/Westfälisches Museum für Archäologie, Ausgrabungen und Funde in Westfalen-Lippe, Beiheft 3, Münster.

Wanne-Herner Eisenbahn und Hafen GmbH (Hg.) (1963): Wanne-Herner Eisenbahn und Hafen G.m.b.H. 1913–1963. Wanne-Eickel.

Wehling, Hans-Werner (2019): Phasen, Programme und Zielsetzungen des Strukturwandels. – Farrenkopf, Michael; Goch, Stefan; Rasch, Manfred; Wehling, Hans-Werner (Hg.), Die Stadt der Städte. Das Ruhrgebiet und seine Umbrüche. Essen, S. 261-274.

Wessel, Friedhelm (2010): Die Zeche Friedrich der Große. Geschichte und Geschichten rund um „Piepenfritz" in Herne. Werne.

Wiel, Paul (1965): Die Sozial- und Wirtschaftsstruktur der Emscherstädte Wanne-Eickel, Herne und Castrop-Rauxel. – In: Gesellschaft für Geographie und Geologie Bochum e. V. (Hg.), Bochum und das mittlere Ruhrgebiet, S. 187-192.

Wiel, Paul (1970): Wirtschaftsgeschichte des Ruhrgebietes. Tatsachen und Zahlen. Essen.

Wirtschaftsförderung Metropole Ruhr (Hg.) (2010): Kultur- und Kreativwirtschaft in der Metropole Ruhr. Ergebnisse einer Erhebung wirtschaftlicher Kennzahlen. Mülheim an der Ruhr.

Wirtschaftsförderung Metropole Ruhr (Hg.) (2012): Gewerbliches Flächenmanagement Ruhr, Marktbericht Oktober 2012. Mülheim an der Ruhr.

Wirtschaftsförderung Metropole Ruhr (Hg.) (2015): Wirtschaftsbericht 2014. Essen.

Wirtschaftsförderung Metropole Ruhr (Hg.) (2017): Gewerbliches Flächenmanagement Ruhr IV, Marktbericht März 2017, Essen.

Wirtschaftsförderungsgesellschaft Herne mbH (Hg.) (2013): IGZ Herne Friedrich der Große. Innovations- und Gründerzentrum Herne. Herne.

Wirtschaftsförderungsgesellschaft Herne mbH (Hg.) (o.J.): Gewerbepark Hibernia Herne, Standort für Logistiker, Dienstleistungsunternehmen, kleine und mittlere Unternehmen. Herne.

Wirtschaftsförderungsgesellschaft Herne mbH (Hg.) (o.J.): Schloss-Campus Herne. Büro- und Dienstleistungspark mitten in der Metropole Ruhr. Herne.

Wittkowski, Joachim (2011): Im Herzen des Ruhrgebiets: Der Mondpalast von Wanne-Eickel. In: Der Emscherbrücher, Trauer, Kunst und unsere Sprache. Herne, S. 77-86.

Zlenius, Rudolf (1971): Das Wanne-Eickeler Heimatmuseum. – Der Emscherbrücher, 1, S. 1-7.